U0832495

权威·前沿·原创

皮书系列为

“十二五”“十三五”国家重点图书出版规划项目

中国社会科学院创新工程学术出版资助项目

慈善蓝皮书
BLUE BOOK OF PHILANTHROPY

中国慈善发展报告（2018）

ANNUAL REPORT ON CHINA'S PHILANTHROPY DEVELOPMENT(2018)

主 编／杨 团

社会科学文献出版社
SOCIAL SCIENCES ACADEMIC PRESS (CHINA)

图书在版编目(CIP)数据

中国慈善发展报告. 2018 / 杨团主编. --北京:
社会科学文献出版社，2018.6
（慈善蓝皮书）
ISBN 978-7-5201-2698-4

Ⅰ.①中… Ⅱ.①杨… Ⅲ.①慈善事业-研究报告-
中国-2018 Ⅳ.①D632.1

中国版本图书馆CIP数据核字（2018）第091485号

慈善蓝皮书
中国慈善发展报告（2018）

主　　编／杨　团

出 版 人／谢寿光
项目统筹／邓泳红　陈　颖
责任编辑／薛铭洁

出　　版／社会科学文献出版社·皮书出版分社（010）59367127
地址：北京市北三环中路甲29号院华龙大厦　邮编：100029
网址：www.ssap.com.cn
发　　行／市场营销中心（010）59367081　59367018
印　　装／三河市龙林印务有限公司

规　　格／开　本：787mm×1092mm　1/16
印　张：30.5　字　数：462千字
版　　次／2018年6月第1版　2018年6月第1次印刷
书　　号／ISBN 978-7-5201-2698-4
定　　价／128.00元

皮书序列号／PSN B-2009-142-1/1

本书如有印装质量问题，请与读者服务中心（010-59367028）联系

2018 慈善蓝皮书编委会成员

主　　编　杨　团

编　　委　（按姓氏笔画排序）

王　名　王行最　王振耀　邓国胜　冯　燕
卢德之　朱卫国　朱健刚　吕　朝　江明修
李志刚　李允晨　何道峰　吴国平　杨　团
金锦萍　娄胜华　徐永光　顾晓今　康晓光
黄浩明

主要编撰者简介

杨　团　女，中国社会科学院社会学研究所研究员、社会政策研究中心顾问；中国社会科学院研究生院教授，硕士生导师。民政部特邀咨询专家，人力资源和社会保障部社会保障专家组成员。兼任中国社会学会社会政策研究专业委员会理事长、中国灵山慈善公益促进会副秘书长、北京农禾之家咨询服务中心理事长、北京永青农村发展基金会理事长等职。获评2013CCTV年度十大慈善人物。

长期致力于社会保障、慈善公益与非营利组织、综合性农民合作组织、社区公共服务、老年人长期照护等领域的社会政策研究，曾多次主持国家社科基金课题和重点课题、中国社会科学院重点课题，出版多部专著，发表论文和研究报告近200篇，曾获国家社科基金优秀成果及多项省部级研究优秀成果奖。主编年度丛书《当代社会政策研究》《中国慈善发展报告》《综合农协：中国“三农”改革突破口》；主要专著有《社区公共服务论析》（独著）、《中国社会保障制度的再选择》（第一著者）、《21世纪中国农民的社会保障之路》（第一著者）；主要论文有《社会政策研究范式的演化及其启示》《新农村建设与农村社会保障》《探索第四域》《医疗卫生服务体系的第三条道路》《中国长期照护的政策选择》《此集体非彼集体——为社区性、综合性乡村合作组织探路》等。

摘 要

2017 年，党的十九大召开，宣告了全面依法治国新时代的来临。在大环境支撑下的中国慈善事业一面持续发展，一面负重行进。

第一，社会组织数量继续保持着增势，截至 2017 年 12 月底，全国共有社会组织 801083 个，较 2016 年增长 8.77%。其中社会团体 373194 个，基金会 6322 个，民办非企业单位 421567 个，分别比 2016 年增长了 7.75%、10.68%、9.65%。另外，贯彻《慈善法》关于慈善组织要经过登记认定程序的规定，截至 2017 年 12 月 31 日，全国登记认定慈善组织已达 3378 家，其中新登记慈善组织 720 家，认定慈善组织 2658 家；在已登记认定的慈善组织中，有 816 家组织获得了公开募捐资格，占 24%。2017 年，已登记境外非政府组织代表机构 305 个，临时活动备案 494 件。

第二，最能表现国人慈善精神的志愿服务在 2017 年有质的突破。党的十九大报告将志愿服务列为社会服务的重点，政府新出台了《志愿服务条例》，在顶层设计、管理格局、投入保障、基础设施、信息系统、组织培育等方面都制定了重大政策。2017 年，中国志愿者总数为 1.58 亿人，经测算实际有 6093 万名活跃志愿者通过 131 万家志愿服务组织参与了志愿服务活动，服务时间达 17.93 亿小时，志愿者贡献价值为 547.97 亿元，较 2016 年增长了 10%。

第三，慈善公益捐赠和社会资源汇集的大数据颇为可观。

矫正后，2016 年度实际接收现金及物资捐赠量为 1458 亿元，加上全国志愿服务捐赠小时折算价值 496 亿元和彩票公益金筹集量 1039 亿元，全核算社会公益总价值预计达 2993 亿元。

2017 年，预期社会捐赠总量将达到 1558 亿元，这个总量加上全国志愿服务小时折算价值 547.97 亿元，人、款、物的社会筹募总量预估为 2105.97 亿元。

2017 年中国彩票销售总量达到 4266.69 亿元，同比增长 8.1%，其中筹集彩票公益金 1143.26 亿元，相比上年增加了 104.26 亿元。

《中国慈善发展报告》一直以来将社会捐赠总量、全国志愿服务贡献价值和彩票公益金三者之和设定为全核算社会公益总价值。2017 年，全核算社会公益总价值预计达 3249.23 亿元，与 2016 年相比，增长了 8.56%。

第四，慈善实践的多元拓展与思想领域的交锋相互映照。

多元拓展。一是互联网募捐在公益慈善组织项目筹款中的地位持续上升，公众海量参与、微捐赠聚合的巨大能量在 2017 年更加凸显；二是企业家慈善突破了传统模式，显示出创新能力，美的集团创始人何享健采用“慈善信托 + 基金会”“股票加现金”的模式宣布了一个超 60 亿元的捐赠计划；三是从广东发轫，在上海和江苏继起，终成大潮的城市社区公益基金会，成为政府和社会组织联手推进城市治理体系改革和公益慈善事业发展的新探索。而徐永光与康晓光的“二光”之争，是近年来围绕公益慈善走什么路的基本问题的一次明白无误的思想交锋，显然具有为中国慈善的思想市场开疆拓土的重要作用。

而中国慈善在 2017 年也有很多难以预料的挑战和问题。首先是某些打着“慈善”“扶贫”旗号的网络传销，用情怀加利益的方式诱惑公众参与，还有借慈善的名义骗取政策优惠、以虚假捐赠拍摄视频骗取个人钱财等。其次是网络慈善背负骂名。第三届腾讯 99 公益日三天筹款 13 亿元人民币，大大突破以往，但是不仅人工套捐愈演愈烈，还出现了机器刷单等套捐新手段。再次是虐童等公共事件频发，为什么最该维护儿童利益的幼儿园会做出犯罪行为？这些问题考问着公众，也考问着企业和政府。此外，互联网公益的兴起确实方便了公众，但另一方面也造就了公益新寡头。腾讯公益、蚂蚁金服公益及淘宝公益与其他的政府指定募捐平台之间，已经形成了权力鸿沟。强者越强弱者越弱，多元组织和多样化生态就越难生长。最后，尽管 2017 年慈善组织仍然保持增长态势，但是相比 2015 年和 2016 年，无论基金会、社会团体还是民办非企业单位，其增速都断崖式下滑，个中原因不能不归咎于《慈善法》出台后，基金会、社会团体、民办非企业单位三类组织的登记管理条例修订悬而未决，出现制度衔接的阶段性空档，各地登记注册工作出现不同程度的无所适从。

如何看待这些问题，显然瑕不掩瑜，要追踪其背后的原因。慈善本是一条不断流淌的长河，除因某些特殊原因被迫中断之外，它总是生生不息地奔流。河流改道，开疆拓土性质的重要改革，总是在旧的传统上进行，旧的传统也总是遗存于新的现实之中，而新的现实又总是在生成新的传统，新和旧的传统总会在冲突中演化，在冲突中相融。所以，一定时期出现进进退退的反复是常态。而在实践中正视问题，解决问题，并且善于鉴别和积累正向的结果，这条河流就能持续地奔腾向前。

2017 年的负重前行启迪着人们，在变革中坚持、思考、反省和探索出路，对于中国慈善事业的成长，对于慈善法治的建立和完善，是无比重要的。

Abstract

In 2017, the 19th CPC National Congress announced the new era of the rule of law. Under the macro environment, philanthropy in China is continuing its development with heavy steps.

Firstly, social organizations are continuing to increase. By Dec. of 2017, China had 801, 083 social organizations, 8. 77% more than that in 2016. These social organizations included 373, 194 social groups (representing a 7. 75% increase over 2016), 6322 foundations (representing a 10. 68% increase) and 421, 567 private non-enterprise units (a 9. 65% increase). In addition, by year-end 2017, according to the Charity Law, 3378 charitable organizations had been legally registered and certified. Among them, 720 were newly registered, 2658 were certified; among charitable organizations which were legally registered and certified, 816 had successfully obtained the qualification certificate for fundraising from the public, accounting for 24%. And, 305 overseas non-governmental organizations' representative offices have been registered and certified, and 494 temporary activities were put on records.

Secondly, voluntary services had made breakthroughs in 2017. In the report of the 19th CPC National Congress, voluntary services have been emphasized as one of the most valuable social services. *Regulation on Voluntary Services* has been issued officially, announcing a series of important policies on top design, management, investment guarantee, infrastructure, information system and organization hatch, etc. In 2017, there were 158 million volunteers. Among them, approximately 60. 93 million volunteers actively participated in 1. 31 million voluntary organizations, contributing 1. 793 billion hours with an economic value of CNY 54. 797 billion, increased 10% than that of 2016.

Thirdly, 2017 was a fruitful year for charitable donation.

The total value of social charity reached CNY 193. 2 billion in 2016. This comprised CNY 145. 8 billion in actual donations received as cash and goods, CNY 49. 6 billion in imputed value of hours of voluntary services contributed nationwide, and CNY 34 billion from the social welfare lottery fund.

In 2017, total social donations were anticipated to reach CNY 155. 8 billion. The imputed value of hours of voluntary services contributed nationwide reached CNY 54. 797 billion. Thus, total social donations and the imputed value of hours of voluntary services contributed nationwide were anticipated to reach CNY 210. 597 billion.

Nationwide welfare lottery sales totaled CNY 426. 669 billion increased by 8. 1% and generated CNY 114. 326 billion for the welfare lottery fund, CNY 5. 826 billion more than that in 2016.

We always calculate the total value of social charity by adding social donations, imputed value of hours of voluntary services contributed nationwide and welfare lottery fund. In 2017, the total value of social charity would reach CNY 324. 923 billion, increased by 8. 55% from 2016.

Fourthly, diversified philanthropic practices and the confrontations of thoughts was reflecting each other.

Diversified philanthropic practices, including online donation, are becoming a more popular and important way of receiving donations for charitable projects. The huge power demonstrated by tremendous public participation gathering where small collections were gathered from many individuals was very significant. Entrepreneurs are becoming involved in charity drives in more creative ways, instead of following the traditional models. Mr. He Xiangjian, the founder of Midea, announced a donation plan implying new practice of "charitable trust plus foundation" and "stock plus cash"; Starting from Guangdong, followed by Shanghai and Jiangsu, community foundations surged as a wave all over China. It was a new exploration on the reform of city administration system and the development of philanthropy put forwarded by governments joint with social organizations. The debate between Xu Yongguang and Kang Xiaoguang was certainly an ideal confrontation on the basic question of which way the philanthropy should go on with. It has its importance on broaden the China philanthropic marketplace of ideas.

However, philanthropy in China has also carried a lot of burdens. Firstly, online pyramid selling, covered by charity and poverty reduction, tempted the public by promising profit and by their feeling. Some defrauded the favorable policy support in the name of charity or gained donations by cheating video. Secondly, online donation's reputation was challenged. The event of Tencent 99 Donation attracted CNY 13 billion in 3 days, hitting a new record. But this achievement was shadowed by setting up donation trap artificially or even simply used machine to brush the donation system in order to take advantage from the donation principles. Moreover, public scandal affairs like child abuse happened one by one. People and governments were questioned on why the kindergarten which was supposed to be the frontier to protect Children's benefits became the criminal. Besides, when internet brought more convenience for people to donate on charity, it also created oligarchs. Power gaps have been formed among the donation platforms of Tencent Charity Foundation, the Ant Financial, Taobao and other officially signed ones. The larger the gap between the stronger and weaker is, the more difficult it is for the development of multi-organizational and multi-ecological systems. Although generally the number of philanthropic organization was keeping increase in 2017, comparing with that in 2015 and 2016, the number of newly registered foundations, social organizations as well as non-enterprises all dropped dramatically. The reason had to be the longstanding progress on revising the legal registration to coherent with the Law of Charity. This broke the consistency of the regulation system, which directly caused the local registration has no reference.

Government, business and philanthropy leaders began recognizing they had focused on the virtues more than these problems. They began to shift more their concentrated focus on tracing the reasons behind these problems. Philanthropy is like a river, although it has been cut off by various reasons for a season, it will find a new course to flow no matter what. The river could re-channeled by reforms based on the old traditions. The new ideas are always confronting the old foundations, making the process of transformation more difficult, but yet very achievable. We believe if the problems are approached by both sides with the right prospective, good experiences would be collected and learned, the philanthropy river would be never cutoff.

Today these heavy steps mentioned in this report are inspiring people to insist, to think, to reflect, and finally find a new way to grow. This is essentially important for the establishment and improvement for the legalization of philanthropy in China.

目 录

Ⅰ 总 论

Ⅱ 领域报告篇

Ⅲ 专题报告篇

Ⅳ 热点事件篇

Ⅴ 境外慈善篇

Ⅵ 附 录

皮书数据库阅读**使用指南**

CONTENTS

Ⅰ Overviews

Ⅱ Basic Reports

Ⅲ Special Reports

Ⅳ Hot Topics

V Overseas Philanthropy

Ⅵ Appendices

总　　论

Overviews

B.1

中国慈善在过渡期负重前行的一年

——2017 年中国慈善事业综述

徐会坛　杨 团*

摘　要： 党的十九大报告提出，中国特色社会主义进入新时代。新时代不但要求中国全面建成小康社会，建设社会主义现代化强国，还要求中国参与构建人类命运共同体，成为一个负责任的世界公益大国。这既对中国慈善①事业提出了历史性的新要求，也意味着中国慈善事业迎来了一个前所未有的战略机遇。在此背景下，2017 年，中国慈善负重前行，国家层面的法律

---

* 徐会坛，中国灵山公益慈善促进会北京办公室执行副主任；杨团，中国社会科学院社会政策研究中心顾问、研究员，《中国慈善发展报告》主编。

① 除非特别说明，本篇中的“慈善”是《中华人民共和国慈善法》意义上的概念，即现代意义的、广义的慈善，在表述上可等同于“民间公益”与“公益慈善”；本篇中的“公益”是广义的公益，行为主体可以是政府，也可以是民间组织。

制度体系建设与民间层面的实践探索和思想交锋，都不乏亮点；但距离实现真正的现代化转型，还有很长一段路要走。中国慈善要在2018年及未来更长的时间内，直面中国要发展和坚持什么样的慈善、倡导和建构什么样的慈善文化等基本问题，做出回答，并制定贴合现实脉动与时代需求的战略布局。

关键词： 新时代　公益慈善　慈善法治　民间实践

2016年，中国慈善事业迎来了重要的历史转折点，其标志是《中华人民共和国慈善法》（以下简称《慈善法》）、《中华人民共和国境外非政府组织境内活动管理法》（以下简称《境外非政府组织境内活动管理法》）以及一系列相关配套法规政策的出台。可以说，2016年是中国慈善事业正式进入依法治理时代标志性的一年。

中国慈善在互联网募捐、慈善信托、企业家巨额捐赠、志愿服务、社会创新、社会影响力投资、组织活力、平台建设、跨界融合等方面都呈现出新的发展气象。这是民间与政府更紧密地联手，为慈善事业注入新的发展动力的成果。[①] 2016年启动的慈善变革发展、探索创新的趋势与活力一直延续到2017年。与此同时，变革发展、探索创新的背后也伴随着问题和挑战，需要严肃对待、认真研究和积极应对。

一　主要数据指标继续呈现稳步增长态势

2017年，在经济发展稳中向好、法制环境逐步改善、政府扶持持续加

---

① 董强：《2016年中国慈善事业发展综述》，载杨团主编《中国慈善发展报告（2017）》，社会科学文献出版社，2017，第1～13页。

码、信息技术创新赋能、社会需求升级转化、社会认知提升扩展等背景下，中国慈善事业发展的主要数据指标在2016年的基础上呈现稳步增长的态势。

1. 社会组织总数量突破80万个

在社会组织方面，根据中国社会组织网的统计，2017年，总数量突破80万个的关口，达到801083个，较2016年增加了8.77%。其中，基金会6322个，占比0.79%，比上年增加10.68%；社会团体373194个，占比46.59%，比上年增加7.75%；民办非企业单位421567个，占比52.62%，比上年增加9.65%（见图1）①。根据基金会中心网实时观测统计，截至2017年12月31日，中国基金会总数量达到6384个，较2016年增加585个，年增长率为10.09%。②

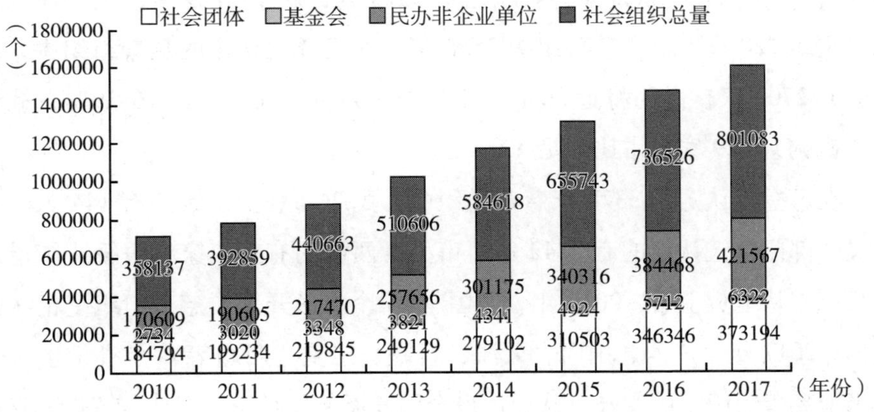

图1　2010～2017年中国社会组织数量

资料来源：民政部社会组织登记管理信息系统，截至2017年12月31日。

---

① 资料来源于社会组织大数据分析展示栏目。其全国性社会组织数据来自民政部社会组织登记管理信息系统，地方社会组织数据来自全国社会组织统一社会信用代码信息系统。其数据处于不断更新中。http：//data. chinanpo. gov. cn/？from = singlemessage，访问日期：2018年4月11日。

② 基金会中心网通过实时观测各级民政部门的基金会成立公告等信息统计基金会数量，目前已经覆盖全国32个省级民政部门以及百余个市县级民政部门。相关数据都是根据实时发布的基金会成立公告、登记许可信息等统计。因为统计口径不同，所以与民政部统计数据略有差异。

2. 登记认定慈善组织总数量超过3000家，备案慈善信托新增44单

2016 年 9 月 1 日，《慈善法》实施以来，慈善组织成为中国慈善法治体系最重要的规范主体之一，同时也成为联系各方慈善参与者的枢纽和抓手，慈善捐赠、慈善募捐、慈善财产、慈善服务、慈善信托都离不开慈善组织，法律责任也主要针对慈善组织进行规定；其中，最典型的就是对于慈善捐赠的优惠，只有通过慈善组织进行的赠予才能被认定为慈善捐赠，才能享受税收等优惠。① 慈善组织的登记认定故此成为推进《慈善法》落实的一项基础工作，慈善组织故此也成为观测中国慈善事业发展一个新的重要方面。

在慈善组织登记认定方面，据北京师范大学中国公益研究院慈善法律研究中心《中国慈善法 2017 年实施报告》的不完全统计②，截至 2017 年 12 月 31 日，全国登记认定慈善组织已达 3378 家，新增 2749 家，其中新登记慈善组织 720 家，认定慈善组织 2658 家；在已登记认定的慈善组织中，基金会共 2702 家，占比将近 80%，社会团体共 547 家，占比 16. 19%，社会服务机构共 129 家，占比不足 4%。

在已登记认定的 3378 家慈善组织中，民政部登记认定的有 144 家，省级民政部门登记认定的有 2242 家，市、县两级的有 984 家，镇级或街道的有 8 家。从地域上看，2016 年，中国有 25 个省份开展了慈善组织登记认定工作；2017 年，广西、山西、天津、新疆、宁夏、西藏等 6 个省份也实现了当地慈善组织零的突破，从而使得全国开展慈善组织登记认定工作的省份增加到 31 个。

从公开募捐资格看，在已登记认定的慈善组织中，有 816 家组织获得了公开募捐资格，占比 24. 16%。这些组织多数是基金会，数量达 566 家，其

① 马昕：《慈善法贯彻落实进行时：不忘初心》，公益慈善论坛微信公众号，http：//mp. weixin. qq. com/s/S6YOEC2TMPYb_ QgvwoxAEA，2017 年 10 月 20 日。

② 截至 2017 年 12 月 31 日，全国慈善信息公开平台系统共录入 3809 条组织信息，其中有 88 家组织显示的登记管理机关并非民政部门，另有 337 家组织在系统内显示的登记认定时间不在 2016 年 9 月 1 日至 2017 年 12 月 31 日之内，2 家组织成立时间显示错误，4 家组织登记认定为慈善组织的时间早于组织成立的时间，难以判定具体登记认定时间。基于以上原因，上述 431 家组织并未纳入《中国慈善法 2017 年实施报告》统计。

中有一部分组织是在《慈善法》出台之前成立的公募基金会，因而在认定为慈善组织之后可以直接申领公开募捐资格证书。此外，获得公开募捐资格的慈善组织中，还有248家社会团体和2家社会服务机构。

《慈善法》实施后，慈善信托也正式成为中国慈善事业发展的重要方面之一。据中国慈善联合会慈善信托委员会《2017年中国慈善信托发展报告》统计，在2017年，中国共有24家信托公司和7家慈善组织成功备案了44单慈善信托产品，比2016年增加了22单。这44单慈善信托涉及教育、扶贫、儿童、扶老、环保等多个公益慈善领域，初始资金规模为6.94亿元，比2016年增加了6.09亿元；但合同金额规模仅7.89亿元，比2016年骤降22.96亿元。[①]

3. 社会捐赠预计超1500亿元，全核算社会公益总价值预估超3200亿元

在社会捐赠方面，根据矫正后的中国社会捐赠数据，2015年中国实际社会捐赠总额为1215亿元，2016年实际捐赠额为1458亿元。而由于政府统计数据和行业统计数据的滞后性，截至发稿时，2017年的中国社会捐赠数据只能根据已公布的统计数据和测算数据，结合中国慈善的发展环境和发展态势，进行预估。根据预估，2017年，中国民政系统接收含物资折价的社会捐赠约为33亿元；慈善会系统的社会捐赠收入超过426亿元；基金会、社会服务机构（民办非企业单位）、社会团体三类组织社会捐赠收入为850亿元，其中基金会捐赠收入为680亿元。除民政部门之外的政府部门、事业单位、宗教机构、人民团体等接收捐赠主体的相关数据均是从网络监测数据抽样样本测算所得，根据中国慈善联合会历年监测测算的变动幅度和比例，这四类捐赠接收主体在2017年接收捐赠的数额约为249亿元。综上所述，2017年中国社会捐赠总量预估约为1558亿元，继续保持增势。

在志愿服务方面，2017年，中国志愿者总数为1.58亿人，经测算实际有6093万名活跃志愿者通过131万家志愿服务组织参与了志愿服务活动，

① 中国慈善联合会慈善信托委员会：《2017年中国慈善信托发展报告》，搜狐网，http://www.sohu.com/a/221977287_818314，2018年2月9日。

服务时间达17.93亿小时，志愿者贡献价值547.97亿元，较2016年增长了10%。

在社会捐赠、志愿服务之外，彩票公益金也是支持中国公益慈善事业发展的重要来源。在彩票公益金筹集方面，据财政部统计，2017年1~12月，全国共销售福利彩票2169.77亿元，筹集彩票公益金620亿元，比上年增加29亿元；销售体育彩票2096.92亿元，筹集彩票公益金523.26亿元，比上年增加了11.4%。福利彩票和体育彩票相加，2017年中国彩票销售总量达4266.69亿元，比上年增加320.28亿元，增长8.1%；合计筹集彩票公益金1143.26亿元，比上年增加104.26亿元。

《中国慈善发展报告》一直以来将社会捐赠总量、全国志愿服务贡献价值和彩票公益金三者之和设定为“全核算社会公益总价值”。据统计，2017年，中国全核算社会公益总价值预估为3249.23亿元，与2016年相比，增长8.56%。

综上所述可以看出，无论是在组织层面，还是捐赠层面，中国慈善都在稳步增长。但是，如果把这些数据指标放到近五年的发展中进行分析，会发现，中国慈善的增长并不显著，甚至可以用“惯性增长”来形容（见图2）。

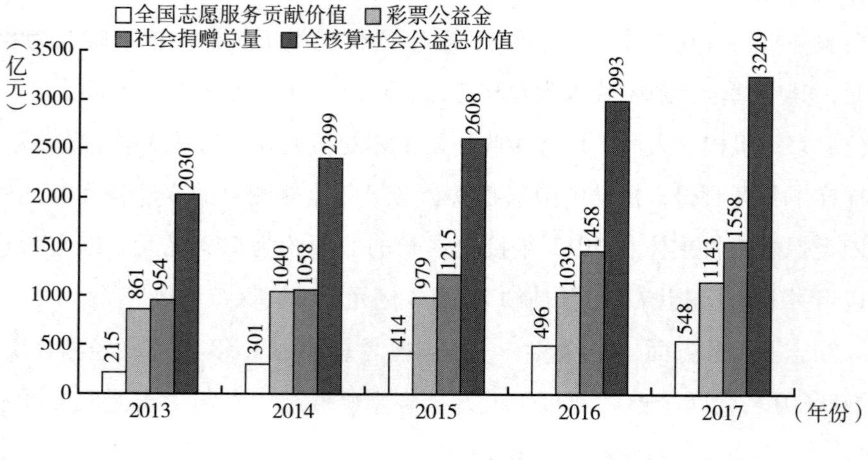

图2　2013~2017年中国全核算社会公益总价值

资料来源：2013~2018年《中国慈善发展报告》。

此外，在较长时间里，中国慈善界自觉不自觉地把社会组织的整体数量、社会捐赠的总体规模等数据的增长视作衡量自身发展的关键尺度，导致对整个行业增长效率、质量与结构的忽略。其结果是，中国慈善界对自身发展的深层问题、挑战与风险重视不足，战略发展意识薄弱。

较为典型的例子是，2008 年“5·12”汶川地震之后，中国慈善事业进入快速发展期，社会捐赠与志愿服务都持续增长，但是，与之匹配的行业中介机构、行业支持型组织、行业数据库平台、行业媒体网络等慈善基础设施却非常缺乏，导致行业发展出现联合不足、追求短期成效、缺乏沉淀等问题。投入慈善基础设施建设的慈善资源不足是不可回避的原因之一。[①] 这突出表现为，在中国的基金会行业生态中，支持慈善基础设施建设的资助型基金会数量寥寥。据中国资助者圆桌论坛的统计，2015 年，中国的资助型基金会数量不超过 40 家，占当年中国基金会总数量的不足 1%；[②] 在这不足 1% 的资助型基金会中，把行业基础设施明确纳入资助战略的，更是少之又少。这背后凸显出来的有中国基金会行业生态结构的不平衡，也有对中国慈善基础设施建设的认知不充分。从长远看，资助型基金会的发展滞后，慈善基础设施的建设不足，势必成为阻碍中国慈善行业良性发展的结构性因素。然而，中国慈善行业到目前为止对之缺乏足够的重视和研究。

二 国家：慈善法治建设继续稳步推进

改革开放以来，中国的慈善法治建设尽管仍存在不少问题和缺陷，但是应该肯定，它一直处于逐步完善的进程之中，而且取得了长足的发展。其中，最具里程碑意义的莫过于 2016 年《慈善法》的颁布与实施。《慈善法》是中国第一部国家层面的基础性、综合性慈善法律，标志着中国慈善事业正

① 赖佐夫：《中国慈善基础设施建设的经验与挑战》，CSR 环球网，http：//www.csrworld.cn/portal.php？mod = view&aid = 6403，2017 年 6 月 14 日。

② 李志艳：《资助到底是怎样一种专业?》，《中国发展简报》2017 年 9 月 22 日。

式迈入法治化轨道。[①] 它的出台不但纾解了中国慈善过去长期面临的法律法规碎片化、位阶低、约束力弱的困境，而且为中国慈善事业的新发展开辟了更为广阔的空间，并提供了基本的法治保障。其最为突出的体现是，《慈善法》采用了“大慈善”的概念，不仅把促进科教文卫体事业发展及环境保护等领域自愿开展的公益活动都纳入调整范围，而且把符合社会公共利益的其他活动也纳入慈善活动的范畴。这无疑是中国慈善理念和制度的一次重大创新。与此同时，《慈善法》对慈善组织登记认定、慈善募捐、慈善捐赠、慈善信托、慈善组织财产使用管理、志愿服务、信息公开、税收优惠政策、监督管理等，都做出了全面系统的规定，回应了中国慈善事业发展的多方面需求，开启了中国民间与政府共同为社会筑底的慈善法治时代[②]。在《慈善法》之后，同年 4 月通过的《境外非政府组织境内活动管理法》是中国第一部在境外非政府组织管理方面的法律。它与《慈善法》共同为中国的慈善法治体系搭起了基本框架。

但是，慈善法治并不只是有法可依那么简单。它是包含立法、执法、司法全过程的系统、立体建设。

1. 立法

在立法层面，中国慈善事业的法律制度体系构建除了作为基本法律的《慈善法》之外，还需要制定大量与之配套的行政法规、部门规章、政策文件和执法细则等；此外，与慈善事业相关的一些法律法规的制定与修改，及它们与《慈善法》之间的融贯程度，也会影响慈善法律制度体系的完善性。2016 年 3 月《慈善法》颁布之后，与之有配套作用的法律法规的修订，以及与之配套的规范性文件的制定，就一直在密集地进行着。2017 年，这一进程继续。

在与《慈善法》有配套作用的法律法规方面，最为重要的是，2017 年

① 《民政部有关负责人就慈善法实施答记者问》，民政部门户网站，http：//www. mca. gov. cn/article/zwgk/mzyw/201603/20160300881630. shtml，2016 年 3 月 23 日。

② 金锦萍：《慈善法开启民间与政府共同为社会筑底的时代》，《人民日报》2016 年 3 月 21 日，第 23 版。

3月《民法总则》通过，并于同年10月1日正式施行，自以“非营利法人”正式登上历史舞台，《民法总则》为《慈善法》的施行与解释提供了更为基础的法律依据。此外，2017年2月《企业所得税法》和《红十字会法》修订，6月《宗教事务条例》修订，也都体现了与《慈善法》的衔接。

在与《慈善法》配套的规范性文件方面，主要包括：2017年7月，《慈善信托管理办法》颁布，标志着中国慈善信托规制体系初步建立；9月，《志愿服务条例》公布，填补了中国志愿服务领域中央层面法律法规的空白；11月、12月，《慈善组织保值增值投资活动管理暂行办法》、《慈善组织信息公开办法》及《社会组织信用信息管理办法》分别进行公开征求意见；此外，《社会组织抽查暂行办法》、《慈善组织互联网公开募捐信息平台基本技术规范》、《慈善组织互联网公开募捐信息平台基本管理规范》等陆续出台。它们分别从多个方面为《慈善法》的施行进行配套。

为在地方实践中更好地推进慈善事业发展，各地也纷纷在《慈善法》的基础上制定地方性法规、规章和其他规范性文件。其中，2017年12月2日，江苏省人大常委会通过《江苏省慈善条例》，这是《慈善法》出台后，中国省级层面首部落实上位法的地方性慈善法规。[①]

可见，2017年，《慈善法》体系得到了进一步的充实。但是，与比较可观的完善还是存在一定的距离。例如，作为《慈善法》最重要配套制度的基金会、社会团体、社会服务机构（民办非企业单位）三大社会组织条例的修订没有进展，也没有进行进一步的征求意见等程序。再如，慈善税收优惠政策依然非常零散，非货币性捐赠、慈善信托的税收优惠仍无明确兑现细则。这些都有待推进，以为《慈善法》中相关的原则性规定的切实落地提供具体配套。

2. 执法

在执法层面，2017年，从中央到地方，各级民政部门及其他相关机构

① 《〈江苏省慈善条例〉解读》，江苏人大网，http：//www. jsrd. gov. cn/sy/jd/201712/t20171218_ 481807. shtml，2017年12月18日。

采取了各种措施，积极推动《慈善法》及其配套制度的具体落地。例如，民政部开通了全国志愿服务信息系统、社会组织政策法规数据库、涉嫌非法社会组织名单查询等平台，出台了慈善组织互联网公开募捐信息平台建设相关行业标准等，对保护慈善活动参与相关方的权益、规范慈善活动和组织，起到了积极的作用。

但是，无须讳言，随着中国慈善事业快速发展，一些新问题、新困局日渐凸显。例如，2017 年，在中国慈善领域出现了不少“伪慈善”现象乃至犯罪行为。“善心汇”使用“扶贫济困、均富共生”“人人公益”“链接所有行业”“购买爱心”等口号，用情怀加利益的方式诱惑公众参与传销；“云南慈善妈妈”以“保护儿童，预防拐卖”的名义敛财、骗取政府优惠；一些网络主播以虚假捐赠拍摄视频骗取粉丝礼物，等等。这些都是值得关注的案例。①

再如，在互联网募捐方面，2017 年也出现了一些应该高度重视的问题，如第三届腾讯 99 公益日出现了 700 多万元异常捐赠②、“同一天生日”网络募捐涉嫌非法募捐③等。可见，虽然民政部门推出了互联网募捐平台建设的两项行业标准，确实起到了一些引导和规范的作用，但是，有关互联网募捐的执法，尤其是在个人求助规制、募捐地域限制、募捐平台法律规范等方面依然存在挑战。

又如，在慈善组织的登记认定方面，随着《慈善法》和《慈善组织认定办法》的出台和实施，承担着中国慈善准入功能的慈善登记制度突破了设立程序烦琐、双重管理、募捐资格受限制等机制性瓶颈。应该肯定，这有助于促进慈善组织发展和公民结社权实现。但是，由于相关条文的模糊性以及相关标准的不确定性，主管慈善工作的各级民政部门拥有了相当大的自由

---

① 马剑银：《如何减少“伪慈善”》，载《中国青年报》2017 年 7 月 28 日，第 8 版。

② 菅宇正：《“99 公益日”刷单套捐将被重点排查》，公益时报网，http：//www. gongyishibao. com/html/yaowen/12707. html，2017 年 10 月 31 日。

③《深圳市民政局：责令爱佑未来基金会停止“同一天生日”活动》，人民网 · 财经频道，http：//finance. people. com. cn/n1/2017/1226/c1004 –29729579. html，2017 年 12 月 26 日。

裁量空间，譬如对《慈善法》第三条中的“符合本法规定的其他公益活动”的认定等。这也造成各级民政部门对慈善组织登记认定工作的认知和执行困惑，导致制度落地滞后、不均衡、不充分等问题。① 以全国为例，2016 年全国 25 个省份开展了慈善组织登记认定工作，但登记认定的慈善组织不到 600 家；广西、山西、天津、新疆、宁夏、西藏等 6 个省份，直到 2017 年才实现了当地慈善组织登记认定零的突破。此外，一些看似意在推动慈善组织登记认定工作的地方性行政措施也值得注意，例如，2017 年 6 月，山东省民政厅发布《关于进一步做好慈善组织登记和认定工作的通知》，要求同年年底前各级已登记成立的基金会认定为慈善组织的比例均应达到 80% 以上，并规定凡未登记和认定为慈善组织的基金会不得申请参与社会组织等级评估。

3. 司法

在司法层面，根据最高人民法院中国裁判文书网收录的裁判文书，截至 2017 年底，共有 9 起案件涉及了《慈善法》，另有 1 起案件还涉及了英国慈善法。这表明《慈善法》已经开始进入司法实践领域。

综上所述，《慈善法》实施以来，中国慈善法治建设，在立法、执法、司法三个层面都取得了可观的成绩。相关法律法规的修订与配套规范性文件的出台，是《慈善法》原则性规定能够落地的重要保障。但是，如果没有执法与司法层面的积极作为，《慈善法》的法律精神和制度理念依然难以真正落地。作为《慈善法》执法机关的民政部门及其他相关机构的认知、执法态度、经验、能力等，都有可能成为《慈善法》贯彻施行不均衡、不充分的因素。能否在充满不确定性和张力的现实发展中保持灵敏度与活力，持续落实《慈善法》开放的立法精神和制度理念，将直接影响中国慈善法治建设的后续路径选择。这不仅仅是立法、执法与司法机关的职责，慈善界各组织、机构、从业者以及相关的媒体也有责任。这是捍卫中国慈善事业已有

① 俞祖成：《慈善组织认定：制度、运作与问题》，《浙江工商大学学报》2017 年第 3 期，第 107 ~ 114 页。

的开放空间和推动更加包容的慈善法治建设的需要，也是整个行业发展更加成熟的体现。

三　社会：实践拓展与思想锋芒交相辉映

个人及民间自主组织起来的正式和非正式社会组织是慈善最为核心的力量来源。[①] 中国慈善在新时代的发展目标，就是要发展成为满足人们日益增长的美好生活需要、促进社会全面深化改革、实现社会公平正义的支柱之一。要实现此目标，持续而审慎地对中国慈善的民间实践经验和思想脉动进行梳理和总结，以存利去弊、推进变革与创新，是一项基础工程。

整体而言，2017 年，中国民间力量的实践拓展与思想锋芒可谓交相辉映。

1. 信息技术赋能慈善

2017 年，以互联网、智能终端、移动支付为基础设施的信息技术继续扩大其对中国慈善的影响。现阶段，以它对公众募捐的巨大影响和深入渗透最为突出。

首先，互联网募捐已成为公益慈善组织项目筹款和个人求助的重要渠道和方式。其海量参与、微捐赠聚合的能量已经在 2017 年充分地显现出来。以 2017 年的“一元购画”公益慈善项目为例，它上线不到 6 小时就完成了 1500 万元的筹款，共有 580 万人次参与。再以腾讯 99 公益日为例，2017 年，腾讯 99 公益日进入第三年，其间共有超过 1268 万人次为 6466 个公益慈善项目捐款 8. 299 亿元，加上腾讯公益慈善基金会的 2. 9999 亿元配捐额和爱心企业配捐的 1. 77 亿元，总计募捐金额超过 13 亿元，无论是参与人次、公益慈善项目数量还是募捐总额都比 2016 年翻了两番左右，连续第三年刷新历史纪录。最后，以民政部指定的首批 12 个慈善组织互联网募捐信

① 杨团：《中国慈善事业的伟大复兴》，载杨团、葛道顺主编《中国慈善发展报告（2009）》，社会科学文献出版社，2010，第 218 ~ 228 页。

息平台[①]为例，在2017年，它们合计募集善款达25.89亿元，累计捐赠人次达62.49亿，相当于全民[②]全年通过这12个指定慈善组织互联网募捐信息平台人均捐赠4.49次，每次平均捐赠0.41元。

其次，互联网募捐正在加速重塑中国慈善行业公众筹款的思维和实践。在项目设计方面，除传统的故事设计外，丰富、有趣的捐赠体验设计成为项目吸引广泛捐赠的重要因素；在机构管理方面，互联网思维下的团队协作式管理相较于传统叠床架屋的层级式管理的优势日益凸显。中华少年儿童慈善救助基金会、爱德基金会等这些互联网公众募捐领域的领先慈善机构，无一不把互联网思维及应用能力作为机构发展的关键战略内容，予以探索研究和创新实践。

信息技术与人类历史上涌现的其他技术一样，有正面价值，也会有负面价值。而随着影响力的持续扩大和渗透，其负面价值及风险也会日益暴露，中国慈善行业需要见微知著，且尽早直面和采取应对措施。

在2017年，有两个公众关注的事件就凸显了这一点。一个是第三届腾讯99公益日证实存在“机器刷单”“套捐”等公益慈善机构涉嫌违法、违规行为，另一个是“同一天生日”网络募捐违背募捐伦理，且因涉嫌“诈骗”而被管理机关喊停并立案调查。这两个事件截至发稿时都还没有结束，前者是腾讯公益官方许诺启动的第三方独立审计与核查未公开，后者是管理机关的立案调查未有定论。但是，通过这两个事件暴露出来的信息技术背景下互联网募捐的问题和挑战，包括技术赋能下的慈善行业自律与监管、现有监管规范与标准的漏洞与不足、技术伦理的界定与守持、捐赠暴涨与公众慈善意识提升之间的张力与不平衡等，已不可忽视。

---

① 2016年8月22日，民政部公布首批指定慈善组织互联网募捐信息平台，包括腾讯公益、新浪微公益、淘宝公益、基金会中心网等在内的13个平台入选。但在2017年上半年考核中，民政部同意了中国慈善信息平台因战略调整提出的退出申请，自此，该平台不再作为民政部指定的慈善组织互联网公开募捐信息平台，指定平台由13个变为12个。公益时报微信公众号，https://mp.weixin.qq.com/s/tiY1uhGBZMGCB0LygOSYiw，2017年8月18日。

② 根据国家统计局2018年1月18日发布的公报，2017年全国总人口数达139008万人，http://www.stats.gov.cn/tjsj/zxfb/201801/t20180118_1574917.html。

此外，2017年，互联网募捐还暴露出一个尚未得到足够认识的重大问题，即科技慈善领域初现权力垄断苗头。据公开的年度运营报告，民政部指定的首批12家慈善组织互联网公开募捐信息平台，在筹款额、捐赠人次方面均出现了巨大失衡。在筹款额上，居于榜首的腾讯公益一家指定平台的筹款额达到16.25亿元，比其余11家指定平台筹款额的总和还要多出6.60亿元；在捐赠人次上的差距更大，位于榜首的淘宝公益捐赠人次达59.8亿，相当于其余11家平台全年捐赠人次总和的22.23倍。显然，腾讯公益、蚂蚁金服公益和淘宝公益与其他民政部指定平台之间出现了权力鸿沟，它们在中国互联网募捐领域的巨头地位已经形成。这同时意味着中国公益慈善机构在公众筹款方面对它们的依赖程度在加深。中国的公众募捐乃至整个行业的发展方向和变革如果由几家科技巨头把控[①]，这对整个中国慈善行业未必是福音。

2. 企业家慈善　再现典型

2017年7月24日，美的集团创始人何享健宣布了一个超60亿元的捐赠计划，包括1亿股美的集团股票和20亿元人民币现金。[②] 这是中国企业家在曹德旺股捐35亿元之后的大额捐赠又一典型，入选"2017中国慈善行业年度十大热点事件""2017年度十大公益新闻"等多个年度评选榜单。

何享健所宣布的捐赠计划的典型意义不只在于捐赠数额的巨大，还在于它采用了"慈善信托+基金会"的创新模式。在该模式中，慈善信托占了超过75%的捐赠规模，包括捐赠5亿元现金设立"中信·何享健慈善基金会2017顺德社区慈善信托"，以及捐赠1亿股美的集团股票计划用于设立一个财产及收益全部用于支持公益慈善事业发展的永续性慈善信托。其中，前者已于2017年5月27日在广东省民政厅完成备案，后者由于慈善信托在中国的税收优惠等相关问题还没有解决而至今尚未备案。[③]

① 訾宇正：《垄断局面形成 关键数据流失 互联网巨头紧握公益机构"命门"》，公益时报网，http：//www.gongyishibao.com/html/yaowen/11953.html，2017年6月21日。

② 《2017年中国捐赠百杰榜》的数据为67.9亿元。中国公益研究院微信公众号，http：//mp.weixin.qq.com/s/bXcpZsW1moCcoeBqdBKE5Q，2018年2月7日。

③ 谢舒：《独家详解何享健家族60亿慈善计划》，慈讯网，http：//www.icixun.com/2017/0905/5870.html，2017年9月5日。

慈善信托在中国的操作技术、管理模式、政策配套等均有待进一步完善。在此背景下，何享健所宣布的创新捐赠计划，在传播慈善信托理念、提升慈善信托认知度、带动慈善信托实践热情、加速慈善信托税收优惠等相关政策完善等方面，具有一定的杠杆和示范效应。

何享健所宣布的创新捐赠计划还是一个有价值的实践案例，可为中国企业家大额捐赠转型战略慈善的探索和实践提供宝贵的本土经验。总体上，中国企业家大额捐赠的战略慈善特征尚不明显，突出表现在缺乏清晰使命和系统规划、专业性意识薄弱、创新能力不足、资助领域局限且缺乏长期投入等方面。据国际公益学院"中国亿元捐赠与战略慈善研究"课题组统计，2011～2016年，中国仅有四成亿元（含）以上捐赠人设立了专门慈善机构，且善款使用和运作过程相对公开透明、可信度较高。①

而从已公布的捐赠规划来看，何享健通过设立慈善信托、基金会和专项基金，结合不同慈善机制的优势，形成由具有战略性思维的专业团队运营的立体慈善体系；此外，该体系在专注于社区发展的基础之上，长期持续地从扶贫、养老、文化及艺术、教育、社会创新、支持公益慈善事业发展等多个领域回应社会需求②。这些都比较充分地体现了战略慈善的特质，即与做传统慈善相比，前者更加重视慈善的整体规划、专业性、创新性、多赢性、长远性和引领性，更加强调慈善的效率和社会推动力。在解决日益深化和复杂的本土或全球化问题的过程中，已经积累了相当财富的中国企业家群体如能规模化地走向战略慈善，势必会成为中国乃至全球慈善生态中一股新的不可忽视的力量。值得肯定的是，中国企业家群体已越来越多地意识到慈善，尤其是战略慈善，对于商业战略、家族传承乃至社会发展的重要性。

北京师范大学中国公益研究院、国际公益学院联合发布的《2017年中

---

① 傅昌波、程芬、魏璞祯、胡越：《六年大额捐赠百杰榜数据解析 中国战略慈善的四道思考题》，《南方周末》官方网站，http://www.infzm.com/content/124469，2017年5月9日。

② 谢舒：《独家详解何享健家族60亿慈善计划》，慈讯网，http://www.icixun.com/2017/0905/5870.html，2017年9月5日。

国捐赠百杰榜》显示，从2011年至2017年，已经累计有504位捐赠者上榜，累计捐赠1464.91亿元（含承诺捐赠，下同）；此外，无论是年捐赠额在亿元（含）以上还是十亿元（含）以上的企业家的数量都在逐步增加，其中，2017年捐赠一亿元以上的上榜者共40人，捐赠十亿元以上的上榜者共6人，均为历史最多。这意味着中国企业家大额捐赠已渐成趋势。① 其中，阿里巴巴集团董事局主席马云、盛大集团创始人陈天桥及腾讯公司创始人马化腾、陈一丹等一批慈善家，开始战略性地布局和规划慈善，其捐赠方式从现金、物资等拓展至股权、慈善信托等，其资助领域也从传统的教育、减贫等拓展至脑科学、人工智能等前沿科技领域。这些都应视作中国企业家群体的大额捐赠向战略慈善转型端倪初现的表征。

3. 社区基金会快速发展

在中国，社区基金会②起步较晚，实践和理论基础都还很薄弱。一般认为，2008年在民政部登记成立、以社区公益组织培育为使命的桃源居公益事业发展基金会是中国的第一家社区基金会。但是，其后，社区基金会在中国一直发展缓慢，直到2014年，才正式开始兴起，并且话题热度迅速上升。这与以广东、上海和江苏三地为代表的地方政府率先培育和发展社区基金会，以之作为探索推进城市治理体系改革和公益慈善事业发展的重要举措，密切相关。③

---

① 中国公益研究院：《2017年中国捐赠百杰榜在京发布》，中国公益研究院官方网站，http：//mp. weixin. qq. com/s/dwsdpEMxP4KDTq29X2c6vg，2018年2月7日。

② 社区基金会于1914年诞生于美国，后成为与独立基金会、企业基金会和运作型基金会并列的四大美国基金会类型之一，并扩展到世界其他很多国家和地区。从国际经验来看，社区基金会主要是从资金来源和资金使用范围两个方面来界定的，其核心特质在于动员社区资源解决社区问题。主要参见李宗克《社区基金会的观察和思考》，公益慈善学园微信公众号，https：//mp. weixin. qq. com/s/sOAg5Q0NcGrydah1eN1NFA，2016年6月15日。

③ 2014年3月，深圳出台《深圳市社区基金会培育发展工作暂行办法》及有关配套制度，在全国率先把培育和发展社区基金会作为推进城市治理体系改革和公益慈善事业发展的重要举措。2014年底，上海将“发展社区基金会”写入上海一号课题成果《关于进一步创新社会治理加强基层建设的意见》及其6个配套文件，并于次年发布《上海社区基金会建设指引（试行）》，开始明确鼓励和引导社区基金会成立。随后，南京也于2015年7月出台了《关于推动南京市社区型基金（会）发展的实施方案（试行）》，并提出在其后两年要建成不少于30家社区型基金会。主要参见胡小军、朱健刚《社区慈善资源的本土化》，《学海》2017年第6期，第85~92页。

据基金会中心网的不完全统计，截至2017年10月11日，中国共有社区基金会144家；其中，2014～2016年成立的共有108家，占总数量的75%，而仅2017年1月1日至10月11日注册数量就有36家，相当于全国2013年全年的社区基金会总数量（见图3）。而从社区基金会的地域分布来看，上海有60家，居中国之首，广东和江苏则分别以36家和23家排在第二与第三位，三地社区基金会的总数量为119家，占全国总数量的82.64%；另外，在广东的36家社区基金会中，深圳占了26家，占比高达72.22%（见图4）。①

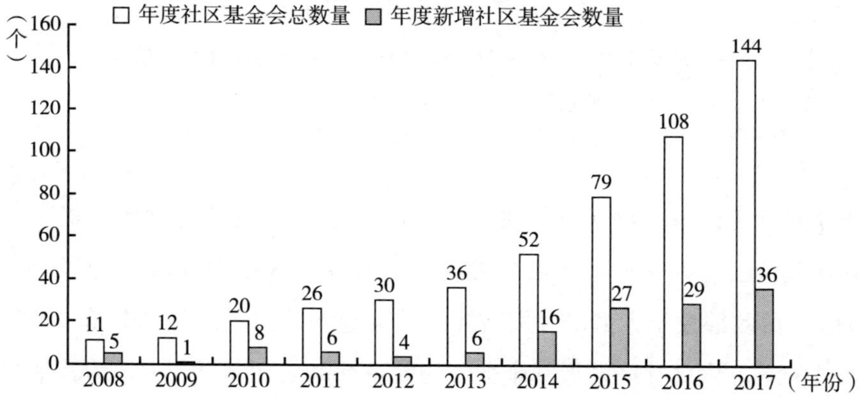

图3　2008～2017年中国社区基金会历年数量变化

资料来源：基金会中心网，截至2017年10月11日。

从以上数据可见，中国的社区基金会大部分是在近两三年内成立的，而且主要集中在出台过推动社区基金会发展政策的广东、上海和江苏三地，呈现出短期增长与高度聚集的鲜明特点。

2017年4月3日，《中共中央　国务院关于加强和完善城乡社区治理的意见》正式印发，这是新中国历史上第一个以党中央、国务院名义出台的

① 目前，中国还没有对社区基金会的明确定义，故而，关于社区基金会的数量与分布也还未有明确的统计。此处的数据是基金会中心网提供的不完全统计数据；并且需要特别说明的是，报告撰写者把1991年在福建成立的南安市芙蓉基金会视为中国最早的社区基金会。虽然数据的精确度有待提升，但是整体而言还是可以看出中国社区基金会的变化趋势。

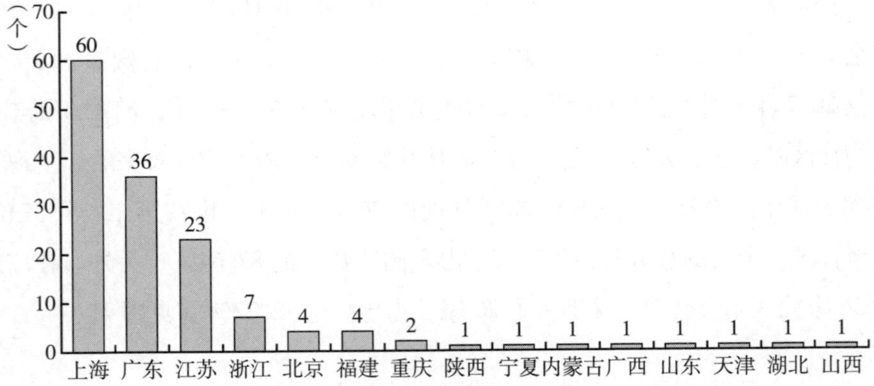

图4　截至2017年10月11日，中国社区基金会数量分布情况

注：社区基金会数量为0家的省份未标注在图中。

资料来源：基金会中心网，截至2017年10月11日。

关于城乡社区治理的纲领性文件，其中明确指出“鼓励通过慈善捐赠、设立社区基金会等方式，引导社会资金投向城乡社区治理领域”。同年12月27日，《民政部关于大力培育发展社区社会组织的意见》正式发布，“鼓励有条件的地方设立社区发展基金会，为城乡社区治理募集资金，为其他社区社会组织提供资助”。这意味着，社区基金会作为推动城乡社区治理的一种创新模式，从2017年开始正式得到了党中央和国务院的认可和鼓励，将不再局限在地方探索与试点的发展阶段。这有望推动社区基金会在更大的地域范围内迎来新一轮快速增长。

中国社区基金会目前发展的另一个鲜明特点是，绝大部分社区基金会由政府推动或直接发起成立。以深圳为例，在26家已成立的社区基金会中，仅有蛇口社区基金会一家是由纯民间自愿发起并自主治理的。

在理论上，无论是由政府、企业还是民间主导，社区基金会都可以动员本社区资源与本社区利益相关方，促进本社区公益慈善的发展，回应本社区需求，解决本社区问题，增加本社区居民对公共事务的参与度，增强本社区居民的社区认同感和归属感，促进本社区的和谐稳定，发挥其创新城乡社区治理机制的作用。但是，从已有的案例研究看，由于过渡时期旧有社会治理体制的障碍遗存，由政府推动或直接发起成立的社区基金会普遍存在独立性不足、行政化色彩浓厚、居民参与度和积极性较低等问题。① 这不仅违背社区基金会以社区居民为参与和行动主体的要义，也不符合中国当前政府职能转变、简政放权的总体政治要求，从长远来看，会导致这些社区基金会成为行政指标摊派下的“畸形儿”，无法发挥它们推动基层社会治理改革和社区发展创新驱动方面的应有价值和功能。② 另一方面，社区基金会作为公益慈善类社会组织，如果由政府直接成立、直接管理，也与《慈善法》的精神和相关规定有所出入。

4. “两光”争论引发关注

在2017年，因前有“摩拜（共享单车）是否社会企业”，后有由徐永光新书《公益向右 商业向左》而引发的“两光”争论③，中国慈善界对慈善与商业之关系的不同思考和认识，呈现出史无前例的公开交锋。

“两光”争论在一定程度上凸显出了中国慈善领域实践者与研究者之间的分歧，可惜未引发更大范围的思想争鸣与深刻研究。此外，“二光之争”在行业的青年群体中尤其缺乏有力回应，这一现象也值得注意，其所警示的是中国慈善行业核心人才的青黄不接。这些共同使得此次轰动一时的思想交锋没有能够实现有效的实质性整合。

然而，“两光”争论仍应该被认为是中国慈善领域在思想市场方面的一次有价值的突破。徐永光、康晓光这两位资深公益人明白无误的立论与观点

① 周如南、何立军、陈敏仪：《社区基金会的动员与运作机制研究——以深圳市为例》，广州市社会创新中心，https：//mp. weixin. qq. com/s/cXwruDNX7 - pw - RWmiuIBsA，2017年3月15日。

② 李宗克：《社区基金会的观察和思考》，公益慈善学园，https：//mp. weixin. qq. com/s/sOAg5Q0NcGrydah1eN1NFA，2016年6月15日。

③ “两光”争论，指的是希望工程发起人、南都公益基金会理事长徐永光与中国人民大学中国公益创新研究院院长康晓光围绕“公益慈善与商业”之本质与关系的公开争论事件。《康晓光：驳“永光谬论”（修订版）》，公益慈善周刊微信公众号，http：//mp. weixin. qq. com/s/nyng0KHeqrV - 3Gh8bMIn9A，2017年9月21日；《徐永光：答复关心“康徐斗”的朋友》，《中国慈善家》微信公众号，http：//mp. weixin. qq. com/s/UxuFiIAnAJuX2kiJvo_diQ，2017年9月15日。

碰撞，是针对权力与资本越来越强势的背景下，中国公益慈善究竟该走什么方向与道路这一基本问题的一次交锋式的回应，既没有含糊其辞，也没有模棱两可。这对于中国慈善事业来说，有促进思想市场开拓和撬动人们关注与研究基本问题的积极意义。

事实上，徐永光、康晓光所引发的关于慈善与商业的本质与关系、中国公益慈善的使命与路径选择等问题的思考和讨论，已经出现了“涟漪效应”。2017 年 10 月，《公益慈善周刊》发起人董强发表《中国公益正在出现的若干主义》，第一次梳理中国公益慈善界“公益原教旨主义”“公益市场主义”“公益改良主义”等主张分野①；2018 年 2 月，《文化纵横》杂志围绕“两光”争论，推出封面策划“再造公益”，发出“重构中国公益的理论基础，重建中国公益界的指导思想”的呼吁②等，均可视为前述效应的彰显。

探索中国长期发展的路径，需要开拓思想市场，研究基本问题。③ 探索中国慈善长期发展的路径，亦须如此。否则，很难谈真正的向前推进，遑论创造性跨越与成长。万马齐喑，思想市场的开拓难于上青天；但是，众声喧哗，自说自话，而没有对基本问题的深透研究、表达、碰撞、砥砺和认知互补，所谓思想市场也不过是闹哄哄一片，很难说能够为我们观察、解释和变革中国慈善创造什么价值，很有可能到头来，中国慈善新概念、新浪潮不断，但无论是认知还是实践，都周而复始地流于表象而不自知。而这根本上是在浪费慈善资源、消耗慈善信念、损毁慈善价值，因为如果社会捐赠增长了，政策环境优化了，愿意参与的人也多了，但我们的慈善行业却因为对基本问题没弄清楚而提不出更高效、更创新的社会问题解决办法来，就会产生资源拥有与资源利用效率之间的失衡。

---

① 董强：《中国公益正在出现的若干主义》，公益慈善周刊微信公众号，https：//mp. weixin. qq. com/s/VVFFdbbBZ7KkN_ ndwhuHEw，2017 年 10 月 6 日。

② 《重构中国公益的理论基础》，《文化纵横》微信公众号，http：//mp. weixin. qq. com/s/TxhFNsG1izn1rssRsvS02Q，2018 年 2 月 1 日。

③ 吴敬琏：《开拓思想市场，研究基本问题，探索中国长期发展的路径》，载《改革大道行思录：吴敬琏文选（2013～2017）》，商务印书馆，2017，第 218～228 页。

慈善事业不是在脱离社会的真空环境里发展起来的，不可避免会遭遇社会环境急剧变化所带来的各种问题与挑战，例如，政府慈善、资本慈善、慈善垄断等。尤其是在社会领域更为复杂、多元、充满张力和不确定性的现阶段和未来，这些问题和挑战将更加凸显、更加交汇、更加盘根错节。这将使得我们用于认知、应对和解决它们的原有知识基础、思想资源、实践经验、路径共识等都面临着瓦解与失效的困境。在此情况下，思想市场的持续性开拓和基本问题的创新性研究，更加意义重大。这不但有益于界定公益慈善在社会发展，尤其是在新历史语境与进程中的独特地位与主体价值，还有助于中国公益慈善在纷繁复杂中找到实践与创新的内在支撑。但是，这不应只是个别活跃的“行业大咖”、意见领袖、理论研究者的责任，而应是每一位公益慈善参与者共同的责任。

5. 一带一路　民间同行

“一带一路”[①] 倡议贯穿政治、经济、社会、宗教、文化、制度等各个方面，关系沿线 60 多个国家、40 多亿人口，是一个高度复杂与综合的战略性多边合作体系。把该倡议推进落实为可持续的建设行动，不但是中国参与全球治理、提升国际形象的必然要求，是实现沿线国家、地区、人民共赢共享的迫切需要，也是增添世界发展新动力、构建人类命运共同体的题中之意。

2017 年 5 月 14～15 日，“一带一路”国际合作高峰论坛在北京举办。这标志着“一带一路”从倡议正式迈入建设阶段。[②] 与此同时，参与“一带一路”建设也正式成为中国民间组织新时代的战略使命之一。

在论坛上，中国国家主席习近平提出“中国将在未来 3 年向参与‘一

① “一带一路”，是“丝绸之路经济带”和“21 世纪海上丝绸之路”的合称，由中国国家主席习近平于 2013 年提出；2015 年 3 月，中国政府在博鳌亚洲论坛 2015 年年会期间正式发布《推动共建丝绸之路经济带和 21 世纪海上丝绸之路的愿景与行动》，并提出要以“政策沟通、设施联通、贸易畅通、资金融通、民心相通”为主要内容，打造“一带一路”沿线国家政治互信、经济融合、文化互容的利益共同体、责任共同体和命运共同体。

② 黄浩明：《社会组织在“一带一路”建设中面临的挑战与对策》，《中国社会组织》2017 年第 11 期，第 17～19 页。

带一路’建设的发展中国家和国际组织提供600亿元人民币援助，建设更多民生项目”，“将向‘一带一路’沿线发展中国家提供20亿元人民币紧急粮食援助，向南南合作援助基金增资10亿美元，在沿线国家实施100个‘幸福家园’、100个‘爱心助困’、100个‘康复助医’等项目”，“将向有关国际组织提供10亿美元落实一批惠及沿线国家的合作项目”，此外，还将“设立‘一带一路’国际合作高峰论坛后续联络机制”，“建设丝绸之路沿线民间组织合作网络，打造新闻合作联盟、音乐教育联盟以及其他人文合作新平台”。①

作为论坛的重要成果之一，《中国社会组织推动“一带一路”民心相通行动计划（2017～2020）》也正式宣布启动。它再次确认中国民间组织将携手国际伙伴共同成立丝绸之路沿线民间组织合作网络，并提出推动沿线国家经济社会发展、加强与沿线国家人文与科学合作、维护沿线地区和平与安全、与沿线国家非政府组织开展交流与合作等四大行动目标，涉及减贫、减灾救灾、农业、气候环保、卫生、文化、教育、科技、新闻等诸多领域。②

2017年11月，首届丝绸之路沿线民间组织合作网络论坛召开，合作网络国际指导委员会和秘书处宣告成立。与会51个国家的200位民间组织代表共同发表《丝绸之路沿线民间组织合作网络论坛北京共识》，一致认为民心相通是“一带一路”从倡议转化为行动的重要支撑和保障，而民间组织是连接政府与社会的重要桥梁，是联系民众、反映民意的重要渠道，是推动民心相通的重要力量。③

可以说，2017年先后举办的上述两个论坛及它们所达成的共识和成果，共同为中国民间组织的国际化探索提供了纲领性指导。这对提升政府、企

① 习近平：《携手推进“一带一路”建设——在“一带一路”国际合作高峰论坛开幕式上的演讲》，人民网，http：//world.people.com.cn/n1/2017/0515/c1002－29274975.html，2017年5月15日。

② 《“一带一路”国际合作高峰论坛成果清单》，“一带一路”国际合作高峰论坛官方网站，http：//www.beltandroadforum.org/n100/2017/0516/c24－422.html。

③ 马元豪、蒋涛：《51国代表共同发表丝绸之路沿线民间组织“北京共识”》，中国新闻网，http：//www.chinanews.com/gn/2017/11－22/8383117.shtml，2017年11月22日。

业、媒体、社会公众和民间组织自身的认知水平，创造良好的舆论环境，推动政府把民间组织纳入对外援助的总体框架、中资企业把民间组织视作在当地履行社会责任的战略合作伙伴、民间组织自身把扩展国际视野和参与全球治理升级为内部战略需求，意义重大。

2017 年，在“一带一路”倡议和建设的推动下，中国民间组织的国际化探索有不少亮点，包括中国红十字基金会宣布成立“丝路博爱基金”，并落地和运作了“中巴急救走廊”“天使之旅一带一路大病患儿人道救助计划”“海外博爱家园”“博爱单车”等项目；“免费午餐”项目落地非洲，为肯尼亚首都内罗毕的五所学校的贫民窟儿童提供免费早餐和午餐；中华慈善总会启动“缅甸先天性心脏病儿童救助行动”，将 54 名缅甸患儿分批接到北京安贞医院进行手术治疗，并计划向缅甸医疗机构提供技术帮扶；爱德基金会在埃塞俄比亚启动“活水行”赈灾项目，计划为当地旱灾受害民众提供饮用水、净水物资及卫生包，并根据当地干旱情况，按照每人每天 5 升的标准持续供水两个月等。

总体而言，中国民间组织的国际化尚处于发展期，与美国、欧洲等发达国家和地区的民间组织的国际化水平和影响力相比，仍然差距明显，主要表现在有实力、有国际影响力的社会组织数量少，国际化专业人才不足，国际事务参与领域局限等方面。这些也是中国民间组织在进一步提升国际治理参与能力进程中必须直面和解决的挑战。此外，国际政治和经济贸易格局的不确定性、中国与其他国家双边关系的可变性、在矛盾复杂与冲突多发国家和地区开展活动的安全问题、不同国家与地区宗教文化制度等方面的差异和内在价值冲突等，也是中国民间组织参与“一带一路”等国际建设时不容忽视的挑战。

针对前述问题与挑战，中国既需要考虑长远的、系统化的政策和立法工作，同时也需要研究其行动计划。[①] 比如，建立国家层面的总体统筹机制，推动民间组织治理理念与模式转型，拓展民间组织参与的多元渠道，深化对

① 黄浩明：《社会组织在“一带一路”建设中面临的挑战与对策》，《中国社会组织》2017 年第 11 期，第 17～19 页。

成熟国际组织的经验借鉴，提升对国际规则与国际标准的理解和掌握，等等。一言以蔽之，无论是政府，还是民间，都应该更加理性和务实。

四　新时代　新期待

2017 年，中国最重大的政治事件是中国共产党第十九次全国代表大会（以下简称党的十九大）的召开。党的十九大报告提出，中国特色社会主义进入新时代。新时代不但要求中国全面建成小康社会，建设社会主义现代化强国，还要求中国参与构建人类命运共同体，成为一个负责任的世界公益大国。

可以预见，至少到 21 世纪中叶，实现上述目标的努力将贯穿中国未来社会发展的全局，也就是说，中国未来的经济发展、民主政治、文化建设、社会治理和国际交往等方面的理念与实践都将围绕它们而展开。作为推动中国综合发展一股不可或缺的重要力量，慈善领域的工作自然也不例外。而这既意味着对中国慈善事业提出了历史性的新要求，也意味着中国慈善事业迎来了一个前所未有的战略机遇。

在全面建成小康社会、建设社会主义现代化国家方面，乡村振兴战略的提出和推进即是中国慈善事业创新发展的巨大机会之一。助力乡村扶贫脱贫和产业发展，改善和保护乡村生态环境，建设和传承乡风文明，激发和强化乡村治理活力，关爱和服务乡村留守儿童、妇女和老人等弱势群体，等等，无不是公益慈善组织大有作为的领域。而能不能有效协同政府、企业和乡村本土力量，纾解关系国计民生的农业农村农民问题，促进乡村振兴总要求的实现，势必会成为检验中国公益慈善创新力与影响力的关键标准。

在构建人类命运共同体、参与全球治理体系改革和建设方面，“一带一路”倡议的深化和推动即是中国慈善事业融入世界公益的历史契机。当今世界，多极化的新秩序正在形成。与此同时，恐怖主义、暴力极端主义、跨国犯罪网络、难民问题、发展不对称带来的不平等和边缘化、全球气候变化带来的全球荒漠化、自然灾害等问题越来越严重，而且愈加呈现出突破国家界线、地区界线的显著特征，以至于没有任何一个国家和地区有能力独自应对和解决。世界各国、各地区的利益相关性从来没有像今天这样凸显。也因此，每一个国家在考虑国家利益、地区利益的同时，必须考虑世界的公共利益与可持续发展，即世界公益。而随着中国经济的发展和世界影响力的持续增强，世界期待和呼吁包括民间组织在内的中国力量积极参与多边合作，为全球可持续发展贡献智慧和力量的声音比以往任何时候都强烈。这对于中国民间组织来说无疑是一个更加广阔而复杂的创新和实践场域。

面对上述两方面的机遇，中国的慈善业界要具备把握机遇、实现创造性超越的实力，即号召力、组织力、领导力和影响力，还有很长一段路要走，困难和挑战巨大，其中的复杂性与艰巨性目前已经初步显现。当下的中国慈善不仅处于权力、体制和资本夹击和裹挟之中，也处于社会改革深化、社会治理转型、信息与智能科技崛起的诸多新要素对慈善供给的结构性需求快速增长的过渡阶段。这背后是中国慈善长久存在着的发展不平衡和不充分的体制性问题。

2017 年，中国慈善负重前行。2018 ~ 2020 年，是党的十九大报告提出的全面建成小康社会的决胜期，此间中国慈善如何前行，才能跟上全国各行各业的步伐，在国家的新时代、新战略中走出中国慈善的成长、发展、壮大之路？

我们处于一个信息爆炸、行动快速、时势骤变、充满张力和不确定性的时代，中国慈善如何回应这个时代？这不仅是构建法律体系和实现慈善法治的问题，还是改革体制，培育机制，增进活力，提升灵敏度，持续地贴近现实的问题。对之进行回答，不仅是中国现实的需要，还是构建人类命运共同体过程中全球治理体系改革与建设的需要。

中国慈善需要思考和选择自己可行的发展路径。但这不只是国家、政府的职责，也需要慈善业界各类组织、机构以及每一位从业者、相关媒体乃至每个公民共同的努力。

具体而言，首先，要继续贯彻落实《慈善法》。面对《慈善法》配套法律法规不到位，尤其是关于基金会、社会团体、社会服务机构（民办非企业单位）的三大条例迄今尚未出台，以及税收优惠政策尚未全面落实等实际问题，全国人大应启动执法检查程序，以全面、深入的检视推动相关部委和各级政府积极作为，提高效率，有针对性地推进《慈善法》的执法落地。

其次，还要厘清政社界限。一方面，要“坚持党对一切工作的领导”；另一方面，也要在党的领导下，充分发挥每个民间组织和每个公民的潜能和创造性。在慈善领域如何配置国家权力、社会权利和个人权利？依据《慈善法》的规定，慈善是民间的，是“自然人、法人和其他组织以捐赠财产或者提供服务等方式，自愿开展”的，包括扶贫、济困、救灾、环保以及促进教育、科学、文化、卫生、体育等事业发展的所有民间公益活动，国家支持慈善，“保护慈善组织、捐赠人、志愿者、受益人等慈善活动参与者的合法权益”。这其实就是党的十九大报告所指出的“体现人民意志、保障人民权益、激发人民创造活力，用制度体系保证人民当家做主”。

党的十九大报告，尤其重视社会组织在社会治理中发挥作用。这说明社会出现新的需求，党和政府希望社会组织能提供供给。这可能预示着未来将开启党、政府和社会组织之间的新关系的窗口，但同时也预示着这种新关系的演进有可能出现新的不确定性。在此背景下，如何战略性地调适党、政府与社会组织三者之间的关系，在三者的动态张力中间持续地获得共赢性平衡，既守持中道，又不消损自主与活力，是中国慈善事业在新时代发展中，需要重点进行创新性研究和回应的一个迫切问题。

在曲折中发展的中国慈善，走过了1978年改革开放之前的沉寂，进行了改革开放初期的摸索，经历了“5·12”汶川地震救灾后的快速发展，将在2018年即改革开放四十周年之际，迎来新的发展机遇，即国内国际慈善一体化成长时期。中国慈善能否因应新时代社会变革的要求，实现从传统慈善向现代民间公益的创造性超越，真正成为中国社会公民意识的培育土壤、公共空间的拓展机制、公平正义的促进力量；能否因应新时代全球发展的要求，实现从民族慈善向世界公益的创造性超越，真正成为有能力应对全球挑战、改善全球治理体系、构建人类命运共同体的促进力量，将是下一个四十年的挑战。

B.2
2016 ~2017年度中国慈善捐赠报告

宋宗合*

摘　要： 根据测算和核对矫正，2016 年度社会捐赠总量为 1458 亿元，2017 年的捐赠总量则依据已经公开的数据和历年分数据，可以测算出年度社会捐赠总额约为 1558 亿元。从数据观察来看，政府作为接收捐赠主体的地位继续大幅度减弱，慈善会系统和基金会行业继续保持高幅增长的态势，网络捐赠同样保持增势。而从善款使用端来看，慈善行业的信息公开规范化仍待完善，限定性捐赠仍然占比过高，慈善机构在执行项目过程中的低效率惯性尚未改观，期待政策环境在引导社会力量参与精准服务过程中提供更精细化的制度服务和创新服务。

关键词： 慈善数据　网络捐赠　善款效率

尽管捐赠额并非衡量慈善事业发展的主要工具，但是慈善捐赠数据对于公众认识慈善事业、理解慈善事业发展必不可少。在慈善捐赠体量计算方法上，由于接受捐赠主体的多元化，统计规则的多部门化，不可避免存在重复统计和疏于统计的情况，本文只对相对清晰的免交叉统计结果进行加和，而不予计算样本数据中来源及接受机构不清楚的数据，同时减去明确重复统计的数据，比如民政系统接受其他政府部门转赠等。依法所得，2016 年中国社会捐赠总量为 1458 亿元，2017 年预测为 1558 亿元。

---

* 宋宗合，中民社会救助研究院执行院长。

一 2016年中国慈善捐赠概况

1. 矫正后，2016年度实际捐赠额为1458亿元

在社会治理和社会创新领域，政府越来越重视以社会组织为代表的公益慈善力量，从而营造了良好的政策导向，加之《慈善法》出台前后营造了浓重的舆论氛围，企业和公众理性捐赠逐步步入正轨，新兴网络消费所带来的互联网技术的创新，形成了每年以30%增速为呈现结果的网上零售额，互联网慈善也因为众多技术手段介入呈现出突飞猛进势头。根据各统计口径的数据矫正，2015年中国慈善捐赠总量为1215亿元，2016年捐赠总量为1458亿元，[①] 中国社会捐赠总额呈现出稳步提升的态势。

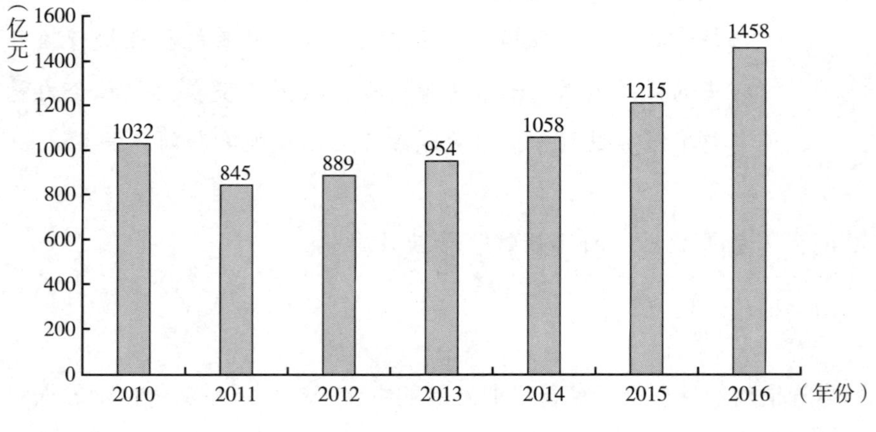

图1 2010～2016年社会捐赠总量

2. 2016年慈善捐赠数据分析

依然按照社会捐赠接收主体的捐赠数据接收额度作为分析对象，2016年度各社会捐赠接收主体实际接收现金及物资捐赠量为1458亿元，其中现

① 社会捐赠额总量为政府系统、事业单位、社会组织系统、宗教场所等系统报送数据和测算数据加和，对可监测未通过第三方个人捐款和不明信息捐赠数据未统计在内。

金和有价证券占比为69.68%，物资折价占比为30.32%。2016年中国彩票销售总量达到3946.4亿元，筹集彩票公益金1085亿元。根据民政部门统计，全年有931.0万人次在社会服务领域提供了2522.6万小时的志愿服务。

2016年度，全国各级民政部门共接收社会捐赠55亿元，与2015年度接收捐赠额54.32亿元基本持平。其中民政部门直接接收社会各界捐款40.3亿元，间接接收其他政府部门转入的社会捐款5.9亿元，直接接收捐赠物资折价7.4亿元，间接接收其他政府部门转入的捐赠物资折价1.4亿元。①

2016年度，中华慈善总会对涵盖中华慈善总会和团体会员中以省、自治区、直辖市和新疆生产建设兵团慈善会为主的206家慈善会进行统计，这些代表慈善会系统的组织共筹集慈善款物390.47亿元，比2015年度的326.47亿元增加64亿元。其中中华慈善总会自身共接收捐赠款物188.07亿元，比上一年度128.05亿元增长47%。

2016年度，作为接收社会捐赠核心主体的全国基金会系统，共接收社会捐赠625.5亿元，社会团体接收社会捐赠总额为70.5亿元，民办非企业单位（社会服务机构）接收社会捐赠总额为90.8亿元。②

其他测算数据为，除民政部门以外的其他政府部门接收社会捐赠总额为160.71亿元，事业单位接收社会捐赠总额为43.6亿元，人民团体和免登组织接收社会捐赠8.63亿元，宗教场所接收社会捐赠20.23亿元③。

二　2016年度捐赠来源及捐赠途径分析

1. 捐赠来源

根据中国慈善联合会监测数据抽样测算，2016年，企业捐赠比重相比前两年变化不大，比2015年略有下降，但依然保持在总量的7成左右；个人捐赠占比约为21.09%，比往年略有提升。企业捐赠始终是中国社会捐赠的最主要力量。

---

① 民政部：《2016年社会服务发展公报》。

② 民政部：《2016年中国民政统计年鉴》。

③ 中国慈善联合会：《2016年度社会捐赠报告》。

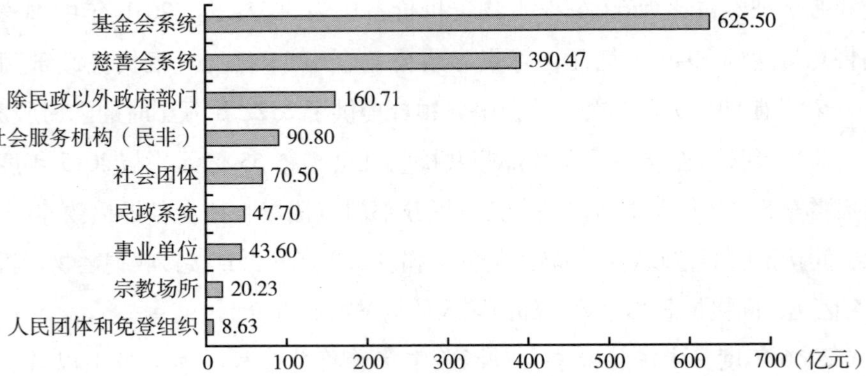

图 2　2016 年中国社会捐赠总量构成

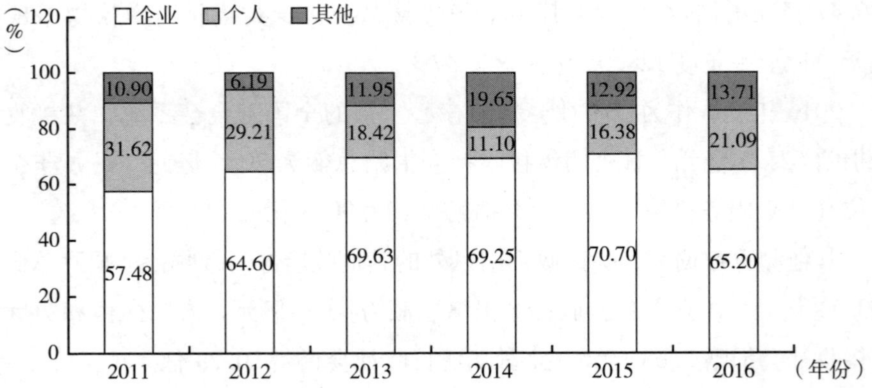

图 3　2011～2016 年捐赠主体来源占比

从监测样本中的企业捐赠数据中分析所得，2016 年度国有及国有控股企业、民营企业、港澳台资和侨资企业、外资（合资）企业四种企业类型分别占企业总体捐赠的比例为 36.70%、49.65%、3.49%、10.16%。可以看出，民营企业仍然保持捐赠企业数量和捐赠金额规模方面的优势。外资（合资）企业的社会捐赠额逐年减少。民营企业和国有企业共同构成了企业捐赠的主力。

2. 捐赠主体意向

捐赠者往往出于社会责任担当，同时考虑到自身所属行业的专业性和参

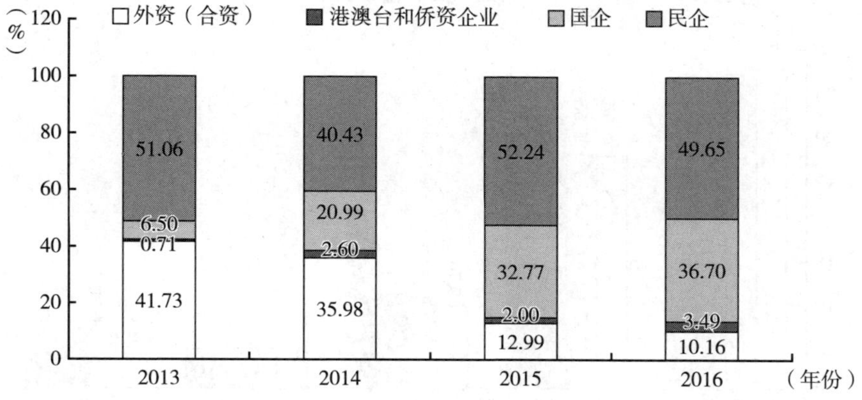

图 4　2013 ~ 2016 年企业捐赠构成占比

与便利性去选择投身的公益慈善领域，而且多是限定性捐赠。从历年捐赠数据所呈现的捐赠领域来看，总是集中在少数几个领域，比如医疗健康、教育救助、扶贫、减灾救灾和文化生态等。

根据中国慈善联合会监测捐赠样本分析，2016 年度社会捐赠最集中的几个领域依然如此。其中教育救助继 2015 年之后依然占比最多，达到总样本量的 30.44%，其次是医疗健康，占比 26.05%。扶贫则由于政策风向的引导，成为社会力量参与的一种必然使命，因此在 2016 年陡然增长，从 2015 年的 11.2% 增长到 21.01%，实现了翻番增长。

3. 捐赠途径

《公益事业捐赠法》赋予了社会组织、政府和事业单位等主体的捐赠接受资格，但是随着《慈善法》出台前后的社会舆论引导，加之政府强调社会组织参与社会治理的社会地位并提供政策等方面的引导支持，政府接收社会捐赠逐步隐退，社会组织尤其是具备公信力的社会组织逐渐成为主要接收途径。而且公众也逐渐认识到社会组织已经不是简单的善款中介组织，社会组织在社会问题发现并为之设计项目、执行项目进而促进社会问题解决方面具有不可替代的价值，因此选择可以信赖的社会组织成为捐赠方参与社会公益事业优先考虑的问题。

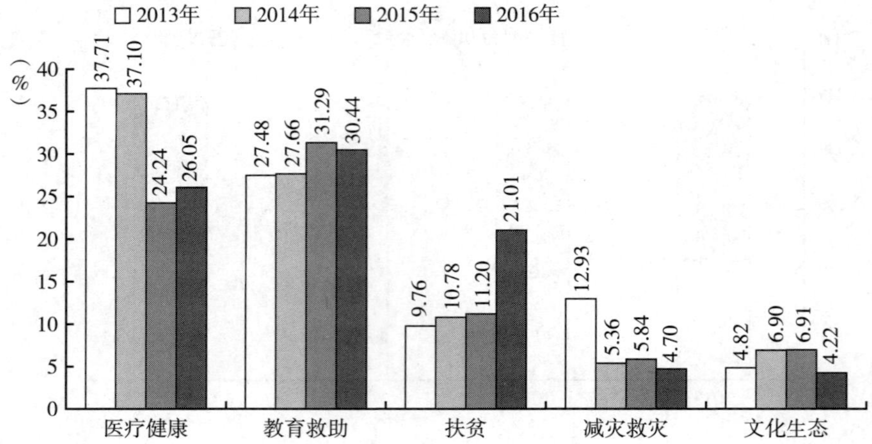

图5　2013～2016 年主要捐赠意向分布占比

2016 年，企业和公众等通过社会组织捐赠款物达到 1177 亿元，占整体社会捐赠数量的 81%，其中又以基金会系统、慈善会系统和民办非企业单位（社会服务机构）为主，分别占总量的 43%、27% 和 6%；捐赠给政府的款物达到 204.31 亿元，占比 14%。

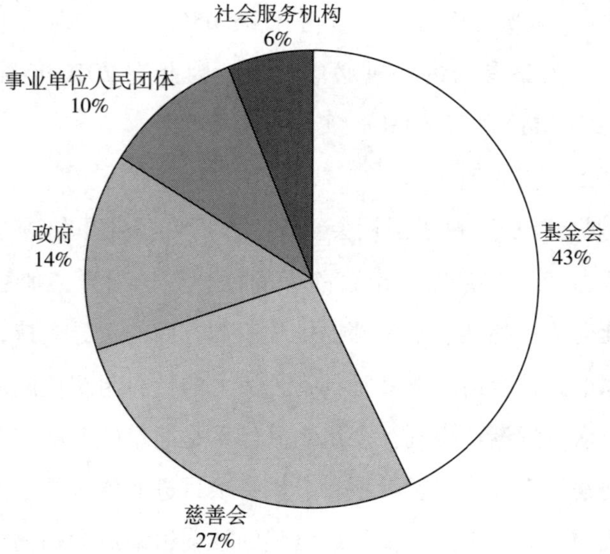

图6　2016 年社会捐赠途径选择占比

随着互联网成为基础设施出现在社会公共生活中，非但网络消费以30%的速度飞增，以网络社交为核心的信息和技术服务平台也纷纷加大对互联网公益的投入力度。为规范互联网公益发展，民政部在2016年指定了首批12家互联网募捐平台作为指定公募平台。其中发展基础最好的依然是腾讯公益平台、以蚂蚁金服公益平台和淘宝公益平台为主的阿里公益平台、新浪微公益平台。2016年，微公益、阿里公益和腾讯公益的捐赠流量分别达到3049万元、4.89亿元、8亿元。新浪微公益在2015年捐赠流量为1977万元，但是随着新浪微博扭转了市场颓势重新凝聚社会关注和参与，微公益也在2016年获得较好增长，捐赠流量达到了3049万元。

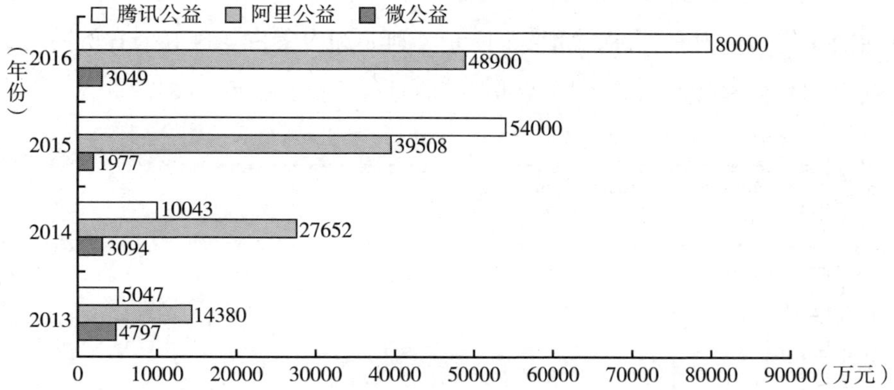

图7　2013～2016年互联网公益平台募捐善款流量

互联网公益平台发展的特点是依赖于技术手段的便捷性和信息服务功能，以公募慈善机构公信力为支撑，提供公益项目展示聚拢社会爱心人士参与。2016年民政部指定13家互联网平台为募捐平台，中国慈善联合会的募捐平台很快因为技术和管理原因退出，其余12家各有特色，其中尤以腾讯公益发起的99募捐日为甚，大额配捐吸引了无数公益机构和公众参与，但是对于具有募捐资质的社会组织而言，如何获取互联网公益平台的入门资格、推送排序资格等又包含了专业能力和市场因素在内。其他平台同样存在获取公募资格的社会组织和互联网公益平台的博弈问题，仍需要进一步规范。

三　2016年度善款使用分析

1. 善款投入区域

由于善款流转存在直接使用和间接使用问题，而且善款投入领域和投入地受捐方意愿的影响，市场调节、捐赠意愿、政策引领、实施便利等多种因素左右善款的分配使用，一方面善款分配使用的公开信息和公开数据不足，另一方面对于公益慈善行业善款绩效的分配使用还缺乏一种科学有效的衡量标准，因此本文采用相对稳定的地方民政接收捐赠及支出、受益情况进行分析。

从2016年各省民政接收社会捐赠（含其他政府部门转捐）情况来看，排在前5位的依次是江苏、北京、广东、河北和内蒙古。这五个省份民政部门获得的社会捐赠额占各省民政部门接收社会捐赠额总和的81.1%。

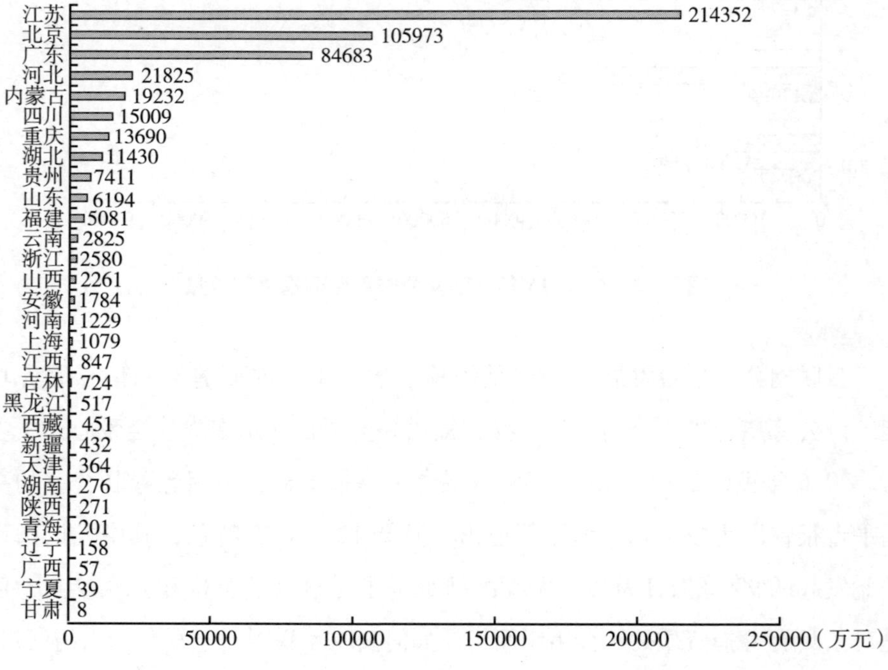

图8　2016年民政部门分省接收社会捐赠数量

2. 善款支出效率

中国慈善捐赠数据的支出一方面受捐赠来源的影响，捐赠者往往表现出定向捐赠意愿，慈善机构在执行捐赠者意愿的过程中呈现出多种使用形态，一部分被直接转捐至受益人手中，一部分需要转捐给地方慈善机构或其他机构执行，慈善机构附加价值或隐或现；另一方面受社会组织管理制度的影响，基金会的支出规定有刚性约束，其他社会组织则要靠慈善使命来自我约束，因为执行效率也呈现出多种多样的形态。

民政部门作为慈善事业的主管部门，已经建立起相对充分的信息报送制度，而其他类型的社会捐赠主体则因为没有统一的善款使用数据归口标准，无法统一呈现。因此尽管民政部门作为接收社会捐赠主体的地位已经在发生变化，呈现出逐年削减的态势，但依然可以从其提供的统一数据中分析善款的支出情况。从 2016 年各省民政部门接收社会捐赠和年度支出的数据来看，年度支出比例较高的省份为江苏、重庆、广东、河北、山东等。

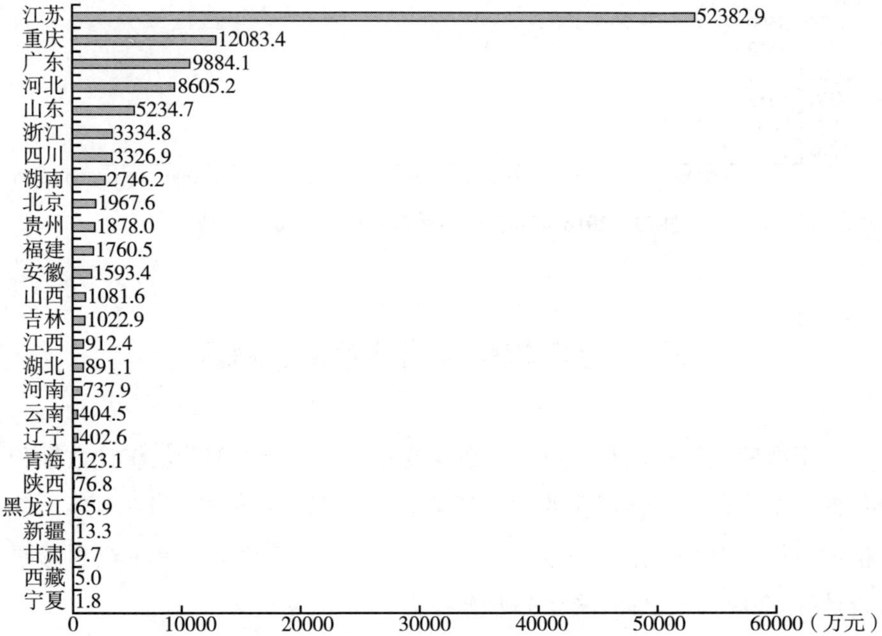

图 9　2016 年度部分省份民政捐赠支出

虽然受益人数并不是衡量慈善效率的唯一指标，但是受益人数覆盖面却是慈善工作需要关注的重要内容之一，其数量体现了社会服务的需求面、使用机构的工作方向等，这些内容有必要进一步深入研究。

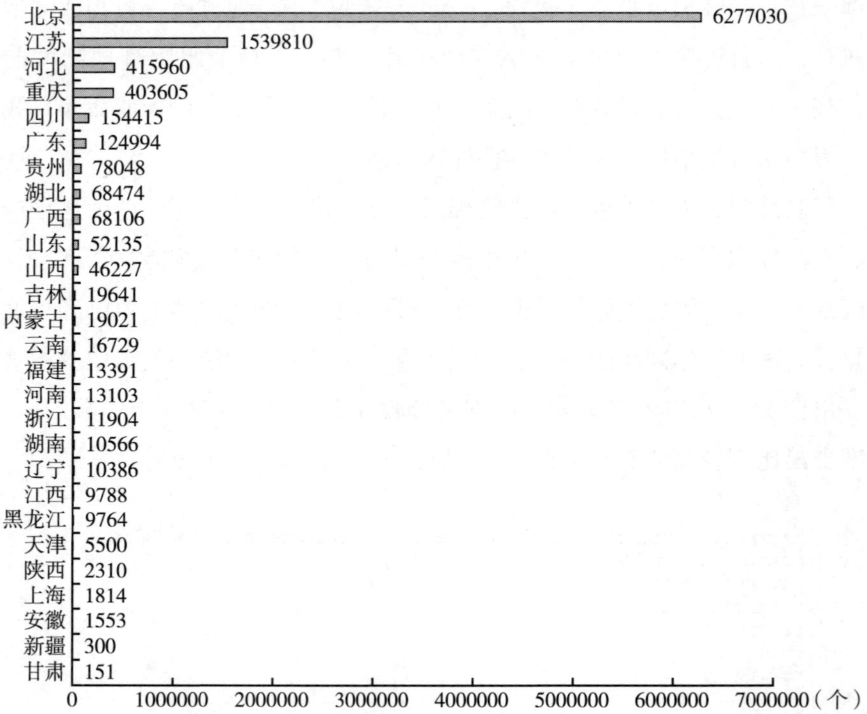

图 10　2016 年部分省份民政捐赠支出受益人数

四　2017年度中国慈善捐赠概况

由于政府统计数据和行业统计数据的滞后性，根据部分已统计数据和测算数据，结合公益慈善行业的发展环境和发展态势，预测 2017 年当年总社会捐赠量约为 1558 亿元。彩票公益金募集量为 1143 亿元，其中福利彩票公益金计提 620 亿元，体育彩票公益金筹集 523.26 亿元。

1. 2017年度捐赠测算

2017 年度，根据民政部门 2017 年 11 月份社会服务统计月报显示，

2017 年前 11 个月各级民政部门共接收社会捐赠约 16.8 亿元，这与同期民政系统接收社会捐赠的数额相比，继续呈大幅下滑趋势。根据 2013～2016 年已公布的民政系统直接接收现金数据来看，2013 年为 107.6 亿元，2014 年为 79.6 亿元，2015 年为 44.2 亿元，2016 年为 40.3 亿元，可以测算出 2017 年民政系统大约直接接收 25 亿元社会捐赠，而物资捐赠相对稳定，其中 2013 年捐赠物资折价为 8.7 亿元，2014 年为 8 亿元，2015 年为 5.2 亿元，2016 年为 7.4 亿元，如此可以预估民政系统在 2017 年接收含物资折价的社会捐赠约为 33 亿元。

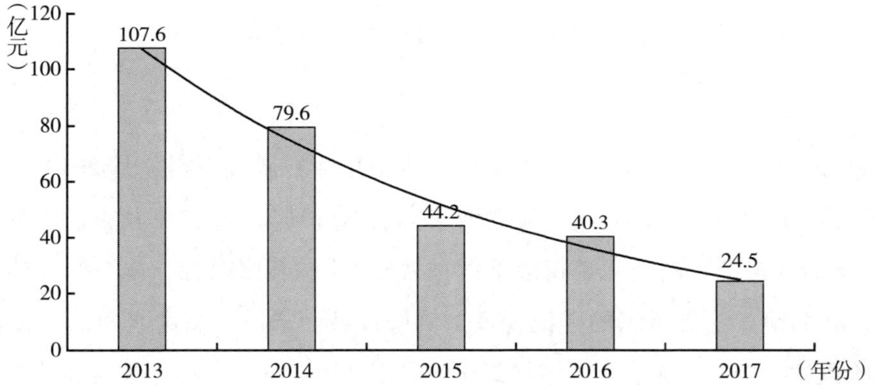

图 11　2013～2017 年民政系统直接接收社会捐赠金额

在所有社会组织之中，慈善会系统是一个最为庞大、覆盖面及纵深度都十分强大的组织系统，在中央、省、县、乡、村以及企业实体中分布着数量众多的慈善会法人组织或者分会，中华慈善总会所组织编撰的《中华慈善年鉴》中统计的慈善会系统捐赠数据，仅仅是截至 2016 年末其中 206 家机构的数据汇总。因此慈善会系统的社会捐赠接收数据远非目前数据所能涵盖，但是鉴于数据的严谨性及可得性，沿袭慈善会系统的统计方法进行测算预估，预计 2017 年慈善会系统的社会捐赠收入将达到 426 亿元。

根据基金会中心网监测数据，截至 2017 年底，基金会登记数量为 6384 家，增速为 9.97%，相比 2015 年和 2016 年连续两年 16.2% 的增速，下滑

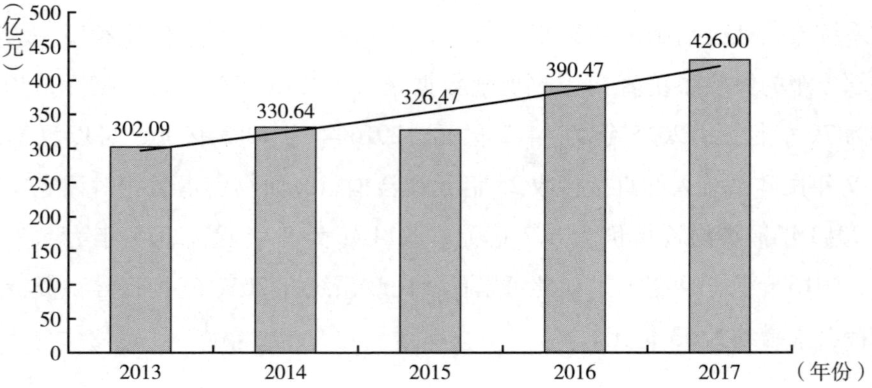

图 12　2013 ~ 2017 年慈善会系统捐赠收入

注：2017 年为估值。

明显，而社会团体的登记在 2016 年就已经开始断崖式下滑，从 2013 年至 2015 年的 6.6%、7.2%、6.1% 的增速直接下滑到 2.3%，民办非企业单位（社会服务机构）的登记也持续下滑，为 9.7%。其原因有二：一是《慈善法》出台后，三类组织的登记管理条例修订悬而未决，制度之间的衔接出现阶段性空档，从而影响了增量组织的登记增速，其二是相关政府部门加强了社会组织的监管。组织增量下降，不可避免地影响三类组织以登记带动社会捐赠的动力。但是好在增速呈现下滑，整体社会组织的成长还在稳步发展。

根据民政部社会服务公报公开数据，2013 ~ 2016 年三类组织社会捐赠收入分别为 458.8 亿元、524.9 亿元、610.3 亿元、786.7 亿元，而基金会在这四年中的捐赠收入分别为 373.45 亿元、374.3 亿元、439.3 亿元、625.5 亿元，尤其是 2016 年跃升到基金会捐赠收入高点，尽管从数据分析方法上并无规律可循，但是根据近几年增势，尤其是同时参考三类组织的登记增速变化和民办非企业单位（社会服务机构）、社会团体的捐赠收入表现，保守预估 2017 年三类组织社会捐赠收入为 850 亿元，其中基金会捐赠收入为 680 亿元。

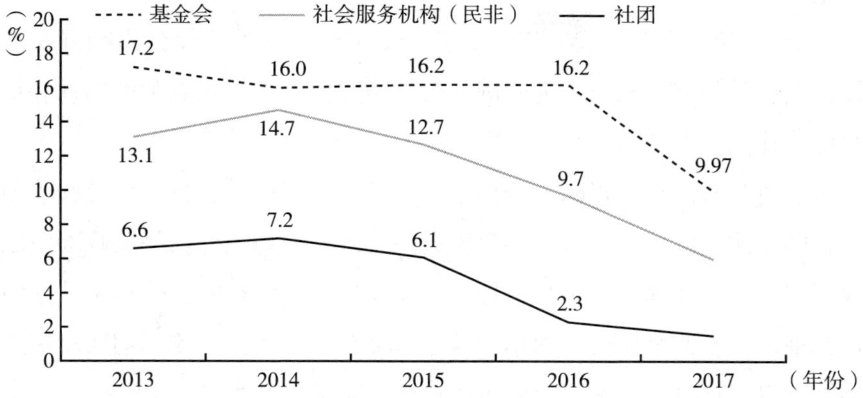

图13　2013～2017年三类社会组织登记数量增速

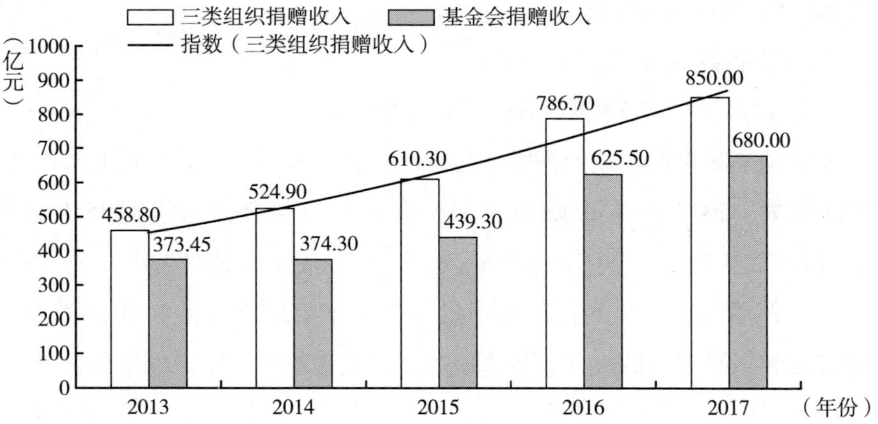

图14　2013～2017年三类社会组织捐赠收入

注：2017年为估值。

2017年呈现的另外一个新变化是《中华人民共和国红十字会法》的修订，新法明确了红十字会可以依法按照《中华人民共和国慈善法》的规定进行募捐活动，同时及时向社会公布捐赠款物收入和使用情况，接受民政部门和社会监督。这就让之前并不明朗的红十字会系统与社会捐赠的关系明确化，有利于提升红十字系统的公信力。2016年，中国红十字会系统接收社会捐赠 27.94 亿元，比 2015 年增加 16.06%。《中华人民共和国红十字会法》自 2017 年 5 月 8 日起实施，随着红十字会系统重整社会捐赠方面的系统设计及服务内容，相信会为中国社会捐赠在国际捐赠领域和国内社会捐赠方面都能注入新的活力。

目前所公开的社会捐赠数据体系，沿袭了部门统计、行业统计和监测数据整合的方法，除了政府系统和慈善会系统统计来源之外，除民政部门之外的政府捐赠、事业单位、宗教机构、人民团体等接收捐赠主体均是从网络监测数据抽样样本测算所得，根据中国慈善联合会历年监测测算的变动幅度和比例，可以测算这四类捐赠接收主体接收捐赠的数额大概为 249 亿元。本文对于不明捐赠对象和非通过第三方捐赠的个人捐赠不计入总量。

根据以上估算，2017 年中国社会捐赠测算约 1558 亿元，相比 2016 年的 1458 亿元继续保持增势。

2. 中国社会捐赠状况分析及建议

（1）微捐赠与家族捐赠逐渐支撑中国捐赠市场

随着越来越多的互联网捐赠平台在法治轨道上运行，公众放心捐赠的通道逐渐畅通。2017 年首批 12 家互联网募捐平台就合计募集到 25.8 亿元，累计有 62 亿人次参与捐赠，相当于全年人均完成 4.5 次捐赠，人均捐赠 1.87 元。尽管这种微小的捐赠尚不足以支撑整个公益慈善事业发展，但是捐赠习惯和捐赠理念的改善，将进一步促进微捐赠在捐赠市场中的分量。同时，出于对实体经济的稳健发展考量，清查社会组织中的涉企收费等行为，原有捐赠市场中的迫捐、关联交易捐赠等不健康行为将受到遏制。而真正崛起的具有社会情怀和责任担当的企业家，则理性运行企业社会责任，尤其是发展较为稳健的家族企业，财富传承中慈善文化的滋养必不可少，捐赠就成为其必然选择。

（2）慈善捐赠响应政策风口进一步与政府决策融合

《慈善法》规定了社会捐赠相当广泛的投注范围，但是关涉国计民生，一些焦点问题不仅是政府要下大力气解决，同时也吸引了社会力量的使命敏感度。社会捐赠一方面在自主选择社会问题解决方法的途径上发力，一方面受政策引导的影响主动投入，比如说扶贫攻坚和社会救助领域，从而形成政府公共服务和社会力量社会服务的融合联合形态，这种形态对于社会组织发展和社会捐赠动员都极为有利。

（3）行业绩效评价的科学运用将引流价值捐赠

目前的社会捐赠依然在信息不对称的环境中运行，社会组织尤其是慈善组织如何用服务价值证明而不是社会关系证明慈善组织不是一种简单的善款转移平台，而是用专业能力参与社会治理和社会发展的，这一点尤为重要。随着公众慈善文化和行业发展所形成的伦理价值逐步成型，用行业绩效的科学评价评估来向公众呈现更多信息，捐赠者也会因此受益，目光自然会关注到提升捐赠价值上来，形成一种循环促进的规范运行模式。

B.3

2017年中国志愿服务发展指数报告

翟雁　辛华*

摘　要： 中国志愿服务测量课题组①自2013年开展中国志愿服务指数调研以来，逐渐完善测量指标体系和方法。中国志愿服务指数测量的对象是志愿者与志愿服务组织在当年的志愿服务中的投入情况，通过数据调研分析，希望能够反映中国志愿服务生态环境的基本现状。本文发现，2017年度中国志愿者总数为1.58亿人，经测算实际有6093万名志愿者通过131万家志愿服务组织参与了志愿服务活动，服务时间达17.93亿小时，志愿者贡献价值548亿元。2017年是中国志愿服务制度化建设元年，志愿服务制度化、专业化和国际化方面进步显著。

关键词： 注册志愿者　活跃志愿者　志愿者捐赠价值　志愿服务条例　制度化

2017年，是中国志愿服务制度化建设元年。习近平总书记在十九大报告中指出，要加强"志愿服务制度化建设"，国务院总理李克强颁布《志愿

* 翟雁，北京惠泽人公益发展中心创始人，北京博能志愿公益基金会理事长，北京志愿服务发展研究会志愿服务组织专委会主任；辛华，清华大学公共管理学院NGO研究所博士后，北京志愿服务发展研究会专家。

① 中国志愿服务测量课题组由北京惠泽人公益发展中心组织开展调研，2017年本课题组专家顾问杨团、沈杰、邓国胜、张强，课题研究人员翟雁、辛华、宋煜，调研助理黄舒清、李晓。

服务条例》于12月1日起正式实施，全国志愿服务信息系统正式上线，实名注册志愿者人数达到8544.76万人[①]。

本课题组2017年度志愿服务指数测量技术不断完善，除了继续对全国的志愿者个体和志愿服务组织进行实证调研，并与全国12个地区的社会组织合作，通过网络问卷与实地调查，对比全国志愿服务网和其他志愿者注册数据[②]进行交互分析，同时还依据志愿服务发展指数指标对往年调研数据进行调整和比较，再结合本课题组主要研究人员日常亲身参与志愿服务行业和区域性制度化建设，以及实务研究工作进行动态调研，经过课题组顾问研讨与指导，进行综合的分析与比较，最终以志愿部门[③]视角继续对活跃志愿者及其贡献价值、志愿服务组织和制度化建设进行描述，以期本文更能够体现中国志愿服务发展的基本特征。

一 调研说明

（一）范围与定义

本文依据《志愿服务条例》对调研对象进行定义。

1. 志愿服务

是指“志愿者、志愿服务组织和其他组织自愿、无偿向社会或者他人提供的公益服务”，本文特别对志愿者通过志愿服务组织所提供的公益服务，也就是正式的志愿服务进行分析。不包括志愿者个人所从事的无偿服务以及邻里之间个体互助等非正式志愿服务。

2. 志愿者

是指具有民事行为能力的、以自己的时间和知识、技能、体力等从事志

---

① 资料来源于中国志愿服务网，截止日期为2018年3月16日。

② 2017年本课题组主要调研了中国志愿服务网、中国青年志愿者网、志愿汇等志愿服务信息平台和中国红十字官网、中国文艺志愿者等相关志愿者信息。

③ 志愿部门也称非营利部门，是指在政府部门、企业部门之外的第三部门，具有六个本质特征：公共利益性、合法性、非政府性、非营利性、志愿性、自我治理性。参考“第三部门界定”，清华大学NGO研究所刘国翰，《南京社会科学》2001年第5期。

愿服务的自然人。本文人群主要是18岁以上的成年人。

3. 志愿服务组织

是指依法成立，以开展志愿服务为宗旨的非营利组织。还有数量众多的开展志愿服务的组织并没有正式注册登记，本文也将其纳入调研范围。

本文在对相关数据清洗与分析中采用了以下定义。

（1）志愿者注册率：是指在官方机构或志愿服务组织中注册的志愿者人数占全国人口的比重。

（2）志愿服务组织注册率：是指志愿服务组织在民政部门或者有关部委进行注册或正式备案的数量占全部志愿服务组织数量的比重。

（3）重叠率：目前除了中国志愿服务网之外，还有中国青年志愿者、中国红十字志愿者、巾帼志愿者等管理平台和注册系统，各系统注册志愿者存在有重叠。本文将同时在两个以上组织进行注册的志愿者与注册志愿者总数之比称为“重叠率”。2017年中国志愿服务数据调查发现，约有51.3%的志愿者同时在两个以上组织注册，与2016年（46%）相比，重叠率增加了5.3个百分点。

（4）记录率：在已经注册登记的志愿者中，只有部分人进行了服务记录。有志愿服务记录的注册志愿者与全体注册志愿者之比称为“记录率”。本调查采用中国志愿服务网注册志愿者服务记录率12.4%[①]。

（5）活跃率：是指实际参与了志愿服务的志愿者数量与志愿者总数之比。

（二）中国志愿服务发展指数（CVDI）

本课题组认为，能够真实反映志愿服务发展基础状况的指标，主要是从志愿者和志愿服务组织中产生。参考国际劳工组织《志愿服务测量手册》[②]

① 中国志愿服务网“记录率”＝记录时间人数1061万人/注册志愿者总数8545万人＝12.4%，2018年3月16日。

② 全球劳工组织官网，www.ilo.org/wcmsp5/groups/public/---dgreports/---stat/documents/publication/wcms_162119.pdf。

和全球志愿服务测量框架①，可以从志愿服务投入、产出、成果和社会影响力四个维度进行测评。由于中国志愿服务基础建设刚刚起步，基础研究与数据尚未形成体系，本文主要在志愿服务投入层面进行测量。

（1）志愿者数量：包括“注册志愿者”，即在官方管理部门、管理平台或机构注册的志愿者，以及未进行任何登记的“非注册志愿者”。在志愿者中重点对实际参与了志愿服务的“活跃志愿者”进行报告。

（2）志愿服务参与率：指国家人口中参与了志愿服务的人口比率。志愿服务参与率 = 活跃的志愿者数量/人口总数②。

（3）志愿服务组织数量：是指在过去一年中，组织过志愿者开展志愿服务活动的社会组织与志愿服务组织数量总和。其中，志愿服务组织包括在官方平台进行注册和备案的志愿团体，以及未注册的自组织。

（4）志愿服务时间：指过去一年中志愿者从事志愿服务的时间，其测量单位为小时。

（5）志愿者贡献价值：反映提供志愿服务的劳动人口在社会服务行业中所贡献的经济价值。本文采用国际劳工组织（ILO）推荐的“替代成本计算法”（The Replacement Cost Approach），即志愿者贡献价值 = 社会服务行业雇员平均工资（元/小时）×志愿服务小时数。

2017 年志愿者贡献价值计量标准为 35.48 元/人均小时。志愿者贡献价值计量标准采用国家统计局发布的“公共管理、社会保障和社会组织的平均工资值”。按照 2016 年度为 70959 元（比上年提高 13.86%）计算③，社会服务领域的平均每小时工资为 35.48 元，比上一年度工资增长每小时 4.44 元。

---

① 张强：《全球志愿服务发展前沿研究》，杨团主编《中国慈善发展报告（2017）》，社会科学文献出版社，2017。

② 根据国际劳工组织对志愿服务参与率的定义，主要是指参与服务的志愿者与本国 15 周岁以上劳动人口数量之比。本文为了方便与往年比较，今年继续采用全国总人口数作为志愿服务参与率的比较数据。

③ 2016 年度社会服务行业雇员人均为 70959 元，按照 250 个工作日计划，人均小时工资为 33.78 元。国家统计局，http：//www.stats.gov.cn/tjsj/zxfb/201705/t20170527_1498372.html，2017 年 5 月 27 日。

（三）调研方法

本课题组于2017年10月初至2018年3月初，采用了更为客观的文献研究+志愿者和志愿服务组织问卷+网络平台数据分析+机构访谈的多方调研与相互印证方法，分析研究全国志愿者与志愿服务组织的数量及其服务时间，调研对象聚焦于参与志愿服务的活跃志愿者。2018年1月29日至3月12日，课题组采用滚雪球等非概率抽样和网络调查方式对全国志愿者和志愿服务组织进行调查，共回收自中国31个省（区、市）的有效问卷11002份，其中志愿者和公众9972份，志愿服务组织1030份。同时，课题组成员还对中国志愿服务网、共青团中央、中国志愿服务联合会、中国红十字总会等全国性志愿服务组织进行访谈作为补充。由于本文也存在着非等概率抽样不足，并不能代表全国总体样本，也难以通过调研数据推论出全国志愿服务的准确数据。但是，通过对志愿服务发展指数的关键指标进行连续五年跟踪调研与比较，可以在一定程度上反映中国志愿服务的发展状况，特别是非注册志愿者和志愿服务组织的情况。

在2017年的调研中，本课题组尝试应用大数据技术进行互联网数据抓取和对中国志愿服务网的数据库进行分析，发现数据同质性和质量无法达到本指数标准要求，因而未能采取。

二　2017年度中国志愿服务发展指数概述

2017年度中国志愿服务发展指数如下。

（一）志愿者数量15807.34万人

本文的志愿者数量，包括在官方登记的注册志愿者与非注册志愿者。2017年度志愿者总量约为1.58亿人，占中国人口的11.37%。

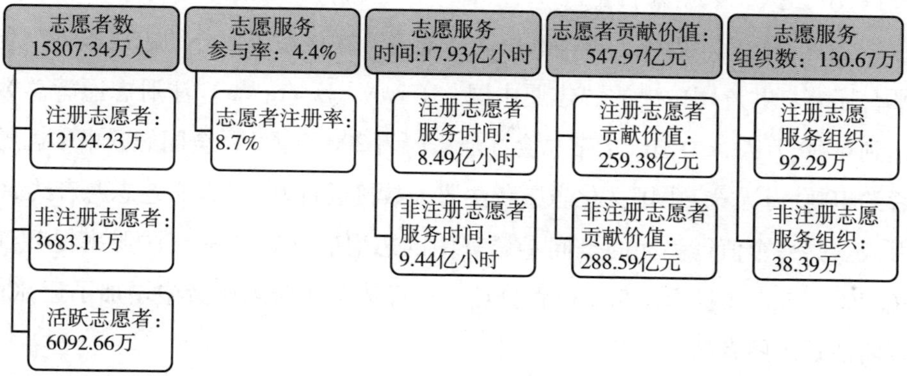

图1　2017 年中国志愿服务发展指数总览

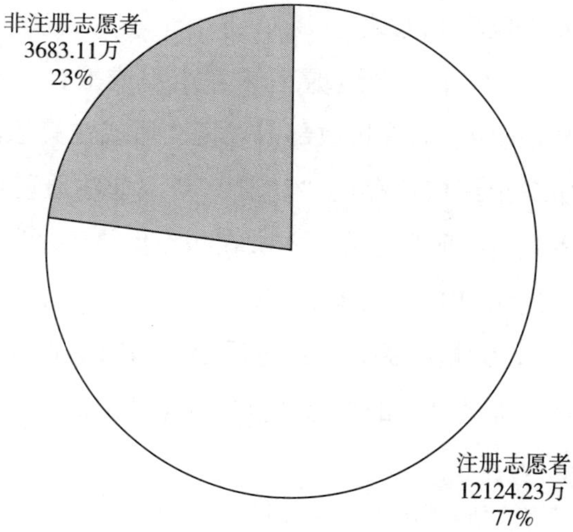

图2　2017 年志愿者总量

1. 注册志愿者12124.23万人，注册率为8.7%

2017 年民政部加强了志愿服务信息管理与志愿者注册和服务记录工作，志愿服务信息系统以中国志愿服务网站（www.chinavolunteer.cn）为前台，于 2017 年 8 月正式上线，以“中国志愿”APP 为手机端应用，网站、手机端应用和系统直接关联。截至 2018 年 3 月 16 日的注册志愿者数量为

8544.76 万人，数据来自全国 31 个省（区、市）的社区、青年、文化、医疗、文明、教育、助残、巾帼和消防志愿者。在该系统以外的志愿服务信息平台还有：共青团中央的“志愿中国”（www.xyz.org.cn）注册志愿者总数达到6000 万人，中国红十字总会注册志愿者200 万人①，全国妇联巾帼志愿者约 1000 万人②，中国文化志愿者注册人数接近百万人③，文艺志愿者约 50 万人。另一个值得关注的是问卷调查中的志愿者在官方平台注册率提升到 76.7%，较上年提升了 7.4 个百分点，这意味着注册志愿者中增加了近 500 万名活跃志愿者④。

根据本文问卷样本显示，2017 年志愿者注册重叠率约为 51.3%，据此测算在官方注册的志愿者总量约为 12124.23 万人，占人口总数⑤的 8.7%，志愿者注册率比 2016 年增长 3 个百分点。

2. 非注册志愿者3683.11万人

本文显示，有 23.3% 的活跃志愿者未在组织或平台上注册，而志愿服务组织中有 29.38% 的组织未在民政部门登记注册或在其他部委备案。这表明志愿者和志愿服务组织依然存在“注册”与“非注册”两种情况，但是今年非注册志愿者数量有明显下降。本文在扣除重叠率之后得出 3683.11 万名非注册志愿者，这比 2016 年下降了 40%⑥，主要原因可能是志愿者注册数量比 2016 年有了较大幅度提升。这也反映了国家加强推进志愿服务记录制度落实，正在逐步吸纳更多的志愿者直接登记注册。

---

① 资料来源：课题组个别访谈，2018 年 3 月 10 日。

② 《超千万巾帼志愿者活跃在基层》，《中国妇女报》，http://www.clady.cn/zhuanti/2016-12/06/content_135158.htm，2016 年 12 月 6 日。

③ 《全国文化志愿者接近百万》，人民网，2016 年 7 月 22 日。

④ 2017 年问卷调查的志愿者注册率比 2016 年增加了 7.4 个百分点，则 2017 年新增注册的志愿者数量 =2016 年非注册志愿者 6221.13 万人/（1-7.4%）-2016 年非注册志愿者 =497 万人。

⑤ 根据《2017 国民经济和社会发展统计公报》，2017 年末中国大陆总人口 13.9 亿人。国家统计局官网，http://www.gov.cn/xinwen/2018-02/28/content_5269506.htm，2018 年 2 月 28 日。

⑥ 2016 年非注册志愿者人数为 6221.13 万人，非注册志愿服务组织和志愿者数量推算公式 = 注册数量/（1-注册率）-注册数量。

3. 活跃志愿者6092.66万人

研究测算2017年注册类志愿者的活跃率在28%①，则注册志愿者中有3394.78万人参与了志愿服务，比上年增长1.33倍，增长了1943万人；而非注册志愿者的活跃率为73.25%，其活跃志愿者有2697.88万人，比上年下降了1656万人。在活跃志愿者中可以看出，注册人数超出了非注册人数，两者合计为6092.66万人，占全国志愿者总量的38.5%，比上年总数5806.61万人增长了286万人。

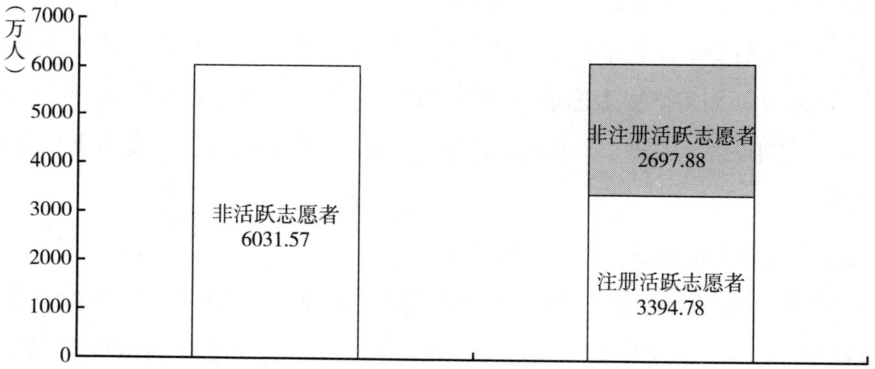

图3 2017年活跃与非活跃志愿者人数

（二）志愿服务参与率4.4%

1. 志愿服务参与率

活跃志愿者总数与全国人口总量之比，反映公众每年实际参与志愿服务的人口比例。2017年度的志愿服务参与率为4.4%，比上年增长0.2个百分点。

2. 志愿者注册率8.7%

注册志愿者所占全国人口比，反映了有过志愿服务经历、有意愿做志愿

① 在记录率12.4%的基础上，根据调研其他平台的记录率约在20%，另外增加了20%的民间活跃志愿者在官方平台注册，综合测算＝中国志愿服务网12.4%＋（其他平台活跃率20%×50%）＋（活跃志愿者率73.25%×8%）＝28%。

服务及正在做志愿服务的人口数量。2017 年度志愿者注册率达到 8.7%，比上年增长 3.45 个百分点，也是自 2013 年开展全国志愿服务指数测量以来的新高。

（三）志愿服务时间17.93亿小时

1. 注册志愿者服务时间8.49亿小时

目前在国家志愿服务信息平台上的志愿服务时间记录均为累计小时数，根据中国志愿服务网的志愿服务记录率 12.4%，累计人均志愿服务为 83 小时①。考虑到注册志愿者中今年有 8% 左右的新增活跃志愿者，故本文以人均服务时间 25 小时/年为标准，推算 2017 年度注册志愿者提供的服务时间为 8.49 亿小时，由于注册志愿者数量较 2016 年明显提升，因此服务时长增加 1.5 倍。

2. 非注册志愿者服务时间9.44亿小时

根据今年的调研显示，未注册的志愿者人均服务时间与上年持平，为 30 小时/年，则全年服务时间为 9.44 亿小时，较上年 13.06 亿小时减少近 28%。

志愿者在 2017 年贡献志愿服务时间总计为 17.93 亿小时，比上年增长 12.3%。

（四）志愿者贡献价值547.97亿元

根据 2016 年度志愿者贡献价值计量单位（社会组织人均工资）35.48 元/小时，在扣除了工资上涨因素②之后，可以推算出 2017 年度志愿者贡献总价值为 547.97 亿元。其中，注册志愿者贡献价值为 259.38 亿元，非注册志愿者贡献价值为 288.59 亿元。与 2016 年度比较，志愿者贡献价值增加了 10%，占第三产业增加值 427032 亿元的 0.13%③，志愿者为社会服务

---

① 此为历年志愿者服务时间记录的累计数。

② 2016 年度社会组织人均工资比 2015 年增长 13.86%。

③ 第三产业增加值为 427032 亿元。国家统计局：《中华人民共和国 2017 年国民经济和社会发展统计公报》，http：//www.stats.gov.cn/tjsj/zxfb/201802/t20180228_1585631.html，2017 年 2 月 28 日。

行业提供了相当于82.1万名全日制雇员，占到社会组织从业人员763.7万人的11%①。

（五）志愿服务组织数量130.67万家

1. 注册志愿服务组织92.29万家

可查证的官方注册的志愿服务组织主要有：以中国志愿服务网全国志愿团体总数43.8万家作为基数，正式在民政部门登记注册的社会组织中约有63万家使用了志愿者②，团中央志愿汇注册志愿服务组织67万家③，妇联巾帼志愿者服务队伍近35万支④。与志愿者注册重叠情况相同的是，志愿服务组织也存在着各部门之间重复统计的情况。根据调查发现有63.8%的组织重叠率，可得出注册志愿服务组织约为92.28万家，比上年74.7万家增长了23.5%。

2. 非注册志愿服务组织38.39万家

根据本调查发现，志愿服务组织的注册率与志愿者相同，也呈现增长趋势，2017年组织注册率为70.62%，比上年增长了6.3%。以此推算2017年度非注册志愿服务组织数为38.39万家，比上年的41.47万家减少了约3万家。

注册与非注册志愿服务组织合计为130.67万家，总量比上年116.17万家增长了12.48%。

三　2017年志愿服务发展指数比较

（一）2013~2017年指数比较

“中国志愿服务发展指数”课题组自2013年开始每年在全国开展指数

① 《社会组织吸纳社会各类人员就业763.7万人》，中国产业信息，http：//www.chyxx.com/industry/201711/581996.html，2017年11月14日。

② 根据本调查显示，活跃的社会组织使用志愿者的比率约90%，故采纳70万家×90%=63万家计入注册类志愿服务组织中。

③ 志愿中国，http：//zyz.org.cn/web/site/org，2018年3月15日。

④ 《超千万巾帼志愿者活跃在基层》，《中国妇女报》，http：//www.clady.cn/zhuanti/2016-12/06/content_135158.htm，2016年12月6日。

测量，并且根据技术方法论的改善进行数据持续优化与年度比较。

（1）应用2016年的志愿者重叠率（46%）和活跃率（注册20%，非注册70%）对2013～2015年的活跃志愿者数量与志愿服务参与率进行相应调整。

（2）重点对注册与非注册志愿者进行比较，以反映中国志愿服务发展整体状况和特征。

（3）2013～2017年五年CVDI比较指标有五个：志愿者总量及活跃志愿者数量、志愿服务参与率、志愿服务时间、志愿者捐赠价值、志愿服务组织数量。

（4）国际比较聚焦于参与志愿服务组织的活跃志愿者数量，选取CAF的《世界捐赠指数报告》（World Giving Index Report）历年数据进行比较。

表1　2013～2017年志愿服务发展指数比较*

CVDI	2013	2014	2015	2016**	2017
志愿者数量(万人)	8535	9001	9488	13480	15807
活跃志愿者(万人)	3569	4283	4800	5807	6093
志愿服务参与率(%)	2.62	3.13	3.49	4.23	4.38
志愿者服务时间(百万小时)	932	1223	1559	1597	1793
志愿者贡献价值(亿元)	215	301	414	496	548
贡献价值增长率(%)***		40	38	20	10
志愿组织数量(万家)	73	53	85	116	131

*所有数值保留整数，采用四舍五入进制。

**自2016年起本课题组应用CVDI，以中国志愿服务网注册志愿者数据为基础，对其他平台和非注册志愿者数据进行整合，提出由“志愿服务参与率”替代了“志愿者捐赠率”，并依据2016年重叠率调整了往年的活跃志愿者数据。

***志愿者贡献价值年度增长率＝［（当年价值－前年价值）/前年价值×100%］－前年工资增长率。五年年均增长率＝［POWER（506.74/214.73，1/5）－1］×100%

通过2013～2017年五年的CVDI比较，可以看到中国志愿服务发展总体呈现快速增长势态，其增长率分别如图4所示。

1. 志愿者与活跃志愿者增长率超70%

志愿者总量由注册志愿者与非注册志愿者组成，从2013年8535万人增

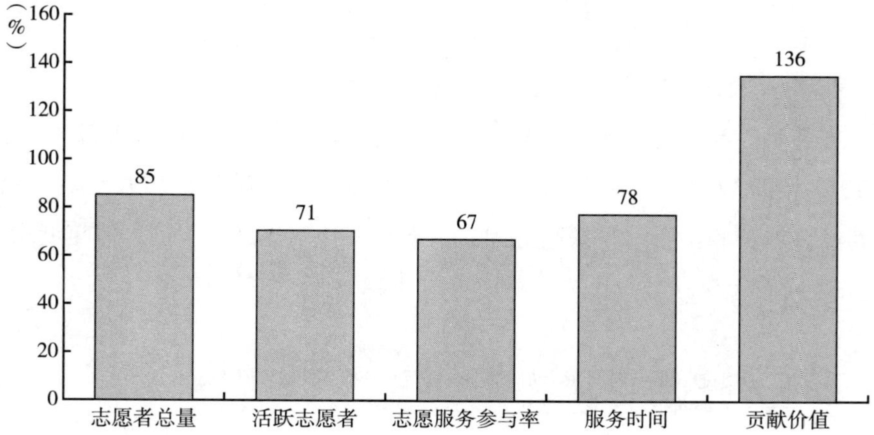

图 4　2013～2017 年 CVDI 五年增长率

长到 2017 年的 15807 万人，总增长率 85%，每年参与志愿服务的活跃志愿者数量增长 71%，志愿服务参与率增长 67%。由此显示注册志愿者数量增长高于活跃志愿者数量的增长率。

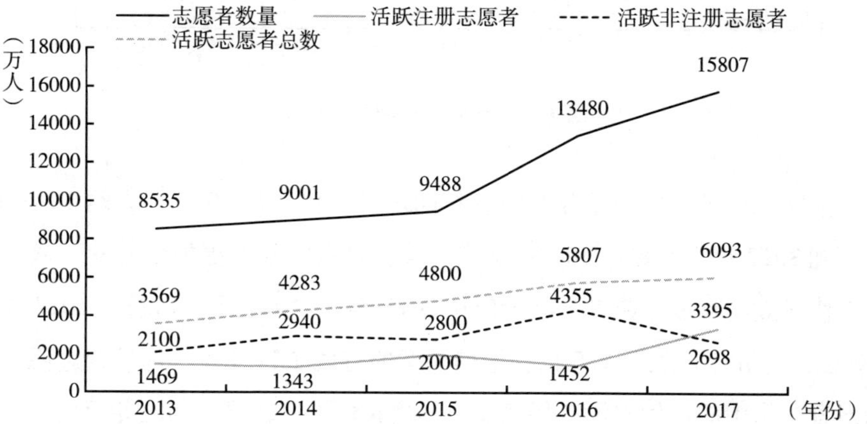

图 5　志愿者总量发展

从我国自 2015 年起推行志愿服务记录管理办法以来，各地方各部门都加强了志愿者登记注册工作，统计发现，注册志愿者数量五年来增长了

65%，注册率从5.6%上升到8.7%，提高了3.1个百分点。而非注册志愿者数量增长率只有23%，2017年首次出现了负增长。

2. 志愿者服务时间及其贡献价值增长率翻番

志愿者参与志愿服务的时间有较明显的增长，从2013年的9.32亿小时到2017年的17.93亿小时，增长率达到92%。其贡献价值增长更为迅猛，受到经济增长和工资水平提高等因素，五年增长率达到1.5倍，但年度增长率呈现下降趋势。

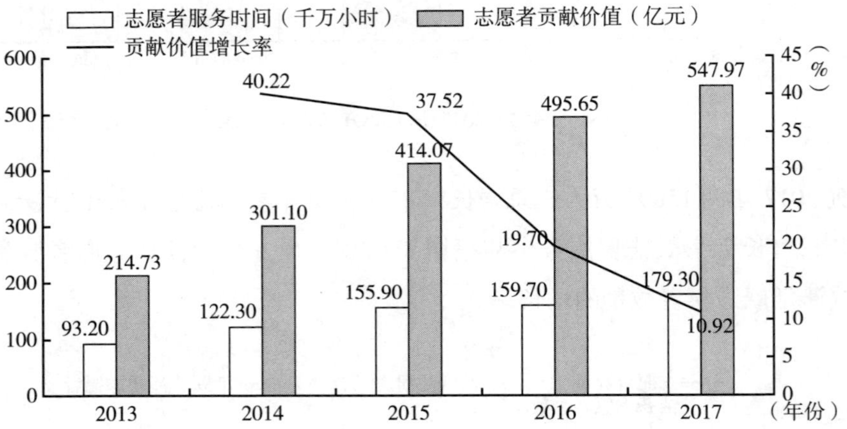

图6 志愿服务时间及其价值

活跃志愿者的人均服务时间五年间增长3倍，从2013年人均10小时/年，到2017年人均接近30小时/年，这表明志愿服务更加常态化，服务记录工作成效明显。志愿者贡献价值从2013年的214亿元，增长到2017年的548亿元，五年增长了1.5倍，值得注意的有两个特点：一是活跃志愿者在志愿者总量中的比例并没有伴随总量的增长而同步提升，与之相反的是近两年有所下降。这可能反映了注册志愿者数量的增长高于活跃志愿者；二是志愿者贡献价值的增长明显高于志愿服务时间的增长，这可能与国民生产总值每年有6%~7%的增长率提升了职工工资水平有关，二是人均服务时间翻番，增加了志愿者贡献价值总额。

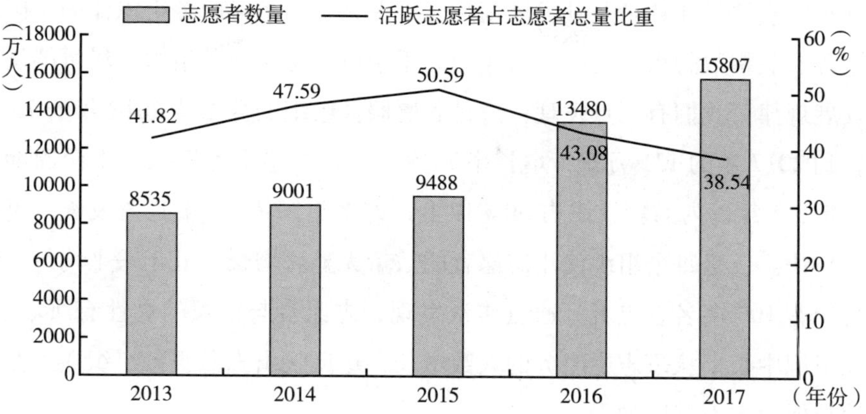

图 7　活跃志愿者与志愿者总量之比

志愿者贡献价值体现在对经济社会发展的贡献：一是对国内生产总值（GDP）的贡献，从 2013 年的万分之三点六到 2017 年的万分之六点六，提升了 83%；二是对第三服务产业总产值的贡献，从 2013 年的万分之八点一九到 2017 年的万分之十二点八七，增长了 57%；三是志愿者贡献的工作时相当于给社会部门提供的全日制雇员，从 2013 年的 43.6 万人到 2017 年的 77.5 万人。

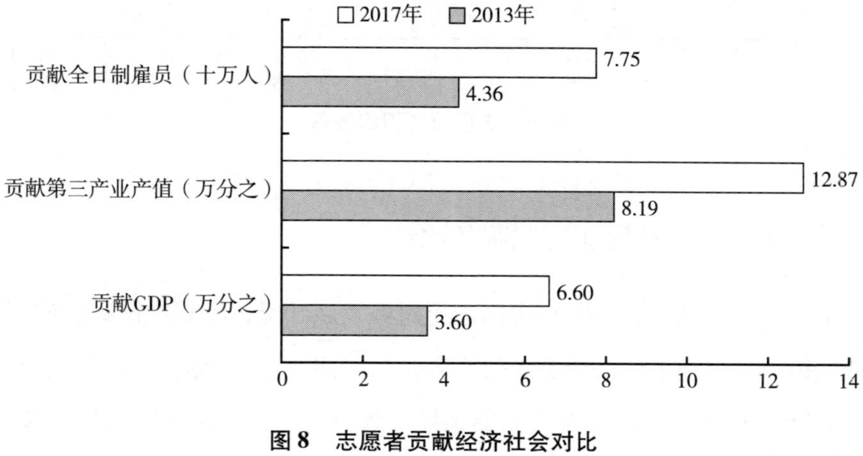

图 8　志愿者贡献经济社会对比

3. 志愿者组织数量翻番

中国志愿服务组织由于尚未纳入社会组织管理体系，无论是官方还是民间都难以摸清具体数量及其发展变化。本课题组将志愿服务组织作为中国志愿服务发展指数的指标之一，每年调研千家以上志愿服务组织，尽可能发现其发展规律。我们有三点发现：一是志愿服务组织的数量从2013年的73万家，到2017年的131万家，增长率75%。二是志愿服务组织的生命周期并不稳定，5年以内的新组织占50%以上，许多组织3~5年此消彼长，更新率比较快。三是每个组织使用志愿者的数量无显著增长，五年来平均每个组织每年有100多名志愿者。通过访谈发现，志愿者与组织的黏性有所增加，即在组织中长期从事志愿服务的人数增长，这反映出志愿服务组织在志愿者管理与保留方面有所加强。

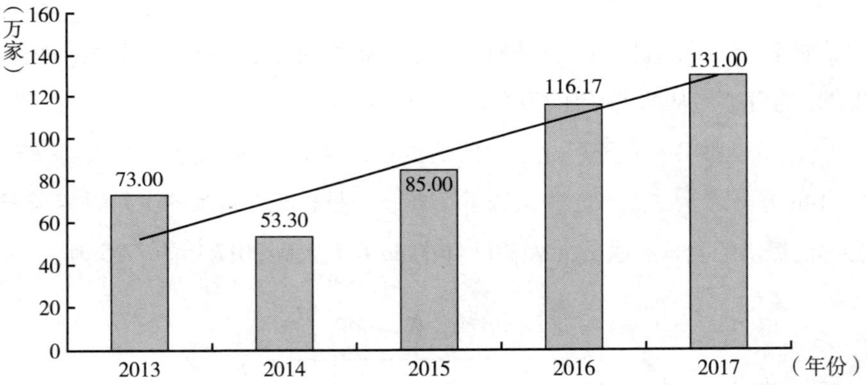

图9　志愿服务组织数量

（二）注册与非注册志愿服务比较

本文从志愿部门视角观察中国志愿服务发展状况，具有中国特色的以党政部委推动自上而下的注册类志愿服务，与民间自下而上的非注册类志愿服务，2013~2017年正在向着“党委领导，政府主导，社会协同，公众参与，法治保障”的社会治理格局方向发展。

1. 志愿者数量

2013~2017年注册志愿者数量总增长率为65%，非注册志愿者为

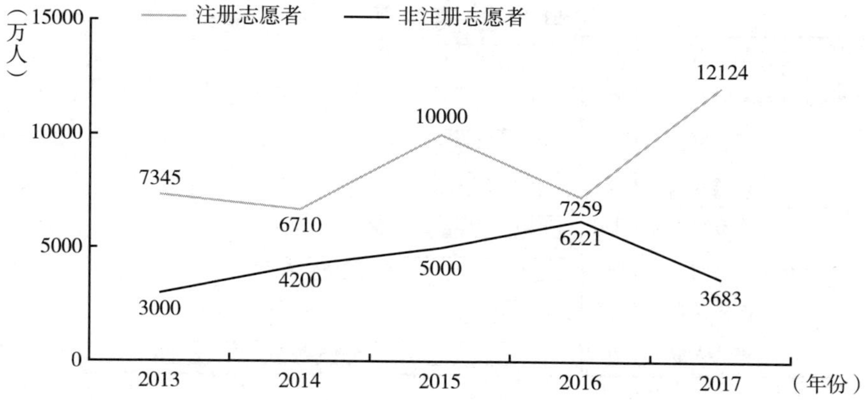

图 10　注册与非注册志愿者比较

23%，低于注册志愿者的同比增长，说明注册志愿者数量在国家推动下，正在出现较明显的增长态势。

2. 志愿者贡献比较

注册与非注册志愿服务的差异主要体现在志愿者的活跃程度不同。注册志愿者活跃率维持在 20% ~30%，而非注册类志愿者活跃率 70% ~80%，因此尽管注册志愿者总人数是非注册志愿者的 3 倍，但是每年在实际参与志愿服务的活跃志愿者、志愿服务时间和志愿者贡献价值方面，非注册志愿者的贡献接近于注册志愿者贡献的 2 倍。

（三）国际比较

1. 中国志愿服务发展指数（CVDI）与世界捐赠指数（WGI）比较

由英国慈善救助基金会（Charities Aid Foundation）于 2017 年 11 月发布的《2017 世界捐赠指数报告（WGI）》① 显示，中国在 2017 年度被调查的

① 《世界捐赠指数报告》（World Giving Index），是由全球慈善救助基金会（CAF）每年在全球 140 个左右国家开展慈善捐赠调研，关注三个核心问题：在过去一个月你是不是做过以下行为：捐钱给慈善组织；为慈善组织做志愿服务；帮助陌生人。2017 年资料来源：https：//www. cafonline. org/about – us/publications/2017 – publications/caf – world – giving – index – 2017。

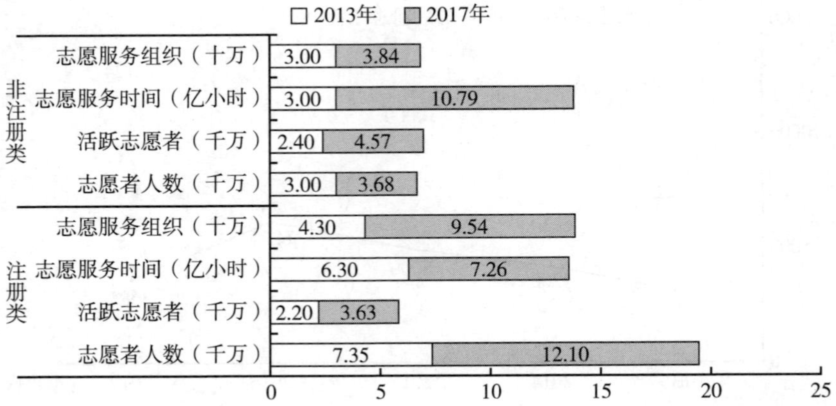

图 11　注册与非注册志愿者比较

139 个国家中，捐赠指数排名第 138 名（倒数第二），其中志愿者人数 6700 万名（比上年增加 1600 万人），志愿者捐赠时间率为 6%，排名第 134 名（倒数第六），比 2016 年上升三位（见图 12）。

国家	总排名	总指数比率	服务陌生人排名	指数比率	捐赠资金排名	指数比率	志愿服务排名	指数比率
前三名								
缅甸	1	65%	57	53%	1	91%	3	51%
印度泥西亚	2	60%	76	47%	2	79%	1	55%
肯尼亚	3	60%	4	76%	20	52%	2	51%
后三名								
立陶宛	137	16%	132	38%	128	10%	121	10%
中国	138	14%	129	30%	134	8%	134	6%
也门	139	13%	126	31%	138	3%	135	6%%

图 12　2017 年世界捐赠指数：前三位与后三位排名

本课题组试图将近五年的 CVDI 与 WGI 进行比较，虽然两者调研方法不同，但在关键指标“志愿者”方面的定义相近，均指“当年为组织提供服务的志愿者”。通过比较发现，CVDI 测量的活跃者数量及其志愿服务参与率比较接近 WGI，特别是本课题组在 2016 年根据 ILO 志愿服务测量标准调整了相关指数，使得调研结果更为接近。通过比较发现，虽然中国志愿者每年参与服务的数量依然名列全球排行靠后，但近两年的发展呈现上升趋势。

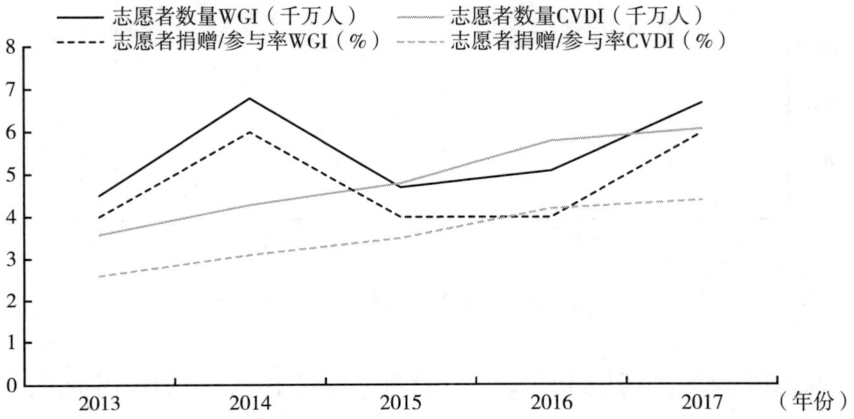

图13　2013～2017年CVDI与WGI比较

2. 与美国志愿服务时间比较

根据《美国志愿服务2015》[①] 显示，2015年美国共有6262万人参与了志愿服务，贡献服务时间近33亿小时。人均年度贡献志愿服务时间52小时，其中1/3的人每年贡献志愿服务时间100小时以上。

中国参与志愿服务的志愿者人数与美国接近，但是人均服务时间近30小时，年度贡献服务总时间为18亿小时，为美国的55%。

四　志愿者与志愿服务组织调研数据分析

本课题主要围绕志愿者和志愿服务组织开展了网络问卷与组织访谈调

① 美国的志愿服务管理，主要是由联邦独立机构“国家和社区服务机构”（Corporation for National and Community Service，CNCS）负责，这个非营利组织每五年发布一次《美国志愿服务报告》，最近一次是2016年会同美国劳工统计局（Bureau of Labor Statistics，BLS）联合发布，数据更新至2015年。

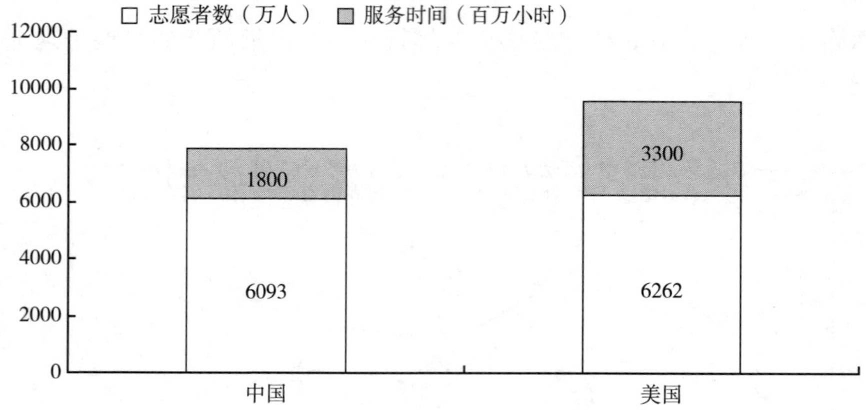

图 14　中美志愿服务时间比较

研。从志愿者和志愿服务组织的基础信息、注册率、志愿服务时间与类型、服务领域、服务满意度、志愿服务成本等方面进行分析。

（一）志愿者基础信息

1. 活跃志愿者比例83.7%

本次调查共有 9968 人填写了问卷，在过去一年中，其中参与志愿服务的志愿者 8345 名，占调查总数的 83.7%，没有参与志愿服务的占 16.3%。与 2016 年 73.4% 的活跃志愿者比例相比，2017 年活跃志愿者比例上升了 10 个百分点。

2. 志愿者信息

（1）男女比例：在接受调研的人群中，女性占 61.4%，男性占 38.6%。综上数据可见，女性参与志愿服务更积极。

（2）年龄：17 岁及以下占 1.47%，18～35 岁的占 58.45%，36～55 岁的占 36.86%，56～70 岁的占 2.98%，70 岁及以上占 0.24%，综上数据，可以看出本次调查志愿者年龄主要集中在 18～55 岁。

（3）婚姻状况：在接受调研的人群中，未婚人员占 50.1%，已婚人员占 45.2%，其他的占 4.7%。

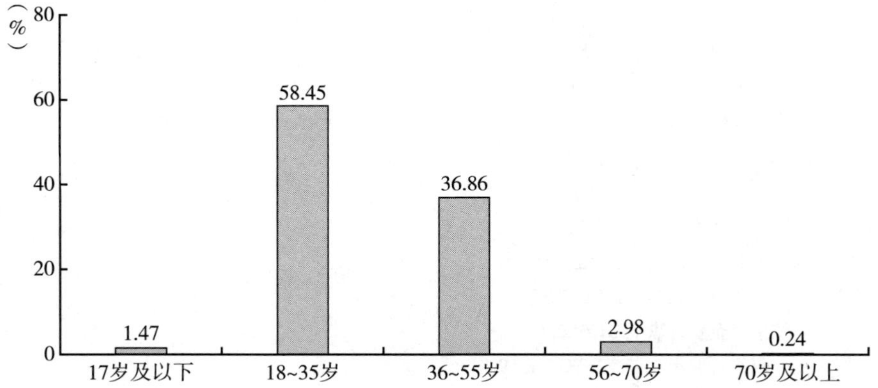

图 15　志愿者年龄分布

(4) 受教育程度：在接受调研的数据中发现，志愿者的学历在初中及以下占 10.1%，高中、技校、中专占 19.7%，大专及大学占 66.8%，硕士及以上文化程度占 3.5%，综上数据，志愿者主要文化程度为大专及大学。

(5) 政治面貌：在接受调研的数据中发现，志愿者的政治面貌是中共党员占 15.8%，共青团员占 45.6%，民主党派占 0.9%，群众占 37.6%。显示出在青年志愿者中，大学生和党团员参与志愿服务更多。

(6) 志愿者宗教信仰：调查发现，77.6% 的志愿者无宗教信仰，信仰佛教的占 10.2%，信仰伊斯兰教的占 8.8%。除此之外，信仰基督教及其他宗教的也各占微弱比例。

表 2　志愿者宗教信仰

宗教信仰	频率	百分比(%)	宗教信仰	频率	百分比(%)
佛教	1012	10.2	其他宗教	148	1.5
基督教	200	2.0	无宗教信仰	7732	77.6
伊斯兰教	876	8.8	合　计	9968	100

(7) 志愿者职业：在接受调研的人群中，志愿者所属前三大职业是学生 36.6%、企事业单位管理者 9.5% 和服务行业员工 9.1%。

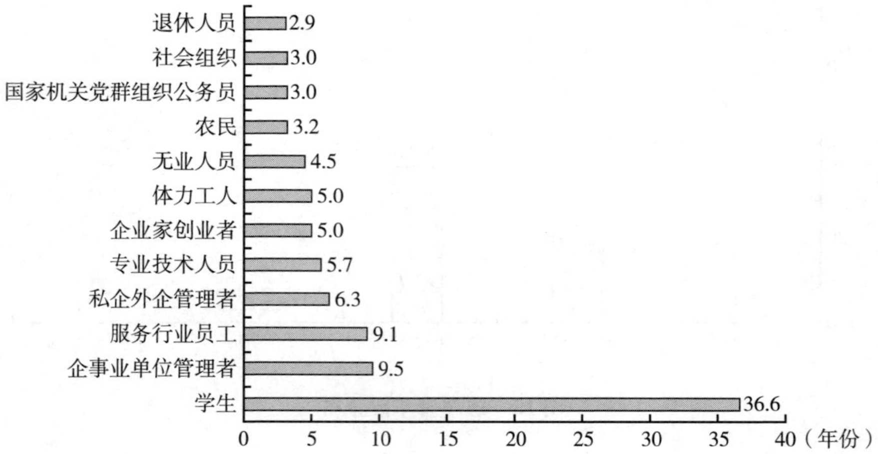

图 16 志愿者职业

（8）志愿者的家庭收入情况：在对志愿者的家庭收入状况进行调查中发现，38.11%的被调查者无收入（主要是在校学生），20.95%的调查对象家庭每年收入3万元以下，有32.04%的调查对象收入为3万~10万元/年，有7.88%的调查对象收入为10万~50万元/年，有0.55%的调查对象收入为50万~100万元/年，有0.47%的调查对象每年的收入为100万元以上，具体如表3所示。

表 3 志愿者家庭收入

收入情况（人民币元/月）	人数	百分比（%）	收入情况（人民币元/月）	人数	百分比（%）
无收入	3800	38.11	50万~100万元	55	0.55
3万元以下	2089	20.95	100万元以上	47	0.47
3万~10万元	3196	32.04	合　计	9972	1
10万~50万元	786	7.88			

（9）志愿者居住地：居住地在广东的占24.99%，其次是志愿者比较集中于山东、湖北、四川、山西、内蒙古、湖南等省市。由于本次调查并非概

率抽样，而是通过理论抽样结合滚雪球的网络调查，因此，志愿者的来源地分析并不能代表全国志愿者的总体分布情况。

表4　志愿者居住地

地　域	人数	有效百分比	地　域	人数	有效百分比
北　京	267	2.68	江　苏	87	0.87
上　海	34	0.34	江　西	52	0.52
天　津	14	0.14	辽　宁	67	0.67
重　庆	43	0.43	内蒙古	465	4.66
安　徽	286	2.87	宁　夏	297	2.98
甘　肃	159	1.59	青　海	334	3.35
广　东	2492	24.99	山　西	512	5.13
广　西	91	0.91	山　东	1483	14.87
贵　州	43	0.43	新　疆	49	0.49
福　建	26	0.26	云　南	55	0.55
河　南	122	1.22	浙　江	134	1.34
海　南	14	0.14	陕　西	78	0.78
河　北	83	0.83	四　川	673	6.75
黑龙江	28	0.28	西　藏	5	0.05
湖　北	1460	14.64	港澳台	16	0.16
湖　南	420	4.21	海　外	28	0.28
吉　林	55	0.55			

（二）志愿者服务信息

1. 志愿者注册

本次调研我们重点对志愿者的注册情况进行调查。调研发现，在过去一年中注册了志愿者的人数占76.7%，未注册的占23.3%。本次课题组重点对志愿者未注册的原因进行了调研。

在对志愿者未注册的原因调查中显示，绝大多数是由于不了解注册途径而导致的，占总体的56.5%；注册过程操作复杂的占10.6%；担心个人信息泄露的占12.3%；认为注册对个人意义不大的占15.1%，其他原因占5.5%。

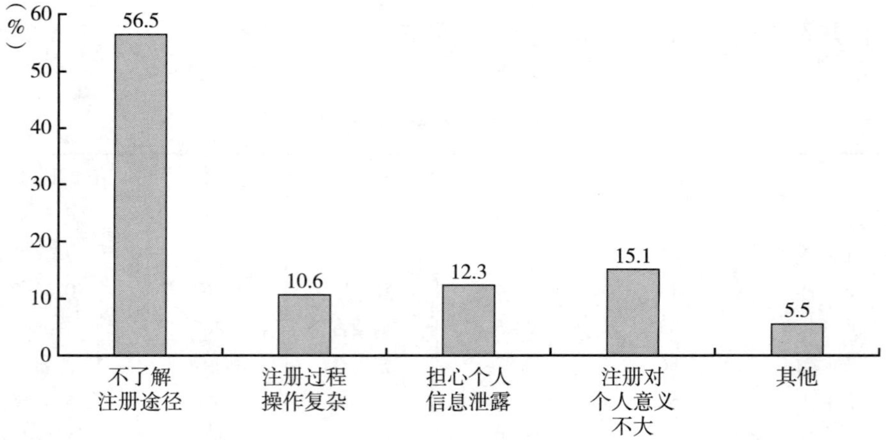

图 17　志愿者未注册的原因

2. 志愿服务频率与时间

本次调查显示，每年一到两次参加志愿服务占 21.5%，每个季度一次占 11.6%，每月一次或每两个月一次占 22.5%，每周一次或每两周一次占 15.9%，每天或经常参加占 12.2%。

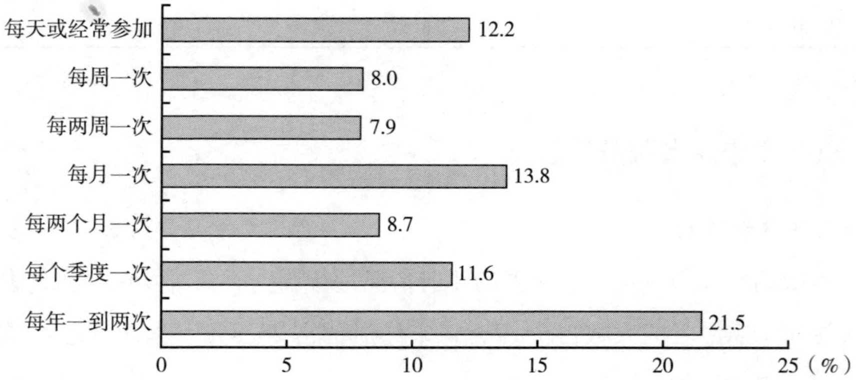

图 18　参与志愿服务的频率

在关于志愿服务时间调查的 9586 份有效问卷中，有 24% 的志愿者在过去一年中志愿服务时长少于 10 小时，有 36.6% 的填写者在过去一年中志愿服务时长在 11 ~40 小时，有 17.4% 的填写者在过去一年中志愿服务时长 41 ~80 小时，有 10.4% 的填写者在过去一年中志愿服务时长 81 ~160 小时，有 11.4% 的填写者在过去一年中志愿服务时长 160 小时以上。本问卷调研粗算 2017 年志愿者人均服务时间 35 小时。

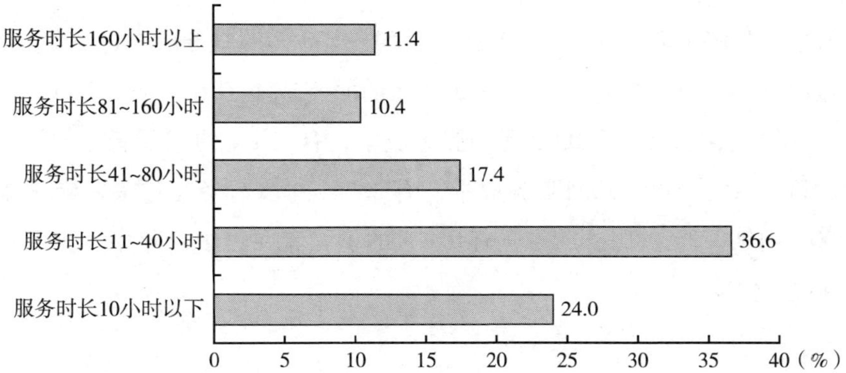

图 19　志愿者服务时间

3. 志愿者服务机构的数量

本文发现，过去一年中，没有为任何机构提供志愿服务的志愿者占比 10.5%，30.3% 的志愿者服务于单一机构，43.0% 的志愿者服务两个机构以上，这说明志愿者在志愿服务中的选择多样性，同时也反映了现有志愿者统计过程中可能存在着重叠。

表 5　志愿者服务机构的数量

服务机构数量	频率	百分比(%)	有效百分比(%)
0 个机构	1043	10.5	12.5
1 个机构	3023	30.3	36.2
2 ~4 个机构	3546	35.6	42.5
5 个机构以上	733	7.4	8.8
合　计	8345	83.7	100.0

4. 志愿者支付的志愿服务成本

2018 年在调研的填写者中，在过去一年中，志愿者参与志愿服务中个人承担了的服务成本（含交通费、误餐费、通信费、服务物料费等），有 25.2% 的志愿者没有承担任何费用，而是由组织承担全部服务成本，或发放服务津贴，有 32.3% 的填写者在过去一年中承担了 50 元以下的服务成本，有 13.5% 的填写者在过去一年中承担了 51 ~100 元的服务成本，有 8.8% 的填写者在过去一年中承担了 101 ~500 元的服务成本，有 2.1% 的填写者在过去一年中承担了 501 ~1000 元的服务成本，有 1.1% 的填写者在过去一年中承担了 1001 ~5000 元的服务成本，有 0.3% 的填写者在过去一年中承担了 5001 ~10000 元的服务成本，有 0.4% 的填写者在过去一年中承担了 1 万以上的服务成本。

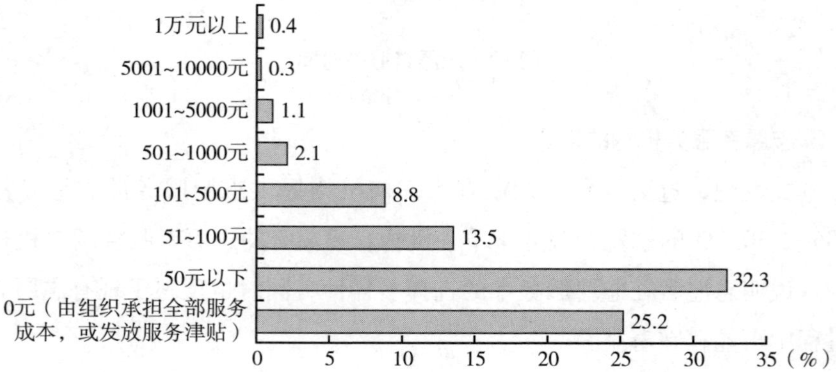

图 20　2017 年志愿者承担服务成本

5. 志愿者服务领域及类型

（1）参与服务的途径：参与调研者，在过去一年中，参加志愿服务是通过亲戚/朋友、熟人/同事介绍的占 18.82%，是通过单位（或学校）要求或统一安排的占 24.20%，是通过广播、报纸、电视等传统媒体的渠道的占 4.61%，是通过互联网络、微信、微博等新媒体的占 16.86%，是通过本社区居委会通知的 6.59%，是自己主动寻找 24.16%，其他途径的占 4.76%，由此可见，大部分的人是通过单位（或学校）要求或统一安排来参与到志愿服务中去的。

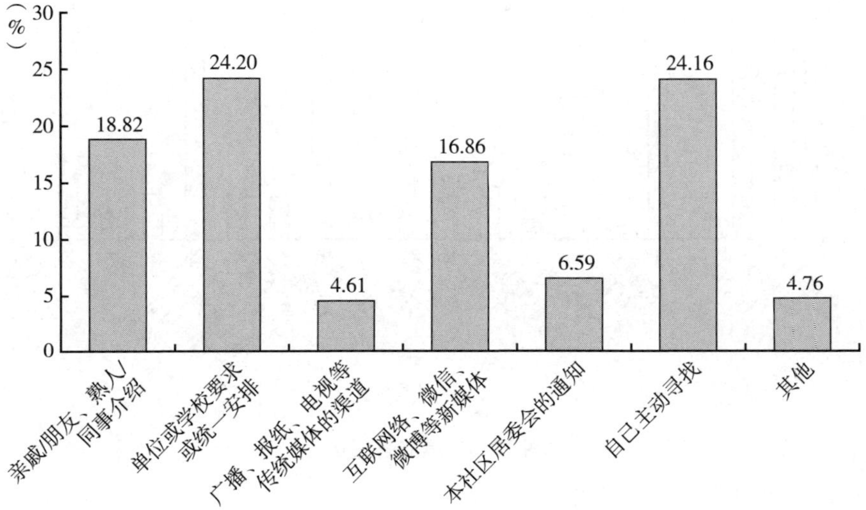

图 21　参与志愿服务的途径

（2）志愿服务领域：在关于志愿服务领域的调查中，15.78%的调查对象选择帮老助残，12.90%的人选择扶贫济困，11.42%的人选择社区服务，10.87%的人选择大型社会活动，9.06%的人关注环境保护，还有一些在支教助学、科普宣传等领域。可以看出志愿者进行服务的领域基本上都是帮助弱势群体。

（3）志愿服务类型：参与调研者提供志愿服务的类型有体能型服务占38.55%，技能型服务9.49%，智能型服务17.41%，捐助型服务30.93%，其他3.61%。专业志愿服务占27%，与上年大致持平。

（4）志愿服务的区域：在关于志愿服务地域的调查中，在有效问卷中，有38.8%的志愿者表示在过去一年中参加过异地志愿服务。

6. 非正式志愿服务

（1）非正式志愿服务比率：从接受调查的人数来看，经常参加非正式

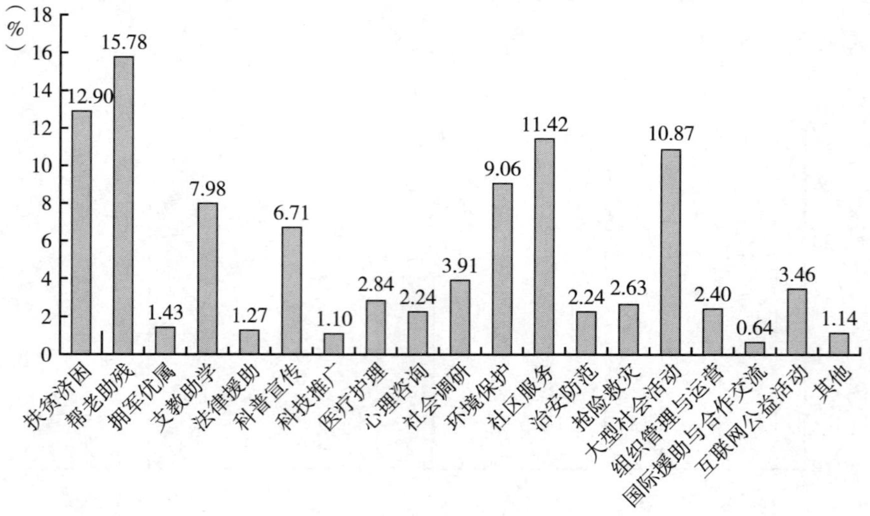

图 22　志愿服务领域

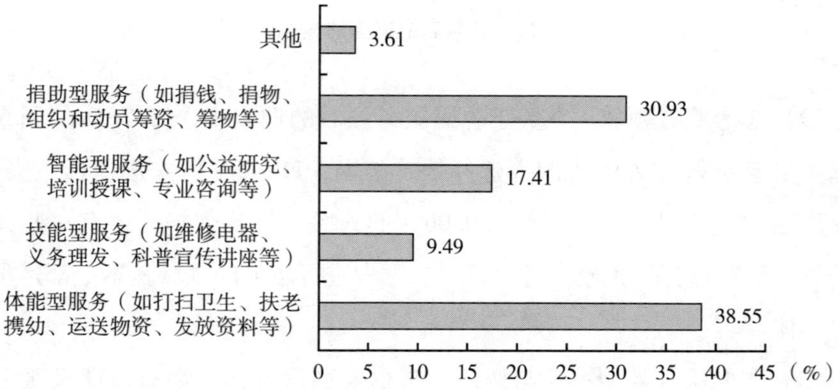

图 23　志愿服务类型

志愿服务的占 39.5%，偶尔参加的占 48.3%，从不参加的占 12.2%，由此可见，大部分的人还是会参与非正式的志愿服务的。

（2）非正式志愿服务内容：接受调查的人在过去一年的生活中经常顺手或顺便帮扶陌生人（如让座、指路引路、帮助老弱病残人等）的占

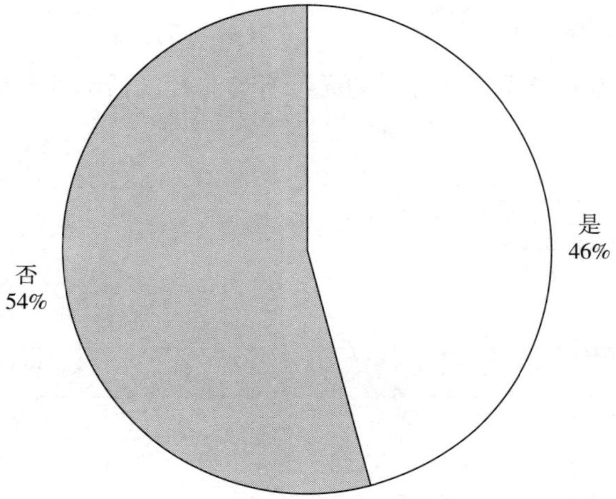

图 24　是否参加过异地志愿服务

68.1%，偶尔占 30.8%，从不的占 1.1%，由此可见，大部分的人都有帮助其他人的行为。

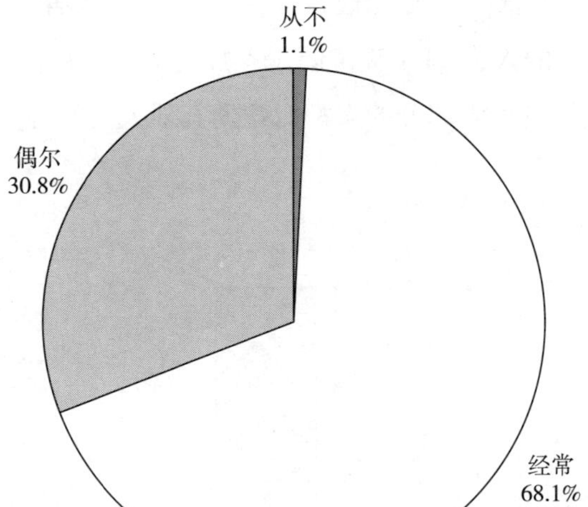

图 25　顺手帮助陌生人（让座、指路）

在过去一年的生活中经常无偿参与所在社区活动（如打扫卫生、治安巡逻、文体活动等）的人占28.8%，偶尔参与的人占53.4%，从不参加的人占17.8%，由此可见，大部分的人都有参与社区活动的行为。

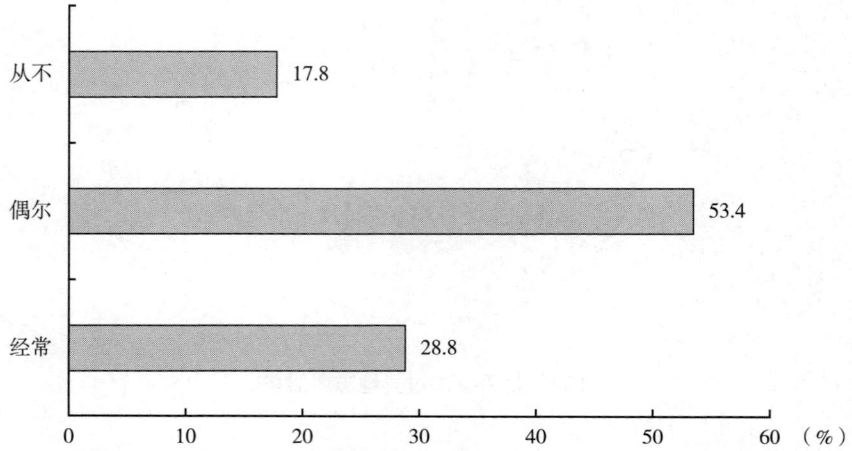

图26　无偿参与社区活动的情况

在过去一年的生活中经常无偿帮助邻居或本社区居民（如买菜、修电器、照看孩子等）的人占21.6%，偶尔参加的人占60.7%，从不帮助的人占17.7%，由此可见，大部分的人都有帮助其他人的行为。

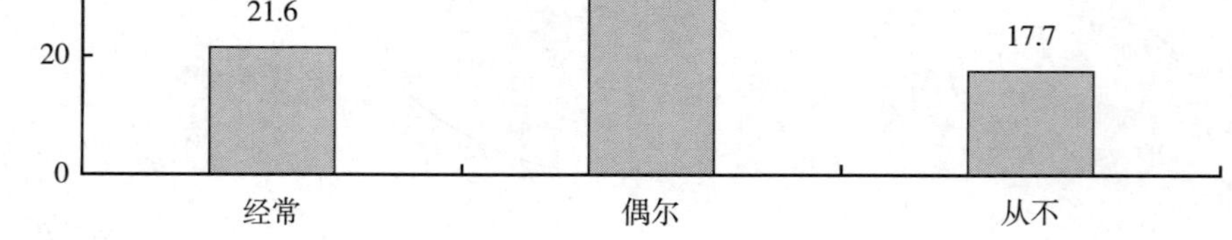

图27　无偿帮助邻居及社区居民（修电器、照顾孩子等）

7. 志愿服务满意度调查

（1）总体满意度

参与调研的人在2016年中参与过志愿服务的人数为9968人，其中，对2016年参与过的志愿活动的总体满意度中比较满意的占38.1%，非常满意的占35.2%，一般的占9.7%，不满意的和非常不满意的分别占0.5%和0.2%。

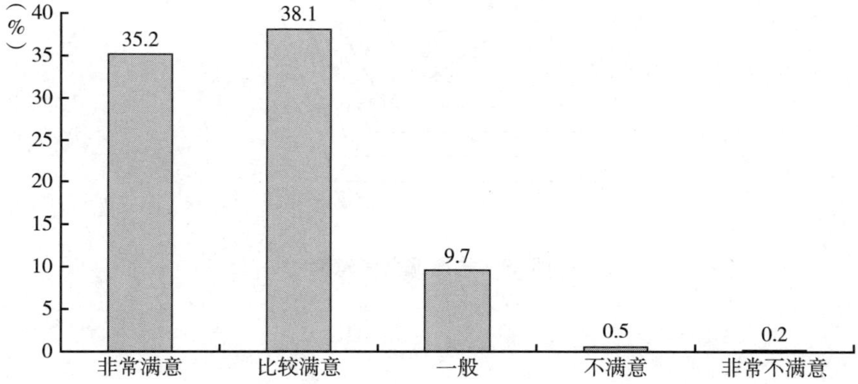

图28　满意度调查

志愿者对志愿服务最为满意的部分：参与调研的人在去年中参与志愿服务活动过程中非常满意的部分：志愿服务主办方的占比为12.3%，志愿服务组织占比为36.0%，志愿者同伴占比为25.0%，服务对象占比为9.2%，其他占比为1.3%，综上数据，可见参与调研的人在去年中参与志愿服务活动过程中非常满意的部分主要集中在志愿服务组织。

（2）志愿者在服务中收到的支持

在对志愿者提供服务中享受的支持的调查中，签署志愿者服务协议占5.67%；为志愿者提供培训占23.57%；为志愿者上人身意外伤害保险占10.64%；提供志愿服务的督导与辅导的占9.97%；提供志愿服务时间记录占19.49%；提供志愿服务证书的占14.16%；提供志愿者表彰的占12.89%；享受社会优待优惠的占2.19%。

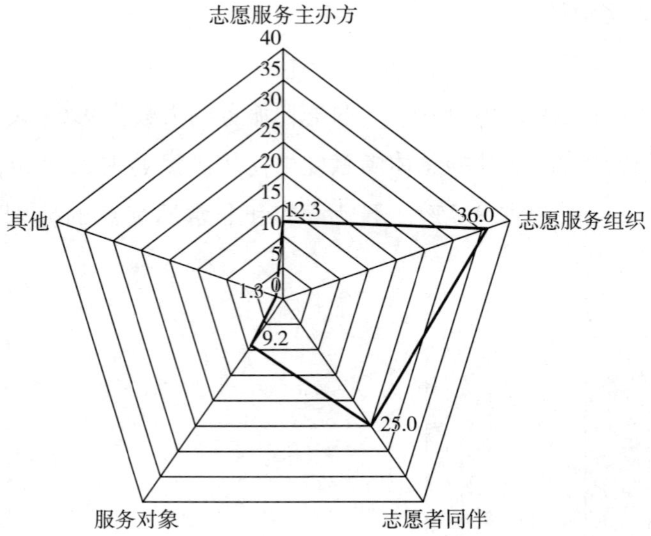

图 29　志愿服务满意度

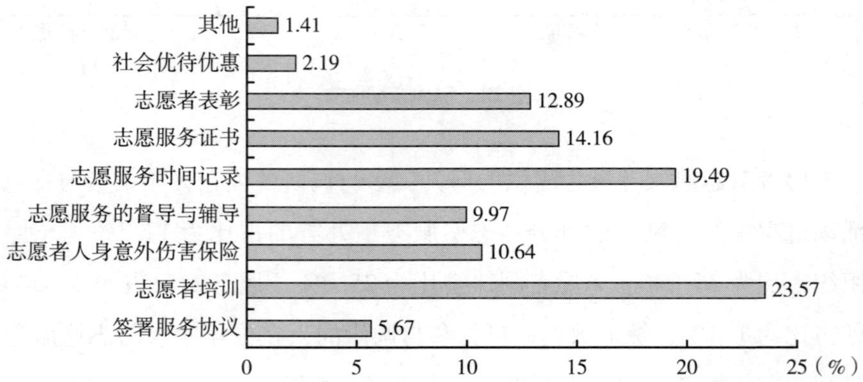

图 30　在志愿服务中获得的支持

8. 志愿服务存在问题与挑战

志愿服务组织是志愿者从事志愿服务的重要平台通道，志愿服务组织的志愿者管理水平，直接影响到志愿者参与。本调查发现组织的志愿者管理能力不足和有关功能缺失已经成为阻碍志愿者参与的重要因素之一。

在 2018 年调研中的填写者最关注的三个问题如下。

（1）志愿服务管理运作不够规范化（19.76%）。

（2）缺少评估与反馈（16.93%）。

（3）没有激励机制（15.38%）。

另外还有15.13%的填写者认为缺少对志愿者必要的培训，影响志愿服务效果，有10.89%的填写者认为志愿服务活动形式单一，缺乏吸引力，有8.64%的填写者认为志愿者主动性差，志愿工作比较被动。

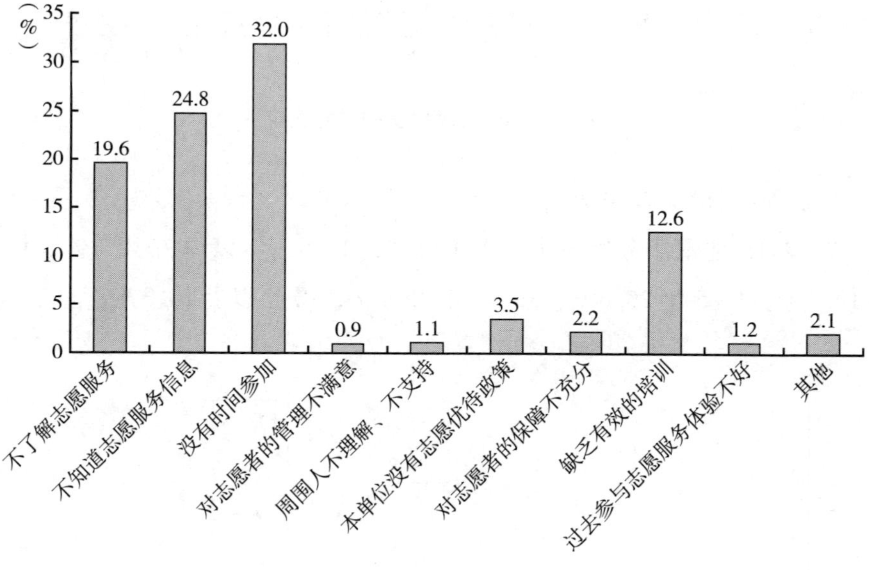

图31　志愿者不参加志愿服务的原因

在对志愿者进行调查时发现，志愿者认为以下措施有利于其更好地参与志愿服务，如图32所示。

（三）志愿服务组织

对志愿服务组织的调查主要是通过问卷和访谈。本调查共回收1030份志愿服务组织问卷。本调查关注志愿服务组织性质与规模、服务领域及时间、开展志愿服务及其管理所面临的困难和挑战、组织发展需求和建议。

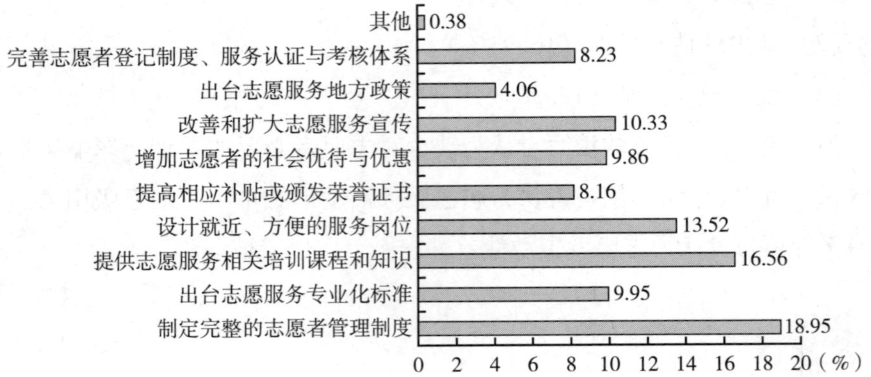

图 32　促进志愿服务的措施建议

1. 志愿组织的基本情况

在调研的志愿服务组织中，组织成立的时间一年以内占 10.1%，1～2 年 13.3%，2～5 年 26.6%，5～10 年 35.7%，10 年以上 14.3%。

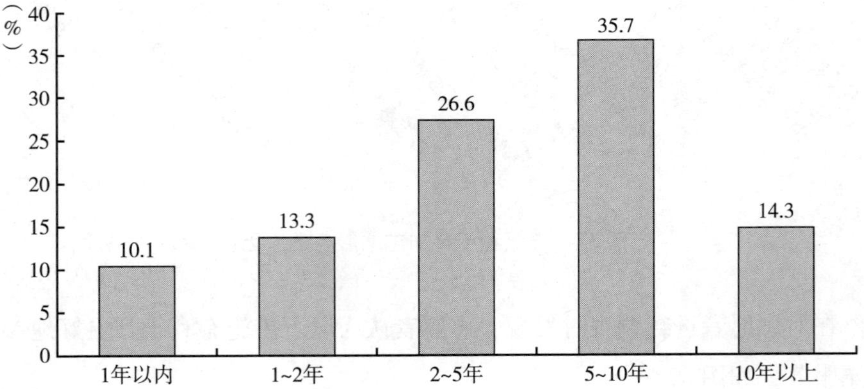

图 33　志愿组织成立的时间

在调研的社会组织中，在相关机构正式注册的占 70.62%，其中 55.4% 是在民政部门正式注册的社会组织，在街道或社区备案的占 8.4%，在其他地区注册的占 6.9%，没有在相关机构正式登记注册以及在工商注册占 26.6%，注册部门为工商管理部门的占 2.8%。

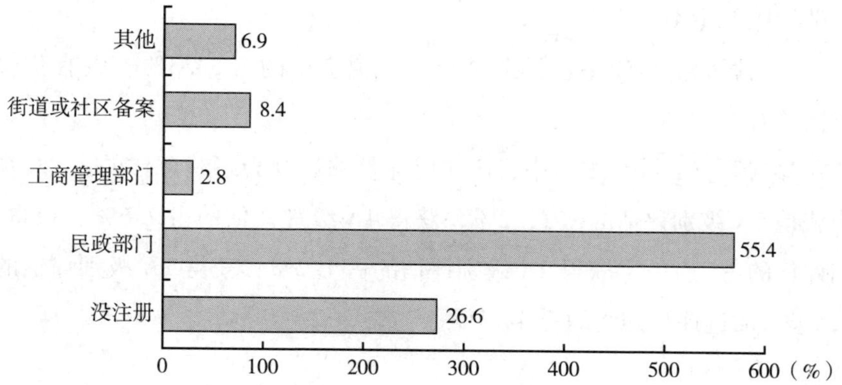

图 34　机构正式注册地

在调查的社会组织中，有上级业务主管部门的组织占 75.5%，其中，共青团为主管部门的志愿者组织占 21.5%，民政部门为主管部门的志愿者组织占 21.7%，党委/精神文明委/社工委为主管部门的志愿者组织占 5%，妇联/工会/残联为主管部门的志愿者组织占 4%，政府其他部门为主管部门的志愿者组织占 6%，国际组织为主管部门的志愿者组织占 0.6%，学校为主管部门的志愿者组织 10.6%，其他单位作为上级领导的占 6.1%。

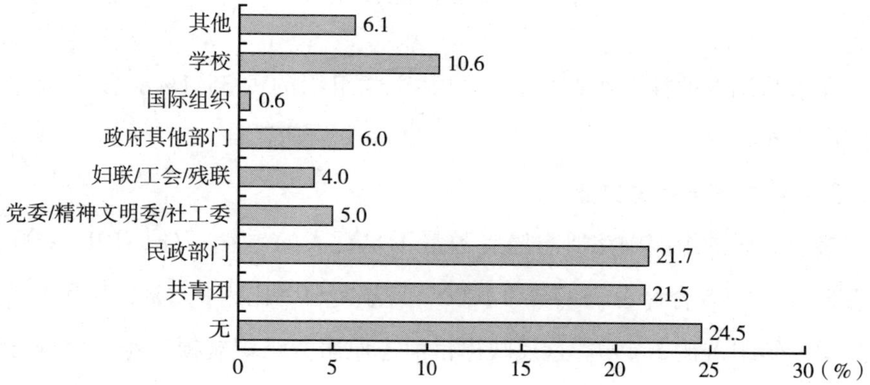

图 35　组织机构上级业务主管部门

在参与调研的组织中有全职工作人员的比例达到 61.6%，没有全职的比例为 38.4%。同时，这些组织中，有兼职人员的比例是 55.3%，没有兼职人员的比例是44.7%。

在参与调研的组织中已注册并获得免税资格的占34.3%，没有获得免税资格的有39.1%。

在参与调查的社会组织中，已注册并参加过社会组织评估的占28.7%，其中获得5A级别评估的占11.2%，获得4A级别评估的占7.6%，获得3A级别评估的占7.7%，获得2A级别评估的占1.2%，获得1A级别评估的占1%，未参加过评估的组织占44.7%。

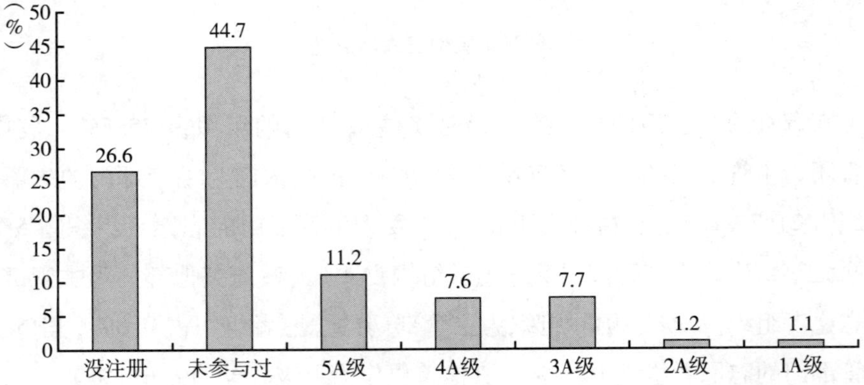

图36　参与社会组织评估情况

在参与调查的社会组织中，成立共产党组织的占35.1%；没有成立党组织的占64.9%。

2. 组织中的志愿者数量

参与调研的组织中注册志愿者数量不足百人的占41.7%，101~500人的占37%，两者合计占78.7%。1000~1万人的占比为9.5%，1万人以上志愿者的组织占比3.2%。这反映出目前志愿服务组织规模较小，大部分组织的志愿者数量在百人左右。

没有在多个单位注册的注册志愿者占11.42%，在多个单位注册的志愿者占88.58%，其中，同时在民政部门注册的占13.04%，同时在精神文明办、共青团、工会、妇联、残联注册的占21.99%，同时在红十字会注册的

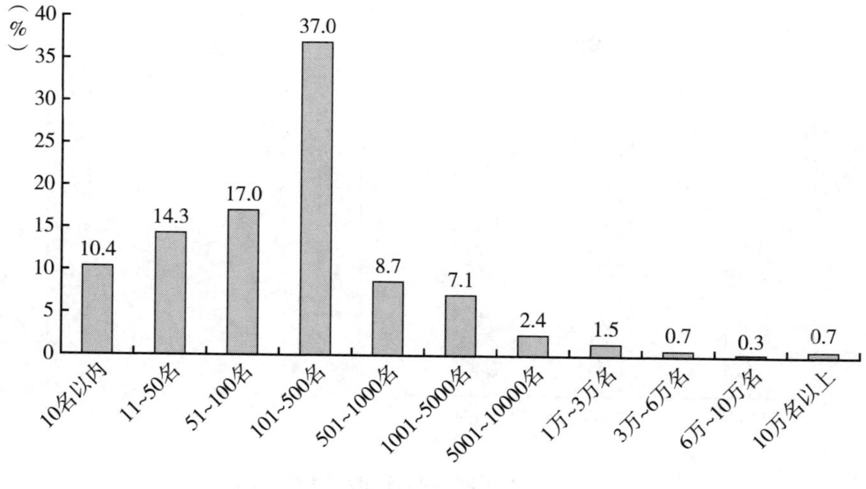

图 37　组织现有志愿者规模

占 19.91%，同时在企事业单位注册的占 5.48%，还有 28.16% 的组织不知道注册志愿者是否在其他地方注册或其他情况。

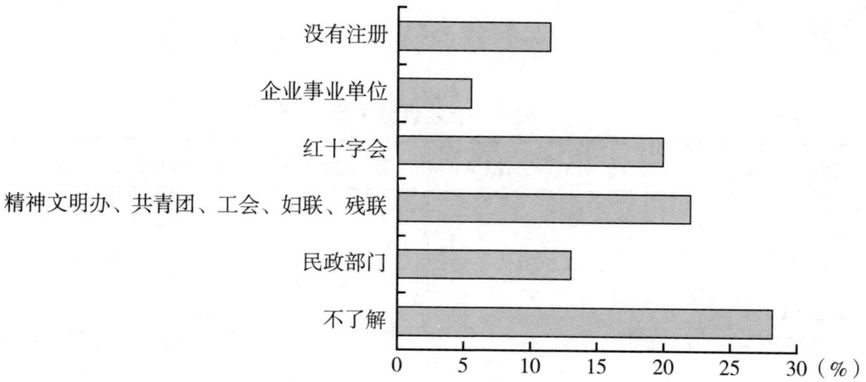

图 38　组织志愿者注册重叠情况

在过去一年中，参与调研的组织中，活跃志愿者占注册志愿者数量的百分比也呈现不同。一半的组织中活跃志愿者占比超过 51%，其中 91% 以上的最高，占 22.2%，71% ~90% 与 51% ~70% 分别占 11.1% 和 16.7%。有 40% 的组织中活跃志愿者比率为 20% ~50%，活跃志愿者不足 10% 的组织只有 10.2%。

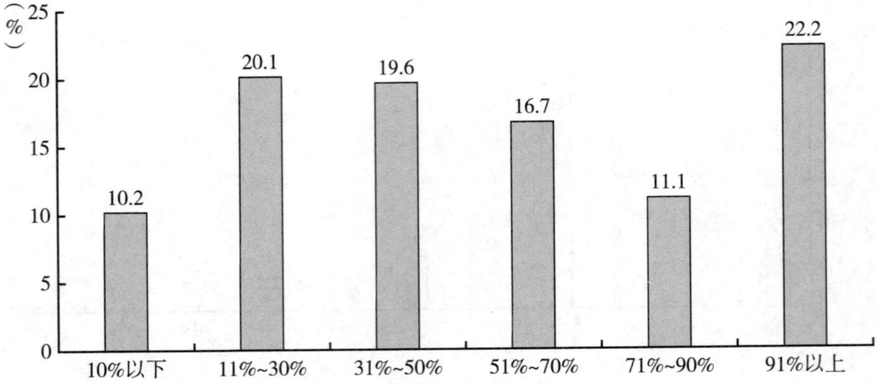

图 39　活跃志愿者与注册志愿者比率

在过去一年中，参与调研的组织中志愿者的流失率（离职志愿者 ÷ 志愿者总数 ×100%）占比 20% 以下的占绝大多数，占 84.5%，21% ~ 40% 的占 11%，41% ~60% 的占 3.5%，61% ~80% 的占 0.5%，81% 以上的占 0.5%。

表 6　志愿者流失率

志愿者流失率	占调研组织的百分比(%)	志愿者流失率	占调研组织的百分比(%)
20% 以下	84.5	61% ~80%	0.5
21% ~40%	11	81% 以上	0.5
41% ~60%	3.5		

在过去一年中，参与调研的组织中志愿者的新增志愿者比率[①] 20% 以下的占大多数，占 35.9%，21% ~40% 的占 29.5%，41% ~60% 的占 12.2%，61% ~80% 的占 17.1%，81% 以上的占 5.4%。

① 组织中的志愿者新增比率 =（新增志愿者数量/志愿者总数）×100%。

表7　志愿服务组织中志愿者新增比率

新增志愿者比率	占调研组织的百分比(%)	新增志愿者比率	占调研组织的百分比(%)
20%以下	35.9	61%～80%	17.1
21%～40%	29.5	81%以上	5.4
41%～60%	12.2		

3. 组织服务类型

本次接受调研的机构中，有30.50%的组织开展的志愿服务类型为体能服务（如打扫卫生、扶老携幼、运送物资、发放捐赠品和宣传资料），有16.20%的组织开展的志愿服务类型为技能型服务（如维修电器、义务理发、科普宣传讲座等），有19.09%的组织开展的志愿服务类型为智能型服务（如公益研究、培训授课、专业咨询项目等），有29.81%的组织开展的志愿服务类型为捐助型服务（如捐钱、捐物、组织和动员筹资、筹物等），有4.39%的组织开展其他类型的志愿服务。那么可以观察到，大多数的志

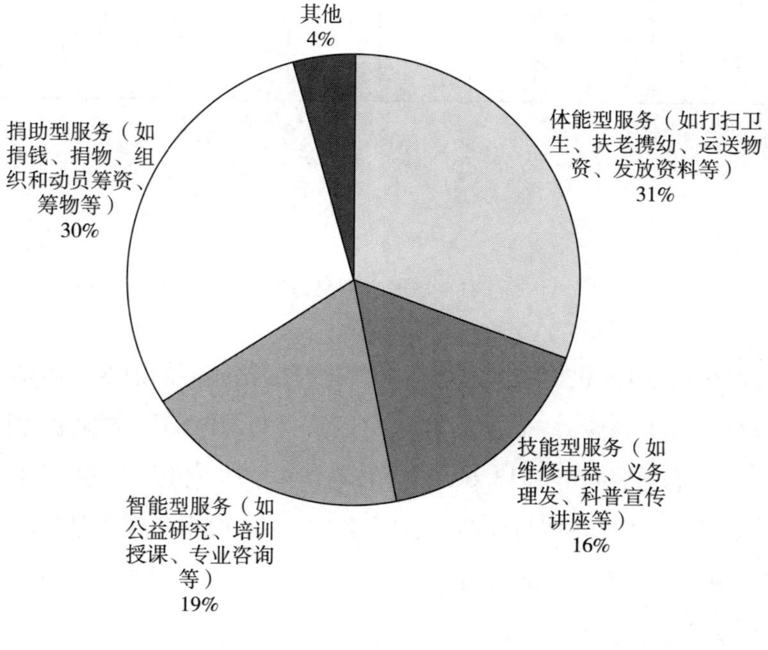

图40　组织从事的志愿服务类型

愿服务类型为捐助型服务（如捐钱、捐物、组织和动员筹资、筹物等）。

4. 志愿者管理情况

本次接受调研的机构中，有2.70%通过政府动员招募志愿者，有19.99%通过社会招募志愿者，有19.57%通过学校招募志愿者，有17.11%通过亲友和志愿者相互介绍招募志愿者，有13.95%通过网上招募志愿者，有8.36%通过其他志愿服务组织推荐招募志愿者，有6.72%通过合作单位员工招募志愿者，有10.53%通过社区动员招募志愿者，有1.07%通过其他方式招募志愿者，那么可以观察到，大多数的志愿者招募是通过社会招募来的。

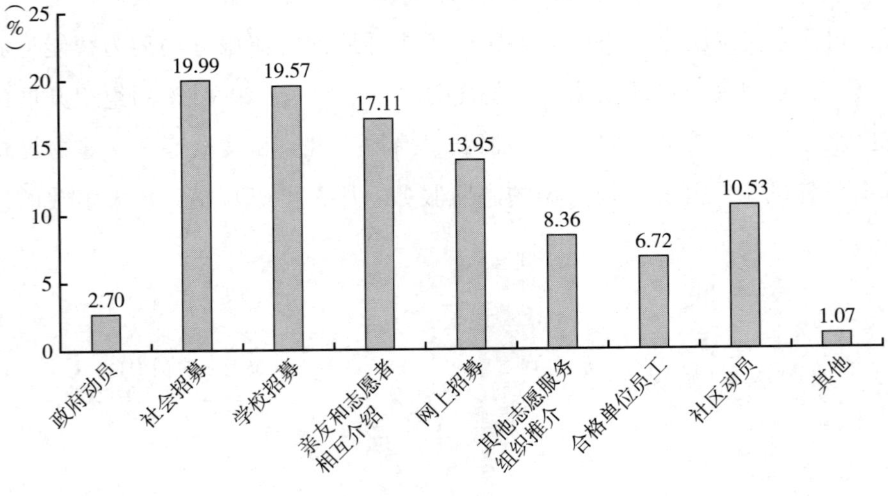

图41　志愿者招募途径

本次接受调研的机构中，志愿服务管理开展比较多的前四个活动主要是志愿者培训（20.18%）、志愿服务时间记录（17.20%）、志愿者保障服务（13.85%）、志愿者督导（13.60%）。仅有5%~7%的组织提供了志愿服务协议、志愿服务效果评估与反馈、志愿者奖励和志愿服务宣传推广服务。几乎所有的组织都没有开展志愿者离职访谈服务与危机管理或志愿者赔偿。

5. 组织面临的困难与挑战

本次接受调研的志愿服务组织中，最大的挑战是缺少志愿服务经费。有

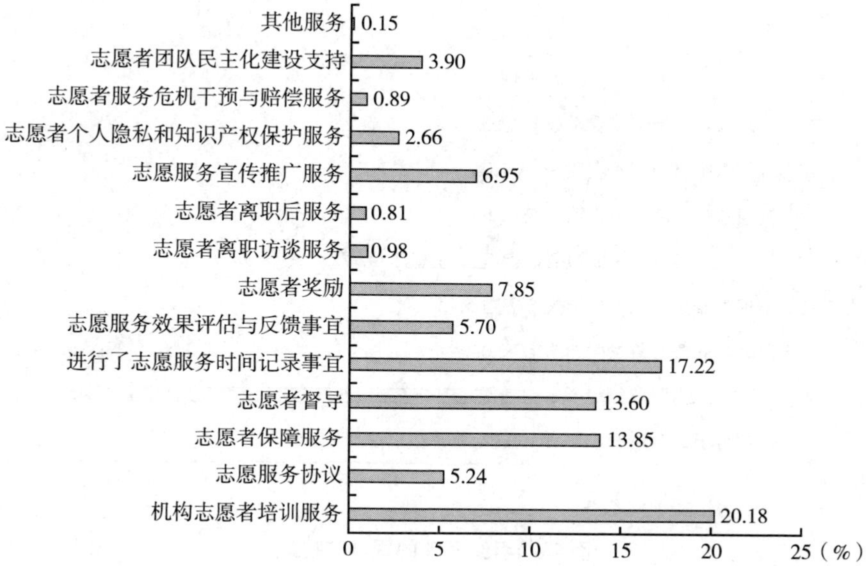

图42　志愿者管理

43.45%在开展志愿服务过程中遇到志愿服务经费不足，有23.52%在开展志愿服务过程中遇到招募不到合适的志愿者，14.77%在开展志愿服务过程中遇到志愿者自行中断服务，有5.42%在开展志愿服务过程中遇到志愿者人员出现人身伤害和财产损失的挑战，有3.81%在开展志愿服务过程中遇到服务对象拒绝接受服务，有2.04%在开展志愿服务过程中遇到志愿者与服务对象发生纠纷，有2.09%在开展志愿服务过程中遇到被当地政府部门中止项目，有2.04%在开展志愿服务过程中遇到志愿者与志愿组织间发生纠纷，有0.48%在开展志愿服务过程中遇到与资方发生纠纷的挑战。

6. 组织的志愿服务频次与时间

本次接受调研的社会组织中，有4.8%的志愿服务频率是只有在一年的特定时间内进行志愿服务，有52%的志愿服务频率是不定期组织，有9%的志愿服务频率是每月一次或每两月一次，有17.3%的志愿服务频率是每周一次或双周一次，有16.7%的志愿服务频率是每天或者经常组织。那么可以观察到，大多数组织的志愿服务频率是不定期。

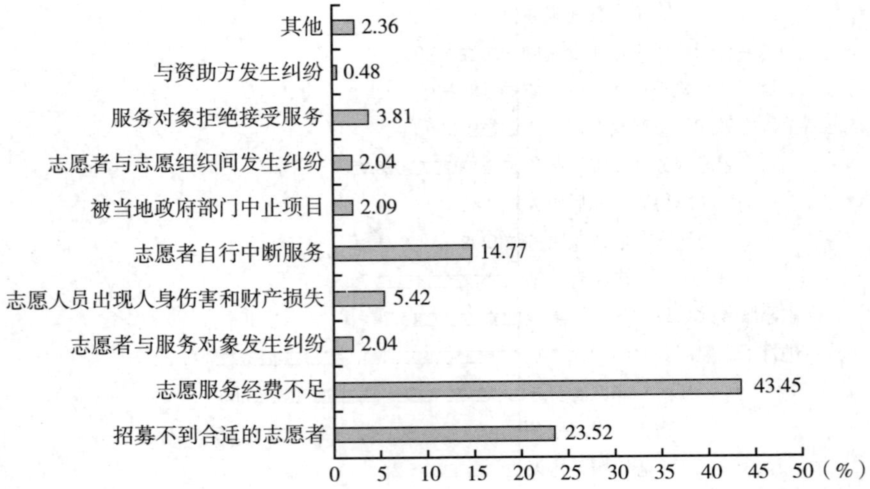

图 43　组织面临的困难与挑战

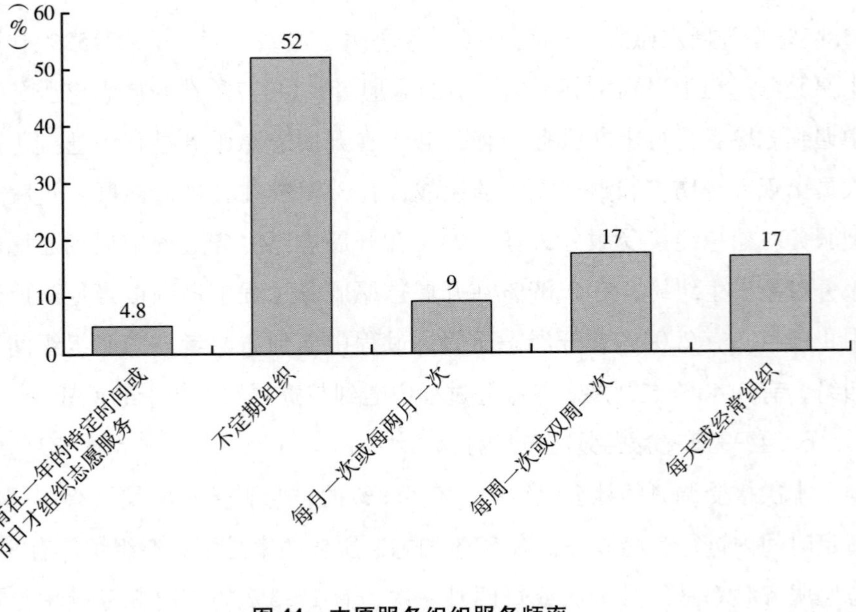

图 44　志愿服务组织服务频率

在组织志愿服务时长的调查中，46.8%的志愿服务组织其在过去一年中的志愿服务时长在100至1000小时。数据发现，目前单个志愿服务组织的服务时长较低，达到一年志愿服务时长在5000小时以上的组织占比只有18%，而一年仅完成100小时以下志愿服务时长的组织也达到了16.4%。

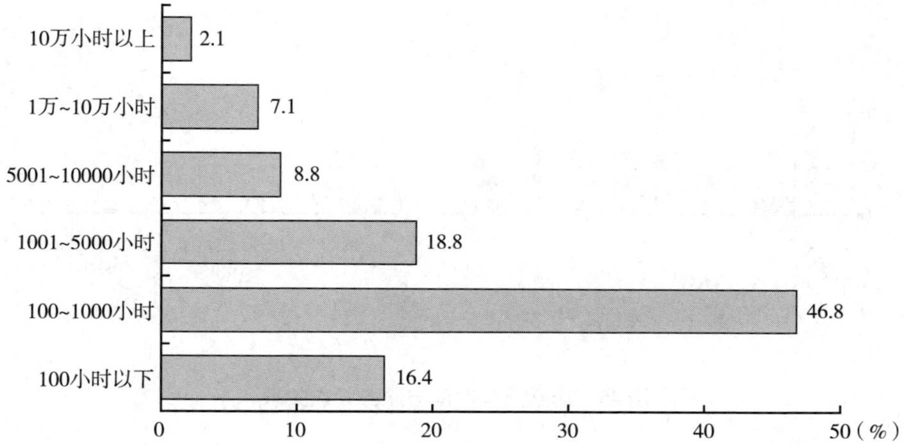

图45　志愿服务组织的志愿服务时长

通过对服务频次和服务总时长的交叉分析，可以发现不定期组织志愿服务的组织其总时长也绝大多数集中在1000小时以下，即使是经常性的（每天、每周和双周一次等）组织志愿服务活动的组织其服务总时长也集中在5000小时以内，这可能说明：

（1）当前志愿服务组织规模较小，组织中的志愿者人员数量较少；

（2）志愿服务组织在志愿者动员、服务项目规划设计与服务实施方面缺乏长期、持续的专业化管理。

7.志愿服务的资金来源

在组织开展志愿服务的资金来源调研中，有17.54%的资金来自政府购买服务或财政支付，有8.13%的资金来自基金会或基金资助，有15.13%的资金来自企业赞助，有5.39%的资金来自支持型组织联合筹资，有25.25%的资金志愿者自行承担或捐赠，有15.04%的资金来自社会个人捐助，有

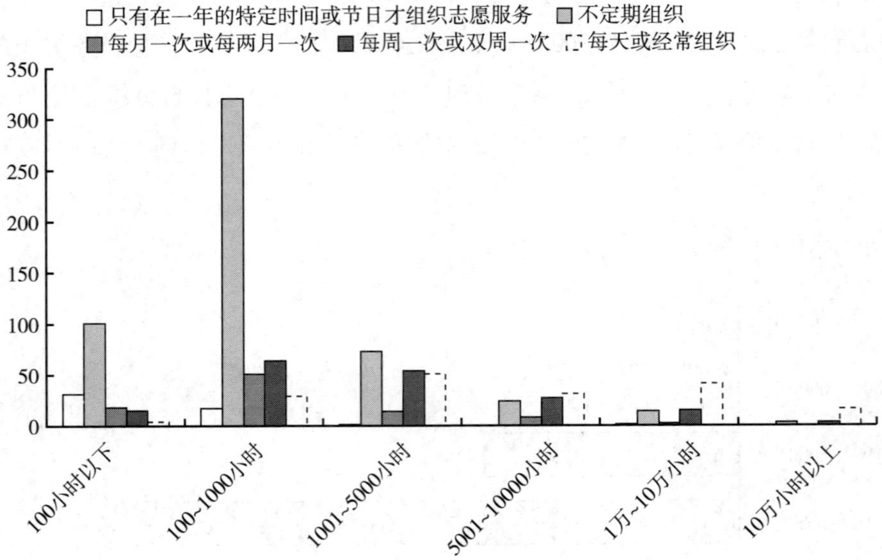

图 46　志愿服务时间与服务频次关系

0.33%的资金来自国际援助，有 1.23%的资金来自接受志愿服务的受益人购买，有 3.74%的资金来自移动互联网众筹，有 4.40%的资金来自服务收入，有 2.13%的资金来自承接外包服务，有 1.70%的资金来自其他赞助，大部分组织开展志愿者服务的资金来源于志愿者自行承担。

8. 组织的志愿者管理成本

组织在过去一年中，为志愿者支出的管理成本，由志愿者个人承担全部服务成本的占 32.3%，1～1 万元的占 39.2%，1 万～10 万元占 23%，10 万～100 万元占 5.1%，百万元以上组织仅占 0.4%。

五　2017年中国志愿服务发展特征

2017 年中国志愿服务发展的最重要特征是国家颁布并实施《志愿服务条例》，开启了志愿服务制度化建设元年，志愿者个人“走出去”渐成风尚，而民间志愿服务组织呈现出专业化加速与经费保障不足。

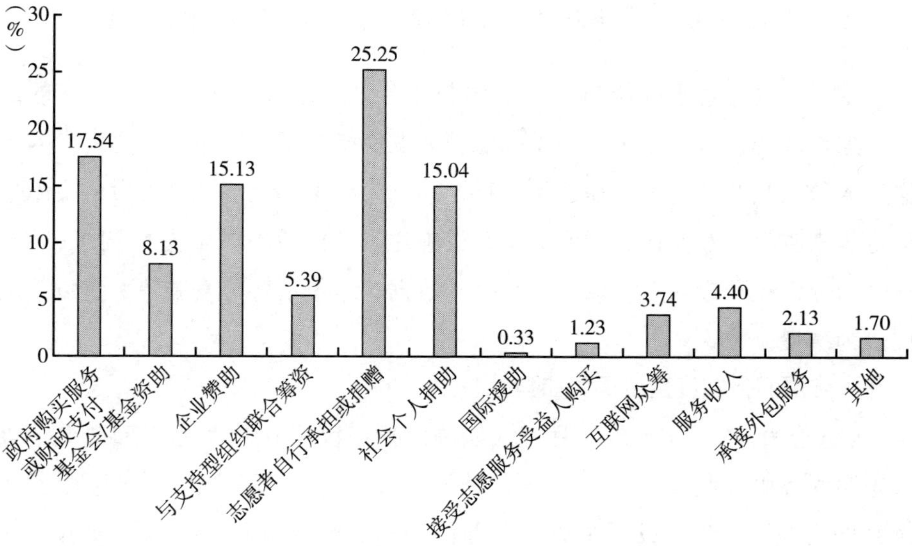

图 47　组织服务资金来源

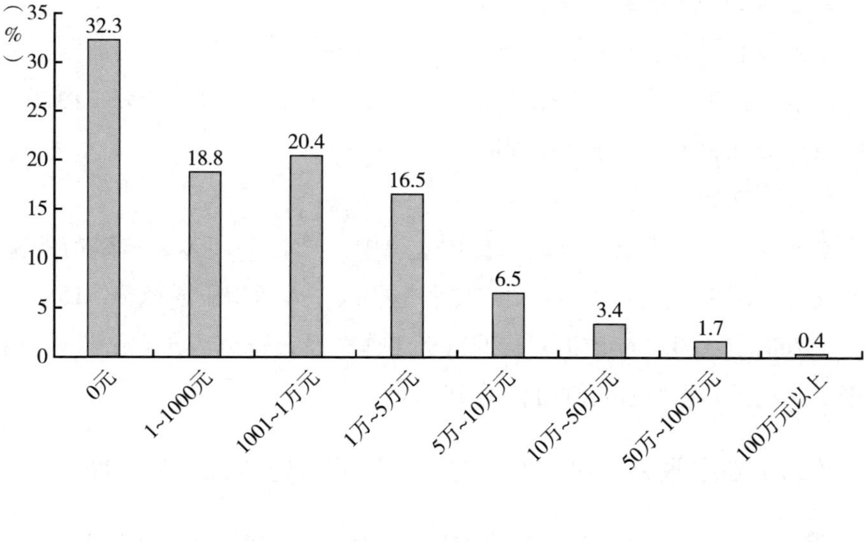

图 48　机构志愿者管理成本

（一）志愿服务基础设施建设得到加强，但资金保障不足

中国现代志愿服务伴随着经济体制改革开放已经走过了近四十年的历程，据本课题组近五年跟踪中国志愿服务发展指数调研发现，志愿者参与志愿服务的人数及其时间都在逐年增长，并且为国家和经济社会建设的贡献价值也越来越大。然而作为行业的基础设施建设，包括法规与基本准则、管理机制与保障经费投入、信息平台与基础数据、组织培育与发展等一直以来发展较为缓慢。

1. 志愿服务制度建设得到加强

《慈善法》于2016年9月正式实施之后，国家在相关法规和政策，以及志愿服务服务制度化建设方面加快了步伐，2017年12月《志愿服务条例》的实施，初步形成了中央文明办协调和民政部行政管理的志愿服务管理新格局，并将志愿服务纳入国民经济和社会发展规划中。中国志愿服务政策环境向好。

2. 全国志愿服务信息系统

全国志愿服务信息系统（www. chinavolunteer. cn）正式上线运营，中国第一次建立了志愿服务大数据体系，这也为今后的志愿服务研究、治理与更好的政策法规制定提供了基础保障。

3. 志愿服务经费投入不足

本文发现，志愿服务组织的资金来源中，只有17.5%来自政府购买或财政支付，25%的资金来源是由志愿者捐赠或个人承担服务经费，15%来自社会个人捐赠。2017年政府对志愿服务工作总投入资金约5.4亿元①，仅相当于548亿元的志愿者贡献价值的1%。

（二）志愿服务专业化发展提速，民间志愿研究更为活跃

《志愿服务条例》明确规定，“国家鼓励和支持国家机关、企事业单位、社

---

① 民政部办公厅：《关于2017年度社会工作和志愿服务法规政策规划落实情况的通报》（民办函〔2018〕29号），2018年4月2日。

会组织等成立志愿服务队伍开展专业志愿服务活动，鼓励和支持具备专业知识、技能的志愿者提供专业志愿服务。”惠泽人提出专业志愿服务（Professional Volunteer Service）的五个基本要素：机构或个人自愿、无偿、有组织管理的、应用自身职业化[①]技能或资源，为社会或他人所提供的公益性专业服务。[②]

1. 专业志愿服务数量与质量提升

本文发现，近五年来中国专业志愿服务从不足10%提升到2017年的27%；《中国志愿服务发展报告（2017）》[③]显示，参加过法律服务、医疗卫生、抢险救灾等领域的专业志愿服务占比4%~11%，在企业志愿服务中，有近半数的志愿者参与过技能专业型志愿服务。中国专业志愿服务在2017年里有两个方面的体现：一是官方自上而下的志愿服务规范化与专业化方面加大了管理力度，推动了志愿服务专业化发展；二是民间专业志愿服务自下而上地引领技术专业和志愿创新，特别是在志愿服务研究与志愿者供给侧方面提升了专业化服务水平。

第四届中国青年志愿服务项目大赛首次推出志愿服务项目专业评审标准，呈现出对志愿服务项目评审制度建设更完善、活动设计创新化、项目成果显著、社会参与度高等特点。[④]

2. 志愿服务研究发展提速

中国志愿服务联合会于2017年11月发布了《志愿服务蓝皮书：中国志愿服务发展报告2017》[⑤]，这是中国志愿服务领域中第一部行业性蓝皮书。北京志愿服务联合会发布了2017年研究成果——中国特色志愿服务系列著作。

---

① 职业化（Professionalism）：具有专门的知识技能，为社会创造财富并且能够获得合理的报酬，作为生活来源的工作称为职业。职业化是指在工作服务中遵循职业行业规范与社会责任，具有与职业相匹配的专业技能和职业素养。

② 惠泽人、博能志愿基金会：《中国专业志愿服务发展报告2017》，2017年10月。

③ 中国志愿服务联合会编著《中国志愿服务发展报告（2017）》，社会科学文献出版社，2017。

④ 中国青年志愿服务项目大赛暨志愿服务交流会官网，http://zhijh.youth.cn/，2017年12月。

⑤ 《中国志愿服务发展报告（2017）》暨《邻里守望在中国》新书发布会在京举行，中国志愿，http://www.cvf.org.cn/show/7524.html，2017年11月13日。

民间志愿服务研究更为活跃和实务化。北京博能志愿公益基金会发布了《中国专业志愿服务报告（2017）》和“专业志愿行动智库计划（Do Tank）”，支持志愿服务行动研究与行业能力建设。惠泽人公益发展中心、ABC 美好社会咨询社、合众泽益志愿服务中心等相继成立学院或研究院，并发布了数篇调研报告。青年学者也自发开展志愿服务研究，由四名海外留学的公益慈善领域学者开办《善与志》公众微信号，将海外慈善与志愿服务领域的研究成果和行业信息进行翻译和介绍。由高校青年学者组成的“慈善学人”专业志愿者团队，每周发布自媒体《公益慈善学园》，对公益慈善和志愿服务进行研究、评论与分析。民间志愿服务研究独辟蹊径，在国际化和专业化方面引领中国本土志愿服务实务发展。

（三）志愿者活跃率增加，多数志愿者与志愿服务组织缺乏保障

本课题组多年的调查发现，目前我国的志愿者和志愿服务组织在志愿者教育、组织培育、服务经费投入与保障等方面依然匮乏，多数志愿服务是在没有经费、没有专业化管理、没有服务成果评估的保障和支持下继续“裸奔”。

1. 2017年度中国志愿者的服务特征

（1）中国志愿者以青年群体为主。青年志愿者占 60% 以上，年龄以 18～45 岁青年人为主，大多数受过高等教育；志愿者女性多于男性，以党团员居多；学生和青年群体依然是我国志愿服务的主力军。较往年相比，学生占比逐年下降。

（2）活跃志愿者比例较 2016 年提升了 10 个百分点。调查显示，在过去一年中，有 83.7% 的志愿者参与了志愿服务，与 2016 年 73.4% 的活跃志愿者相比，提升了 10 个百分点。

（3）志愿服务领域与 SDGs 密切相关。中国志愿者服务领域集中于扶贫济困、帮老助残、社区服务等公益慈善类服务，以及环境保护和社会发展。这与全球可持续发展 2030 议程（Sustainable Development Goals，简称 SDGs）的 17 个发展目标较为一致。由于 SDGs 可持续发展目标需要长期的关注和行为变迁，这些志愿服务可以倡导和提升公众参与意识，并通过分享激励来

促进社会变革①。

(4) 志愿服务的类型迈向专业化与多样化。2017 年中，调研者提供志愿服务的类型有体力型服务占 38.55%，技能智能型服务 27%，捐助型服务 30.93%。与 2016 年的志愿服务类型相比，体能型志愿服务下降了 20%，捐赠类型的志愿服务增长 30%。显示出志愿服务正在迈向专业化和多样化的发展趋势。

(5) 志愿者面临的三大挑战：2018 年调研数据显示，志愿者面临的三大挑战有志愿服务组织的管理运作不够规范化（19.76%），缺少评估与反馈（16.93%）以及没有激励机制（15.38%），说明了志愿服务对志愿者组织的专业化层面在提升。

2. 2017年志愿服务组织特征

(1) 志愿服务组织规模较小：41.7% 的组织中志愿者数量不足百人，100～500 名志愿者占 37%，大部分组织的志愿者数量在百人左右。

(2) 志愿者管理经费匮乏：有 1/3 的组织没有任何志愿者管理经费，全部由志愿者个人来承担；管理经费 1 万元以下的组织占 39.2%，两者相加占比 70%。

(3) 单个组织贡献的志愿服务时间较少：2017 年单个组织的志愿服务时长在 1000～5000 小时，体现出志愿服务组织在经费缺乏和行业支持不足的情况下，难以在社会动员、志愿服务项目设计与管理、服务的常态化与可持续化方面有所突破。

(4) 志愿服务组织面临的三大挑战：最大的挑战是志愿服务经费不足（43.45%），其次是招募不到合适的志愿者（23.52%），志愿者自行中断服务（14.77%）。关于志愿者流失问题一直是组织的痛点，调查发现绝大多数组织（84.5%）的志愿者流失率在 20% 以下，这也符合志愿者临时性与流动性的特点。

---

① 张强：《全球志愿服务发展前沿介绍：定位与作值》，载杨团主编《中国慈善发展报告（2017）》，社会科学文献出版社，2017，第 306～317 页。

B.4
2017年中国慈善法治发展观察报告

马剑银*

摘　要：《慈善法》在2017年继续施行，在迈向慈善法治的道路上大步向前。在这一年中，出台了一些相关法律法规与《慈善法》相互衔接，以确保法律体系的融贯性。同时，以民政部为代表的执法部门制定或正在制定大量的配套措施，以规章、规范性文件与其他政策文件的方式进行。此外慈善法实施也具有了更为立体的面向，各类执法、司法与地方立法形式均有出现。当然，慈善法治的建设并不容易，这一年也出现了一些问题，需要我们面对、反思，再前行。

关键词：慈善法　慈善法治　配套措施　法律融贯性

2016年的《慈善法》一出台就被寄以很高的期望："法治之光照亮慈善事业"、[①]"开启依法治善新时代"[②]、"慈善事业迈入法治化轨道"[③]；作为新时代立法体制改革的成果之一，《慈善法》确实也充分体现了"开门立

---

* 马剑银，法学博士、公共管理学博士后，北京师范大学法学院副教授，清华大学公益慈善研究院《中国非营利评论》执行主编。

① 《让法治之光照亮慈善事业——〈写在中华人民共和国慈善法〉通过之际》，《法制日报》2016年3月17日第1、3版。

② 《开启依法治"善"新时代——十二届全国人大四次会议秘书处法案组副组长、全国人大常委会法工委原副主任阚珂解读慈善法》，《光明日报》2016年3月20日第2版。

③ 《慈善事业迈入法治化轨道——民政部有关负责人就慈善法实施答记者问》，《人民日报》2016年3月24日第15版。

法”与“民主立法”的时代强音。但法治从来不是有法可依那么简单，《慈善法》自2016年9月1日起施行之后，为《慈善法》施行而制定的配套文件非常之多，但有关慈善组织登记管理的社会组织三大条例却迟迟未能完成修订，慈善税收优惠的有关承诺也迟迟未能兑现，而这是《慈善法》顺利施行的两个重要配套制度；《慈善法》与相关立法之间的融贯性还有待观察，基层执法部门并未因为慈善领域基本法的出台而改善执法效果，其重要原因也是因为配套制度问题。2017年的《慈善蓝皮书》中就有关于慈善法实施的观察报告，[①] 其中所提及的一些问题并未因为时间的流逝而有明显改善。

自十八大以来，依法治国建设被提到了更重要的地位，十八届三中全会提出了“推进法治中国建设”“建设法治中国，必须坚持依法治国、依法执政、依法行政共同推进，坚持法治国家、法治政府、法治社会一体建设”。[②] 十八届四中全会直接作出《中共中央关于全面推进依法治国若干重大问题的决定》，强调“全面推进依法治国”，“建设中国特色社会主义法治体系，建设社会主义法治国家”。十九大之后，全面推进依法治国战略又有了新的举措，包括组建“中央全面依法治国委员会”，作为党中央决策议事协调机构；全国人大法律委员会也更名为“宪法和法律委员会”，以承担合宪性审查的职责，而合宪性审查是检验法治质量的重要标准。

正是在这样的制度背景下，讨论慈善法治的发展与建设有了更为深远的意义。《慈善蓝皮书：中国慈善发展报告（2018）》中，除了本文之外，还有论述境外非政府组织境内管理立法的专门报告，“2017中国慈善行业年度十大热点事件”中法律法规类别也占了4个。本文主要从慈善法治建设取得的成就和存在的问题做些分析。

① 马剑银：《〈慈善法〉实施之观察（2016～2017）》，载杨团主编《中国慈善发展报告（2017）》，社会科学文献出版社，2017，第28～46页。

② 《中共中央关于全面深化改革若干重大问题的决定》，《人民日报》2013年11月16日第1版。

一　慈善事业相关法律法规体系的融贯性

2017 年，《慈善法》的施行有条不紊地推进，从文本之法走向实践之法，慈善治理初显成效；与慈善事业相关法律法规的制定、修改与施行也稳步推行，共同推进中国法律体系的融贯性；为《慈善法》的施行而建立的各类配套制度、制定的配套文件数量不断增多，慈善法治的立体面向逐渐清晰。

慈善事业的法律法规体系，除了作为基本法律的《慈善法》之外，还包括与之相关的其他法律与行政法规、慈善法的配套行政法规与部门规章等，它们既构成相对独立的慈善事业法律体系，也促进了中国特色社会主义法律体系的融贯性。相当一些法律法规尽管并非专门为配合慈善法而制定，但与慈善事业相关，所以这些法律法规的制定，也会影响慈善法的施行。

（一）《民法总则》："非营利法人"与"慈善组织"的概念融贯性

2017 年 3 月，作为民法典编纂的重要一步，《民法总则》为十二届全国人大五次会议表决通过，并于 2017 年 10 月 1 日正式施行。《慈善法》虽然属于社会法范畴，但该法中存在大量的私法因素，慈善组织同样是民事法律主体的重要组成部分，慈善行为也带有民事法律行为的特征。因此，这一部基本法律为慈善法的施行与解释提供了更为基础的法律依据。《民法总则》改变了 1986 年《民法通则》中的法人体制，构建了新的法人体制。

《民法总则》将法人分为营利法人、非营利法人与特别法人三类，在一定意义上，这是对《民法通则》企业法人与非企业法人分类的延续，前者主要指以公司为主的营利法人，而后者则包括所有不以营利为目的的法人，当初还包括了国家机关法人。"非营利法人"的表述在我国法律中第一次出现，之前曾经出现过"非营利性组织"、"非营利性团体"和"非营利性法人”等概念[①]，学术界自21世纪初也开始使用非营利法人的概念进行研究，[②] 这为非营利法人最终载入民事基本法提供了理论基础。《民法总则》第87条规定，非营利法人包括了事业单位、社会团体、基金会与社会服务机构等；而第92条则又提出了“捐助法人”的概念，作为非营利法人的下位概念，囊括基金会、社会服务机构和具备法人资格且依法设立的宗教活动场所。结合《慈善法》第89条，也就是说，采取法人形式登记成立的慈善组织，都是非营利法人。当然，从《慈善法》的规定上来看，慈善组织并不必然是法人。不过社会组织三个行政法规却限制了慈善组织的非法人形式可能[③]，当然在现实中，存在着大量非法人的社会组织，其中也包括大量非法人形式的慈善组织，这需要在以后的法律制定中进一步加强融贯性。

（二）《志愿服务条例》：“志愿服务”与“慈善服务”的概念融贯性

《志愿服务条例》是2017年出台的一部重要行政法规，标志着志愿服务中央层面的立法工作迈出了重要一步。志愿服务立法与慈善立法密切相关，但志愿服务立法是从地方开始的，1999年出台的《广东省青年志愿服务条例》（已失效）标志着志愿服务这个概念正式出现在中国的法律法规之中，2003年《黑龙江志愿服务条例》标志着志愿服务这个概念的主体从青

① 《基金会管理办法》（1988）第2条规定“本办法所称的基金会，是指对国内外社会团体和其他组织以及个人自愿捐赠资金进行管理的民间非营利性组织，是社会团体法人”；《外国商会管理暂行规定》（1989/2013）第2条规定“外国商会是指外国在中国境内的商业机构及人员依照本规定在中国境内成立，不从事任何商业活动的非营利性团体”；《基金会管理条例》（2004）第2条规定“本条例所称基金会，是指利用自然人、法人或者其他组织捐赠的财产，以从事公益事业为目的，按照本条例的规定成立的非营利性法人”。

② 例如齐云：《单位体制下的民办非营利法人》，中国政法大学博士论文，2003；金锦萍：《论非营利法人从事商事活动的现实及其特殊规则》，《法律科学》2007年第5期，第127~133页；税兵：《非营利法人解释》，《法学研究》2007年第5期，第66~74页。

③ 《社会团体登记管理条例》、《基金会管理条例》都明确规定，社会团体和基金会的组织应当具备法人条件，否则没法进行登记；《民办非企业单位登记管理暂行条例》虽然没有规定民办非企业单位必须采取法人登记，但2016年《社会服务机构登记管理条例》（征求意见稿）中要求作为民办非企业单位替代概念的“社会服务机构”也必须是法人。

年覆盖到全体国民，之后各地陆续制定几十部地方性法规或地方政府规章来规范志愿服务，但中央层面一直只有政策而没有法律法规，重要的文件如《中央精神文明建设指导委员会关于深入开展志愿服务活动的意见》(2008)、《中央精神文明建设指导委员会关于推进志愿服务制度化的意见》(2014)、《中央文明办 民政部 教育部 共青团中央关于规范志愿服务记录证明工作的指导意见》(2015)、《中共中央宣传部、中央文明办、民政部等关于支持和发展志愿服务组织的意见》（2016)；共青团中央、全国妇联、民政部、司法部、公安部、文化部、教育部、国家税务总局、国家体育总局等部门也颁布了大量行业性志愿服务的规范性文件。

2008 年，有共青团与青联界别的政协委员在全国政协十一届一次会议上提出推动志愿服务全国立法，建议将志愿服务法列入全国立法规划；2010 年，十一届全国人大三次会议就有人大代表提出议案，要求制定志愿服务法；之后几乎年年两会有议案与提案要求制定志愿服务法；2015 年，中国人民大学莫于川教授领衔的课题组完成了《中华人民共和国志愿服务法（草案）专家建议稿》，并公开发布。①

自 2011 年开始，国务院在历年的立法工作计划中都将制定《志愿服务条例》列入，起草机关也逐渐由国务院法制办（2011～2013）转移到民政部（2014～2017)，直到 2016 年公布《志愿服务条例（草案)》，2017 年正式通过并施行。

《慈善法》制定的时候，就“志愿服务”的条文表述有过争议，还提出了“慈善服务”与“志愿服务”两个概念的辨析，最后《慈善法》以“慈善服务”作为主概念，志愿服务作为提供慈善服务的一种形式而存在，同时在《志愿服务条例》中，慈善服务也是作为志愿服务的一种形式。它们之间的关系是部分重叠的关系。

---

① 莫于川、王茜：《应当尽快立项制定〈中华人民共和国志愿服务法〉——如何建立健全中国特色的志愿服务法治体系》，中国宪治网，http：//www. calaw. cn/article/default. asp? id＝10838，访问日期 2018 年 3 月 31 日。

（三）对《慈善法》有配套作用的法律法规“修改”

为了实现法律融贯性，《慈善法》施行之后，一些法律法规也因此进行了相应的修改。

《慈善法》第80条规定“企业慈善捐赠支出超出法律规定的准予在计算企业所得税应纳税所得额时当年扣除的部分，允许结转以后三年内在计算应纳税所得额时扣除”。为了保持法律体系的融贯性，2017年2月24日，十二届全国人大常委会第26次会议相应修改了《企业所得税法》，将其中的第9条表述为“企业发生的公益性捐赠支出，在年度利润总额的12%以内的部分，准予在计算应纳税所得额时扣除；超过年度利润总额的12%的部分，准予结转以后三年内在计算应纳税所得额时扣除”。当然，作为《企业所得税法》的配套法规，《企业所得税法实施条例》尚未进行同步修改，需要进一步观察。

与《企业所得税法》修订同时，十二届全国人大常委会第26次会议也修改了《红十字会法》，该法的修订工作自2016年6月开始公开征求意见，最后的文本体现了与《慈善法》的相互衔接，例如该法第19条规定，“红十字会可以依法进行募捐活动，募捐活动应当符合《中华人民共和国慈善法》的有关规定”。此外，红十字会的治理结构、接受捐赠的监督和信息公开等方面的内容也与慈善法有了融贯性配套。[①]

《宗教事务条例》在2017年也进行了修订，修订后的《宗教事务条例》与许多法律进行了融贯性改造，与《慈善法》相衔接的地方也有几处，例如该条例第38条规定宗教教职人员开展公益慈善活动受法律保护；第52条规定宗教团体、宗教院校与宗教活动场所是非营利性组织，其财产和收入应当用于与其宗旨相符的活动以及公益慈善事业，不得用于分配；第56条规定宗教团体、宗教院校、宗教活动场所、宗教教职人员可以依法兴办公益慈善事业。任何组织或者个人不得利用公益慈善活动传教。

---

① 马剑银：《〈慈善法〉实施之观察（2016～2017）》，载杨团主编《中国慈善发展报告（2017）》，社会科学文献出版社，2017，第28～46页。

二 《慈善法》配套规范性文件数量持续增加

2017 年，伴随着《慈善法》的施行，民政部等相关执法部门持续为配合《慈善法》实施制定了大量配套规范性文件，建构了一些配套制度。其中包括《慈善信托管理办法》的正式出台，《慈善组织保值增值投资活动管理暂行办法》、《慈善组织信息公开办法》及《社会组织信用信息管理办法》的公开征求意见，还有一系列的政策文件和执法规范性文件。

《慈善信托管理办法》是由银监会与民政部共同发布的，作为一项在全国范围内实施的抽象行政行为，该办法以通知的方式发布（银监发〔2017〕37 号），虽然并非部门规章，但比起 2016 年民政部与银监会发布的《关于做好慈善信托备案有关工作的通知》则更为系统全面，标志着慈善信托的规制体系初步建立。

2017 年，民政部有三个重要的部门规章进行制定前的征求意见，分别是《慈善组织保值增值投资活动管理暂行办法》、《慈善组织信息公开办法》及《社会组织信用信息管理办法》，其中《社会组织信用信息管理办法》已经于 2018 年 1 月正式出台。

《社会组织信用信息管理办法》是在全社会加快信用体系建设的背景下出台的。自 2016 年开始，有关包括慈善组织在内的社会组织的信用信息管理问题，就已经在有关部门推进“放管服”的改革方略之中。《慈善法》第 95 条规定“县级以上人民政府民政部门应当建立慈善组织及其负责人信用记录制度，并向社会公布”；中共中央办公厅、国务院办公厅《关于改革社会组织管理制度促进社会组织健康有序发展的意见》也提出，建立社会组织“异常名录”和“黑名单”，加强与有关部门的协调联动，将社会组织的实际表现情况与社会组织享受税收优惠、承接政府转移职能和购买服务等挂钩。因此，《社会组织信用信息管理办法》就是对《慈善法》与两办意见的落实，建立包括慈善组织在内的社会组织信用信息管理制度，建立社会组织的“活动异常名录”与“严重违法失信名单”制度。

2017 年 12 月 13 日，民政部起草了《慈善组织信息公开办法（征求意见稿)》开始征求意见。这一规章是 2006 年民政部规章《基金会信息公布办法》的升级版，也是为了落实《慈善法》第 8 章所制定的慈善组织信息公开的详细制度。《慈善法》第 8 章“信息公开”包括政府的慈善信息公开义务与慈善组织信息公开义务。2018 年 2 月 9 日，国务院办公厅发布《关于推进社会公益事业建设领域政府信息公开的意见》（国办发〔2018〕10 号）规定，是从国务院的层面对包括慈善领域在内的社会公益事业建设领域的政府信息公开义务做了翔实的规定，明确公开内容，突出公开重点，增强公开实效，强化保障措施。

《慈善法》第 54 条规定慈善组织可以为了实现财产保值增值而进行投资，并提出了合法、安全、有效三原则，同时规定“投资取得的收益应当全部用于慈善目的。慈善组织的重大投资方案应当经决策机构组成人员三分之二以上同意。政府资助的财产和捐赠协议约定不得投资的财产，不得用于投资。慈善组织的负责人和工作人员不得在慈善组织投资的企业兼职或者领取报酬”。该条第 2 款授权民政部制定具体办法。为了落实《慈善法》这一规定，2017 年 12 月 7 日民政部公布《慈善组织保值增值投资活动管理暂行办法（征求意见稿)》开始征求意见，学界与行业界回应非常热烈。[①] 该征求意见稿出来之后，不少大型基金会根据这个征求意见稿在制定各自的保值增值细则，有的等待办法出台，有的直接已经开始试行。

此外，还有一些慈善事业相关的配套性文件，例如以通知形式下发的《社会组织抽查暂行办法》（民发〔2017〕45 号)、财政部等 10 家单位共同发布的《关于支持科技创新进口税收政策管理办法的通知》（财关税〔2016〕71 号)；国家税务总局、财政部、人社部、教育部与民政部发布的《关于继续实施支持和促进重点群体创业就业有关税收政策具体操作问题的

① 例如，中国慈善联合会慈善资产保值增值委员会筹备组组长刘文华就写了若干文章。刘文华：《如何管理慈善组织的投资活动?》，《公益时报》2018 年 1 月 16 日第 15 版；《民政部出台慈善资产增值新规 慈善组织既要会公益，又要懂投资》，《南方周末》2018 年 1 月 4 日公益版。

公告》（2017 年第 27 号）；财政部与国家税务总局的《关于公益性捐赠支出企业所得税税前结转扣除有关政策的通知》（财税〔2008〕15 号）与《关于非营利组织免税资格认定管理有关问题的通知》（财税〔2018〕13 号）；民政部《慈善组织互联网公开募捐信息平台基本技术规范》和《慈善组织互联网公开募捐信息平台基本管理规范》；民政部、中国红十字总会发布了《关于红十字会开展公开募捐有关问题的通知》（民电〔2017〕145 号）；《中央编办（国务院审改办）发展改革委 公安部 民政部 工商总局关于实行行政审批中公民、企事业单位和社会组织基本信息共享的通知》、《中央编办 民政部关于加强事业单位和民办非企业单位登记管理工作中信息共享与业务协同的通知》、《关于推进社会组织统一社会信用代码制度建设和信息共建共享有关事项的通知》、《国务院办公厅关于推进社会公益事业建设领域政府信息公开的意见》、《关于对慈善捐赠领域相关主体实施守信联合激励和失信联合惩戒的合作备忘录》等，分别在多个领域为《慈善法》的施行进行配套。

三 《慈善法》施行过程中的基本面向

《慈善法》制定之后，作为主要执法机关的民政部门以及其他相关机构，除了制定相关配套规范性文件之外，也采取了各种措施，积极进行具体制度落实、激励奖励各种慈善行为、倡导全民慈善的社会氛围。

民政部将“中国社会组织网”改造成“中国社会组织公共服务平台”，除了常规的新闻信息、各类公告以及提供社会组织网上办事大厅外，还新增了慈善组织信息公开平台、社会组织政策法规数据库、志愿者注册平台、涉嫌非法组织名单查询等平台，积极履行信息公开义务。

据“慈善中国”——慈善组织信息公开平台显示，自 2016 年 9 月 1 日以来（截至 2018 年 4 月 9 日），全国民政部门等共认定与登记慈善组织 3951 家，包括 150 家红十字会；其中具有公开募捐资格的慈善组织 1036 家，包括 149 家红十字会。作为募捐方案备案平台，共有 2964 个项目进行公开募捐备案与信息公开；备案慈善信托共81单，财产总规模为95097万元。

2017年《志愿服务条例》通过并实施，民政部为了配合该条例与《慈善法》的施行，开通了全国志愿服务信息系统，并且与中央文明办一起倡导落实《志愿服务条例》。[①] 民政部办公厅向全国发布《关于推广使用全国志愿服务信息系统的通知》（民办函〔2017〕252号），结合2015年《志愿服务信息系统基本规范》行业标准，推广使用这一系统，在民政领域带头广泛使用，积极推动其他领域使用，加大社会公众的使用力度。

民政部门在2017年继续开展第十届"中华慈善奖"评选表彰活动，并修订了《"中华慈善奖"评选表彰办法》，表彰名额也大大扩大，从2016年的50个名额扩展到150个名额。

自2016年3月开始，民政部就开通了"离岸社团"、"山寨社团"曝光台，至2016年10月，一连曝光了十三批名单共1292家；2017年开始公布涉嫌非法组织的名单，截至2018年3月30日，共公布307家，其中有一些组织已经被取缔。据民政部消息，从2018年4月开始，民政部将联合公安部开展集中打击整治非法社会组织专项行动。这些"离岸社团"、"山寨社团"与"涉嫌非法社会组织"中，有大量以慈善、公益、文化、教育、环保、扶贫等为名义的组织，为广大民众从事慈善活动带来了混淆。

2017年，在慈善领域出现了不少"伪慈善"的现象，有不少是和上述"离岸社团"、"山寨社团"和"涉嫌非法社会组织"有关，另外还出现有关"慈善"、"扶贫"等领域的网络传销，例如"善心汇"事件使用"扶贫济困、均富共生"，"人人公益"网络平台事件"链接所有行业"、"购买爱心"等口号，实际是建构隐秘的传销组织，非常有迷惑性，用情怀加利益的方式诱惑公众参与；还有一些案例借慈善的名义骗取钱财，例如"云南慈善妈妈敛财事件"，以"保护儿童，预防拐卖"的名义骗取政府各类优惠

① 2017年10月27日，中央文明办与民政部一起发布《关于学习宣传和贯彻落实〈志愿服务条例〉的通知》（文明办〔2007〕28号），要求充分认识条例的重要意义、精心组织条例的学习宣传、认真落实条例的各项规定、切实加强组织领导和督促检查。

高达几千万元；“快鱼主播大凉山区伪慈善事件”，一些网络主播以虚假捐赠拍摄视频骗取粉丝礼物。[①]

2017 年，慈善执法领域出现的一些新情况也引起了社会广泛关注，民政部门也高度重视，例如 99 公益日出现了 700 多万元异常捐赠，腾讯公益与主管部门以及第三方独立财务审计机构三方将共同展开调查；[②] 深圳市爱佑未来慈善基金会的“同一天生日”网络募捐事件也因为涉嫌非法募捐行为受到重点关注，深圳市民政局不仅约谈了该基金会的秘书长，责令停止“同一天生日”网络募捐活动，并且进行立案调查；[③] 此外，2018 年 3 月，媒体曝光一家名叫“容易筹”的大病救助互联网慈善募捐平台，筹得的善款被项目负责人卷款跑路，因此，有关网络募捐的执法，虽然有所突破，但依然困难重重。[④]

2017 年，民政部门推出互联网募捐平台建设的两项行业标准，自 2017 年 8 月 1 日起正式施行。2018 年 1 月 4 日，经过充分准备之后，民政部办公厅发布《关于遴选第二批慈善组织互联网公开募捐信息平台的通知》（民办函〔2018〕2 号），虽然没有改变遴选的基本原则，但也因为两项行业标准的原因，进一步完善了遴选程序。

根据最高人民法院中国裁判文书网收录的裁判文书显示，截至 2017 年底，共有 9 起案件涉及了《慈善法》，另有 1 起案件还涉及了英国慈善法，这表明《慈善法》已经开始进入司法实践领域。

最后，作为《慈善法》施行的地方实践，各地也纷纷制定地方性法规、规章和其他规范性文件，宣传、实践、执行慈善法。截至 2018 年 3 月，共制定地方性法规 1 部（2017 年 12 月 2 日江苏省人大常委会通过

① 马剑银：《如何减少“伪慈善”》，《中国青年报》2017 年 7 月 28 日第 8 版。

② 菅宇正：《“99 公益日”刷单套捐将被重点排查》，《公益时报》2017 年 10 月 31 日第 6 版。

③《深圳市民政局：责令爱佑未来基金会停止“同一天生日”活动》，人民网·财经频道，http：//finance. people. com. cn/n1/2017/1226/c1004 - 29729579. html，访问日期：2018 年 3 月 31 日。

④《“容易筹”善款难提现 百余患者追讨“救命钱”》，《南方都市报》2018 年 3 月 28 日第 GA06 版。

《江苏省慈善条例》)，安徽省2018年的地方立法规划中列入了《安徽省慈善条例》，3月23日已经公开征求意见；[①] 各类促进、推进慈善事业发展的政府意见类文件不下30个，其他有关慈善事业的地方政府规范性文件若干。

四 慈善法治发展与建设中存在的问题

虽然2017年的慈善法治取得了相当可观的成绩，但是因为《慈善法》自身的不足以及某些机关与组织的不作为，同样存在着不少问题，现择其要而述之。

（一）最重要的配套制度没有完成

《慈善法》制定过程中，其中一个目标是履行"社会组织法"的基本功能。当时，许多社会组织的从业者、研究者、管理者同时也是慈善事业的从业者、研究者和管理者。因此，他们在当下中国难以制定社会组织基本法的情境下，期待在《慈善法》中能够最大程度上解决社会组织的基本规范问题，希望《慈善法》发挥"社会组织法"的基本功能，来统摄社会组织三大条例。[②] 因此，《慈善法》出台之后，社会公众与慈善行业界对社会组织三大条例的修改抱有很高的期望，希望三大条例的修改能以《慈善法》的立法理念与立法精神为依托，创新社会治理体制，建构新型的社会组织监管体制。

2016年5月开始，三大条例的修订草案纷纷征求意见，大有在2016年9月1日《慈善法》正式施行之前出台的势头。作为《慈善法》最重要的配套制度，这是理所当然的事。然而，社会组织三大条例的修订草

① 安徽省民政厅官方网站，http：//www. ahmz. gov. cn/list_ Show. asp? id = 27769，最后访问日期2018年3月31日。

② 马剑银：《慈善法立法的基本争议——以2014年为基本语境》，载朱健刚主编《中国公益慈善发展报告（2014)》，社会科学文献出版社，2016，第213～230页。

案有不少进步的制度设计，例如下放基金会的登记权限，根据《慈善法》的规定，取消登记时基金会的公募、非公募的身份；但是，一些重要的设计与《慈善法》的基本理念也存在张力。最突出的是三大条例修订草案并未按照《慈善法》的立法理念，取消慈善组织的双重管理体制，甚至比之前的政策试点还要缩小。① 三大条例的修订草案中，根据中共中央办公厅与国务院办公厅《关于改革社会组织管理制度促进社会组织健康有序发展的意见》，凭空多出“公益慈善类社会组织”的概念，以取代“慈善组织”作为直接登记的类别，而“公益慈善类社会组织”在字面上虽然等同于慈善组织，实际外延远远小于《慈善法》第 3 条规定的慈善组织，只涉及“提供扶贫、济困、扶老、救孤、恤病、助残、救灾、助医、助学服务”。

因此，三大条例的修订草案并未获得社会广泛共识，2016 年 9 月 1 日《慈善法》正式施行时，三大条例一个都没有修订成功。民政部也只好以通知的方式迎接《慈善法》施行，发布了《关于慈善组织登记等有关问题的通知》，处理《慈善法》与社会组织三大条例的衔接问题，甚至《慈善法》中的“社会服务机构”概念也因为《民办非企业单位登记管理暂行办法》没有修订，而无法与现有的“民办非企业单位”相衔接，甚至出现了“民办非企业单位（慈善组织）”的概念。

2017 年，社会组织三大条例虽然列入国务院立法工作计划“全面深化改革急需的项目”，但整年并没有进展，也没有进行进一步的征求意见等程序，2018 年 3 月，国务院办公厅印发《国务院 2018 年立法工作计划》，社会组织三大条例变成了“社会组织登记管理条例”（民政部起草）。“三合一”的规划不知道 2018 年是否能够完成？但是难度依然很大。甚至还存在一个基础性的问题，例如三合一之后，原《基金会管理条例》中非“登记管理”的部分条文何去何从？

① 马剑银：《〈慈善法〉实施之观察（2016～2017）》，载杨团主编《中国慈善发展报告（2017）》，社会科学文献出版社，2017，第 28～46 页。

（二）社会组织立法的分类主义难题

2017 年 1 月 1 日，另一部与《慈善法》密切相关的法律《境外非政府组织境内活动管理法》（简称《境外非政府组织境内活动管理法》）正式施行。一年以来，境外非政府组织在我国境内的活动在法治的轨道上运行，并且实现了与《慈善法》之间的分类运作。虽然《慈善法》并未直接明确排除对境外慈善组织从事慈善活动的管辖，但该法第 2 条确实表述为“其他法律有特别规定的，依照其规定”，《境外非政府组织境内活动管理法》第 3 条规定，境外 NGO“依照本法可以在经济、教育、科技、文化、卫生、体育、环保等领域和济困、救灾等方面开展有利于公益事业发展的活动”。也就是说，《境外非政府组织境内活动管理法》规定了境外慈善组织在中国境内从事慈善活动时遵守的是《境外非政府组织境内活动管理法》，而不是《慈善法》，此外，境内慈善组织与境外慈善组织进行合作时，同样要遵守《境外非政府组织境内活动管理法》。这样一来，境内慈善组织与境外慈善组织不仅遵守的法律不同，而且受管辖的机关也不同，前者受民政部门主管，而后者则受公安部门主管。

因为缺乏一个社会组织（非营利组织、NGO）的基本法，中国的社会组织一直面临着分类主义的立法监管，社会组织三大条例是一个例子，涉外基金会和国际性社团在民政部的日常监管中也是单列的；境外 NGO 现在已经被分类管理了。《慈善法》实际管辖着慈善（社会）组织。甚至行业协会商会、学会（科技类）等也在谋求单独立法，这是我国社会组织分类监管政策的惯性使然，再加上非民政部管辖的各类社会组织（如在编办等单位登记的红十字会），社会组织的法律体系和监管体制很难真正统一。

因为缺乏社会组织统一立法，即使存在一部《社会组织登记管理条例》（已经在国务院立法工作计划中），也不能像营利领域的《公司法》与《公司登记管理条例》的关系那样和谐。《慈善法》与相关法律之间的法律融贯性始终是一个难题。

（三）税收优惠的承诺何以兑现

《慈善法》虽然比较系统地规定了慈善组织、捐赠人、受益人均依法享受税收优惠，甚至之后的《慈善信托管理办法》也明确“慈善信托的委托人、受托人和受益人按照国家有关规定享受税收优惠”。但是《慈善法》的原则性规定并不会自动落地，“法律”施行是需要依靠法律融贯性与配套措施的。但因为有关税收的立法权事实上掌握在财税部门手中，因此，只要财税部门一天不积极作为，《慈善法》中的税收优惠承诺便一天无法切实兑现。目前，慈善税收优惠政策非常零散，且大都是低位阶的财税文件，非货币性捐赠、慈善信托的税收优惠更是未曾出现。

《慈善法》并无措施激励财税部门履职，而有关税收法定主义的争议双方因为权力的不对等，因此现实中倾向于财税部门的狭义解释——即“税收由专门的税收法律规定”，这一表述被载入十八届三中全会《中共中央关于全面深化改革若干重大问题的决定》，“税收优惠政策统一由专门的税收法律法规规定，清理规范税收优惠政策”。[①] 这一狭义解释与法学界关于税收法定主义的通说有差异，后者只强调税的构成要素必须由法律来规定，而不能由法律之外的其他规范性文件来定，行政法规都不行，即遵循立法保留原则。《立法法》在 2015 年修改时，采用了学者的通说，但是《立法法》同样需要落地，在缺乏合宪性审查机制的情形之下，很难要求财税部门积极作为。

（四）基层执法时有困惑

《慈善法》施行的过程，并不是一帆风顺的。虽然各级民政部门在执法过程中已经非常努力，但是因为种种原因，存在一些令人困惑的问题。

例如，作为《慈善法》的配套制度，2016 年民政部就制定了《慈善组织认定办法》，其中规定《慈善法》公布之前的基金会与社会团体、民办非企业单位（社会服务机构）实行同样的认定程序，即申请认定。这里就会出现这样的情形，如果基金会不去申请慈善组织认定，那么这些以慈善

① 《中共中央关于全面深化改革若干重大问题的决定》，《人民日报》2013 年 11 月 16 日第 1 版。

（公益）为唯一目的的“非慈善组织”基金会，是什么？它们不是慈善组织，但是又根据《慈善法》第22条可以进行只有慈善组织才能进行的（根据《慈善法》第21条）“慈善募捐”，这种情况又怎么理解？同时，一些唯一目的为慈善的社会团体和社会服务机构，它们在登记时如果选择非慈善组织的身份，它们又是什么组织？2018年4月28日，北京市出台一个文件，文件中显示尚有市管50多家基金会未申请认定慈善组织，对于主管机关而言，民政部门也似乎只有“提示”相关基金会“抓紧申请”这一途径。

再如，因为社会组织三大条例尚未修改，存在与《慈善法》之间的衔接缝隙，一些基层民政部门仍然按照《基金会管理条例》批准成立公募基金会，而这样的概念本应在《慈善法》正式施行时，修改《基金会管理条例》而废掉的，目前杭州、舟山等地已经出现直接登记成为公募基金会的案例。

此外，在2016年9月1日之后登记成立的基金会、社会团体与社会服务机构，可以同时申请登记为慈善组织，领取带有慈善组织字样的法人登记证书，但由于基层民政部门执法经验不足，已经出现不给批准登记慈善组织的情形，那么之后还可以申请变更吗？还是必须注销重新申请登记？目前似乎也没有统一明确的规定。

至于互联网募捐相关的执法问题，在“罗尔事件”、“同一天生日”事件、网络募捐平台“指定”程序等方面都引发了争议，这些都需要对慈善法进行有权解释，才能更为明确、清晰地进行执法，也才能为社会公众答疑解惑。

根据党和国家的规划，全面依法治国的时代已经来临，十九大报告中强调的合宪性审查机制即将建立。在这个过程中，慈善法治的发展依赖全面依法治国的大环境，也依赖与相关法律法规的融贯性；慈善法治离不开慈善事业的发展，慈善行业共同体的建立与慈善文化的认同，也离不开以民政部门为代表的执法落地。

一言概之，慈善法治并不容易，有很大的成绩也有不少问题，需要我们继续面对、反思、前行。

领域报告篇

Basic Reports

B.5
2017年中国基金会发展概况

程 刚 韩红雨*

摘 要： 报告通过翔实的数据，完整展现2017年基金会发展的现状，通过对比联合国可持续发展目标的实施情况，展现中国基金会在实现联合国可持续发展目标方面已经做出的重要贡献。同时报告根据不同类型、不同关注领域、不同地域的基金会的特点，对企业基金会、个人基金会、北京市注册的基金会、关注环境保护领域的基金会展开详细分析。《慈善法》实施以来，民政部也积极推动慈善组织的信息公开，“全国慈善信息公开平台”应运而生，基金会作为目前主要的慈善组织，也将得到更多的关注和监督。整体而言，我们相信在《慈善法》的有效实施保障下，中国的基金会行业一定会日益走向繁荣。

---

* 程刚，基金会中心网执行副理事长；韩红雨，基金会中心网总裁助理兼数据部部长。

关键词： 基金会 联合国可持续发展目标 企业基金会 个人基金会

一 2017年基金会总量变化情况

1. 2017年全国基金会数量超过6300家

1981 年以来，中国基金会从无到有，不断发展壮大。三十多年间，中国基金会的发展经历了几个关键时期：1981 至 1995 年属于缓慢发展期，1995 ~2004 年属于平稳过渡期，2004 年以后属于快速发展期。2004 年《基金会管理条例》颁布实施，我国基金会的发展进入快车道，民间基金会呈现快速增长态势，2013 年十八大以后，国务院发布通知，公益慈善等四类社会组织年底直接登记，广东、浙江等地将基金会的登记成立审批权从省级民政部门下放到县级以上民政部门，进一步降低注册门槛。

2016 年 3 月 16 日，《中华人民共和国慈善法》于第十二届全国人大四次会议审议通过，国家主席习近平签署第 43 号主席令予以公布，同年 9 月 1 日正式实施。慈善法的颁布，是我国慈善事业迈入法治化轨道的标志，将为规范慈善活动有序运行、促进慈善事业健康发展提供根本的法治保障，为完善社会领域立法、全面推进依法治国提供重要的制度规范，为打赢扶贫攻坚战、全面建成小康社会提供坚实的推动力量，为传承中华民族传统美德、培育和践行社会主义核心价值观提供强大的精神动力。未来在《慈善法》的影响下，基金会将会借助慈善法制的不断完善，在社会发展中扮演更重要的角色。

据基金会中心网实时观测统计，截至 2017 年 12 月 31 日，全国基金会总数顺利突破 6000 家大关，达到 6384 家，较 2016 年增加 585 家，年增长率为 10.09%。[①]

---

① 基金会中心网通过实时观测各级民政部门的基金会成立公告等信息统计基金会数量，目前已经覆盖全国 32 个省级民政部门以及百余个市县级民政部门。相关数据都是根据实时发布的基金会成立公告、登记许可信息等统计。因为统计口径不同，因此与民政部统计数据略有差异，下文中涉及 2017 年基金会数量的部分都是采用这一统计口径。

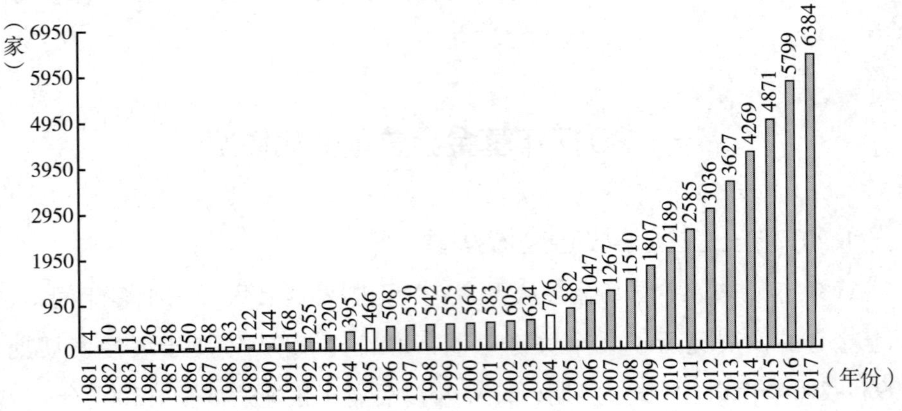

图1　历年基金会数量变化（1981～2017）

资料来源：基金会中心网，截至2017年12月31日。

从成立时间来看，2006年后中国新增基金会数量快速增长。其中，2016年全年全国新成立的基金会达到了837家，2017年新增基金会数量为585家，较2016年有所减少（见图2）。近五年来，基金会的年增长数量基本上保持在600家左右，相信未来一段时间，基金会的数量将会稳步增长。

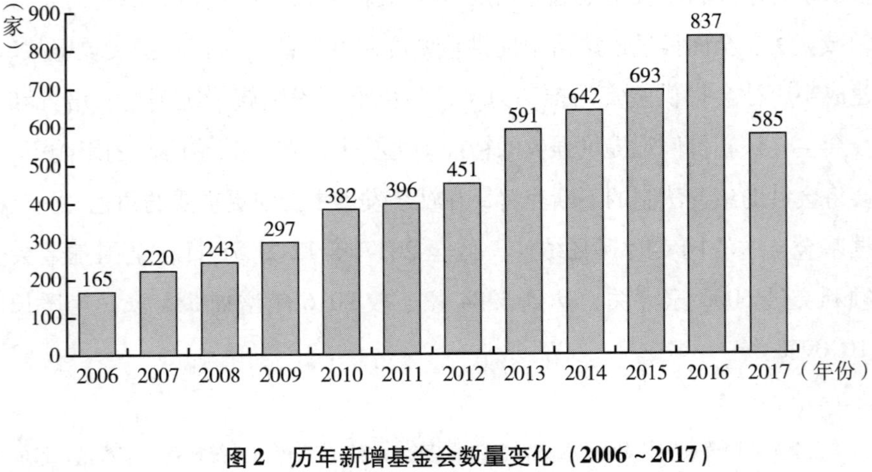

图2　历年新增基金会数量变化（2006～2017）

资料来源：基金会中心网，截至2017年12月31日。

2. 基金会分布东多西少

根据基金会的所在地数据统计，我国基金会地域分布不均。目前中国基金会数量最多的四个省份分别是：广东（963 家）、北京（786 家）、江苏（659 家）、浙江（583 家），这 4 个省份的基金会总数占全国基金会总数的 46.85%；最少的四个省份分别是：西藏（16 家）、青海（38 家）、新疆（43 家）、贵州（53 家）。总的来看，东部经济发达地区的基金会数量较多，西部欠发达地区的基金会数量较少，基金会分布呈现东多西少的态势。

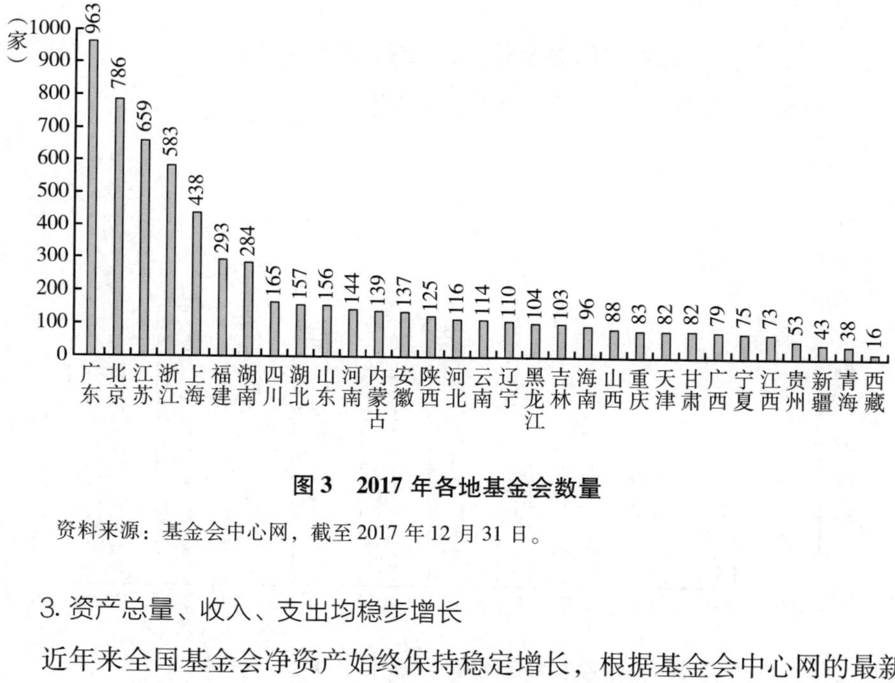

图 3　2017 年各地基金会数量

资料来源：基金会中心网，截至 2017 年 12 月 31 日。

3. 资产总量、收入、支出均稳步增长

近年来全国基金会净资产始终保持稳定增长，根据基金会中心网的最新统计，全国基金会 2016 年末净资产总量达 1378 亿元，相比 2015 年增加了 174 亿元，增长 14.45%。从每家基金会的平均净资产情况看，2013 年以后，基金会的平均净资产略有下降。

近年来基金会的捐赠收入总额也基本保持增长态势，2016 年全国基金会捐赠收入为 487 亿元，较 2015 年增加 106 亿元，提高了 27.82%。相较于 2013 ~2015 年平缓的增长，2016 年捐赠收入实现了快速增长。

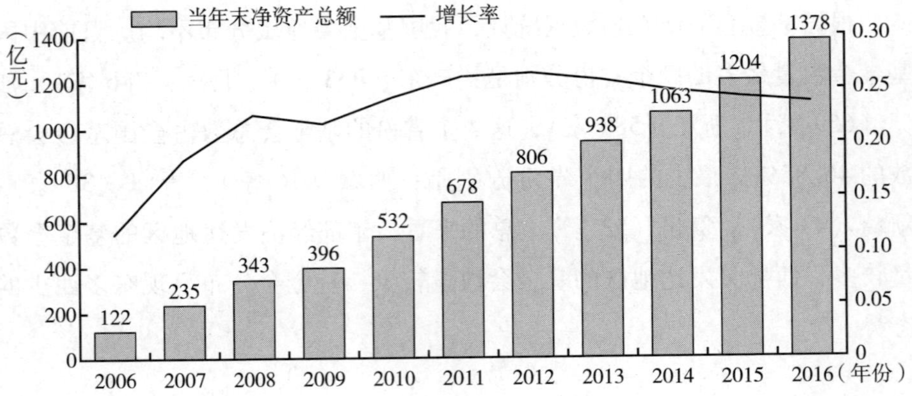

图4　历年基金会净资产变化（2006～2016）

资料来源：基金会中心网，截至2016年12月31日。

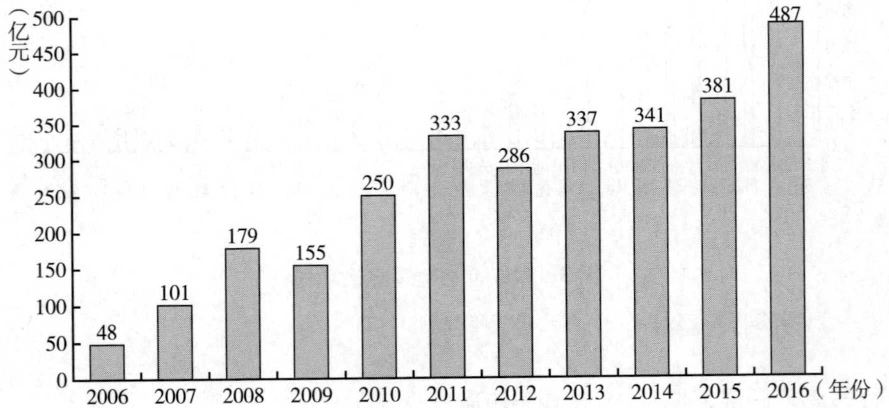

图5　历年基金会捐赠收入变化（2006～2016）

资料来源：基金会中心网，截至2016年12月31日。

与捐赠收入趋势相似，基金会的公益支出也保持增长状态。2016年全国基金会公益事业支出为429亿元，较2015年增加114亿元，提高了36.19%，公益事业支出在2016年也出现了快速的增长。

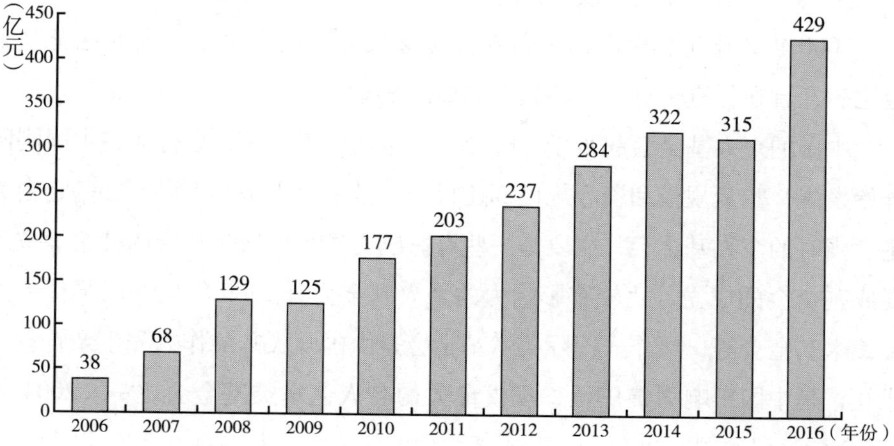

图 6　历年基金会公益支出变化(2006～2016)

资料来源:基金会中心网,截至 2016 年 12 月 31 日。

二　不同类型的基金会分类及各自发展情况

(一)个人基金会发展壮大

1. 个人基金会发展概况

根据基金会中心网的分类标准,个人基金会是指由个人或个人相关的企业等机构发起,理事会主要由发起人组建,社会人士参与治理的基金会。

在美国,联邦税法将慈善组织分为公共慈善机构和私人基金会两类,美国基金会中心将美国的基金会分为以下几类:私人独立基金会、社区基金会、企业基金会和运作型基金会①。根据美国基金会中心(Foundation Center)的数据显示,截至2016 年底,美国共有超过10. 3 万家私人基金会,其不仅数量众多,而且规模也非常大。其中 1900 年的卡耐基基金会和洛克菲勒基金会是最早成立的一批基金会中比较知名的两家;1936 年成立的福

① 前瞻百科《基金会》,http://baike. qianzhan. com/detail/bk_ dd50f947. html。

特基金会，由福特家族资助，拥有数十亿美元，项目遍布全球，影响范围很广；2000 年，比尔和梅琳达 · 盖茨基金会成立，成为全球最大的慈善基金会之一，旨在促进全球卫生和教育领域的平等。

中国的个人基金会起步于 20 世纪 80 年代，当时基金会行业在中国刚刚开始发展，数量规模和资金规模都还很小，基金会也基本上以官办基金会为主。当时的个人基金会，主要是一些有影响力的个人通过自身的社会地位来促成基金会的成立，比较有影响力的个人基金会有 1989 年成立的吴作人国际美术基金会等，吴作人国际美术基金会是由国画大师吴作人先生亲自创建成立，是中国影响力最广泛、规模最大的名人艺术类基金会之一。2004 年《基金会管理条例》出台后，个人基金会的年增长率基本都在 30% 以上，最近两年有所放缓。截至 2017 年 12 月 31 日，根据基金会中心网的数据统计，全国共有个人基金会 2277 家。

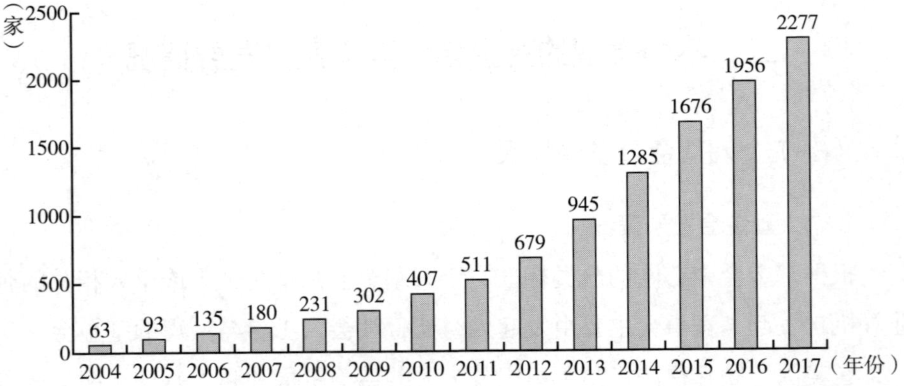

图 7　2004 ~ 2017 年个人基金会数量发展情况

资料来源：基金会中心网、中基透明指数，截至 2017 年 12 月 31 日。

2. 个人基金会主要集中在北上广浙等经济发达地区

根据个人基金会的所在地来看，当地数量超过 100 家的有北京、广东、上海、浙江、福建、江苏等经济发达地区，其合计数量占到全部个人基金会总数的三分之二。北京和上海作为中国的政治和经济中心，在慈善行业的发展方面也有各自的优势，一直以来都起到引领作用；广东、浙江、江苏、福建等沿海省份，在改革开放的大浪潮中，一直走在前列，这些省份的民营经济发展领先全国，相应的个人财富的积累也领先于其他地区，这些地区的个人基金会也得到个人意识和资本等方面的支持；四川、河南作为中国的人口大省，也是相应的区域中心，也有利于个人基金会的发展壮大。而在整个榜单中，我们看到 GDP 排名全国第三的山东省，目前的个人基金会数量只有 37 家，排名第 16 位，这与其经济地位等都完全不相符，个人慈善在齐鲁大地上还需要得到更多的重视。

表 1　个人基金会数量排名前十的地区

序号	地域	个人基金会数量合计	GDP 总量排名
1	北京市	457	12
2	广东省	433	1
3	上海市	186	11
4	浙江省	175	4
5	福建省	124	10
6	江苏省	118	2
7	湖南省	64	9
8	河南省	55	5
9	安徽省	53	13
10	四川省	42	6

资料来源：基金会中心网数据中心，截至 2017 年 12 月 31 日；国家统计年鉴 2016 年统计数据。

3. 个人基金会主要关注教育、扶贫等传统慈善领域，开始逐步支持行业发展方向

根据个人基金会的关注领域来看，教育、扶贫、文化、医疗救助、救灾等 5 个领域为主要的关注方向，其中教育领域占全部基金会的 47%，扶贫领域占全部的 32%。从个人基金会关注领域来看，主要的关注领域还是集中在传统慈善领域，如教育、扶贫、救灾等。但从基金会中心网的统计数据来看，我们也欣喜地看到，个人基金会在推动整个公益事业发展方面也投入

了很大的关注度，目前共有 117 家个人基金会关注该领域，而全国共有 200 家该领域基金会，个人背景的数量占比接近 60%，为整个基金会行业的发展提供有力的支持。

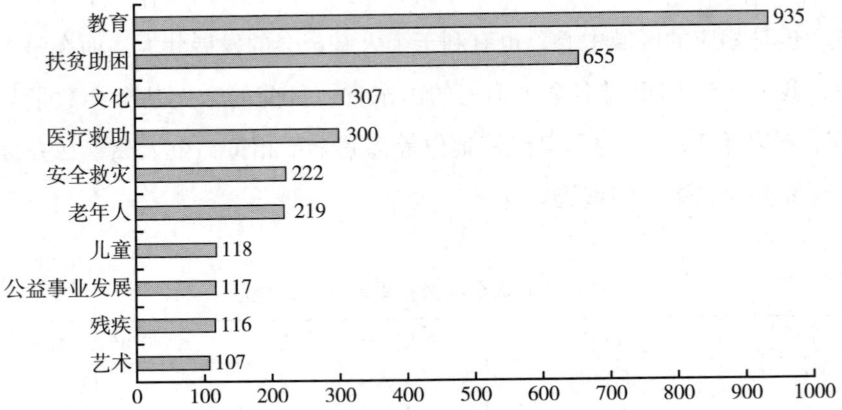

图 8　个人基金会关注领域 TOP10

资料来源：基金会中心网数据中心，截至 2017 年 12 月 31 日。

4. 个人基金会资产突破200亿元，未来发展可期

根据基金会中心网的数据显示，2011 ~ 2016 年，个人基金会的净资产增长了近 2 倍，近年来的年增长率都超过了 20%。截止到 2016 年底，个人基金会的年末净资产总额已经超过 200 亿元，达到 265 亿元，个人基金会已经成为中国公益慈善行业一股重要的力量。2016 年全国基金会净资产总额为 1378 亿元，个人基金会资产总额约占全国的 18%，所占比重还较小。但个人基金会发展迅猛，未来资产增长是可期的。

5. 个人基金会收入支出基本保持增长态势，但受到大型基金会影响较大

根据基金会中心网的统计，2011 ~ 2016 年个人基金会的捐赠收入呈有序增长态势，2016 年个人基金会整体捐赠总额超过 80 亿元。

通过个人基金会捐赠收入年度变化图来看，2011 年的捐赠收入总额达到 66.72 亿元，远高于 2012 年的 31.36 亿元，出现这样的情况的主要原因是当年河仁基金会的发起方福耀玻璃创始人曹德旺先生进行了一笔超过 35

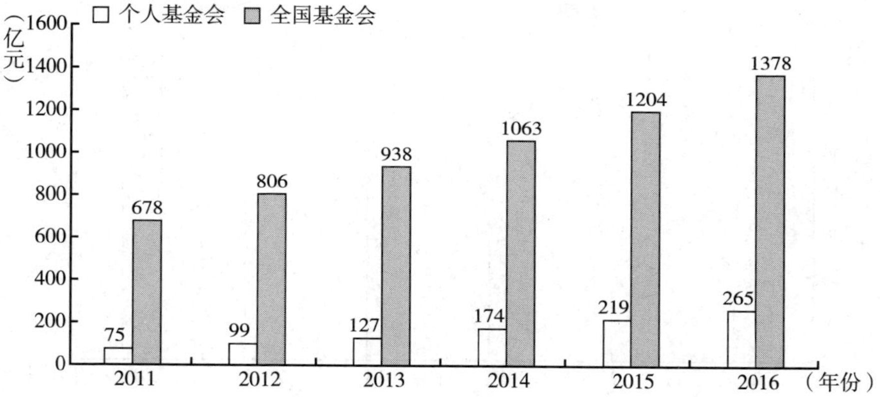

图9　个人基金会、全国基金会2011～2016年末净资产

资料来源：基金会中心网数据中心，截至2016年12月31日。

亿元的股权捐赠，这就带来了当年个人基金会捐赠收入的大幅提升。未来将会有更多慈善家参与进来，也期待个人基金会的收入能有更大的提升。

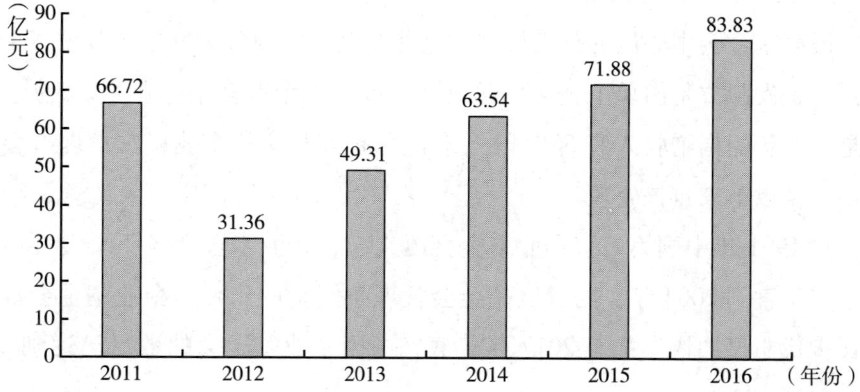

图10　个人基金会2011～2016年捐赠收入

资料来源：基金会中心网数据中心，截至2016年12月31日。

在公益支出方面，个人基金会也基本上保持在平稳有序增长的状态。2016年，个人基金会的公益支出呈现快速增长的态势，年度公益支出总额超过66亿元。

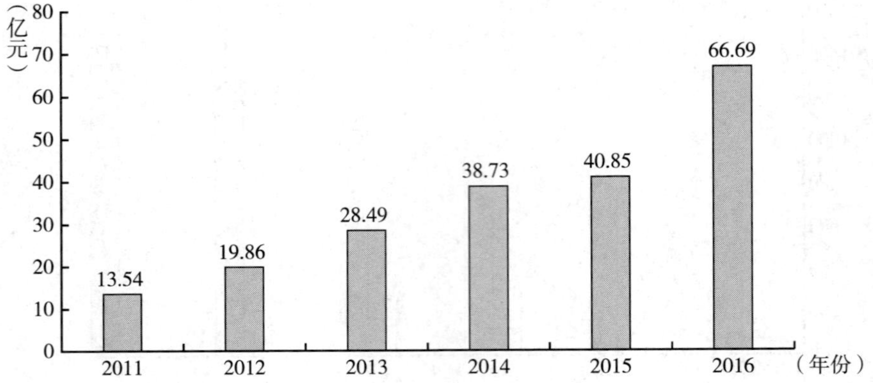

图 11　个人基金会 2011～2016 年公益支出

资料来源：基金会中心网数据中心，截至 2016 年 12 月 31 日。

（二）企业基金会高速发展

1. 企业基金会数量快速增长

根据基金会中心网的分类标准，企业基金会的划分标准主要基于三个指标：一是发起方是由单个企业发起成立，或者单个或多个企业家发起成立；二是其每年的捐赠收入有 50% 以上来自发起方对应的企业；三是理事会中有一半及以上来自该企业。

自 1991 年中国第一家企业基金会诞生起，企业基金会经历了缓慢增长的十年。直到 2004 年，随着《基金会管理条例》的出台，企业基金会数量增长步伐明显加快。截至 2017 年年底，中国企业基金会的数量已达到 868 家（见图 12）。

2. 中小型企业基金会数量占比较大

中小型企业基金会一直是企业基金会的主角。从 2005 年至 2007 年的财务数据看，大型企业基金会的占比一直在下降，而中小型企业基金会占比逐年增加。从 2007 年起，企业基金会的规模占比一直很稳定。中小型企业基金会的数量占整个企业基金会数量的 85% 左右（见图 13）。

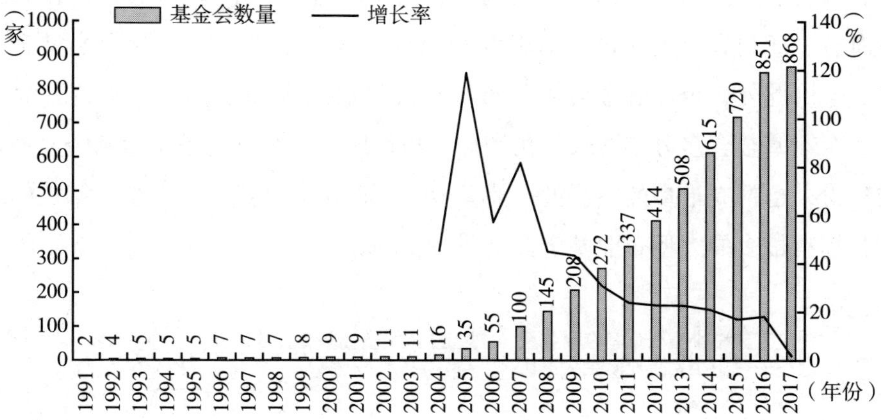

图 12　企业基金会数量变化（1991～2016）

注：由于2004年之前企业基金会数量少，若算其年增长率，基数太小得出的结论有失偏颇。故从2004年开始计算增长率。

资料来源：基金会中心网，截至2017年12月31日。

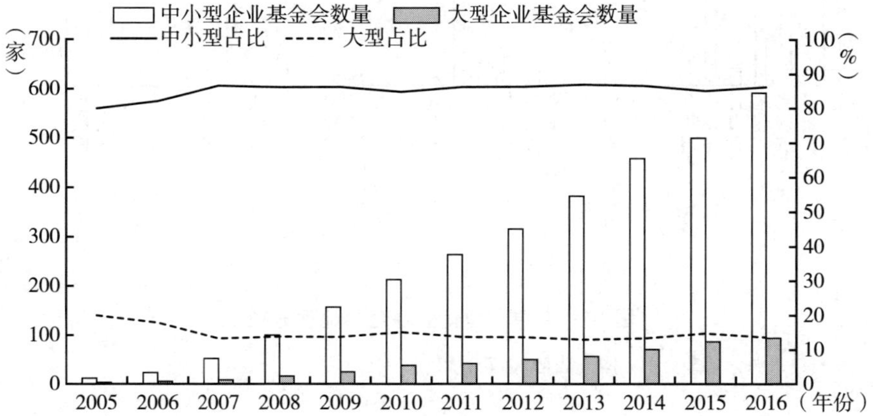

图 13　大中小型企业基金会占比（2005～2016）

注：据《中国基金会发展独立研究报告（2016）》中的定义，即净资产不超过3000万元人民币的基金会为中小型基金会，净资产超过3000万元人民币的基金会为大型基金会。

资料来源：基金会中心网，截至2017年12月31日。

3. 企业基金会的分布和经济发展水平高度相关

企业基金会分布在30个省（区、市），其中11个省（区、市）（分别为甘肃省、广西壮族自治区、河南省、黑龙江省、辽宁省、内蒙古自治区、青海省、四川省、天津市、新疆维吾尔自治区、重庆市）全为中小型企业基金会。此外，企业基金会的分布和经济发展水平高度相关，除首都北京外，企业基金会多分布在长三角和珠三角地区。广东省既是企业基金会最多的省份，也拥有最多的中小型企业基金会；而作为企业基金会总量第二的北京，拥有最多的大型企业基金会（见图14）。

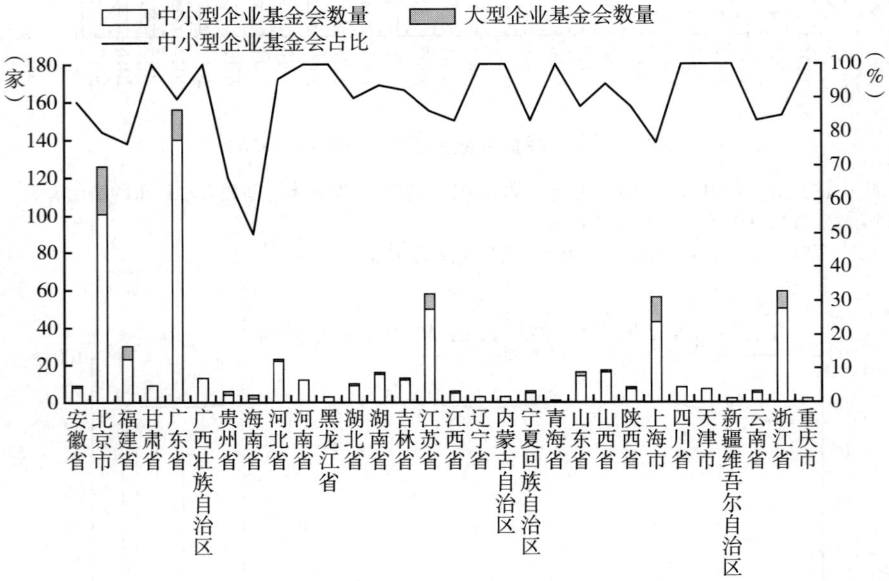

图14　大中小型企业基金会地理分布

资料来源：基金会中心网，截至2017年12月31日。

4. 租赁和商务服务业是建立企业基金会最多的行业

按照国家统计局的国民经济行业分类标准来看，企业基金会背后的企业分布在18个行业，其中5个行业（教育业，居民服务、修理和其他服务业，水利、环境和公共设施管理业，卫生和社会工作业，文化、体育和娱乐业）全为中小型基金会（见图15）。成立企业基金会最多的行业前五名分别为租赁和商务服务业、制造业、金融业、批发和零售业以及房地产业。租赁和商务服务业又是建立中小型企业基金会最多的行业，而金融业有最多的大型企业基金会。

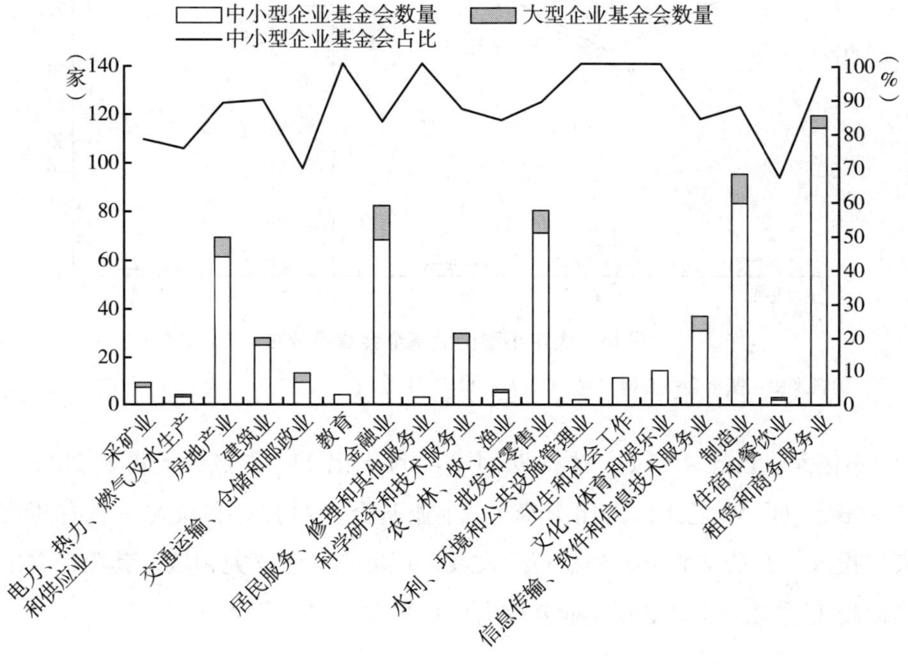

图 15　大中小型企业基金会行业分布

资料来源：基金会中心网，截至 2017 年 12 月 31 日。

5. 民企是企业基金会的主要背景

按照企业基金会的背景来看，在整个企业基金会背景中，有 78% 的企业基金会都是民营企业背景，可以看出民营企业在企业做慈善事业方面的积极性更高。一方面，民营企业运营机制更加灵活，所涵盖的行业类型更为多元化；另一方面，国有企业本身数量相对民营企业较少。两方面因素促使民企比例更高。而国有企业中发起建立大型企业基金会的比重最大（见图 16）。

6. 教育和扶贫一直是企业基金会重点关注领域

根据基金会中心网的分类学指标，按照基金会的项目信息对企业基金会从事的活动领域分类情况如下，2016 年涉及较多的领域：教育（项目支出

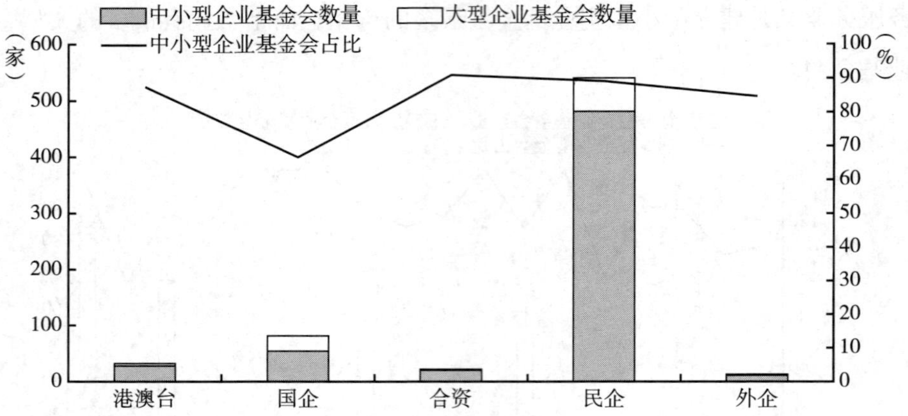

图 16　大中小型企业基金会背景分布

资料来源：基金会中心网，截至 2017 年 12 月 31 日。

17.84 亿元，占比 44%）、扶贫助困（项目支出 11.43 亿元，占比 28%）、公共服务（6.58 亿元，占比 16%）。企业基金会对教育和扶贫一直有相当大的投入。在公共服务、公益行业发展、环境和科学研究领域，其项目支出占比越来越大，开始受到企业基金会的更多关注（见图 17）。

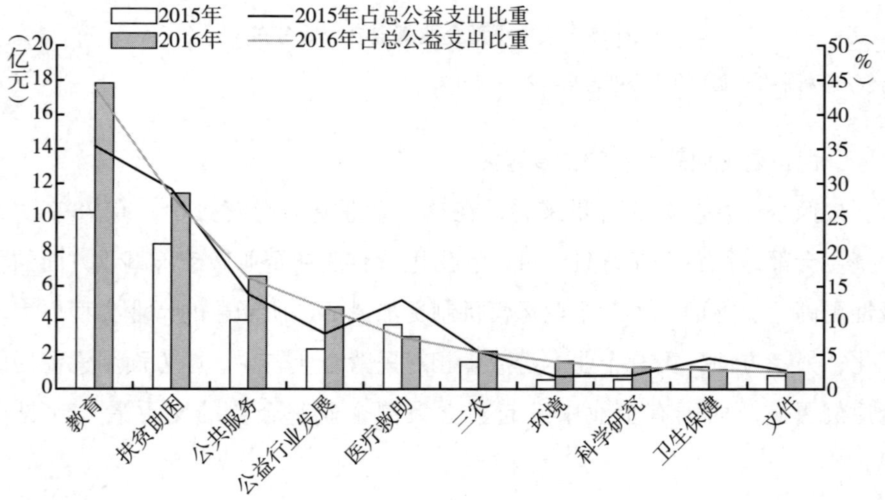

图 17　项目支出前十领域以及占总公益支出比重（2015～2016）

资料来源：基金会中心网，截至 2017 年 12 月 31 日。

三　基金会发展比较突出的几个领域、地域

（一）中国基金会参与联合国可持续发展目标实现

1. 联合国可持续发展目标概况

联合国可持续发展目标（Sustainable Development Goals）是一系列新的发展目标，旨在从 2015 年到 2030 年间以综合方式彻底解决社会、经济和环境三个维度的发展问题，转向可持续发展道路。自 2015 年 9 月可持续发展议程通过起，我国已陆续采取一系列措施将可持续发展议程的 17 个目标和 169 个指标纳入实施的政策之中①。以下是从 SDGs 的角度，一窥中国基金会的发展情况。

2. 中国基金会如何参与联合国可持续发展目标

截至 2017 年 12 月 31 日，全国共有 6384 家基金会，所开展项目参与可持续发展目标的基金会占比为 72.18%，共计 4603 家。从 1989 年至 2016 年，涉及项目总支出为 1994 亿元，仅 2016 年单年项目支出为 410 亿元。其中项目支出排名前五的可持续发展目标依次为优质教育、无贫穷、良好健康与福祉、可持续城市和社区以及减少不平等，所占比例总和为 86.75%。与之相反，项目支出总和排名后五位的可持续发展目标依次为水下生物（0.02%）、经济适用的清洁能源（0.12%）、负责任消费和生产（0.21%）、气候行动（0.43%）以及和平、正义与强大机构（0.54%），比例总和不足 1.5%，表明未来这些目标需要更多的关注。

3. 参与联合国可持续发展目标基金会的地域分布

截至 2017 年 12 月 31 日，在以上开展了与 SDGs 相关项目的 4603 家基金会当中，基金会数量排名前五位的省份依次为广东省、北京市、江苏省、浙

---

① 《联合国可持续发展目标》，百度百科，https://baike.baidu.com/item/%E8%81%94%E5%90%88%E5%9B%BD%E5%8F%AF%E6%8C%81%E7%BB%AD%E5%8F%91%E5%B1%95%E7%9B%AE%E6%A0%87/18661268?fr=aladdin。

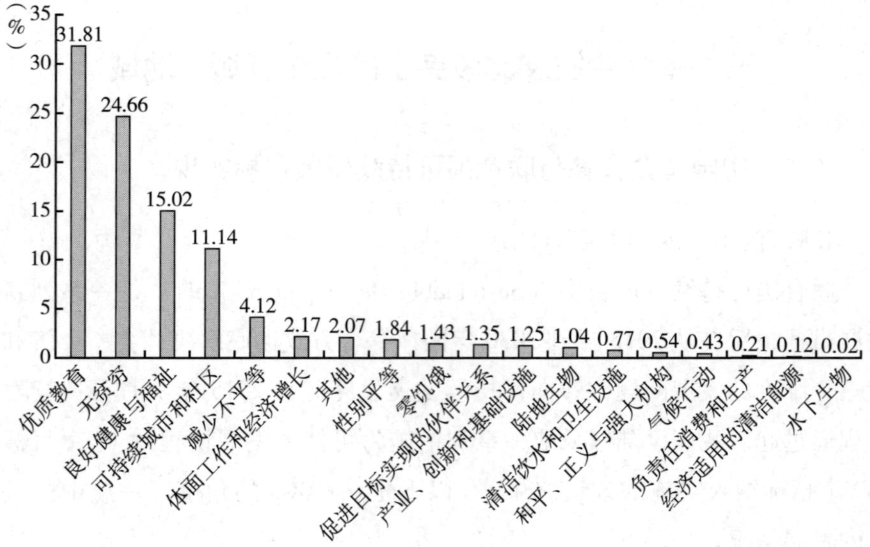

图 18　基金会项目支出在可持续发展目标上的分布情况

资料来源：基金会中心网，截至 2017 年 12 月 31 日。

江省和上海市，占比达 53.44%，与我国基金会的地理分布情况基本保持一致，主要集中在北京和以江苏、浙江、上海为主的华东地区以及广东省。反之，基金会数量排名后五位的省份依次为西藏自治区、海南省、青海省、新疆维吾尔自治区以及贵州省，集中在海南省和西北、西南地区的不足 3%。

同时，根据 2016 年项目数据统计可知，仅 2016 年基金会开展与 SDGs 相关的项目支出达到 403 亿元，其中民政部本级的基金会项目支出为 204 亿元，占比达 50.56%，而基金会数量不足基金会总数的 5%。

（二）北京市基金会基本情况概览[①]

1. 北京市基金会数量

1994 年，北京市注册设立第一家地方性基金会——北京工业大学教育

① 本章节所涉及的北京市基金会，专指在北京市民政局注册的基金会，民政部注册的办公地址在北京的基金会不在本章节统计中。

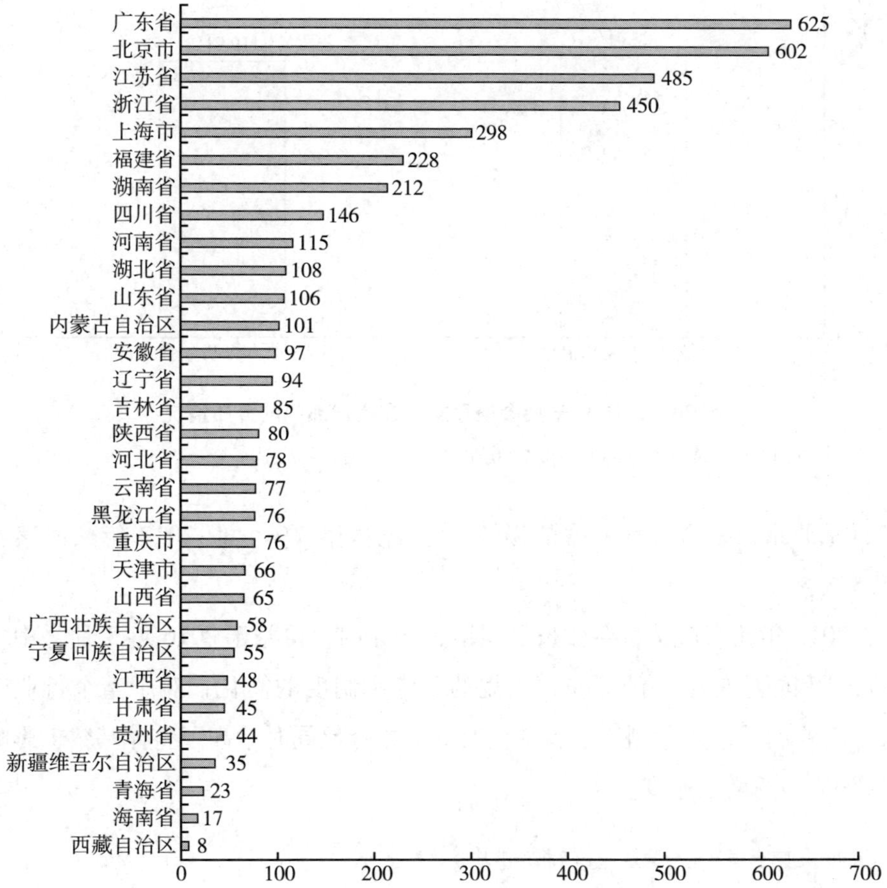

图 19　已开展 SDGs 相关项目的基金会地理分布情况

资料来源：基金会中心网，截至 2017 年 12 月 31 日。

基金会，13 年来，整个行业一直处于不断发展壮大当中，基金会数量及资产规模每年均创出新高。这不仅得益于政策扶植力度的不断加大，民间慈善组织的不断涌入，也伴随着慈善观念的日益普及。

全国基金会的数量从 2005 年以来的平均增长速度为 17.6%，而北京市基金会的平均增长速度约为 22.1%，明显快于全国平均水平。因此，数量占比也从 2005 年的 6.1%，逐步攀升至 2017 年的 9.5%。其中 2016

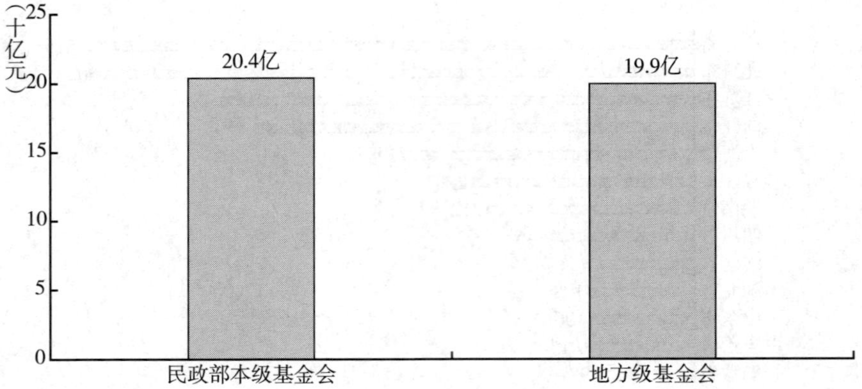

图 20　2016 年基金会项目支出在登记部门的分布情况

资料来源：基金会中心网，截至 2016 年 12 月 31 日。

年，是北京市基金会增长率的巅峰，增速达 35.3%，但 2017 年又回落至 15.5%。

2016 年北京市基金会数量迅猛增长的原因，得益于 2016 年 3 月《中华人民共和国慈善法》的颁布，法规的明晰和制度的简化，对于整个行业带来了空前利好，大大刺激了新基金会的成立，但同时抬高了整体基数，影响了 2017 年的增长速度。

图 21　北京、全国基金会数量变化（2005～2017）

资料来源：基金会中心网，截至 2017 年 12 月 31 日。

截至2017年12月31日，在省级及以上民政主管部门的基金会数量排名中，北京市基金会排名第三，仅次于广东省和江苏省。

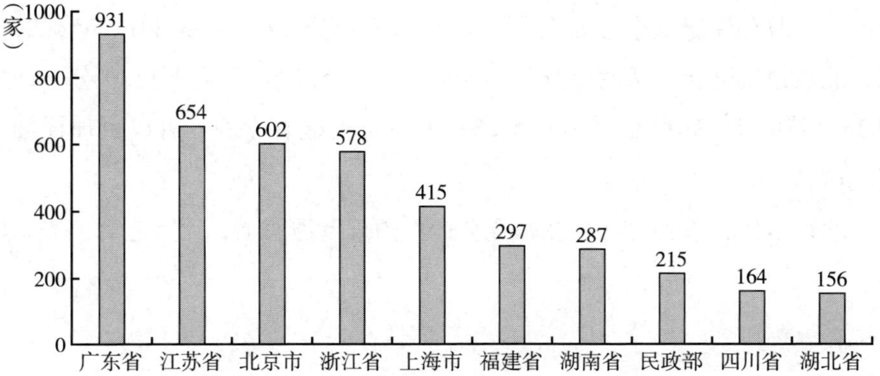

图22　全国各地区基金会数量

资料来源：基金会中心网，截至2017年12月31日。

2. 北京市大多数基金会资产规模较小

全国基金会的净资产规模从2005年以来的平均增长速度为31%，而北京市基金会的平均增长速度约为28%，基本与全国平均水平基本持平。

北京市基金会从净资产规模的分布来看，200万~500万元规模区间的中小基金会数量占基金会总数的48.25%，3000万元以上规模的大型基金会数量占比仅为10.1%，但净资产合计占比达67.19%（见表2）。

表2　北京基金会2016年末净资产分布

资产规模	200万元以下	200万~500万元	500万~3000万元	3000万元以上	合计
基金会数量	73	234	129	49	485
数量占比(%)	15.05	48.25	26.60	10.10	100.00
总资产(亿元)	1.16	6.23	14.25	44.32	65.96
净资产占比(%)	1.76	9.45	21.60	67.19	100.00

资料来源：基金会中心网，截至2016年12月31日。

3. 北京市基金会透明度领先全国

根据中基透明指数 FTI 统计结果显示，截至 2017 年 12 月 31 日，北京市基金会的透明度分数为 75. 2 分，在全国省级基金会排名中，稳居第一，仅次于民政部注册基金会排名，超过全国平均分 29 分。从 2012 年到 2015 年，北京市基金会的透明度分数由 45. 2 分到 75. 2 分，提升了 30 分，详见图 23。其中北京市基金会中有 51. 3% 的基金会建有官网，可以更加详细了解其信息。

北京市作为首善之都，在基金会运作的规范透明上，无疑起到了表率作用。

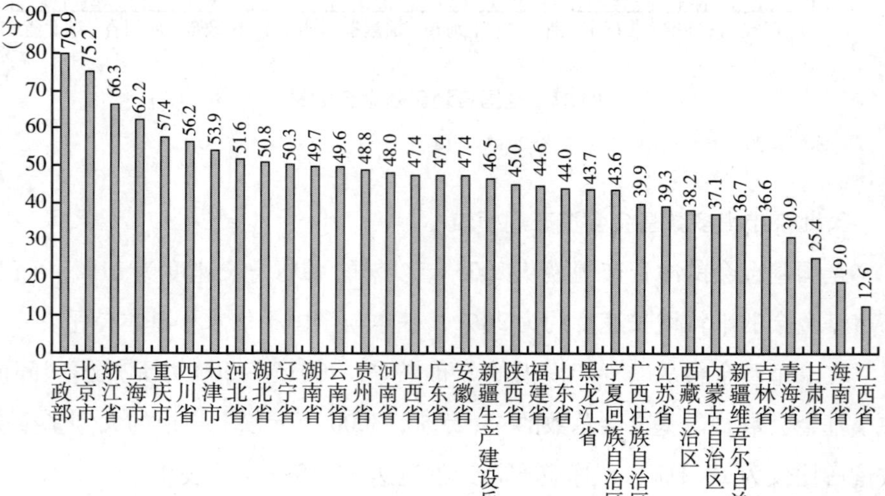

图 23　全国基金会透明度得分

资料来源：基金会中心网，截至 2017 年 12 月 31 日。

4. “互联网 +” 成新亮点

随着互联网的高速发展，“互联网 +” 在社会组织的应用已经成为不可阻挡的方向，公众的捐款更加倾向大众化、年轻化、小额化，人人公益、随手公益、扶贫济困正在成为一种社会生活方式。但互联网是一把双刃剑，用得好会促进社会组织的筹款及传播，用得不好会打击公众对社会组织的信任，如何用好的同时规范网络募捐呢？

2016 年 9 月 1 日，《中华人民共和国慈善法》（以下简称《慈善法》）正式实施，《慈善法》第二十三条规定：“慈善组织通过互联网开展公开募捐的，应当在国务院民政部门统一或者指定的慈善信息平台发布募捐信息，并可以同时在其网站发布募捐信息。”

2016 年 9 月 1 日，民政部指定首批 12 家互联网募捐平台，所在地在北京市的有 7 家，其中 6 家为公司，1 家为社会服务机构——基金会中心网，详细名单见表 3。2017 年 7 月 20 日，民政部发布《慈善组织互联网公开募捐信息平台基本技术规范》《慈善组织互联网公开募捐信息平台基本管理规范》两项行业标准，在鼓励的同时对互联网募捐进行有效监管。

表 3　民政部指定首批 12 家互联网募捐信息平台

序号	信息平台名称	所属机构	性质	所在地
1	腾讯公益	腾讯公益慈善基金会	基金会	深圳市
2	淘宝网	浙江淘宝网络有限公司	企业	杭州市
3	蚂蚁金服公益平台	浙江蚂蚁小微金融服务集团有限公司	企业	杭州市
4	新浪－微博(微公益)	北京微梦创科网络技术有限公司	企业	北京市
5	轻松筹	北京轻松筹网络科技有限公司	企业	北京市
6	京东公益	网银在线(北京)科技有限公司	企业	北京市
7	基金会中心网	北京恩玖非营利组织发展研究中心	社会服务机构	北京市
8	百度慈善捐助平台	百度在线网络技术(北京)有限公司	企业	北京市
9	公益宝	北京厚普聚益科技有限公司	企业	北京市
10	新华公益服务平台	新华网股份有限公司	企业	北京市
11	联劝网	上海联劝公益基金会	基金会	上海市
12	广州市慈善会慈善信息平台	广州市慈善会	社会团体	广州市

注：中国慈善联合会因机构发展方向原因，退出首批互联网募捐信息平台。

2017 年 9 月 4 日，民政部自建平台——全国慈善信息平台（简称慈善中国）正式上线运营，该网站作为慈善信息的发布与公开募捐备案的监管平台，截至 2017 年 12 月 31 日，全国民政部门共认定慈善组织 3165 个，公募慈善组织 755 个。

（三）环保领域基金会近年快速发展

1. 环保领域基金会数量

本篇中的环境保护领域基金会是指基金会项目涉及环保领域的基金会。自 2010 年第一家做环境保护项目的基金会出现以来，做环保项目的基金会数量增长迅速，增长率也一路攀升。2016～2017 年做环保项目的基金会增长更是迅猛，年增长率达到了 77%。截至 2017 年底，已经有 397 家基金会开展了环保项目（见图 24）。在这 397 家基金会中，超过 50% 的基金会都是在 2015 年之后开始做环境保护项目。

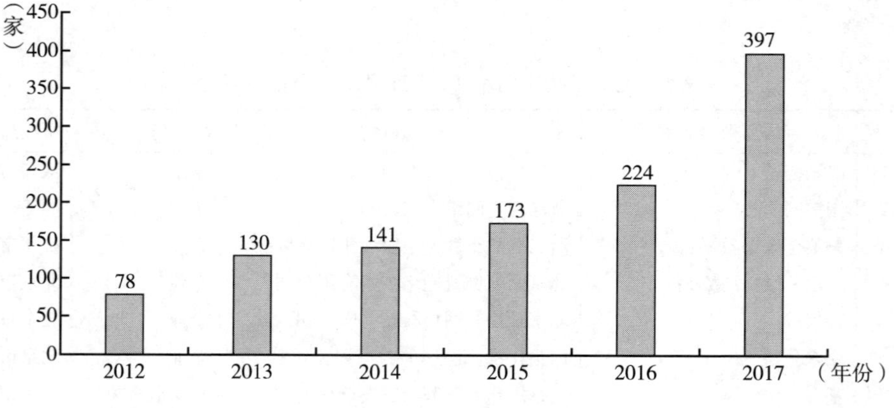

图 24　环保领域基金会数量变化（2012～2017）

资料来源：基金会中心网，截至 2017 年 12 月 31 日。

2. 经济发展和环保领域基金会的分布密切相关

综观涉及环境保护领域项目的 397 家基金会，超过 60% 的基金会都分布在了五个经济发展较好的地区，分别为北京市、广东省、上海市、浙江省以及江苏省。而北京、上海、广东这三个熟知为经济发展经济实力最强的省市几乎占了涉及环保领域基金会的半壁江山（见图 25）。

3. 环保领域基金会中捐赠方的规模不断增长

近年来环保领域基金会中执行方和捐赠方的比重也发生了明显变化。

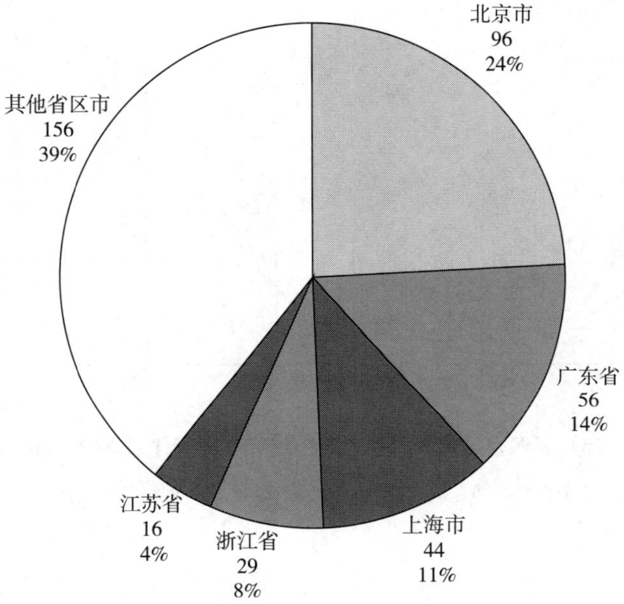

图 25　环保领域基金会分布

资料来源：基金会中心网，截至 2017 年 12 月 31 日。

自 2011 年后，捐方的净资产总额比重超越执行方并一直处于大比例部分，并且执行方的净资产规模一直稳定在 12 亿元左右，而捐方净资产规模处于上涨趋势。可以看出，环保领域的基金会中大幅增加的是作为捐方的基金会。

同样，捐方的公益支出也随着规模（净资产）的增大而逐年增加。不同的是，直到 2014 年，环保领域的捐方公益支出总额才开始超过执行方（见图 26、图 27）。

4. 生态保护是环保项目的主要支出领域

2016 年环保项目支出主要集中在生态保护领域①，支出金额达 17.88 亿

① 生态保护领域包括生物多样性保护、森林保护、湿地保护、防治沙漠化、海洋保护等。

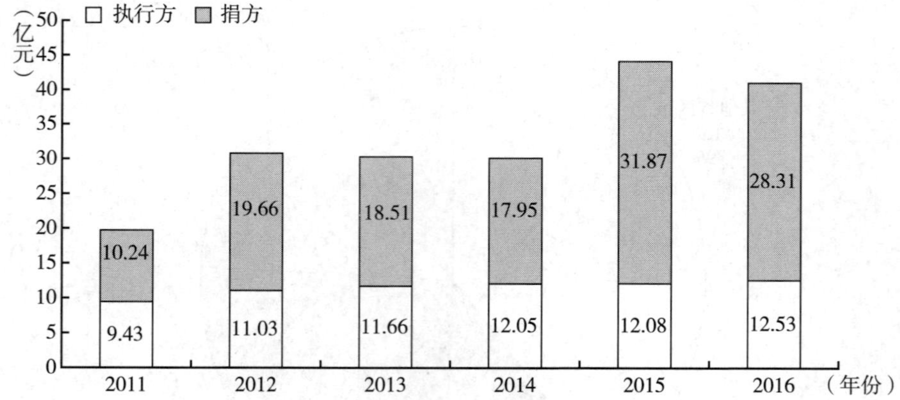

图 26　环保领域捐方和执行方净资产年度变化（2011 ~ 2016）

资料来源：基金会中心网，截至 2016 年 12 月 31 日。

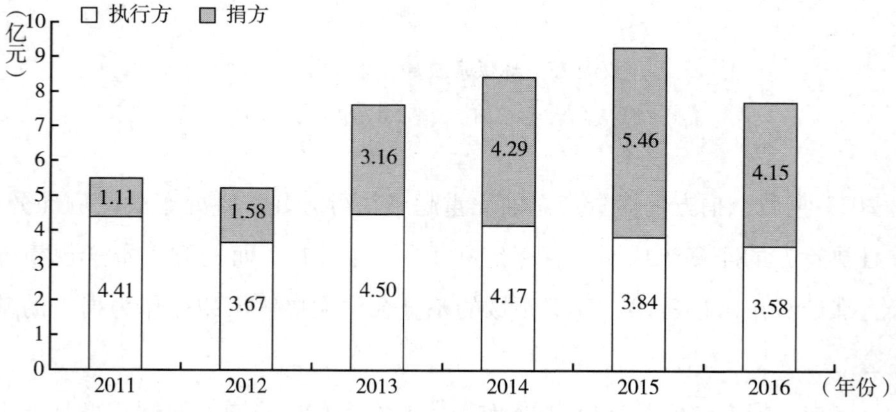

图 27　环保领域捐方和执行方公益支出年度变化（2011 ~ 2016）

资料来源：基金会中心网，截至 2016 年 12 月 31 日。

元，占整个环境保护支出总额（27 亿元）的 66%。从基金会数量方面分析，环境教育领域虽然整个支出金额不多（3. 51 亿元），但受到了 173 家基金会的关注（见图 28）。

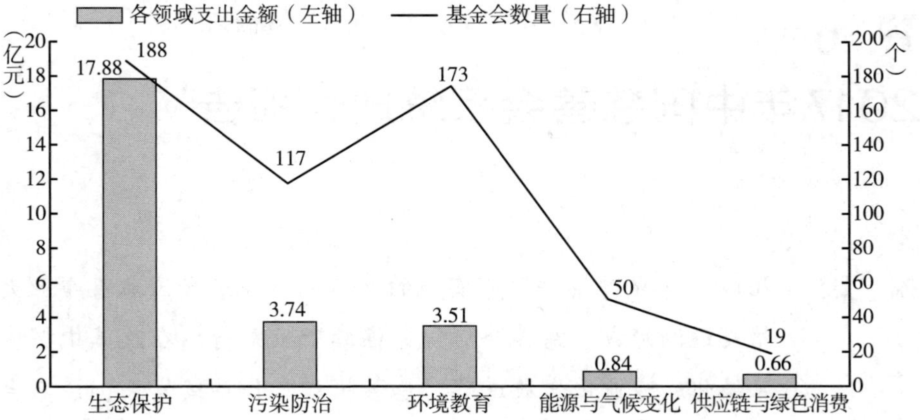

图 28　环保细分领域的支出以及基金会数量（2016）

资料来源：基金会中心网，截至 2016 年 12 月 31 日。

B.6

2017年中国慈善会系统成长报告*

杨 刚**

摘 要： 2017年，是慈善法颁布实施的第二年，随着我国慈善事业大格局逐渐形成，慈善会组织亦继续砥砺前行，在改革中探索系统化、专业化发展道路。慈善捐赠工作持续发展，慈善会系统不懈探索项目发展模式以应对各种社会问题和挑战，不断提升慈善服务质量，走向规范化、标准化联合救助之路。

关键词： 慈善会 项目发展 自主发展 协力提升

2017年，是慈善法颁布实施的第二年，随着我国慈善事业大格局形成，慈善会组织亦继续砥砺前行，在改革中探索系统化、专业化发展道路。中华慈善总会作为全球联合之路在中国大陆的会员，成为联系海内外华人和国际友人，共同促进中国慈善事业稳步发展的一条重要枢纽。截至目前，中华慈善总会（简称总会）拥有全国385家团体会员单位，和两个分支机构，以及两个直属单位，形成紧密联动的慈善工作网络。在自主发展的同时，各团体会员加强合作，密切配合；截至2017年末，中华慈善总会共接收社会捐赠款物218.05亿元，比2016年同期增长15.95%，连同全国的会员单位预计直接募集慈善款物超过426亿元，数以千万计的困难群众得到了不同形式的救助。

---

* 辽宁省社会科学基金规划项目（L10BSH007）“社区资本引入与贫困问题的预防研究”成果之一。资料以各传媒公开发布为基础，并参照了中华慈善总会2017年工作总结等，特此说明。

** 杨刚，东北财经大学教授。

慈善法以及一系列政策法规的出台，为总会的各项工作提供了法律和政策依据。总会内部制定的制度和工作程序全面对照法律法规进行调整修改，各项工作严格依法依规进行。如制定的《专项基金协议模版》，严格区分了公募与私募的性质与界限。财务工作以进一步完善财务制度、规范审批程序、及时公开账目、做好资金保值增值工作为目标，使总会财务工作有序开展，取得了良好成效。

一　2017年慈善捐赠工作持续发展

1. 各级慈善总会社会捐赠接收及支出不断增长

2017 年，中华慈善总会共接收社会捐赠款物 218. 05 亿元，比上年同期增长 15. 95% ，其中货币资金 7. 06 亿元，比上年同期增长 19. 06% ；物资折合人民币 210. 99 亿元，比上年同期增长 15. 84% 。同期社会捐赠款物支出总计 192. 20 亿元，其中支出货币资金 8. 33 亿元（拨付上年捐款余额 1. 27 亿元）；发放捐赠物资折合人民币 183. 87 亿元，全年捐赠款物支出占上年捐赠收入的 102. 20% ，远高于《慈善法》规定的捐赠支出不得低于上年捐赠收入的 70% 比例。

从省级系统来看，2017 年，浙江省慈善总会共获得捐赠 148 笔，获得的捐赠总额为 29864876. 21 元。截至目前，浙江省累计筹款 175 亿元，通过扶贫助残、安老扶幼、医疗救助、赈灾救援等项目支出救助款 115 亿元，受益群众 1121 万人次。2017 年上半年，江苏省慈善总会募集慈善款物达 4508. 57 万元，救助支出 3688. 42 万元。各级慈善总会共计募集慈善款物 10. 13 亿元（含物资折价 3. 21 亿元），救助支出 9. 48 亿元（含物资折价 3. 71 亿元），数百万困难群众享受到了慈善救助。江苏省各级慈善总会年均筹款总量稳定保持在 20 亿元以上，承接国际抗癌药品发放数量连续 3 年保持 20% 的增长速度。

从市级捐款情况看，截至 2017 年 10 月 31 日，深圳市慈善会 2017 年募捐总额 2. 02 亿元，同比增长 39. 30% ，总支出 1. 69 亿元，用于大病救助、评估助学、精准扶贫、科技、环保、社区发展等多个慈善领域。其中，“寻找需要帮助的人——来深建设者关爱基金”项目1~10月共资助1075人次1754万元，历年累计资助13256人次逾1.84亿元；“雏鹰展翅计划”资助深圳低收入（低保或低保边缘）家庭大学生280人次115.25万元，项目开展十四年来累计资助6241人次，合计1836万元。截至2017年11月底，浙江绍兴市慈善系统共收到捐款超过2.01亿元，比上年同期增长一倍，救助支出1.19亿元，救助43.58万人次。绍兴市各地还积极探索发展慈善募捐和项目化运作，在做好大额慈善冠名基金募集工作、建立系统互助基金、开发慈善基金项目等方面推进慈善事业发展。例如柯桥区全区已陆续成立企业冠名慈善基金20个，这些基金将定向用于助困、助医、助孤、助老等领域。2017年余姚市累计募集善款6.76亿元，发放扶助资金5.58亿元，受助困难群众38.33万人（次），援助汶川、玉树等地震灾区4828万元，为完善社会保障体系，改善民生，促进和谐发挥了积极作用。

2017年，成都市慈善总会募集捐赠资金、物资共计24547万元，其中资金7147万元，物资17400万元。与民政部首批指定12家“互联网募捐信息平台”中的9家建立了合作关系，通过腾讯乐捐、蚂蚁金服支付宝、京东暖东以及京东众筹等网络募捐平台，协助300余家伙伴机构，发起432个项目，带动30多万名爱心网友参与，筹集善款超过2500万元，较2016年实现了100%的增长。

2. 设立基金各领域广泛延伸

慈善会系统设立了数百支爱心基金，涉及养老爱心、和平爱心、创新教育基金、扶贫基金、天使慈善基金等启动，向教育发展、人才培训、社会救助、医疗、残障或困境青少年、老年等各个领域汇集，如创新教育基金与当地教育部门联合开展创新教育之旅，“努力置身于教育事业和慈善事业创新发展的时代背景之下，勇于担当促进教育公平和依法开展慈善的重任，将创新人才培养与慈善文化传播紧密结合起来。”这些成立的基金还围绕各个广泛领域，如围绕为灾区捐款，青少年教育、慈善文化、公益峰会论坛等领域开展捐助，在危害人民生命财产的紧急事件发生时，以及老少边穷地区的孤残儿童等困境人群需要时，更是组织专门捐款用于救援救助工作。

在扶贫济困和助学领域，总会设立众多基金发挥重要作用。巴迪社区发展基金投入156万元，资助十几家基层社会组织开展社区和谐环境建设、青少年妇女扶贫技能教育等十几个培训项目；御印基金投入157万元资助842名品学兼优的贫困学生；宝马爱心基金资助712名贫困优秀大学生，发放助学款146.3万元，并向122所进城务工子女学校捐赠了1500套儿童交通安全包；大众基金一年来四方活动动员力量，共拉来了十多个专项基金，共计3000多万；LDS慈善会捐资120万元支持6所学校进行旱厕改水厕项目，并与行走渴望项目累计发放轮椅约4000辆、助行器360个，为行走障碍的群众和老年人提供了方便；爱心天使基金投入60余万元为1560名贫困患者减免手术费用等等。

3. 大力推进网络募捐

适应形势对接网络资源，拓展筹募渠道，创新筹款方式，建立网络募捐工作机制，确保线上募捐规范有序。依托慈善信息平台和第三方网络募捐平台，积极开展具有互动性、娱乐性的众筹活动和微捐活动，以此摸索方法、积累经验、储备人才，探索网络筹募工作专业化、职业化发展，进一步通过网络动员社会力量参与慈善事业，提高个人捐赠、网络捐赠在年度筹募额度中的占比，使网络募捐（线上）与慈善救助（线下）紧密结合，促进筹募工作健康发展。广州市慈善会还通过“广益联募”慈善信息平台（www. gyufc. org），吸引全国各地公益慈善组织入驻平台，截至2017年9月，共有广东、海南、成都、武汉、郑州、石家庄等地慈善总会，以及长沙市慈善基金会等广州市以外的具有公开募捐资格的慈善组织，以及其他公益组织105家入驻平台，累计募集善款达3.17亿元，累计捐款近16万人次。由慈善会打造，上线项目经向民政局报备，规划“善捐、善助、善品、善行、善知”五大板块，目前已上线的“善捐”板块可为全国各地慈善组织提供注册入驻、认证审核、项目审核、项目认领、公众捐赠、信息公开等一系列服务。

4. 创新发展冠名基金

在进一步规范专项冠名基金管理的同时，集中力量开展行业系统冠名基金的推广工作，在省级的行业单位、商会组织、大型企业等单位劝募设立系统性专项冠名基金，依托基金开展群众性互助互济的同时，设定比例注入“救急难”基金，以此提高专项冠名基金的数量和质量，并进一步提升总会针对社会急难的救助能力。依托慈善信息平台为小额冠名基金开发的“自主拨付”功能特点，面向特定群体开展宣传推广活动，以提高公众的参与度为目标，使公众通过基金参与互动，救助更多求助个案。

二　2017年慈善会系统项目发展模式探索

筹款以及捐赠最关键的还是满足企业责任以及公众所需的好项目，吸引社会各界真正认识到慈善事业在社会经济发展中的价值与贡献，才能够共享共担社会责任并付诸行动。2017 年慈善会系统在项目发展模式上进行了深入而有益的探索。比如，围绕地震灾害启动“紧急救灾应急联合照护模式”；考虑到项目长效稳定发展，设立慈善精准扶贫等行动计划等。

1. 聚焦扶贫济困，为打好精准脱贫攻坚战助力

围绕扶贫济困这一慈善公益活动第一要务，积极发挥社会组织在精准脱贫攻坚战中的作用，2017 年，慈善会系统实施的慈善项目上百个，涵盖在救灾扶贫、助医扶残、支教助学、安老助孤、专项基金、重大灾难、地方推荐项目等。除了一日捐、万人捐等已经形成常态化的行动外，还围绕特定节日如慈善日、春节等展开慈善行动。

（1）总会名誉会长王健林领衔万达集团通过总会继续投入 3.2 亿元捐款，对口帮扶贵州省丹寨县创建大型“造血式”精准扶贫项目——丹寨万达小镇和职业学校，已落地经营和运行。同时，建立了 5000 多万元的扶贫基金，救助了 3 万多贫困人口，为不同年龄段的人群和孤残病患等困难群体设计不同的扶持方案。

（2）为促进贫困地区基层信息化建设的发展，中华慈善总会与深圳瑞

视恒通科技有限公司签约，为贫困地区基层捐赠价值3亿多元的“综合视讯平台”，为实现延伸到乡镇、自然村的视频系统无障碍沟通打下良好的基础。目前，该项目正在重庆、江西、河北、新疆等地开展，明年将取得应用效果。

（3）持续开展“慈善情暖万家”活动。总会继续坚持已开展15年深入贫困地区慰问贫困户的“慈善情暖万家”活动。9月5日慈善日，总会在全国印制发送宣传海报，为联合各地慈善会开展“慈善情暖万家”活动提供有力的支撑。

表1　中华慈善总会代表性慈善项目

救灾济贫	“慈善情暖万家”扶贫济困活动	“为了明天—关爱儿童”项目	慈善一元捐行动	慈福行动项目
助医扶残	“友爱，友希望”血友病关爱活动	藏区千名贫困家庭包虫病患者救助行动	先心病儿童救助行动	一张纸献爱心行动
支教助学	慈善文化进校园项目			
安老助孤	慈爱孤儿工程			
专项基金	大众慈善基金	宝马爱心基金	汇丰中华慈善基金	I DO 基金
重大灾难	2017年九寨沟地震	2010年玉树地震 2013年芦山地震	2008年汶川地震	2005年印度洋海啸
地方推荐项目	劳务工关爱基金		点亮生命计划—贫困儿童大病救助项目	
	“失能老人长期照护指导服务示范项目”		投入资金近164万元，分别在西安、长沙开展	

2. 系统上下协力在专业社会领域方面不断创新

总会分支机构“长期照护专业委员会”（简称长照）自2018年汶川地震以来，创造了“紧急救灾应急联合照护模式”，以最短时间为灾区伤残病人提供专业生活照料和医疗护理救援。2017年四川九寨沟发生7.0级地震，该专委会从网络上得到信息后，第一时间对灾情做出响应，召开全国长照电话会议并立即委派长照在四川的护理人员组成先遣队奔赴灾区。救援活动期间，他们组成长照指挥部，自8月9日至29日历时21天，共邀集了来自京、津、川、云、陕、宁、苏等全国7个省（区、市）、12家长期照护专业机构的27名专业志愿者，在绵阳市中心医院接力进行了志愿照护服务，累计照护伤员5057人。

聚焦留守儿童健康成长、汇集社会力量共同参与是总会“为了明天 关爱儿童”项目的发展目标。总会年度投入资金400余万元，在安徽、河南、贵州、吉林等地援建27所“关爱儿童之家”。截至2017年12月，16个省份共计建设了700余家儿童之家，通过志愿者组织形式多样、丰富多彩的各类文体活动、安全教育、学习辅导、心灵关怀、参观游览等活动，极大地丰富了孩子们的课余生活。在对“关爱儿童之家”的满意度调查中，80%以上的留守儿童给予肯定答复，80%的留守儿童愿意将身边的伙伴介绍到“关爱儿童之家”中来。经过一年的发展，总会与各地方慈善会在该项目的开展上已经形成上下联动、同频共振的工作氛围。鉴于项目开展的良好效果，很多地方政府给予高度重视和支持，纷纷出台相应办法，通过政府购买社会服务等方式出资支持该项目，健全当地留守儿童关爱服务体系。浙江省慈善总会发起的这一项目，自2016年12月1日起，预计于2020年2月28日结束。他们以村或社区为依托，综合利用现有场所，计划三年内在全省设立100所儿童之家，每所建“家”硬体成本10万元，三年募款1000万元。该项目的范围和服务对象是面向浙江省境内在中小学就读、父母外出务工的留守儿童及各种原因造成的失依困境儿童。通过提供绘本阅读、心灵关怀、亲情连线、学业辅导及动员组织义工开展各种形式的帮扶活动，让孩子们得到关怀。截至2017年末，该项目当前已募集3004775.82元，目前已经建成了11所儿童之家，并组织了考评小组定期进行评估考核。

地方各级慈善总会充分发挥各自优势，积极进取，广施善举。2017年江苏省慈善总会新开创一项救助项目——联合驻苏央企实施“慈善精准扶贫三年行动计划”。江苏全省尚有270多万低收入贫困人口，救助对象以6个重点贫困片区为主，包括患有恶性肿瘤、尿毒症、白血病和再生障碍性贫血、器官移植等大病，在治疗过程中支出较多、个人难以承担医疗费用的特困群众，以此项目助力打赢脱贫攻坚战，帮助贫困家庭早日摆脱困境。

江苏各级慈善总会“护苗行动”、“情暖江苏”、慈善血透等全省联动项目，以及其他系列公益信托、民生系列保险、“公益慈善小天使”等具有创新精神的地方品牌救助项目，都在为编密织牢社会救助网络做出积极贡献。

3. 结合现代化教育信息手段打造教育公平项目

“智慧教室”是“以人民为中心，增进群众获得感”展区的一个亮点。通过一个远程多地互动教学系统，打通北京某小学与新疆、云南等地的小学课堂，让偏远地区的孩子也能享受北京优质的教育资源，成为教育信息化带动教育现代化的一个缩影。“智慧教室”的使用切实增进了偏远山区儿童的获得感，同时，科技的发展也助力了公益慈善事业的发展，这个系统就促进了教育公平。

通过教育培训项目，增加人力资本投资，改善社会关系。天使慈善基金旨在为身体残障或处于困境中的青少年提供一个接受教育和培训的机会，帮助他们自力更生，有尊严地生活。还有蓝天救援培训、轮椅培训项目等都凸显了慈善力量。

4. 搭建平台，联合优质社会资源实现施助受助有效对接

通过“中华慈善联播平台”、《善聚中华》等特别节目策划，以传统媒体、网络媒体、新媒体为主体，通过视频、微博、微信等新媒体手段，实现传播内容的广泛覆盖和海量阅读。搭建平台，展现更多的慈善榜样，鼓励人人行善，把慈善变成一种生活态度；同时也联合更多的优质社会资源，透过慈善联播平台甄选具有公信力、重实效的慈善公益项目，实现施助方和受助方更加有效对接。

通过赠阅《慈善读本》，“慈善文化进校园”等全国性慈善文化普及项目，在中小学校开展专题阅读、主题活动和课外实践，把慈善文化融入教学内容，在孩子心中播种爱心的种子，灌输爱的理念，促进青少年正确的人生观、价值观、世界观的培养。该项目目前已在全国30个省（自治区、直辖市）150多个市（地、州）的5000多所中小学相继推广，惠及人群超过

500万，成为慈善组织“基因项目”。对青少年公益教育领域进行了大胆实践与积极探索，取得良好社会效益。

三 不断提升服务质量、走向规范化、标准化联合救助之路

中华慈善总会与各地方总会深化上下合作对接，提升慈善项目，不断创建和完善合作沟通机制、探索推进联合慈善救助之路、规范慈善救助制度，提升慈善救助质量，走标准化联合救助之路。

1. 多方联手探索提升医疗救助服务质量和药品援助新模式

2017年中华慈善总会患者援助项目共发放援助药品价值183.87亿元，救助各类患者43773人。格列卫、达希纳、易瑞沙、泰瑞沙、爱必妥等多个援助项目开通了智能化平台，较好地解决了患者随访与代领药问题。十多年来，总会已经拥有超过15个患者援助项目，援助的药品价值累计超过700亿元。

撰写《中华慈善总会患者援助项目政策性问题解答》为受助患者提供更为便利的服务，也让全社会更全面地了解药品援助项目，争取更大理解与支持。中华慈善总会与珠海市慈善总会联手探索“慈善+医疗”便民帮扶新模式，与江苏省联合探索药品援助项目模式等。依据《珠海市癌症防治三年行动计划》与“十三五健康中国”精神，加强对以癌症为主的重大疾病的预防、控制，积极推进全民大健康建设，珠海市慈善总会于2017年正式探索“慈善+医疗”精准帮扶新模式。中华慈善总会、市慈善总会与中山大学附属第五医院三方齐心协力将重症药品捐赠项目引入珠海，协力解决“一人领药，全家出动”的重病患者家庭异地奔波领取药品的现实问题。该药品援助项目是为了让符合项目援助条件的癌症类、肿瘤类、血液类等重病患者获得国际企业的药品援助。

为进一步规范援助药品发放工作，江苏省慈善总会拟订了《江苏省药品援助慈善项目管理办法（草案）》和《江苏省药品慈善援助发药点星级评

定细则（草案）》，并专题对这两项规章制度进行了讨论，将修改完善后的规章印制成册，发放到全省发药点，要求工作人员将其作为统一规范标准贯彻实施，着力推进发药点综合考评标准化、组织管理制度化、发放程序规范化、发放手段智能化，从而更好地提升服务质量，扩大社会影响力。自2006年起，中华慈善总会与江苏省慈善总会合作开展了包括格列卫、易瑞沙等12种药品的患者援助项目。目前江苏成为全国唯一患者援助项目发药点设区市全覆盖的省份，累计发放援助药品超过37万人次，价值超过93亿元人民币。药品援助项目江苏模式逐渐形成，并在全国发挥引领示范作用，促进全国联动模式发展。

2. 贯彻落实“精准扶贫”工作理念，精准分享慈善资源

以患者援助项目为例，中华慈善总会贯彻落实“精准扶贫”工作理念，致力于大病救助。2017年，中华慈善总会与地方慈善总会首次联合召开项目合作交流会，通过会议、论坛等形式充分交流沟通讨论，不懈探索出中华慈善总会与省、市慈善总会的项目合作的可行办法和有效途径，更精准地分享中华慈善总会的慈善资源，给受助对象送去更多温暖，而且从纵向合作创新模式，提高慈善项目合作的广度和深度，为慈善工作思路、方法的改革创新提供实践经验，为下一步加强项目资源的对接，以及项目的成功合作奠定比较坚实的基础。

3. 不断规范工作机制来提升服务品质

目前，总会已拥有全国385家团体会员单位，形成了紧密的慈善工作网络。据《中华慈善年鉴》的初步统计，2017年度全国各地慈善会筹款情况依旧保持整体上升趋势，在创新慈善理念、募捐模式、运作管理等方面不断进步。

例如，浙江省慈善总会自1994年创建以来，充分发挥省级慈善会的指导作用，在全国率先做到县级以上慈善机构全覆盖，工作网络不断向基层延伸，目前全省共建有1217个乡镇（街道）分会，4412个村（社区）慈善组织，5672个义工队伍，注册义工25万多人，覆盖全省城乡的大慈善格局日趋完善。省慈善总会积极搭建项目救助平台，向上承担中华慈善总会格列

卫、恩瑞格等多种援助药品的发放工作，向下联动开展了福彩儿童大病救助、兴业影像书库、造血型基地等项目的实施，受益群众遍布全省各地。

浙江省慈善总会始终把项目为依托的慈善救助形式作为开展各类援助的有效平台，在实践中探索和总结项目运作的规律和特点，在巩固原有救助项目的基础上，进一步推进项目化管理，拓展救助领域和范围，通过整合各类社会资源，与企业开展广泛合作，打造了一批既符合困难群体需求又颇具社会影响力的品牌救助项目，进一步拓展和延伸了救助的内涵和形式，趋向联合救助之路。

四　积极推动《慈善法》实施变革，促进慈善发展格局的提升

慈善会系统积极推进《慈善法》实施，表现在深入宣传贯彻落实《慈善法》，依法开展各项慈善工作；强力助推脱贫攻坚，实现社会帮扶资源和政府精准扶贫的有效对接；广开慈善募捐渠道，提高慈善事业可持续发展能力；还有加大宣传力度，推动慈善进机关、进企业、进学校、进社区、进乡村等。

1. 借助慈善法、慈善日，向全社会传播慈善价值，弘扬慈善文化

在多地慈善系统广泛开展慈善法传播，通过联合著名慈善家、部分全国性慈善组织以及各大媒体等共同发起“中国慈善总动员”活动。制作传播慈善价值的广告宣传片和海报，深入社区、机场、学校、车站等，特别是网络进行播出和张贴，覆盖人群上亿人次。同时，加强各级慈善组织建设，健全慈善工作网络和运行机制，努力开创慈善事业健康发展的新局面。

2. 制定未来五年发展规划，以评估促进转型，积极推动慈善政策变革

如湖北省根据《慈善法》《湖北省民政事业发展“十三五”规划》相关要求，结合总会事业发展实情，制定《湖北省慈善总会五年发展规划（2017～2022年）》，为今后的慈善工作指明方向、制定策略。积极开展慈善创投，推动项目创新。以“湖北慈善项目展示交易会”为载体，向社会公

开发布项目征集信息，探索对外合作机制，吸纳具有较强策划执行能力的公益组织、热心支持慈善项目的爱心单位和个人的合作。探索建立慈善项目创新机制，扶持和培育一批真正立足困难群众具体需求，又深得群众广泛支持的慈善项目，建立总会的项目规范，提高项目的科学性、可行性，打造成具有较强社会影响的慈善项目创新模式。

开展项目评估，促进项目转型。引入第三方评估力量，探索建立项目评估机制，为项目策划实施和转型升级提供科学依据。将对实施成熟的慈善"阳光班"项目和新策划的项目进行社会影响力评估，逐步规范慈善项目的管理模式和运行机制，优化方案、用好善款，最大程度提高项目的救助成效。

3. 公众参与社会协同，推动慈善格局提升

深圳市慈善会 2017 年 3 月换届以来，立足质量、文化、民生、战略、服务、智慧、生态七大慈善稳健推进改革，本年度共开展慈善活动 320 多场次，救助困难群众 11790 人次，荣获中华慈善总会"尽善境美"奖。深圳市慈善会德义基金"一起慈善——创新建设贫病救助覆盖网"获 2017 年第十四届深圳关爱行动"百佳市民满意项目"奖等多项殊荣。

深圳市慈善会还通过创新发展"互联网 +"和公益金融工具，取得了多项社会服务成果。其中，"99 公益日"期间，联动 50 家社会组织，携手 12951 支"一起捐"队伍，发动 45 万人次捐赠，三天筹款总额 3371 万元，同比增长 410%，在全国慈善会系统排名第一，实现了机构转型后首次市场化竞争的重要突破。今年还策划推出四期"社区基金（会）领袖营"，新增 10 家社区基金（会），在公众参与社会协同特别是服务社群方面做出了突出贡献，推动慈善格局提升。

五　当前中国慈善会系统发展中存在的问题

1. 引领公众参与慈善的能力有待提高

2017 年全国各个省（区、市）相继开展了很多慈善公益项目，举行多次募捐活动，但是社会公众响应力较低，这也是慈善会系统在引领慈善发展

方面水平尚有待提高的表现。对于大多数的普通民众来说，慈善行为仅仅是在当灾难发生时对政府号召的积极响应或者是对弱者的同情，而不是对慈善事业的长期关注，慈善还远远没有如同发达国家一样成为公民日常生活的构成部分。

2. 政社不分、职责不明的现状仍需改善

综观2017年我国慈善事业的发展现状，慈善会系统仍然以政府作为慈善事业的依赖主体。政府在慈善事业中的角色定位和职能仍然被混淆。政府需要与慈善会等多重主体联合起来，明确职责定位和边界，激发更多的民间力量协同并进。为此，更需要进一步明确政府在慈善事业中的定位，从而发挥其应有的作用。

3. 相关法律法规还需不断改善

慈善会系统组织的独立法人地位、慈善机构的运行规范、慈善事业的财政税收政策、慈善活动的法律监督机制等事关慈善发展的关键问题还需要理清，得到法律的合理确认与明晰规范。而且，慈善事业的进入、评估、监管、公益产权界定与转让、融投资、退出等完整法律框架也有待形成，促进慈善会系统组织财务制度以及机构的活动领域，如募捐善款、救助项目开发等不断完善。

4. 基层慈善会组织建设还需加强

基层慈善会组织数量还要广泛覆盖，慈善的功效发挥处于较低层次。包括：需要建立阳光透明的组织运行机制，形成有效的监督机制，这也是当前慈善组织缺乏公信力，影响力不大的主要原因；需要形成与市场经济体系相适应的高效运作机制；需要足够的专业人才作为组织的人力资源支撑。

六　中国慈善会系统的未来发展

慈善是对政府和市场的必要补充。就中国的慈善现状来说，政府角色的合理定位应是培养现代慈善意识、培育慈善组织和加强法规制度建设，从根本上解决贫富差距、提升社会服务发展水平。

1. 提升社会公众的慈善参与意识

在社会价值多元化条件下，需要不断提升社会公众的慈善参与意识。规范的社会价值引领经济价值的理念是西方发达国家普遍奉行的慈善观，也是公民捐赠久盛不衰的动力源泉。慈善会系统要注重参与顶层制度设计，引导青少年参加公益慈善，不断强化家庭的示范作用，积极培养公民现代慈善意识。

2. 明晰政府在发展慈善事业中的职责

首先，政府部门应当制定相关政策，为慈善总会的发展提供有利的外部环境，如继续为总会宣传筹款及捐赠制定税收激励政策；其次，政府应当进一步完善对慈善总会的监督和评估机制。建立健全有效的评估体系，对慈善总会的治理结构、资金的使用和运作、财务与信息的透明度及慈善活动项目等方面进行全面评估和监督，有利于慈善总会的健康发展及其社会公信度的提高。最后，政府应积极指导从事慈善工作的工作人员提升专业化服务水平。同时，进一步提高慈善事业的参与面，发展更多活跃的慈善事业的志愿者。

3. 加强慈善组织建设

系统的工作网络和平台可以促进慈善组织能力建设与发展。要加快推动慈善会组织行业规则和行业标准制定，加强行业监督和行业自律，大力发展第三方评估，建立优胜劣汰的退出机制。

总之，慈善会系统作为一种具有特殊背景的慈善组织，还要加强研究和指导，不断变革这一特定的组织体，实现更优发展。

B.7
2017年中国企业公益报告

王　睿*

摘　要： 本文选取150家样本企业，通过公开资料，梳理它们在中国的公益实践现状，包括公益资金投入、关注领域、公益模式、品牌项目、专业化程度、员工志愿者参与和公众参与情况等，分析各类别和行业的企业公益发展水平，以及中国企业海外公益实践的情况，指出其中呈现的新趋势，并针对企业开展公益的最佳实践路径，提出分析与思考。

关键词： 企业公益　公益领域　公益模式　专业化　互联网平台

自2008“公益元年”以来，越来越多的企业参与公益慈善事业，参与的广度和深度逐渐提高。2016年，中国慈善捐赠总额达到1392亿元，其中企业法人的捐赠额为908.2亿元，约占总额的65.2%，同比增长15.9%。企业成为中国公益捐赠的主要力量，其中民营企业贡献近5成。①

为了解企业这一重要的捐赠主体开展公益行动的现状，分析其特点、偏好、发展趋势等，本文选取了150家企业作为分析样本，其中国有企业、民营企业、外资（含港澳台）企业各50家。国有企业和民营企业的样本以中

* 王睿，中国人民大学社会学硕士，北京瑞森德企业社会责任机构咨询总监，主要研究方向为企业社会责任战略与实践、基金会战略与项目设计。

① 《2016年度中国慈善捐助报告》发布全年捐赠总额达1392.94亿元，《公益时报》2017年11月2日，http://www.gongyishibao.com/html/gongyizixun/12735.html。

国企业联合会、中国企业家协会联合发布的“2017 中国企业 500 强”① 为基础，对企业的所有制采用了二分法：国有及国有控股企业、民营企业，分别从两类企业中依次选取前 50 家进行分析。

外资企业的样本以 2017《财富》世界 500 强企业榜单为来源②，从中甄选出 50 家在中国开展核心业务的外资企业，与国内企业共同进行比较分析。③

一　企业公益总体现状

这 150 家企业分布在 24 个行业，各行业分布情况如下（见图 1）。

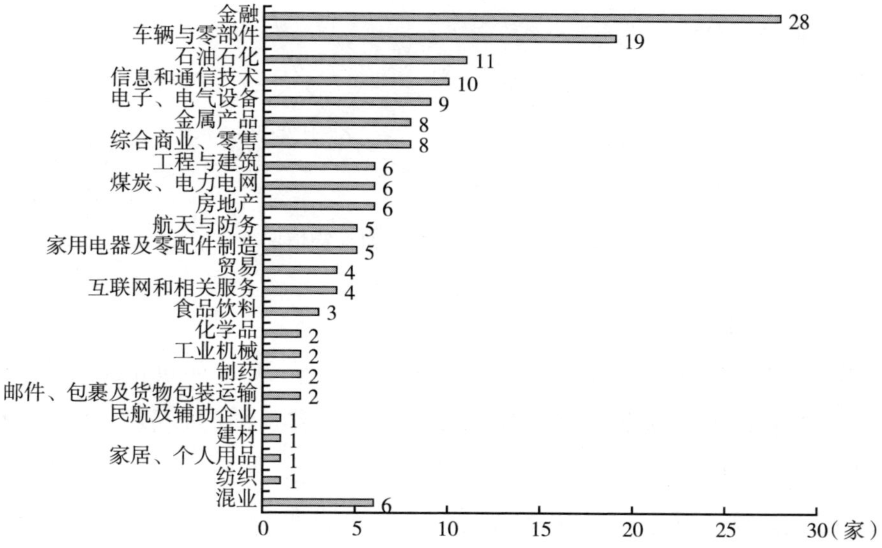

图 1　150 家企业的行业分布

① 2017 中国企业 500 强名单发布（名单），经济日报 - 中国经济网，2017 年 9 月 10 日，http：//www.ce.cn/xwzx/gnsz/gdxw/201709/10/t20170910_ 25876071.shtml。

② 2017《财富》世界 500 强排行榜，财富中文网，2017 年 7 月 20 日，http：//www.fortunechina.com/fortune500/c/2017 - 07/20/content_ 286785.htm。

③ 150 家企业分析资料来源于企业官方网站、社会责任报告、媒体新闻等公开披露的信息。

这150家企业中，有137家披露了不同程度的公益投入和实践，占到总体的91%。可以看到，这些各行业领先的企业大多具有公益方面的意识，绝大多数企业参与公益事业，开展了各种类型的实践活动（见图2）。

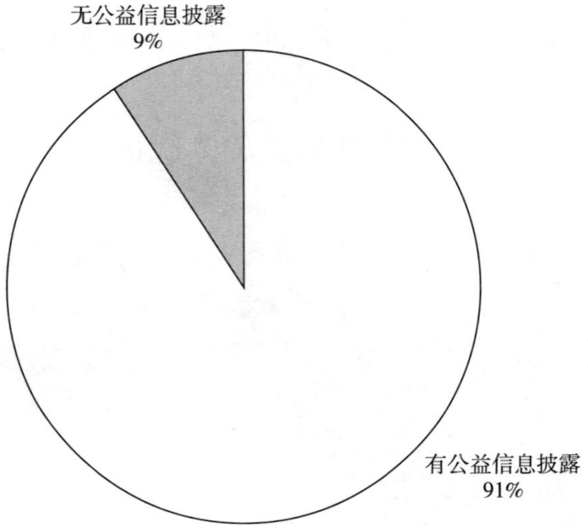

图2　150家企业公益信息披露情况

1. 投入资金

2017年度的企业公益数据大多尚未发布，从2016年度的数据来看，绝大多数企业并未披露年度公益投入金额。国有及国有控股企业公开程度最高，有30家披露了年度投入公益的资金，占到60%，总和达到29.8亿元。这一数字与《2015年中国企业公益报告》（下文简称“上期报告”）中统计的29.3亿元基本持平。但其中，资金量过亿的公司由4家增至8家，投入资金最高的仍是中石油，但由2014年度的超过10亿元降至6亿元。①

据不完全统计，16家民营企业的年度公益投入资金总和高达44.4亿

① 王睿、张蕴慧、黎影怡：《2015中国企业公益发展报告》，载杨团主编《中国慈善发展报告（2016）》，社会科学文献出版社，2016，第137页。

元。这主要是由于恒大集团和万达集团分别投入10亿元和14亿元用于特定区域整体扶贫开发。外资企业几乎没有单独公布年度捐赠数据，仅个别企业公布了部分项目的资金。

公开数据汇总显示，150家企业年度公益投入资金总和超过74.1亿元，比2014年的33.4亿元增长了121.9%①。

值得注意的是，由于国家精准扶贫政策的指引，2016年有大量公益资金和项目向扶贫领域倾斜。仅在公开发布的信息中，投入定点扶贫开发以及援疆、援藏的金额就达到39.1亿元，占总体金额的52.8%。其中，16家公布数据的国有企业投入9.5亿元，10家民营企业投入29.4亿元。

精准扶贫行动对于国有企业来说是一项政治任务，在国企总体公益投入没有显著增长的情况下，资金和资源向扶贫倾斜，是否会造成其他公益资源收缩，可以进一步观察。

2. 关注领域

与上期报告一样，传统的教育助学和扶贫助困仍是最受企业关注的公益领域，其次是环境保护、灾区援助和医疗健康。在扶贫助困领域中，有70家企业响应中央提出的精准扶贫战略，开展了定点帮扶建档立卡贫困户的扶贫项目。关注各公益领域的企业数量分布如图3所示。

大部分企业关注多个公益领域，但与上次报告期明显集中在2~3个领域不同，关注领域数量较为分散。但若区分三种企业类别，可以看出，国企关注的领域较多，民营和外资企业大多关注三个以内领域（见图4）。

这种分布的部分原因可能在于，国有企业在国家政策指引下，对企业社会责任和公益信息的披露更加充分、形成了更强的行业规范。50家国有企业中的46家都发布了年度社会责任报告，很多将涉及领域广泛的员工志愿者活动尽数纳入其中。而民营和外资企业有一半以上未发布报告，或未详细说明，活动信息较为零散。

---

① 王睿、张蕴慧、黎影怡：《2015中国企业公益发展报告》，载杨团主编《中国慈善发展报告（2016）》，社会科学文献出版社，2016，第137页。

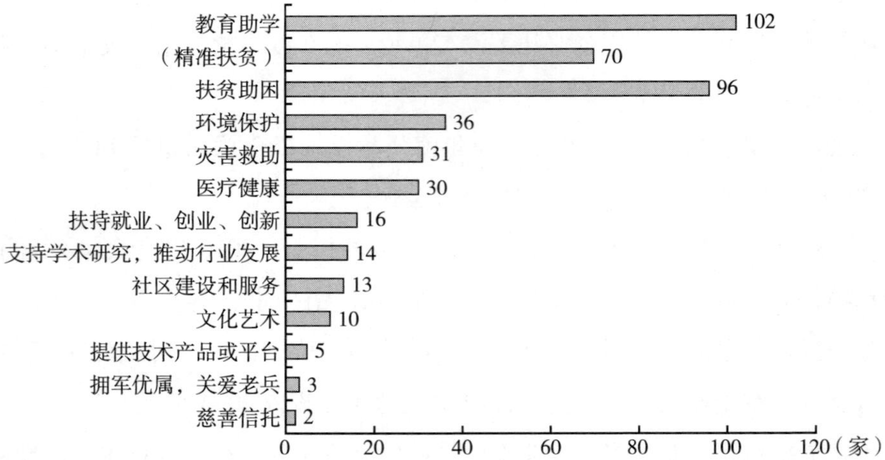

图 3　关注各公益领域的企业数量

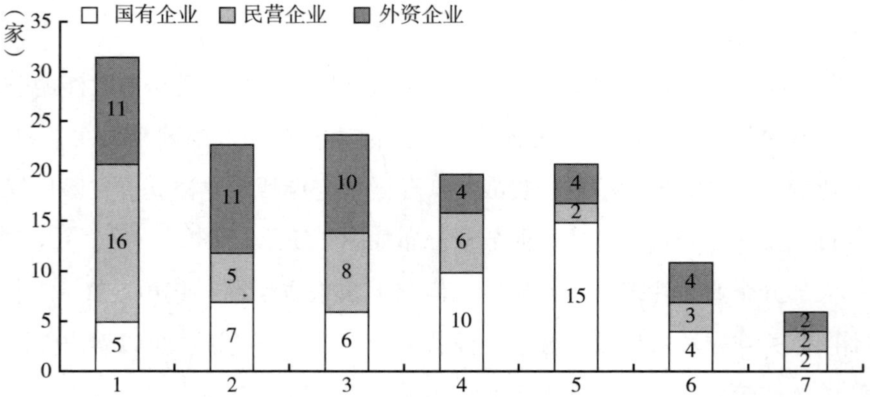

图 4　企业关注公益领域的数量分布

（1）教育助学和扶贫助困最受关注

教育助学和扶贫助困一直是各类企业普遍关注的领域。在投入教育领域的 102 家企业中，37 家是国有企业（36%），民营企业 28 家（28%），外资企业 37 家（36%）。若将教育项目分为基础助学类和素质教育类，外资企业更偏重开展科技创新、健康成长、全面发展的素质教育类项目。与上次报告期相比，国有企业开展的素质教育型项目有明显增长，比例由 2014 年的

13%（7家）增长到2016年的57%（21家）[①]。民营企业仍以基础的捐资助学行动为主（见图5）。

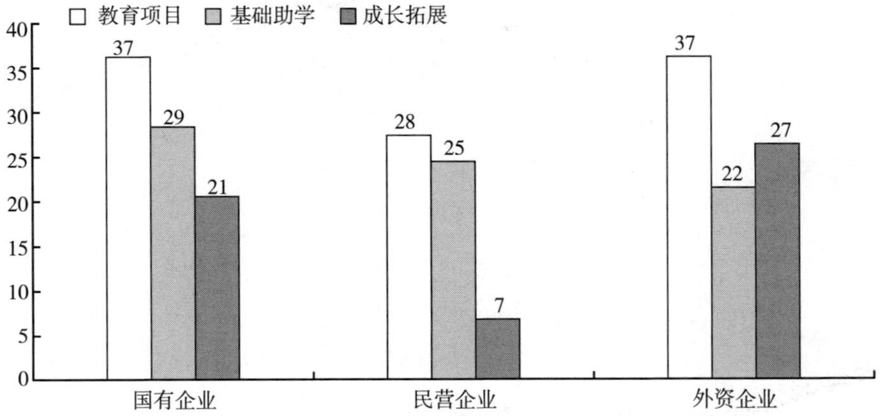

图5　关注教育领域的企业类别分布

与上次报告期一样，投入扶贫领域的企业呈现出明显的类别差异，国有企业、民营企业和外资企业关注度依次递减。在国家推进精准扶贫战略的大背景下，国有企业普遍将定点扶贫和援疆、援藏当作政治任务，作为公益行动的重中之重。47家投入扶贫助困领域的国有企业中，有46家都明确开展了精准扶贫行动，而2014年，这一数字为21家[②]。精准扶贫可谓近年企业公益的热门，部分紧跟政策导向的民营企业，亦投入了大额资金。企业在项目信息中普遍强调“变输血为造血”“产业帮扶”等重在“授人以渔”的内容（见图6）。

（2）三类企业各有偏好，国内企业爱“救急”，外资企业重长远

除了教育助学和扶贫助困之外，国内企业更加关注灾害救助和医疗健康领域，这也是传统较容易唤起人们善心的“救急”类项目。国有企业的社

① 王睿、张蕴慧、黎影怡：《2015中国企业公益发展报告》，载杨团主编《中国慈善发展报告（2016）》，社会科学文献出版社，2016，第138页。

② 王睿、张蕴慧、黎影怡：《2015中国企业公益发展报告》，载杨团主编《中国慈善发展报告（2016）》，社会科学文献出版社，2016，第139页。

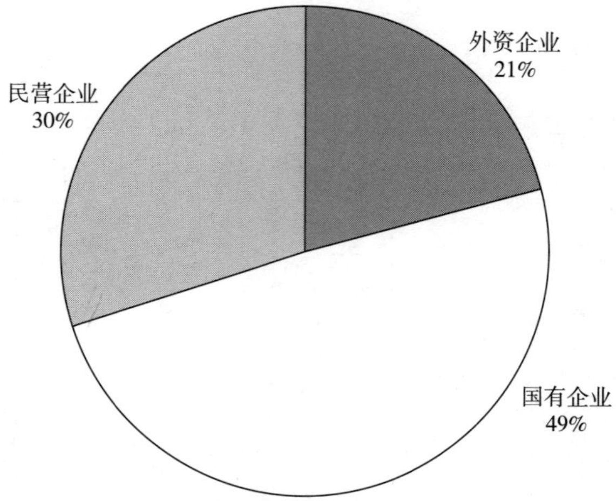

图6　投入扶贫领域的企业类别分布

区建设和服务类项目较多，如前所述，可能与志愿者活动信息披露较充分有关。

在环境保护、扶持创业创新、支持学术研究及推动学术发展等领域，外资企业占据优势。40%的外资企业选择环保领域，其中一半是长期开展的项目。此外，外资企业也更偏好就业、创业、创新类项目，以及推动行业发展的长期研究项目。这些项目不少已经成为有影响力的品牌，如福特汽车环保奖、微软创新杯等。

民营企业中的互联网企业如腾讯、阿里巴巴、京东在提供技术产品或平台服务公益方面优势较强。此外，关爱老兵、拥军优属、奖励见义勇为方面的项目，主要分布于民营企业（见图7）。

分行业看，不同企业关注的公益领域呈现出一定的行业特点。

（3）车辆与零部件行业：安全科普教育与环境保护

分行业看，车辆与零部件行业的企业，投入素质教育类项目和环保项目的比例分别为68%和58%。而总体137家企业投入这两个领域的比例分别为40%和26%。10家外资车企中的7家开展了各种形式的交通安全教育项目。丰田中国于2015年推出了《游哒上路记》系列动画、“游哒说新闻”

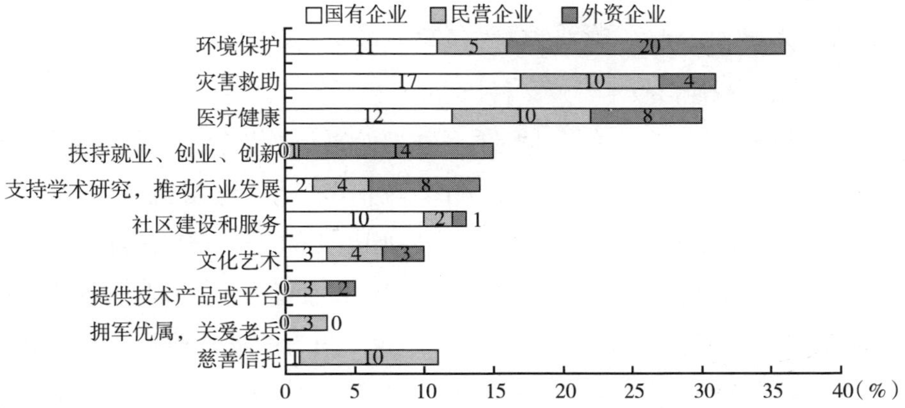

图7 各类别企业投入其他公益领域分布

等内容，以微信公众号为主要载体，用生动有趣的方式引导公众关注道路安全，影响超过300万人。此外，丰田中国还在社区开展“让你好好过”交通安全体验活动，通过情境体验、技术模拟，提升居民对交通安全的意识。大众汽车集团（中国）与中国妇女发展基金会合作，设立“大众汽车集团（中国）儿童安全基金”，在全国十余个城市建立了儿童道路安全体验中心，开创了以中心为原点辐射科普教育的先河。通过线上线下结合的系列活动，大众汽车的安全教育影响到数千万人。

国内的车企在这方面也较从前有所提升，5家国有车企中的4家开展了与汽车相关的科普、安全、创意设计等项目，如上汽集团的公益课“汽车天地”、一汽集团的汽车文化之旅、广汽集团的安全培训基地等。

（4）金融行业：经济、金融教育和文化艺术

银行和保险等金融行业企业的公益行动也呈现出自己的特点。28家金融企业中的9家开展了与经济和金融相关的教育项目，或进行相关的捐助，占到32%。其中不乏持续开展多年的项目，如创办于2010年的“工行杯”全国大学生金融产品创意设计大赛，已连续举办七届。有5家国内的金融机构开展了金融知识普及教育的项目或活动；此外，中国银行连续支持陈嘉庚科学奖、泰康保险支持丘成桐中学数学奖，都具有较强的行业特色。

10 家关注文化艺术的企业中，也有 6 家来自金融行业。它们长期支持音乐节、艺术馆、剧院、遗址修复等有特色的文化项目。

（5）信息和通信技术行业：科技教育

信息和通信技术行业的企业拥有科技方面的专业优势，10 家企业中的 6 家开展了有特色的科技教育类项目。中国电信组织小学生参观电信科技馆、电信博物馆，为孩子们传播普及信息科技知识。IBM 公司与华东师范大学计算机和信息工程学院合作，开发中小学在线编程教育平台，并与基础教育结合，将最新的编程技术和教育带给中小学生。华为的未来种子计划放眼全球，邀请来自 30 多个国家和地区的 1000 多名大学生来中国实习，了解 ICT 相关的技术。微软的"青年星火计划"作为全球教育行动，除了在城市建立社区青年中心，开展培训与交流、激发青少年的潜能之外，还与真爱梦想基金会、北京富平学校等机构合作，为条件匮乏的中西部、少数民族地区和经济欠发达省区的中小学生及城市和农村务工青年提供获取计算机科学教育的机会。

（6）电子、电气设备：专业科学教育与创新大赛

在 9 家电子、电气设备企业中，8 家为外资企业，其中 5 家开展了与自己专业相关的科学教育项目，且都是长期的行动。日立中国持续十年开展"安全乘梯，幸福随行"活动，举办安全乘梯课堂及救援演练，2016 年举办 148 场，覆盖 59 座城市。索尼探梦科技馆以光和声为主题，让青少年体验科学。松下中国旗下的微波炉公司，开展针对青少年的食育课堂，让他们体验食物的文化，并和家长一起动手制作食品。

这些企业大都为底蕴深厚的老牌公司，重视科技研发与创新，其中 4 家企业支持了各类青年创新大赛，激发青少年的科技探索与实践。西门子中国持续赞助中国智能制造挑战赛；索尼的探"索"者计划，支持年轻创意人交流合作，呈现创意作品。三星电子自 2013 年起联合中国科协科普部、共青团中央学校部，面向全国青少年发起"SOLVE FOR TOMORROW 探知未来"全国青年科普创新实验暨作品大赛，希望激发青少年的创新灵感，关注科学，憧憬未来。GE 基金会科技创新大赛注重在实用性技术方面实现创

新，鼓励大学生针对经济发展、市场变化以及产品开发的需求来展现自己的创新能力及团队合作精神。自2002年起，有近400名学生获奖，有些获奖者毕业后成长为优秀的工程师。这类大赛往往可以获得相关政府主管部门的支持和协作，对一些企业来说，有利于与公共部门沟通。

可以看出，上述行业企业乐于在自己擅长和重视的领域开展特色教育项目，使得基础助学之外的素质教育类项目在领域和形式上不断丰富，也从大城市儿童逐渐惠及欠发达地区孩子或城市流动儿童，是企业根据自身特点设计公益项目的优势和方向所在。

二　企业公益模式分析

本文将企业参与公益的模式分为直接捐助、捐助专业机构、直接运作项目、产品公益四种。

1. 直接捐助，即企业自发对受助对象进行捐赠或帮助，例如定点扶贫或助学，直接帮助困难群体等

在投入公益的137家企业中，有88家进行了直接捐助，占到65%，比上一个报告期的72%有所降低。其中45家为国有企业，民营企业23家，外资企业20家。直接捐助仍然是众多企业的第一选择。

2. 捐助基金会或公益组织等专业机构，或通过与专业机构开展合作，完成公益项目

有80家企业采用了捐助专业的公益机构，或与其合作开展项目的方式从事公益活动。其中国有企业26家，民营企业23家，外资企业31家。可以看出外资企业更愿意选择与专业机构合作，更少直接捐助。这是现代公益专业化的体现，也是未来的发展趋势。中国青少年发展基金会的“希望小学”项目、中国妇女发展基金会的“母亲水窖”项目、中华健康快车基金会的“健康快车”项目等大型基金会美誉度较高的品牌项目是企业较为青睐的合作对象。企业出于品牌传播和风险控制等考虑，选择这些合作伙伴，这也一定程度上造成了公益资源向大机构集中的现象。不过有独特专长领域

的公益机构，例如专注青少年理财教育的 JA、关注寄宿儿童心理健康的西部阳光基金会，也是企业开展相关专业项目所青睐的合作对象。

3. 企业直接设计、运作公益项目

有 94 家企业自己设计和运作公益项目，这比上一个报告期的 50 家大幅提升。其中国有企业 33 家（35%），民营企业 27 家（29%），外资企业 34 家（36%）。这种方式需要持续的时间和人力投入，通常是企业较为重视的品牌公益项目，或是员工志愿者参与的项目。如吉利集团投入乡村儿童体育教育的“Hope 绿跑道”项目、巴斯夫中国的“小小化学家”互动实验科学教育项目、雀巢中国的水资源教育课程（Water Education for Teachers），都是企业自己运作的长期公益项目。

但本期这类项目大幅增加还有一个原因，大量企业投入人力、精力，深度参与对口扶贫地区的整体开发工作，企业派干部驻村、志愿者长期服务等，这已相当于企业直接设计和运作项目。此外，国有企业的员工志愿者体系和项目比从前披露更加具体，其中有些交流探访活动、社区服务活动，也由企业自己组织实施运作。

4. 企业将自有产品或技术向公益组织开放，以实现对公益事业的支持和提升

一些互联网企业如腾讯和阿里巴巴，以开发互联网产品的方式参与公益，成为大量公益组织的技术支持和公众参与平台。互联网企业拥有独特的技术和用户、渠道等优势，已经在全方位影响和改造着公益行业的生态。腾讯公益平台的“一起捐”，以及阿里巴巴集团的“公益宝贝”、“蚂蚁森林”等品牌项目，都深入连接了公益和公众，成为公益机构筹款的重要平台。

三　企业品牌公益项目分析

品牌公益项目的判断标准至少需要涉及项目是否有效回应社会问题、投入资源、持续性、实施效果、利益相关方参与度以及传播影响力等几大方面。由于大多数企业在社会问题调研、项目投入、参与度、执行效果和传播效果等方面未做详细披露，本文试筛选出较为持续的项目，对它们进行分

析。多达99家企业开展了较为持续的公益项目（不包括国企的定点扶贫项目），其中包括对某地区或学校的持续直接捐助、对公益伙伴项目的持续捐助，以及自己长期运作的项目等。如果这些公益行为具有特定的项目名称，企业对它们进行了公开披露，并视之为重要的行动，则将其初步视为品牌公益项目，纳入分析的范畴。

1. 外资企业公益项目更具品牌优势

在96家开展了品牌公益项目的企业中，29家为国有企业（30%），26家为民营企业（27%），41家为外资企业（43%）。外企具有明显的品牌优势，无论是捐赠公益机构、开展员工志愿者活动，或是运作自有的品牌项目，普遍持续较长时间，有些达到十年以上。

永旺（中国）中日小大使活动，自1990年就开始组织中日两国的学生交流互访，已持续18年。丰田中国从2001年起在河北省丰宁县开展植树造林，防治沙漠化，累计投入资金超过4000万元，植树551万棵，并且依据自然条件，选择19种不同植物栽种，注重生物多样性，并保持了90%以上的存活率。项目还选择了一批经济作物，改善当地农业结构。这样深入细致的植树项目，避免了很多企业员工一次性植树活动的简单和形式化。专注特定的公益领域，持续开展项目，并不断对项目加以调整、优化、丰富，是专业和有效的公益方式，可以积累项目的品牌价值，值得更多企业借鉴。

雀巢（中国）在2008年汶川地震之后支持四川助瓦小学灾后重建，随后建立长期联系，提供奖学金，并在此实施营养健康教育课程，每年举办艺术节等。这种方式将一次简单的捐建行为变成长期的志愿者活动参与机会、更深入的公益项目合作点，是维护公益伙伴、开展长期项目的进入路径。

2. 品牌公益项目和企业主业的关联性

本文所说的关联有几种情况：一是项目领域与企业所在行业的相关性，如车企关注交通安全，信息和通信技术企业关注技术创新；二是企业开展项目的模式与企业核心优势的相关性，如互联网企业擅长技术和平台支持，银行与消费者联系紧密，更乐于调动公众参与项目，开展善因营销、公益筹款等活动；三是项目内容与主要利益相关方的相关性，如女性员工或消费者较多的企业开展女性支持项目；四是项目开展区域与企业所在地的地理相关性，如农产品企业围绕原料产地的农村开展行动，海外业务较多的企业，在海外项目地开展各类社区公益项目。

从公益项目和企业主业的关联度，可以看出企业的公益理念：与主业相关的项目更容易利用自身优势，调动更多资源支持公益项目；项目与主业关联度低，通常企业的公益行动较为零散，但也可能是企业拥有业务方向较为独立的基金会。

在这些开展了持续品牌公益项目企业中，22 家企业的项目与主营业务无关，74 家有一定关联。从图 8、图 9 可以看出，外资企业在选择开展公益项目的领域时，更加注重与主营业务的关联。例如在商业和贸易领域，外资企业中的 4 家公益项目与主业关联度较高。如沃尔玛为供应链上游的工厂女工开展免费的职业和生活技能培训；麦德龙公司将欧美盛行的“食品银行”项目理念引入中国，将超市临近保质期的商品捐赠给困难人群。贸易公司三菱商事开展了多个促进中日之间各层面交流的项目，如中日青少年摄影大赛、中日学生手语交流，长期资助北京日本学研究中心等。中国的 4 家同领域企业中，苏宁依托消费者和会员，开展了线上超市“一人一元一平方米”活动，每卖出一件产品，就为西藏捐种一平方米草。其余 3 家企业的公益实践则行业色彩较少。

国有企业的公益项目与主业的关联性较上期报告有明显上升，民营企业则下降（见图 8、图 9）。上期报告对于小部分资料较少的企业适当考虑了溯及既往，而本期统一采纳 2016 年度资料，民营企业总体上信息披露不完善，可能受到一定影响。

中海油公司的蔚蓝力量青年志愿行动发起中国青年海洋意识大型调查，促进海洋生态保护，并开展净滩、节能教育、环保挑战等活动。中国化工集团的化工博物馆科技活动周，接待中学生实践课程，让青少年走近化学，体验化学魅力。博物馆还联合北京化工大学，主办“爱生活爱化工”2016 化工科普大赛，获奖作品在博物馆和社区展示。

此外，外资企业项目和主业关联度高，也可能与外资企业很少有在中国

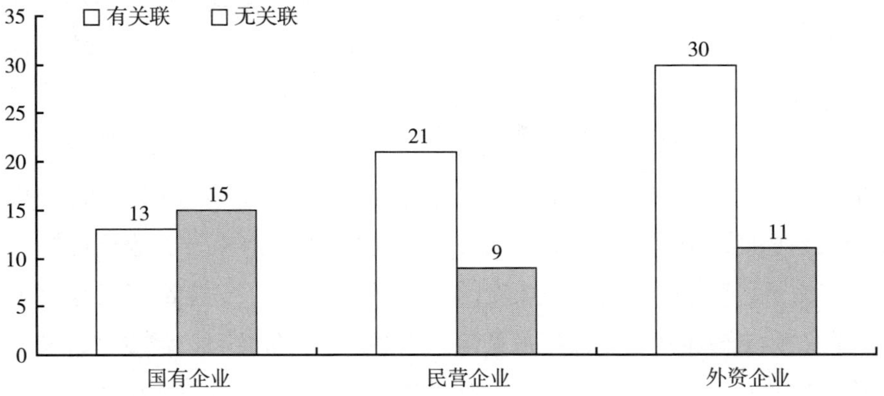

图 8　2014 年各类别企业公益项目和主业关联情况

资料来源：王睿、张蕴慧、黎影怡：《2015 中国企业公益发展报告》，载杨团主编《中国慈善发展报告（2016）》，社会科学文献出版社，2016，第 144 页。

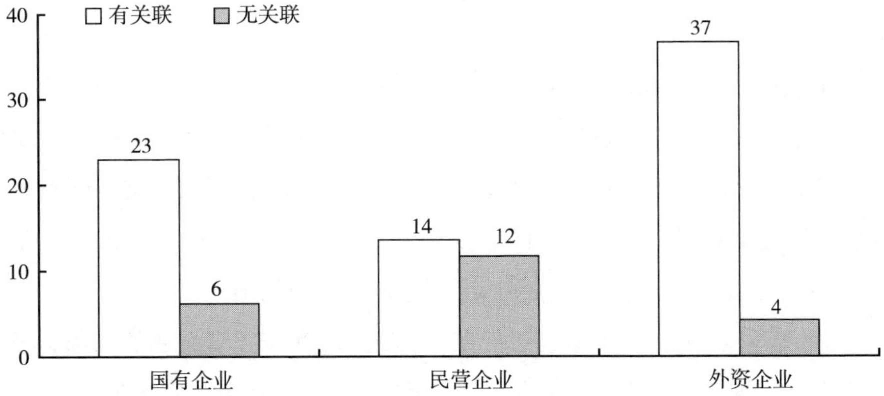

图 9　2016 年各类别企业公益项目和主业关联情况

境内运作的独立基金会有关。部分国内企业的基金会经过不断发展，方向已较为独立。例如 TCL 基金会持续关注教育领域，拥有长期的品牌助学项目，虽与企业主业无关，但也积累了较好的影响力。

分行业看，车辆与零配件、金融、信息和通信技术、互联网服务行业的公益项目与主业关联度较高，更加善于运用专业技术优势，聚集用户资源开展公益行动。其中互联网服务行业将核心产品贡献到公益领域，为用户提供参与机会，为公益机构提供技术和平台，已经改变了公益行业的格局和生态。

金融行业是与大众消费者密切相关的行业，国内的一些银行在结合主业，吸引公众参与方面进行了探索。如北京银行与中华慈善总会联合发行慈善信用卡“大爱卡”，又以此为平台，成立“大爱基金”，北京银行为每张新卡向基金捐赠1元钱，为每笔消费捐赠消费金额的1‰。农业银行的“小积分·大梦想”公益行动，为信用卡爱心积分配捐，支持希望工程快乐阅读、留守儿童健康成长、保护母亲河、融情夏令营等项目。浦发银行携手北京感恩公益基金会，发行宁泽涛粉丝信用卡，持卡人可以向乡村“一校一梦想”项目捐助积分，每捐1万积分，浦发捐赠9.99元善款。自2015年6月启动以来，“一校一梦想”项目已有25561名捐赠人，筹集善款62.2万元。

四　企业公益的专业化发展

随着公益实践的深入，企业通常会设立基金会或专项基金，以更为专业的方式运作公益项目。在150家样本企业中，有63家成立了基金会或在公募基金会下设立专项基金，其中国有企业15家，民营企业21家，外资企业27家。受政策所限，一些外企的基金会并不在中国本土开展项目，但设立基金会代表它们拥有相对专业的公益参与经验（见图10）。

这些基金会中，有11家成立于2013年之后，4家民营企业的基金会设立于2016年。越来越多的企业愿意成立基金会，以专业的方式开展公益行动。

在这63家企业中，49家拥有较持续的品牌项目，占比78%，高于品牌项目占总体比例（70%），可以看出公益专业化程度较高的企业更能够持续开展项目，实践效果更好。成立基金会的民营企业虽然比国有企业更多，不过部分成立时间较短，基金会开展项目还很少，需要进一步明确目标、积累经验。国内企业设立基金会或专项基金的比例为36%，外资企业为54%，其差距与品牌项目的差距基本吻合。国内企业，尤其是民营企业的公益专业化程度还有待提高。

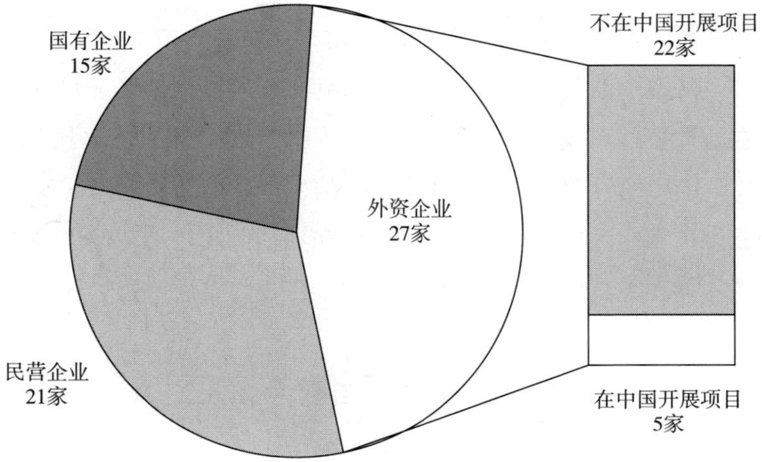

图 10　成立基金会或专项基金的企业数量

五　中国企业海外公益实践

在全球化和“一带一路”的背景下，“出海”的中国企业进行了海外公益探索。100 家国内企业中有 28 家开展了海外公益实践，比上一个报告期增加了 8 家。其中 24 家为国有企业。

从行业分布看，开展海外公益的企业 4 家为金融企业，4 家为信息和通信技术企业，3 家来自工程与建筑行业，2 家分布于石油石化行业，2 家来自车辆和零部件行业，2 家贸易行业企业、2 家煤炭及电力电网企业，2 家航天与防务企业，其他企业分布在制药、化学品、建材、家用电器及零配件制造等行业。样本中有 6 家国内的信息和通信技术企业，4 家开展了海外公益行动。

从地区分布看，各有 10 家企业在非洲和东南亚开展行动；还有 10 家企业在中国香港、美国、日本、英国等发达国家或地区融入当地的社区公益；其余分布在南美洲、中亚等地。11 家企业的公益实践涉足两个以上大洲国家。

企业的海外公益实践领域主要集中在援建、扶贫、教育助学、援助灾区、社区建设等几个方面，项目类型主要为物资设备捐助、投资建设基础设施、人才教育培训合作、组织社区文化活动等。援建、捐助、技术人才培养等项目侧面反映了“走出去”企业在基建、专业技术方面的行业特点和优势。此外，从多个涉及医疗、文化、综合建设发展等的社区项目可以看出中国企业在海外公益实践过程中逐渐强调“回馈当地、反哺社区”。例如，中信集团旗下的中信资源 Seram 区块在印尼的生产基地开设全天候诊所，为当地民众提供可靠的医疗诊治与服务；中信矿业国际积极参与澳大利亚皮尔巴拉豆科灌木管理委员会，治理豆科灌木侵袭工作，帮助改善矿区自然环境。

六　企业志愿者参与情况

员工志愿者参与对企业公益至为重要，在内部可以增强员工对企业的认同，对外部可以传递公益文化和企业的公益形象。在 150 家样本企业中，有 90 家在公开资料中提及了员工志愿者的参与情况或相应制度，占 137 家有公益行动企业的 66%。这一比例较上次报告期的 54% 有所上升。其中，35 家为国有企业，民营企业 18 家，外资企业 37 家（见图 12）。

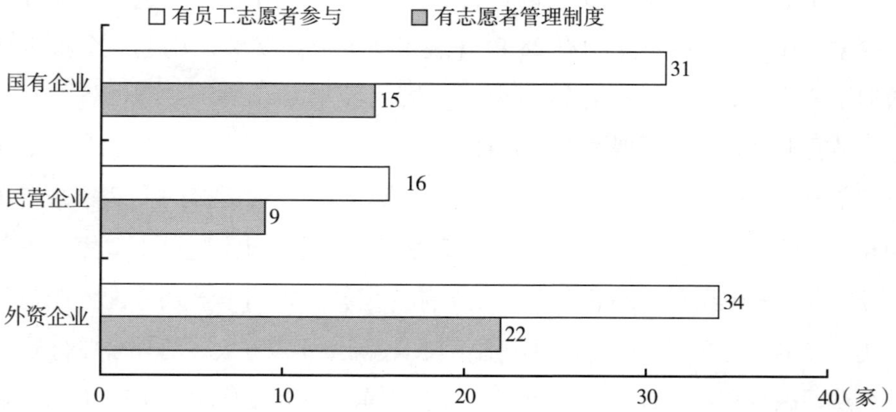

图 11　2014 年各类别企业志愿者参与情况分布*

资料来源：王睿、张蕴慧、黎影怡：《2015 中国企业公益发展报告》，载杨团主编《中国慈善发展报告（2016）》，社会科学文献出版社，2016，第 148 页。

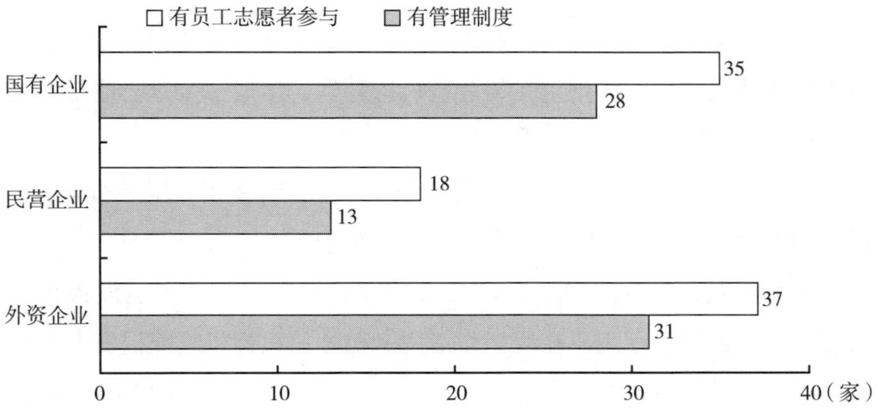

图12　2016年各类别企业志愿者参与情况分布

2013年，共青团中央、中国青年志愿者协会修订的《中国注册志愿者管理办法》，要求积极推动团员成为注册志愿者，国有企业、机关事业单位、高校等团组织要先行一步，组织推动所在单位全体团员注册成为志愿者。此后，这一办法逐渐在各单位落实，绝大部分发布2016年社会责任报告的国有企业，都披露了志愿者注册数量、活动开展体系等。

各类企业的志愿者参与和管理制度都较上期报告更加进步（见图11～图12）。民营企业在员工志愿者参与方面，与国企和外企仍存在较大的差距。在管理体系和制度建设方面，外资企业发展更为成熟，常以为员工服务的公益机构配捐、组织企业志愿日、实行公益假期等方式激励员工参与志愿活动。

员工是企业的核心利益相关方，是企业公益实践的主体，员工参与情况是衡量企业公益项目效果的一项重要内容。优秀的公益项目设计应当考虑员工的参与需求和认同程度，力求首先实现企业内部的影响力。

七　公益营销和公益倡导

无论从公益行动本身的效果，还是从企业的品牌诉求角度，影响更多人都是企业开展公益实践的目标之一。样本中的22家企业尝试了具有较强公众参与性的公益活动，这些项目有些是善因营销，有些是社会倡导，有些重在员工和伙伴参与，有些则重在为公益机构筹款，体现了企业公益与更大范围公众的连接。

这22家企业中，9家为金融企业，3家为互联网和相关服务行业，2家为商业和零售企业，2家来自电子、电气设备行业。

在9家金融企业中，7家为银行，2家是保险公司。其中建设银行、农业银行、浦发银行鼓励用户在线捐赠信用卡积分，银行相应配捐资金给合作的公益机构。建设银行的“积分圆梦·微公益”项目始于2013年，联合多家公益机构建立积分捐赠公益平台，汇集用户爱心捐建音乐教室，对乡村艺术课教师进行培训。农业银行的“小积分·大梦想”公益行动，配捐资金用于支持希望工程快乐阅读、留守儿童健康成长、保护母亲河、融情夏令营等公益项目。浦发银行通过金豆公益平台，为患病孤儿募集日常生活用品。浦发银行信用卡在微信和网页推出慈善公益平台，整合公益项目，方便捐赠查看、定期或分享，持卡人可通过卡积分贡献给希望工程“1+1”项目、北京感恩公益基金会乡村一校一梦想项目等，已有1.46万人参与。此外，浦发银行还通过金豆公益平台上的一比一配捐为患病孤儿筹措资金。民生银行发行的免费午餐公益卡，用户既可以捐积分，也可以直接捐赠资金给免费午餐项目。

积分配捐实质上是企业捐赠行为，用户通过捐积分获得成就与满足感，同时既传播了公益项目，也提升了企业的品牌形象。

招商银行一直是用产品支持公益项目捐赠的先驱企业，其率先搭建平台为公益组织、客户、被捐助者提供了高效、便捷参与公益的途径。其联合多家公益机构推出“月捐悦多”小额月度捐赠计划，以实际产品促进公众养成持续的公益捐赠习惯，为合作机构带来重要的筹款支持。

摩根大通中国每年组织员工、客户及伙伴参与企业竞跑赛，倡导健康的生活方式，同时每年为不同的公益组织捐赠善款。浦发银行发起“为爱开跑”公益活动，根据跑步里程数配捐，支持斜视孤儿手术。共有8家各行业的企业开展了运动筹款，捐赠资金给公益组织。

工商银行和太平洋保险连接了线下的消费者。工行旗下的工银安盛客服节，通过线上线下的活动，募集资金和图书捐给公益图书馆。太平洋保险联合残疾人关爱事业发展中心，买一份保险，就可以送给贫困残障家庭一份保险。

三家互联网和相关服务行业的公司分别为京东、阿里巴巴和腾讯。这三家企业作为影响力巨大的互联网平台，通过开发的平台型产品重塑了公益机构的筹款场景和公众的捐赠习惯，生成了全新的“互联网加公益”生态。蚂蚁森林撬动了2亿多用户，在阿拉善捐种了1000多万棵梭梭。腾讯99公益日带来筹款总额超过13亿元，也对参与者及行业产生了新的冲击，后文将详细讨论。

两家商贸企业分别为苏宁和永旺（中国），它们均开展了用户购买、企业配捐的善因营销项目。永旺（中国）的幸福的黄色小票活动已持续开展七年，顾客在“永旺日”当天消费，可以获得黄色小票并投给支持的公益团体，永旺会向顾客支持的团体捐物，已累计捐赠折合为1.2亿元的物品。

上述这22个项目，有9个都是持久运作的品牌项目。

随着企业和公众对公益慈善的意识越来越强，公众参与类项目成为连接各相关方的抓手，公益项目越来越多地出现在商业世界和公众面前。这类项目在传播中常常面临一个问题：如何平衡项目的严谨和传播的通俗？在传播中提升公众的体验，又不损害公益项目的专业性，且让参与者了解项目的基本理念和逻辑，恐怕是开展这类传播属性公益项目需要不断探索的。

八　企业和公益的融合之路

本文的分析样本是150家较大型的企业，它们大致可以代表各自类别中的较好水平，它们呈现的问题也具有一定典型性。根据前文数据分析以及经验观察，文末尝试提出四个有关企业公益的问题，从实践中思考企业公益的路径选择。

1. 企业最适合的角色

前文将企业公益项目的模式总结为四类：直接捐助、捐助专业机构、直接运作项目、产品公益。但这四种模式并不一定像看上去那样由浅入深，层层递进。直接捐助看上去比较简单粗暴，但若是重在凝聚员工和客户的企业回访活动，直接的交流、互动、捐助也许合适，有助于凝聚人心，帮助志愿者建立对公益的基本认知。但直接捐助需特别注意避免喧宾夺主、对受助人造成负面影响。从很多企业的活动介绍和使用照片看来，这方面意识还相当不足。而企业直接设计运作项目，是否就比捐赠给专业机构更进一步？也未必。自有项目面临企业内部管理和人员问题，有头无尾很常见，很多时候捐赠公益组织反而是上好选择。产品公益由公司天然的主业优势决定。所以一家企业最适合哪种定位，恐怕需要不断磨合摸索。

2. 助强或扶弱

企业选择公益组织合作，出于考虑机构和项目影响力，最大程度规避风险，往往喜欢寻找具有半官方背景的大机构。大机构往往经验更丰富，执行和传播能力更强，有助于提升企业投入公益的产出效果。但有些小型草根组织长期深入大机构难以沉潜下去的一线，了解问题，贴近受助人群。他们更缺少资金和资源支持，又由于人力往往不足，主要扎根项目，传播能力较弱。但是，若总是强者越强，马太效应下，社会生态就被扭曲，多元多样态的组织就难以生长。以腾讯为例，一起捐最初希望草根组织也能有公平便捷的筹款工具。但是在 2017 年的 99 公益日期间，服务领域较专、筹款网络较弱、难以得到推荐位的小机构举步维艰，有的甚至选择不再参加 99 公益日。

3. 稳扎稳打或四两拨千斤

如果企业决定要自己设计和实施一个公益项目，那么通常要考虑，是资助型项目还是运作型项目？资助型项目例如民生银行“ME 公益创新资助计划”，设定方向和标准，制定评审流程，筛选一批优秀的公益项目给以资金及资源上的支持。资助型项目可以发挥企业的资金优势和组织优势，将某个领域的公益项目汇聚在一起交流、竞争、讨论，共同推动社会问题的解决。

运作型项目如华润“希望小镇”，企业投入大量资金和资源到实施地，设计一整套方案并加以落实，促成直接的改变。投入精准扶贫项目的企业，大都走上了这条路。这类运作型项目若要做出成效，企业需要自己深入问题，与所处社区紧密互动，长期持续投入耕作。运作型项目也可以是企业发挥自己的专长，调动员工志愿者长期参与服务，例如巴斯夫“小小化学家”项目，为6~12岁的小朋友设计的免费化学实验室，激发小朋友对自然科学的兴趣。这种轻型的运作项目，对拥有技术和产品优势的企业来说难度不大，也有长期开展的基础。

无论是大手笔投入促成直接改变的稳扎稳打，还是发挥专业或资金优势四两拨千斤，要设计落实好一个项目都需从人力到时间的投入，每个自有品牌项目背后都是一个或数个团队的心血。但这样的用心投入是打造自有品牌公益项目的关键。

4. “平台”的风险和伦理

很多企业在考虑项目角色的时候会说：我们要做“平台”。部分大型的公益组织也会与企业合作，实现这种“平台”。当大家都想做平台、做生态、做行业推动，在平台上做事的是谁？平台难道就可以小投入高产出？什么样的企业可以做平台？

当互联网越来越成为一种基础设施，阿里巴巴和腾讯已经成为所有人、所有行业的平台，也是公益行业的。它们都有优秀的平台级项目，如阿里巴巴“公益宝贝”计划、腾讯的“一起捐”及99公益日。以行业现象级事件99公益日为例，一窥做平台的得失和风险。

公益组织习惯了随手发起腾讯一起捐，个人习惯了随手点击捐赠。这一切背后，是互联网企业付出了开发、运行和维护的成本，并让用户免费使用。腾讯公益用产品和技术重塑了公益行业的筹款和传播方式，为公众带来空前便捷的捐赠体验，也通过不断完善的流程促使平台上的项目更加规范透明，增强公信力。腾讯公益已经成为公益行业赖以生存的平台，这一切也为腾讯带来了很高的口碑。

但2017年的99公益日，尽管捐赠金额和形式都再次突破纪录，筹款活动却遭受了空前的争议。由于进场参与的公益组织越来越多，腾讯4.7699亿元①的配捐额也显得不够分。准备了很久的公益组织对这三天有太多的期待，随机且不稳定的配捐比例、复杂的规则让部分人失望进而愤怒。小组织为了拿到对他们来说宝贵的配捐额，刷单和拆单普遍存在，腾讯一再维护规则，但还是出现了疑似恶意“刷单机器人”。而最后的筹款成绩单，也难以避免出现强者愈强，筹款大户中华儿慈会一家就筹得共2.1亿元②。

而为99公益日预热的“小朋友画廊”项目，在朋友圈刷屏筹款之余，也迎来了诸多公众的质疑，包括对自闭症的认知、对资金使用的疑惑、对公益组织的不解等等。这些质疑和讨论几乎每有公益事件进入公众视野都会反复出现，反映了行业和公众之间的距离。腾讯这样的平台，虽是互联网企业的产品，但已经具有很强的公共性，是否应该为拉近公众与公益的距离、消除误解做些贡献？

总之，企业和公益的结合在2017年更加广泛和深入，专业公益组织和企业之间，需要更多的彼此了解和碰撞，方能在合作中各自发挥优势，平等互利，共同让公益更加有效。

① 《99公益日回归日：共筑全民公益3.0时代》，中国青年网，2017年11月1日，http://gy.youth.cn/gywz/201711/t20171101_10947002.htm。

② 于俊如：《7年15个亿中华儿慈会的筹款秘籍》，《公益时报》2018年3月20日，http://www.gongyishibao.com/html/yaowen/13557.html。

B.8
2017年中国宗教慈善发展报告

丘仲辉　朱艳伟　凌春香*

摘　要： 随着宗教慈善活动的深入开展，各宗教以国家政策和社会需求为导向，围绕宗教慈善周和精准扶贫等活动，发挥各自优势，积极开展各类公益慈善活动，逐渐产生一定社会影响，建设了一些宗教慈善品牌项目。在法制建设方面，随着《境外非政府组织境内活动管理法》的正式实施、《民法总则》和《宗教事务条例》的相继修订和实施，宗教组织开展慈善活动的制度环境更趋完善，宗教公益慈善活动更加规范化。同时，宗教慈善事业在发展过程中仍面临一些困境，有待实践中进一步探索和突破。

关键词： 宗教慈善　法制　品牌

一　概述

自改革开放以来，我国宗教公益慈善领域的形成和发展体现了国家政策规制和宗教团体社会适应的双向塑造。从 1982 年中央 19 号文件首次提出"调动宗教界的积极因素为社会主义现代化建设事业服务"，到 2012 年中央

---

* 丘仲辉，爱德基金会理事长兼秘书长，江苏省宗教公益培训基地管委会主任；朱艳伟，爱德基金会研究倡导总监；凌春香，爱德基金会副秘书长，江苏省宗教公益培训基地管委会副主任。

六部委联合出台《关于鼓励和规范宗教界从事公益慈善活动的意见》（以下简称《意见》），逐步从政策层面为宗教界参与社会发展规划了路径。其中，相关政策文件中所涉及的宗教公益慈善主体包括了宗教团体、宗教活动场所、宗教界人士和信教群众，宗教界从事公益慈善活动的基本形式包括为公益慈善事业捐款捐物、设立公益慈善项目和设立公益慈善组织。宗教界活动场域从基本信仰延展至公益慈善场域的过程中，政策环境要求公益慈善活动和宗教活动分离[①]；公益慈善专业化发展要求社会科学专业方法的浸濡；而作为实践信仰的宗教公益慈善又离不开宗教伦理所赋予的行动原动力。面对这种宗教性身份、政策定位和社会性身份所带来的困境[②]，宗教公益慈善的主体呈现出在政策适应、专业化程度和宗教伦理实践上多元的身份认同光谱。一些宗教团体和场所成立的公益慈善组织，服务实践中有着较为突出的宗教伦理特色；一些有宗教背景的公益慈善组织，长期置身于专业社会发展工作领域内，宗教伦理淡出了对其具体行动的指导，但对机构的价值观和文化有着较深的影响；还有一些组织和机构，在善款来源、合作网络、行动领域上都带有跨界的性质。从长远来看，中国宗教公益慈善要突破困境、形成基于宗教伦理的专业化宗教公益慈善服务，还有较长的路要走。本文所谈的宗教公益慈善主要是指以宗教团体和场所为主开展的扶贫济困、恤病、救孤、助残等方面的公益慈善活动，同时，也涉及和包括了有宗教背景的公益慈善组织开展的公益慈善活动。这些组织有些是由宗教团体、场所或个人直接发起成立，有些是由宗教团体、场所或个人与企业、社会组织等联合发起成立。根据中国的国情，我们把这些与宗教有着千丝万缕联系的公益慈善组织均纳入宗教公益慈善的范围研究范围。

2017 年在宗教公益慈善发展史上是十分重要的一年。这一年中国共

---

① “不得在公益慈善活动中传播宗教”。国家宗教事务局政策法规司：《宗教界从事公益慈善活动相关政策法规汇编》，宗教文化出版社，2013，第 39、40、6 页。

② “既有宗教信仰的依托，又不能过分凸显其宗教信仰，甚至要超越其宗教信仰。这就是一种‘困境’，而这种‘困境’还是‘中国式’的。”郑筱筠：《“另类的尴尬”与“玻璃口袋”——当代宗教慈善公益的“中国式困境”》，《世界宗教文化》2012 年第 1 期。

产党召开了十九大，社会主要矛盾已经由“人民日益增长的物质文化需要同落后的社会生产之间的矛盾”转化为“人民日益增长的美好生活需要和不平衡不充分的发展之间的矛盾”。国务院颁布了修订后的《宗教事务条例》，并自2018年2月1日起实施，推动宗教公益慈善事业的发展进一步走向法制化。此外，至2017年，中共中央、国务院颁布《关于打赢脱贫攻坚战的决定》已过去两年，到2020年实现我国现行标准下农村贫困人口脱贫的工作还很艰巨。面对中国社会、法制，以及发展需求的变化，中国宗教界也以积极的角色参与到社会治理、精准扶贫和脱贫攻坚等工作中。

2012年《意见》出台之后，宗教慈善逐渐进入体制资源动员的范畴之内，不论是“宗教慈善周”的启动和延续，还是全民脱贫攻坚工作，宗教界对社会所做的资源贡献越来越得到政府的重视，但其社会影响却仍然比较小。与近几年蓬勃发展的网络慈善相比，宗教慈善的发展在项目范围、资金规模和组织化建设等方面仍落后于整体社会慈善事业的发展，其社会影响仍局限于特定领域和特定人群。

总体来看，各大宗教分别在各自领域做了较为显著的尝试并获得了一定的成效。具体表现在：慈善理念深入人心。政府相关部门与宗教界基本达成共识，认识到宗教从事公益慈善事业的重要性与优势所在。继《意见》的出台与“宗教慈善周”的推行，宗教界对参与公益慈善活动的积极性有了更为明显的提高，慈善活动日趋丰富。具体表现在慈善行为的组织化程度提高；救助内容从传统的扶贫济困、医疗服务等拓展到精神关怀、心理慰藉、文化推广等；资金筹措多元化等。

二　宗教公益慈善逐步融入社会发展事业进程

宗教界从事公益慈善活动有着悠久的历史传统，其发展与社会经济发展水平有着密切的关系：经济发展水平有限，自养能力不足，则其从事慈善活动的能力有限、规模小频次低、形式较为传统、受益范围主要集中在本宗教的平信徒；经济发展水平高，则其从事慈善活动的能力较强，规模大频次高，形式多样，受益群体更多面向社会。随着社会经济的发展，寺观教堂基建工作的逐步完善，宗教界的自养能力增强，其投入公益慈善活动的资金也越来越多。此外，政策的鼓励也是影响宗教慈善发展的重要因素。2012 年，国家宗教局等部门联合发布《意见》，对宗教慈善工作起到了指导和规范作用，其后发起的“宗教慈善周”活动，也推动了宗教公益慈善活动的开展，在社会影响和项目品牌建设方面也有了一定的突破。在全面建设小康社会的政府工作中，宗教慈善工作也越来越得到重视。2016 年以后，随着脱贫攻坚工作的深入开展，宗教界在宗教管理部门的引导下，团体和场所的公益慈善活动开始围绕这一大的主题展开各种事工服务。

（一）宗教慈善周持续开展，五教同行协力地方发展

宗教公益慈善活动一向存在着资金少、规模小、活动的计划性差和随意性强等特点，社会影响有限。每年 9 月的慈善周活动，宗教管理部门通过体制化的资源动员和活动规划，集中五大宗教团体和场所的力量，统一部署，增强了活动的组织性、针对性和有效性。2017 年，各地宗教界在慈善周活动时多采用五教同行的方式：安徽省宗教界开展了“五教同力・助困脱贫”助医捐助活动，甘肃兰州市宗教界以“慈爱人间、五教同行”为主题开展了宗教慈善周活动，江西省宗教界举办“扶贫攻坚、五教同行”主题活动，广西壮族自治区宗教界以“扶贫济困・五教同行”为主题开展了“宗教慈善周”活动等等，这些活动从募集的资金总量、受益的人群规模和社会影响等各方面来说都较各宗教自发开展的活动有了很大的提升：安徽省慈善周活动共筹集善款 50 万元，用于定向救助全省 100 名大病贫困户；甘肃兰州市宗教界仅在“宗教慈善周”活动仪式现场就筹集善款 36.9 万元，历年来在扶贫济困、捐资助学方面已投入资金 101.04 万元；广西壮族自治区宗教界围绕助残助学、扶贫救灾、送医修路和“美丽广西・生态乡村”等活动，五年来积极参与“宗教慈善周”活动，据不完全统计，开展精准扶贫、济困助残、救灾养老、助学支教、义诊等公益慈善活动 2000 多场次，捐款捐

物总额超过900万元，受益人数超过50万人。宗教慈善活动能达到如此规模，单纯依靠任何一个宗教的自发行为都是很难完成的。

随着活动的深入开展，宗教慈善周活动的内涵和外延都有了拓展，其形式突破了简单的捐款做活动，变得更为灵活和多样。山东省宗教界在全省“宗教慈善周”期间，通过举办演讲比赛、书画展暨义卖、经验交流暨培训会、总结表彰等活动，激发宗教界从事公益慈善活动的自觉性、主动性。根据实际情况，各级宗教工作部门积极组织开展活动，把“慈善周”活动办成“研讨周”“培训周”“交流周”“宣传周”，拓宽了活动的形式和内容。福建晋江市在“慈善周”启动仪式现场还开展民族文化宣传、猜灯谜、义诊、现场书法、学生趣味运动以及“凝聚民族情·共筑团结美”文艺会演等活动，使活动的形式更趋向社会融入和参与。

2016年以来，宗教界的慈善活动更多地结合了“精准扶贫”和“脱贫攻坚”任务，为地方脱贫攻坚工作添砖加瓦。湖北安陆市慈善周期间为双河村扶贫救助对象17户39人现场送去生活物资；武汉孝南区五大教募集善款26000元，慈善周期间为陡岗镇孙桥村因病、因残、因学致贫的建档立卡贫困户送去了米、油等物资和慰问金；山西方山县宗教界助力脱贫暨“宗教慈善周”活动举办期间，注重提高信教群众服务社会、支持精准扶贫和参与脱贫攻坚的意识，深入部分贫困村开展助学活动，并特邀太原有关医院专家开展为期三天的义诊活动，获得了良好的社会反响；京津冀天主教界积极响应“京津冀协同发展”，凝聚京津冀三地天主教界合力，助力张承地区精准扶贫，联合举办了“配合京津冀协同发展，助力张承精准扶贫”活动，深入到丰宁满族自治县黄土梁和独立营村，实地走访慰问特困家庭，明确了京津冀三地天主教界将对张承部分贫困地区开展扶贫助困活动，涉及贫困助学、特困家庭援助、农业水利基础设施建设等6个项目，可直接帮助1000多户贫困家庭，预计3年投入126万余元。

宗教界通过协同合作，集中了资金和力量，对我国的脱贫攻坚工作起到了很好的补充作用，倡导了宗教的社会关怀，避免了受助对象重复，为形成宗教界开展公益慈善活动的长效机制打下了基础。通过慈善周活动，政府动员了媒体的参与和报道，扩大了活动的影响，推动社会公众对宗教界对社会的贡献有了正面积极的认知，提高了宗教界参与公益慈善活动的积极性。

（二）建设平台和基地，助力贫困地区发展

2015年底，中共中央办公厅、国务院办公厅印发《关于脱贫攻坚的决定》。宗教工作部门和宗教界贯彻落实中央决策部署，共同定点帮扶贵州省三都县，国家宗教局明确提出“要支持动员宗教界参与三都自治县的帮扶工作，使之成为宗教界开展扶贫济困的重要实践基地，发挥示范作用”，将三都县确定为“全国宗教界公益慈善实践基地”。自2016年以来，五大宗教全国协会和中华基督教青年会、中华基督教女青年会等全国性宗教团体、各地宗教团体，以及爱德基金会、苏州弘化社慈善基金会等宗教背景的公益组织相继赴贵州省开展了扶贫帮困工作。实践基地的设立，对促进我国各宗教发扬优良传统，集中力量打赢脱贫攻坚战，起到了积极的促进作用。

各地宗教工作部门和宗教界陆续赴三都开展了帮扶工作。2017年1～10月，全国及各地宗教工作部门、宗教界组织到三都考察调研60次1000余人；组织各类职业、技术培训1200人次；为三都干部群众组织各类考察团、交流团外出学习15次600人次。帮扶项目47个，资金2970.26万元，其中以现金形式进行帮扶的项目共39个，资金2563.92万元；以宗教组织直接开展的项目共计8个，折合资金286.34万元。项目涵盖了产业发展、易地搬迁、生态补偿、教育卫生和社会兜底五大脱贫领域。

在各省支援三都脱贫攻坚工作中，江苏省集全省宗教界之力统一行动，五大宗教组团赴三都考察，帮扶三都脱贫攻坚。团体负责人在爱德基金会的具体协调下，赴三都进行了扶贫工作考察，这是全国第一个省级宗教部门主要负责人率省级五大宗教团体主要负责人集体到三都实地推进帮扶工作[①]。

---

① 江苏省宗教局：《李国华带队赴贵州省三都县推进帮扶工作》，http：//www. jsmzzj. gov. cn/art/2017/4/7/art_ 1061_ 236005. html。

同时，爱德基金会也于2017年捐赠近百万元用于新建农村饮水设施、孤儿资助、农村医疗，并组织多批当地干部和村民代表赴外省进行培训和交流等。

浙江省民宗委及五大宗教亦组团对三都进行调查研究，并在此基础上，发挥浙江在电子商务领域的优势，整合各方资源对三都进行精准帮扶，以“互联网+农村电商”模式，帮助三都拓展地方特色农产品网络销售渠道，推动产业发展，促进农民增收①。

除了三都县这个全国性的宗教界公益慈善实践基地，一些地方宗教工作部门也做了类似的尝试。江苏省委统战部、省宗教局依托爱德基金会成立了“江苏省宗教公益慈善培训基地”，搭建全省宗教界公益慈善合作平台，探索宗教公益慈善发展路径，加强宗教公益慈善能力建设，促进宗教公益慈善事业的健康发展。爱德从2014年起组织江苏五大宗教公益慈善培训班，并为包括基督教、佛教等各宗教背景的基层公益组织搭建互联网筹款平台，帮助其募集资源并提高筹资能力。山西晋中市将左权县紫会村作为五大宗教公益慈善实践基地，连续6年组织动员宗教界开展“宗教慈善周”活动，聚全市五大宗教的慈善优势，开展“五教同行，助力脱贫”“五教同行，助学助病”等主题活动。据不完全统计，近年来全市宗教界在助学助贫、扶危济困等方面累计捐款捐物1000余万元。北京市宗教团体秉持“五大宗教共同做善事，连续三年做一件善事，做民族宗教界身边的善事”的理念，2017年再次为房山、密云、延庆三个区的38个民族村共617户贫困户捐赠善款123.4万元，累计三年捐赠总金额达308.5万元。

通过公益慈善实践基地的建设，宗教界集中了优势资源，在一定地区、一定项目上连续开展活动，有利于巩固和扩大扶贫效果，建设宗教公益慈善项目品牌。尤其是在“精准扶贫”工作方面，宗教界普遍开展的个体救助和帮扶活动，对于发动社会力量参与脱贫攻坚工作是一个必要的补充。

---

① 石承韵：《浙江民宗委及宗教界调研组助力三都脱贫攻坚》，http：//qn. gog. cn/system/2017/11/06/016198780. shtml。

三　宗教慈善活动日趋丰富，凸显各宗教优势

从宗教界慈善活动的开展形式来看，虽然绝大多数仍有零散、应急的特点，但也开始形成专业的公益项目理念并有所作为，组织化程度提高；从慈善活动的内容来看，扶贫济困、医疗服务、助学助残仍然是常见的社会服务形式，但宗教界亦开始结合自身优势，加大对精神关怀、心理慰藉、文化推广等方面的关注；从慈善活动的主体来看，绝大多数慈善行为仍然依托于宗教场所直接开展，但也有个别宗教团体和场所成立了基金会或慈善办公室，独立运作或是借助第三方公益机构开展合作。

北京仁爱慈善基金会的仁爱心栈项目从2008年1月开始向社会奉送爱心粥，倡导身边慈善，十年来不但向社会奉送爱心粥数万杯，更重要的是通过这样的爱心活动，让更多的社会公众参与了公益慈善活动，传递了爱心，倡导了友爱、和谐的社会文化。北京仁爱慈善基金会一年365天每天施粥，这样的慈善活动在全国范围内不多，但是腊八施粥活动却一直是佛教的传统，近年来呈现出从寺院走向社会的趋势，2017年的腊八节，各地佛教界广泛开展了公益施粥活动。2017年12月，“灵隐腊八节习俗”入选第五批浙江省非物质文化遗产民俗类代表性项目名录，入选的习俗内容包括供佛祈福、千僧传供等宗教仪轨，也包含了和灵隐寺腊八节习俗相关的诗词文赋、民间传说。腊八节期间，灵隐寺通过298家慈善公益机构和爱心发放单位分发30万份腊八粥。江苏徐州市佛教协会联合全市佛教场所开展了“浓情腊八，爱暖彭城”活动，全市到各寺院领粥的市民超过二十万人。除了普遍向市民施粥，徐州市佛教界积极开展了“四送”活动：为主城区环卫驿站的环卫工人送粥、为空巢老人上门送粥、为地铁一线工人送粥、到敬老院和福利院送粥。石家庄市佛教界共开设施粥点60余处，免费为信教群众、一线执勤交警和环卫工人送出腊八粥4.4万余份，用“一碗粥温暖一座城”的行动传承优良传统习俗，弘扬社会正能量。沧州市泊莲禅寺开展了送“腊八粥，结善缘”温暖环卫工人的活动。为让寒冬中清扫街巷的环卫工人

吃上热粥，义工们分赴6条主要街路专门为50多名环卫工人送粥。北京东城区、天津河东区、鞍山、宁波、亳州、黄冈、昆明、渭南、南京、扬州、泰兴、苏州等地佛教界也纷纷举办了公益施粥活动。

义诊活动是宗教界经常开展的另外一个公益慈善活动。2017年9月，贵州省天主教爱国会组织儿科、妇科、内科、外科、眼科、针灸和中医科等省内外医疗专家、公益志愿者和天主教爱心人士共60余名医务工作者、志愿者和天主教界爱心人士，赴三都县中和镇三洞社区开展爱心义诊，发放常规药品70余种。免费看病、免费拿药的山区患者及百姓达1350余人。中国基督教两会“2017年慈善周”活动在四川省达州市宣汉县渡口土家族乡中心小学举办，包括儿童基本预防、急救培训及义诊等活动，渡口土家族自治乡中心小学45位老师和237位学生参加了启动仪式并接受赠送学习用品、急救培训、义诊等活动。达州市基督教社区医疗站组织义诊队医护人员一行13人一同前往开展青少年疾病预防和义诊活动。10月，福建省宁德市霞浦县基督教两会携手泉州市基督教义诊队在霞浦城关文化广场举行义诊赠药活动，参加义诊的医务人员40人，分17个科室进行，共诊治患者1449人次，器械检验780人次，为患者节约费用近10万元人民币，受到社会各界的广泛好评。

这些活动突出了本宗教的特色和优势，响应了社会需求，得到了社会认可。2017年，上海基督教青年会荣获由市人社局、市民政局、市社团局联合组成的第三届上海先进社会组织评选表彰工作领导小组“上海市先进社会组织”称号。

安徽宣城水东天主教堂于2014年将17间闲置旧房翻新加固，开办“宣州区水东母佑之家安老院”，收养鳏寡孤残老人。2017年水东天主教堂被中央统战部、国家宗教局授予水东教堂第三届“全国和谐教堂”荣誉称号，全国老龄工作委员会授予水东教堂“母佑之家”敬老院第二届“全国敬老文明号”荣誉称号，成为安徽省宗教界从事公益慈善事业的一张亮丽名片。

上海玉佛寺积极支持大学生创业，其设立的“觉群大学生创业基金”2017年度资助项目有23个，大学生创业项目不断发展壮大，持续、健康、有序运行，为促进“大众创业、万众创新”、积极扶持大学生创业等做出了有益探索。

四　形成地方和全国特色项目，发挥宗教公益慈善品牌效应

通过多年发展，各地宗教界、各个宗教先后出现了一批优秀的社会服务项目，并逐渐发展壮大，成为当地乃至全国都有影响的宗教公益品牌。从基金会的发展来看，佛教背景占大多数，其次为基督教，道教最少。从服务业态来看，佛教基督教背景的养老机构比较多，在临终关怀方面也做得很有特色。基督教在医疗事工发展得比较好；佛教、天主教办的民间收养机构比较多。以一些社会影响比较突出的各宗教背景的机构为例：江苏镇江大圣寺安养院、宁夏四川泸州福音医院、河北宁晋黎明之家等机构都是在各自领域做得比较突出的典型。

镇江大圣寺安养院由现任住持昌法法师于2000年创办，是中国首家佛教寺院老人安养院中心，缘起于法师因个人际遇而发心善待天下老人。南京大屠杀幸存者、孤寡老人南京傅永庆是第一个入住安养院的老人，十余年来累计赡养孤寡老人30余众，先后接纳三百多位佛教居士入住共修，并为他们提供临终关怀服务，至今已有281位佛教居士在安养院走完了人生的最后历程。临终关怀社会需求比较大，大圣寺安养院床位数有限，许多信众在临终前都希望到大圣寺安养院往生，登记人数达到1500多人，镇江大圣寺安养院成为全省乃至全国知名的老年居士安养院。

银川市民族综合福利院（原名银川市穆斯林孤儿院）位于银川市西夏区兴泾镇，于2007年6月在银川市民政局注册，成立10年来已收养帮扶了全区年龄在6～17岁的153名回汉孤儿，其中有1名孤儿参军入伍，10名孤儿考上了大学，15名孤儿上了中专，8个孩子建立了自己的家庭。福利院先后荣获“全国首届公益慈善项目大赛金奖”“中国慈善透明榜样奖”“5A级社会组织”，中华全国总工会授予的“工人先锋号”“全国首届志愿服务项

目大赛银奖”“全区民族团结进步创建活动典型单位”“首届宁夏精准扶贫慈善项目大赛银奖”等荣誉。

河北宁晋黎明之家创办于1988年。1982年，当地天主教恢复活动后在教友聚会的地方就出现了弃婴，此外火车站、路边、医院门口都在出现弃婴，王宠林主教收养这些弃婴后安排女教友们轮流照顾。1988年，王主教借用了教友家的四十多平方米的民宅成立了孤儿院，收养被遗弃的残疾婴儿（被遗弃的孩子当中50%为脑瘫儿童），同年主教把养护孤儿的责任交给了德兰会的修女们。目前黎明之家下属三个机构：边村孤儿养护为0～14岁的儿童提供照顾和养护，高邑县黎明之家康复站为0～10岁脑瘫、自闭症、智力障碍的儿童提供康复服务，黎明职能康复中心为14岁以上孤残人士提供生活自理、社区生活、工作技能、辅助性就业等方面的训练。黎明之家曾经收容救助过600多名孤残儿童。有的经过教育、康复、治疗后孩子发生改变，找到他们的生身父母，重新回归家庭。有的经过手术拯救了孩子的性命，找到收养家庭，也重新回归社会。目前黎明之家在册的孩子尚有126位，64名在黎明之家接受养护、教育及康复。5名出嫁，57名在寄养家庭。德兰会修女们的工作改变了社会对天主教的认识，赢得了各方的好评。

基督教最早于1890年进入泸州，先后开办有医疗、教育等社会服务慈善机构。1954年教会泸州福音医院并入川南人民医院后发展成为泸州医学院附属医院。2000年，泸州教会在教堂内启动福音门诊，2002年承接泸州市首个社区医疗服务站，2010年3月获批准在香港医疗关怀公司的合作支持下建成了教会福音医院，在政府登记为社会团体举办的非营利性医院，2011年第三次重建泸州福音医院。泸州教会医院从福音门诊到小区医疗服再拓展到两间福音医院，现有医护人员210多名，病床300多张，设立了医疗关怀救助金办公室和院牧关怀部，如今院牧关怀已入住了川南医科大学的肿瘤科、血液科，安慰、医治、救助了上万的弱势群体。

泸州教会医院以全人关怀为准绳，以“医德高，医得好，医得起”为目标，为各界群众提供了一个看得起病、看得好病的医院。医院把正常收入的利润奉献社会，为贫困患者实行减免的方式，让贫困患者医得起、医得好。2011～2014年为所在社区和信徒中的孤寡老人、三无病人、因病返贫病人给予医疗救助近万人次，减免医疗费用600多万元。除了医疗事工，泸州教会医院还开展了不同的社会服务事工，如扶贫帮困、山区学校建立图书、救灾、福音幼儿园、福音养护院等。

以上这些在改革开放后逐渐成长起来的宗教背景的社会服务机构，是宗教社会适应的一种新形式，他们所做的工作，融洽了宗教界和社会的关系，为社会的稳定和谐发展做出了贡献，得到各级政府的认可与支持，受到了社会的高度评价。

五　法治建设逐步完善，宗教慈善领域逐渐形成

《慈善法》及相关条例的颁布，开启了中国依法治善、依法行善的时代。2017年1月1日，《境外非政府组织境内活动管理法》开始实施，境外非政府组织的登记管理由民政部门转到了公安部门。尽管此法出台前后曾一度引起海内外的疑虑，但从一年来的登记及临时活动备案情况来看，境外非政府组织在国内的项目活动在正常有序开展。

2017年3月，全国人大通过了新修订后的《民法总则》，新增概念非营利法人，确定为事业单位、社会团体、基金会、社会服务机构等；新增宗教活动场所和捐赠法人相关规定。9月，国务院颁布新修订的《宗教事务条例》，11月，国务院12个部门联合出台了《关于进一步治理佛教道教商业化问题的若干意见》。这些法律规章将对促进宗教界开展公益慈善活动起到积极的作用。

（一）宗教背景的公益组织在相关法律的规范下逐步开展资格认定和登记工作

公益慈善行业法律法规的完善，规范了行业发展，也推动着宗教公益慈善事业的发展。《慈善法》对于弥合宗教与慈善两个领域各自出台的法律规

范之间的矛盾提供了解决依据，有利于引领宗教慈善组织向更加专业化、规范化的方向发展。2017 年，《中华人民共和国慈善法》（以下简称“慈善法”）实施一年多来，慈善组织认定工作在各地开展，但进展上存在着区域差异，前期进展略慢，“截至 2017 年 6 月底的数据中，全国 1245 家慈善组织中，有 1141 家基金会，占总数的 91.7%；有 29 家社会服务机构以及 75 家社会团体，分别占总数的 2.3% 和 6%”[①]。随着时间推移，认定工作速度也在加快，年底在“慈善中国”平台上登记的慈善组织达到 3000 多家，基金会占比 75.5%。

全国 62 家[②]（佛教背景的 51 家，伊斯兰教 2 家，天主教 3 家，基督教 6 家）有宗教背景的基金会中，在“慈善中国”平台上认定为慈善组织的达到 25 家，占 40.3%。与认定为慈善组织的基金会占所有基金会的 42%[③]相比略低。此 25 家被认定为慈善组织的宗教背景的基金会中，其中 22 家为佛教背景、2 家基督教背景和 1 家天主教背景，此外，这 25 家中有 5 家获得了公募资格（见附件：2017 年宗教背景类基金会获得慈善组织和公募资格认定情况）。这些有宗教背景的基金会包括了宗教公益慈善的主体如宗教团体和宗教活动场所直接发起成立的基金会；也包括了参与宗教公益慈善领域建设的其他有宗教背景的基金会，如由宗教团体或场所与企业、社会组织或个人联合发起成立的基金会；由宗教界人士、信众个体等发起或与企业、社会组织联合发起的基金会等。

《慈善法》的实施，除了促进公益组织规范管理之外，对公益组织的活跃度也起到了一定的甄别作用。民政部要求慈善组织及其开展的公开募捐活动在慈善中国网站上备案，活跃度高的公益组织响应政策的速度比较快，应对措施积极。

---

① 刘怡仙：《慈善法一周年观察：1884 家慈善组织登记认定是多是少?》，http：//www. infzm. com/content/128170。

② 数据来自基金会中心网。

③ 2018 年 3 月 1 日，在慈善中国平台上，慈善组织 3584 条记录，其中具有公开募捐资格的慈善组织数据 956 条记录，检索“基金会”，获得 2706 条慈善组织数据，其中具有公募资格的数据 573 条；同日基金会中心网数据显示为 6434 家基金会。

此外，在国内活跃的境外组织在 1 万家上下①，其中也有宗教背景的公益组织。《境外非政府组织境内管理法》实施一年以来，共有 305 家境外非政府组织代表机构在各级公安部门成功登记，开展公益类活动的境外非政府组织代表机构占比为 43%。一些有宗教背景的境外非政府组织也完成了登记工作，如澳门利玛窦社会服务基金会、香港乐施会、世界宣明会、救世军、香港仁人家园等②。按照要求，它们在境内开展的临时活动也都进行了备案，截至 2017 年底，临时活动备案已达 487 个。香港乐施会备案的临时活动数量达到 50 个，活动地域范围覆盖了北京、湖南、江西、云南、广东、广西、甘肃、安徽、四川、青海、陕西、贵州等 12 个省级行政区划③，数量最多，跨地区最广。

（二）新修订的《民法总则》对于非营利法人类型的确立，有利于宗教场所法人身份的认定，将促进宗教慈善活动的常规化发展

2017 年 3 月 15 日，《中华人民共和国民法总则》（以下简称《民法总则》）由第十二届全国人民代表大会第五次会议正式表决通过，于 2017 年 10 月 1 日生效。修订后的《民法总则》对慈善组织和其他社会组织产生的最直接的影响是确立非营利法人这一新的法人类型，这不仅适应我国非营利事业发展的需要，也可能解决宗教场所从事公益慈善活动的常规化发展问题。

《民法总则》第 87 条对非营利组织进行了明确的界定："为公益目的或者其他非营利目的成立，不向出资人、设立人或者会员分配所取得利润的法人，为非营利法人。"根据《民法总则》的规定，非营利法人可以进一步分为事业单位法人、社会团体法人和捐助法人三类，第 92 条："具备法人条件，为公益目的以捐助财产设立的基金会、社会服务机构等，经依法登记成立，取得捐助法人资格。依法设立的宗教活动场所，具备法人条件的，可以

① 罗冰：《境外非政府组织陆续在中国各地落户》，http：//www.chinadevelopmentbrief.org.cn/news-19542.html。

② 公安部境外非政府组织办事服务平台公布。

③ 见言：《〈境外非政府组织境内活动管理法〉一周年实施进展分析报告》，http：//www.chinadevelopmentbrief.org.cn/news-20752.html。

申请法人登记，取得捐助法人资格。法律、行政法规对宗教活动场所有规定的，依照其规定”。宗教活动场所符合条件登记为捐助法人，为宗教活动场所设立法人提供了法律依据。此前民间可以创办的只有三种法人形态：社会团体法人、基金会法人和社会服务机构（民办非企业）法人，类型是封闭的。宗教活动场所都不符合这三种类型，无法定位，导致大量的宗教活动场所无法定位，有的宗教活动场所通过登记为有限公司形式获得法人资格[1]，不但引起社会争议，对宗教及宗教慈善事业的发展也是弊大于利。

不具备法人资格，宗教场所不能登记注册服务机构，其所从事的公益慈善活动难以常规化发展，不利于其专业能力发展，难以持续提高服务质量。一些宗教活动场所发起成立的基金会、社会服务机构等，是以神职人员或者信徒为法人登记注册的，对机构的长期可持续发展不利。《民法总则》设立的“捐赠法人”如能解决宗教场所的法人资格问题，无疑将对其开展公益慈善活动产生积极的意义。

（三）新的《宗教事务条例》及相关法规的出台，将进一步推动宗教公益慈善事业规范化发展

2017 年 9 月，国务院颁布了新修订的《宗教事务条例》，有利于更好地保障公民的宗教信仰自由权利，对维护宗教和睦与社会和谐、构建积极健康的宗教关系将发挥重要作用。条例在宗教活动场所法人地位和宗教界从事公益慈善活动方面做了进一步的规定。

两年来，从《慈善法》开始，宗教场所法人资格问题的解决通过一系列立法工作层层推进，一步步落实。《慈善法》降低了慈善组织建立的门槛，扩大了募捐范围，预留了宗教组织等非营利组织依法成为慈善组织的基本空间[2]。修订后的《民法总则》确立了非营利法人类型下的捐赠法人概

---

① 王涌：《解读〈民法总则〉中的“非营利法人”》，http：//www. sohu. com/a/156174252_ 481285。

② 冯玉军：《〈慈善法〉将推动宗教慈善健康有序发展》，http：//fo. ifeng. com/a/20160326/ 41585868_ 0. shtml。

念，宗教活动场所可以登记为捐助法人，新条例与之相衔接，第二十三条明确了宗教活动场所的法人资格，“宗教活动场所符合法人条件的，经所在地宗教团体同意，并报县级人民政府宗教事务部门审查同意后，可以到民政部门办理法人登记”，第五十二条明确规定了“宗教团体、宗教院校、宗教活动场所是非营利性组织”，从法律保障方面来说，宗教活动场所法人资格问题已经得到解决，但落实尚需待以时日。

在宗教团体和场所开展的公益慈善活动方面，新《宗教事务条例》的规定更为明确和细致，2005 年施行的《宗教事务条例》仅第三十四条做了规定，“宗教团体、宗教活动场所可以依法兴办社会公益事业，所获收益以及其他合法收入应当纳入财务、会计管理，用于与该宗教团体或者宗教活动场所宗旨相符的活动以及社会公益事业”，新条例对“公益慈善”的规定有三条，其中第三十八条明确了宗教教职人员开展公益慈善活动受法律保护，第五十六条规定要依法从事公益慈善活动。2017 年 11 月，国家宗教事务局和中央宣传部、中央统战部、国家网信办、国家发改委等 12 部门联合下发《关于进一步治理佛教道教商业化问题的若干意见》，规定了佛教道教活动场所经营活动的收益，除用于场所自养及与其宗旨相符的活动外，还可用于公益慈善事业。

对于解决宗教慈善活动中禁止传教问题，新条例继承了 2012 年的《意见》，第五十六条第二款明确规定“任何组织或者个人不得利用公益慈善活动传教。”但是具体到如何明确确定公益慈善活动中的传教行为，这既不是条例所能细化，也难以在各宗教中统一，只能寄希望于实践探索和各地管理部门对其把握尺度。

六　宗教公益慈善的困境之思

宗教慈善公益事业，从宗教界自身来说，通过公益慈善活动可以增进与其他宗教及不信教群众之间的交流和互动，建立了宗教与社会之间的沟通渠道；从社会建设角度和社会治理角度来看，宗教慈善整合了社会资源，为信教群众和非信徒提供了社会服务；从各宗教都积极普遍开展的养老服务来说，这不但顺应国家提倡社会力量参与养老事业的大政方针，在解决宗教界神职人员自身养老问题的同时，也为社会养老供给提供有效的补充。

基于我国国情和宗教政策，宗教界开展的公益慈善活动，政府和社会的普遍期望是淡化宗教色彩，公益慈善活动与宗教信仰传播要分离，恪守人道、公正和中立的原则。然而，在实践中如何把握“公益慈善”和“宗教信仰”的边界，如何“避免在慈善活动中带有明显的宗教语言乃至传教目的，将活动重点放在与服务接受者的沟通与交流，对需求者的情感慰藉”[①]，对宗教界开展和组织活动是一项挑战：首先，神职人员和信徒因其信仰而养成的用语习惯很难改变，难以把握宗教语言的使用和传教目的的直接关系，只能从宗教界人士自身要求；另外宗教界从事公益慈善活动的原动力，以及其提供服务过程中的理念和价值，往往都来自其宗教信仰的伦理，这一点也恰恰是宗教公益慈善组织最有别于世俗性公益组织之处；过多地干预和反对基于宗教伦理的行动，间接否定了宗教伦理价值中的普世性，不利于提高宗教界参与公益慈善活动的积极性。从目前的实践和学界的研究来看，大多数观点是从世俗社会和政府管理角度出发，要求宗教公益慈善去宗教化，殊少从宗教价值和伦理角度，诠释其对当前社会人文价值的借鉴和纠正作用。

不可否认的是，宗教慈善活动要走向社会，也要经历中国化的政治认同、社会适应和文化表达[②]，在社会适应的表现形式上更世俗化，在文化表达上持守其宗教价值观与伦理。但即便如此，在一些凸显其特色的社会服务方面，如老人服务中的临终关怀，探索宗教慈善活动如何在中国化的进程和实践中充分发挥基于其宗教伦理的优势，并可持续地在中国社会发展中扮演积极的角色极具研究意义和实践价值。

---

① 顾传勇、赵华：《关于鼓励和规范宗教界从事公益慈善活动的对策建议》，《江苏社会主义学院学报》2017 年第 2 期。

② 卓新平：《基督教中国化的三要素》，http：//www. gospeltimes. cn/index. php/portal/article/index/id/27847。

附件：2017 年宗教背景类基金会获得慈善组织和公募资格认定情况

序号	基金会名称	成立时间	注册地	所在地	宗教类型	慈善组织资格认定	公募资格认定
1	北京市仁爱慈善基金会	2006－10－16	北京市	北京市	佛教	是	否
2	北京云居寺慈善基金会	2011－5－4	北京市	北京市	佛教	是	否
3	星云文化教育公益基金会	2014－11－22	民政部	北京市	佛教	是	否
4	天津市佛教慈善功德基金会	2005－1－25	天津市	天津市	佛教	是	是
5	河北慈氏基金会	2010－12－16	河北省	河北省	佛教	是	否
6	河北进德公益基金会	2011－5－31	河北省	河北省	天主教	是	否
7	河北省佛教慈善基金会	2012－5－16	河北省	河北省	佛教		
8	石家庄市佛教慈善基金会	2013－9－11	河北省	河北省	佛教		
9	秦皇岛摩诃佛缘慈善基金会	2013－12－9	河北省	河北省	佛教		
10	山西省佛教文化基金会	1994－8－1	山西省	山西省	佛教		
11	上海大慈公益基金会	2014－12－17	上海市	上海市	佛教		
12	上海觉群文教基金会	2015－2－16	上海市	上海市	佛教		
13	太仓市海天慈善基金会	2014－12－26	江苏省	江苏省	佛教	是	否
14	无锡市滨湖区横山慈善基金会	2015－6－15	江苏省	江苏省	佛教		
15	无锡市锡山区祥云慈善基金会	2015－12－14	江苏省	江苏省	佛教		
16	南京大报恩文化发展基金会	2007－1－26	江苏省	江苏省	佛教		
17	无锡灵山慈善基金会	2004－12－31	江苏省	江苏省	佛教	是	是
18	爱德基金会	1985－4－18	江苏省	江苏省	基督教	是	是
19	苏州和合文化基金会	2011－7－8	江苏省	江苏省	佛教	是	否
20	苏州弘化社慈善基金会	2013－5－8	江苏省	江苏省	佛教	是	否
21	慈济慈善事业基金会	2008－1－14	民政部	江苏省	佛教	是	否
22	浙江雪窦慈光慈善基金会	2012－7－4	浙江省	浙江省	佛教		
23	浙江省华福慈善基金会	2008－7－29	浙江省	浙江省	佛教		
24	浙江光盐爱心基金会	2010－12－23	浙江省	浙江省	基督教		
25	温州基督教会柳市堂慈善基金会	2013－12－17	浙江省	浙江省	基督教		
26	嘉兴市圆通大悲慈善基金会	2015－5－22	浙江省	浙江省	佛教		
27	杭州云林公益基金会	2014－3－13	浙江省	浙江省	佛教	是	否
28	厦门观音寺慈善基金会	2010－11－24	福建省	福建省	佛教	是	是
29	江西省庐山东林净土文化基金会	2006－4－28	江西省	江西省	佛教	是	否
30	山东省普觉公益基金会	2013－5－13	山东省	山东省	佛教	是	否
31	河南中原大佛基金会	2008－8－25	河南省	河南省	佛教		
32	河南大相国寺慈善基金会	2013－8－5	河南省	河南省	佛教		

续表

序号	基金会名称	成立时间	注册地	所在地	宗教类型	慈善组织资格认定	公募资格认定
33	湖北省佛教慈善基金会	2013-12-26	湖北省	湖北省	佛教		
34	湖南省益阳市白鹿寺慈善基金会	2013-6-26	湖南省	湖南省	佛教		
35	湖南省佛慈基金会	2000-12-15	湖南省	湖南省	佛教	是	是
36	湖南省基督教信德基金会	1991-1-8	湖南省	湖南省	基督教	是	否
37	湖南省大药王寺安养基金会	2013-1-24	湖南省	湖南省	佛教	是	否
38	湖南省长沙洗心禅寺慈善基金会	2012-7-30	湖南省	湖南省	佛教	是	否
39	广东省佛教协会慈善基金会	2013-3-28	广东省	广东省	佛教		
40	广东省慈光慈善基金会	2013-8-5	广东省	广东省	佛教		
41	广东省广济慈善基金会	2012-7-19	广东省	广东省	佛教		
42	深圳市弘法寺慈善功德基金会	2000-9-15	广东省	广东省	佛教		
43	汕头市天爱公益慈善基金会	2014-1-21	广东省	广东省	天主教		
44	广东省基督教协会慈善基金会	2015-4-22	广东省	广东省	基督教		
45	灵山县准提慈善基金会	2013-7-8	广西壮族自治区	广西壮族自治区	佛教		
46	海南三亚南山功德基金会	2005-7-29	海南省	海南省	佛教		
47	海南南山寺慈善基金会	2013-6-18	海南省	海南省	佛教		
48	重庆市华岩文教基金会	2006-5-8	重庆市	重庆市	佛教		
49	重庆缙云山养生慈爱基金会	2007-9-24	重庆市	重庆市	佛教	是	否
50	四川圣爱特殊儿童援助基金会	1994-12-25	四川省	四川省	基督教		
51	云南宝华福田慈善基金会	2013-6-5	云南省	云南省	佛教		
52	陕西福智慈善基金会	2012-3-20	陕西省	陕西省	佛教	是	否
53	陕西法门寺慈善基金会	2009-4-17	陕西省	陕西省	佛教		
54	兰州报恩寺慈善基金会	2013-6-18	甘肃省	甘肃省	佛教	是	否
55	甘肃省世恩慈善基金会	2009-6-1	甘肃省	甘肃省	佛教	是	否
56	青海佛教慈善基金会	2011-8-15	青海省	青海省	佛教		
57	青海省格萨尔公益基金会	2004-8-17	青海省	青海省	佛教		
58	宁夏回族自治区维宗博爱基金会	2010-8-26	宁夏回族自治区	宁夏回族自治区	伊斯兰教		
59	宁夏吉庆公益基金会	2016-7-28	宁夏回族自治区	宁夏回族自治区	伊斯兰教		
60	扬州文峰慈善基金会	2013-12-25	江苏省	江苏省	佛教	是	否
61	南京方舟慈善基金会	2015-7-22	江苏省南京市	江苏省	天主教		
62	江苏省同泰慈善基金会	2014-11-3	江苏省	江苏省	佛教		

B.9

2017年中国彩票与慈善发展报告

宋宗合*

摘 要： 2017年中国彩票销售总量达到4266.69亿元，筹集彩票公益金1143.26亿元，双双迎来新高，体彩发行首次突破了2000亿元门槛，公益金筹集突破了500亿元门槛。彩票使用管理制度进一步规范，尤其是福彩公益金在使用管理过程中的督查和信息公开制度进一步精细化，彩票公益金的使用管理在巡视整改过程中进一步规范，使用领域随着社会政策的调整扩展范围履行公益使命。

关键词： 巡视整改 突破 公益领域

一 2017年彩票业发展综述

2017年全国福利彩票销量达到2169.77亿元，同比增长5.1%，当年筹集彩票公益金620亿元，相比上年增量29亿元。2017年中国体育彩票年度销量达到2096.92亿元，同比增加了11.4%，当年筹集彩票公益金523.26亿元。综上，2017年中国彩票销售总量达到4266.69亿元，较上年增加了320.28亿元，同比增长8.1%，其中筹集彩票公益金1143.26亿元，相比上年增量104.26亿元。[①]

---

* 宋宗合，中民社会救助研究院执行院长。

① 财政部数据。

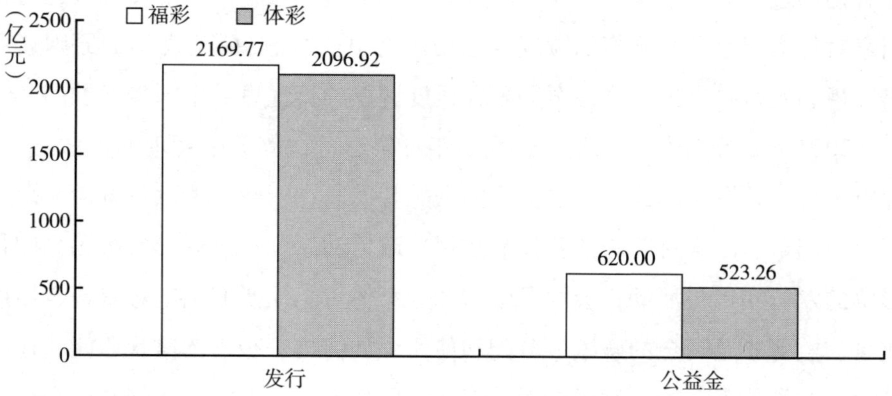

图1　2017 年中国彩票销售量及公益金筹集量

按照彩票公益金管理办法，彩票公益金收入纳入非税收入管理，列入政府一般性预算。从 2016 年彩票公益金使用情况可以看出，年度中央彩票公益金执行数是 528. 67 亿元，其中中央专项执行数为 356. 6 亿元，用于补充社会保障基金的彩票公益金支出为 315. 6 亿元，中央对地方政府转移支付彩票公益金 116. 66 亿元。

从彩票销售情况来看，乐透数字型、竞猜型、即开型、视频型、基诺型五种类型彩票的销售数量分别为 2628. 14 亿元、928. 52 亿元、246. 06 亿元、462. 14 亿元、1. 82 亿元，其中乐透数字型、竞猜型和视频型都呈增长势头，而即开型和基诺型则大幅下滑。五种类型彩票销售量分别占销售总量的 61. 5%、21. 8%、5. 8%、10. 8% 和 0. 1%。与上年同期对比出现大幅增长前五个省份为江西、江苏、湖北、广东和福建。由于 2017 年彩票公益金筹集分配使用情况的相关公告时间为 2018 年 6 月，因此本文采用 2016 年彩票公益金筹集分配使用的数据进行相关分析。

1. 2017年彩票发展简评

2017 年，彩票业仍然不易其旨地行进在加强彩票市场监管、规范发行和销售行为、促进健康发展的路上。自 2001 年国务院关于进一步规范彩票管理的思路定型以来，把彩票发行作为国家筹集公益金的一种重要手段从来没有动摇过。从彩票发行呈现出的规律性成长数字来看，其发展态势运行在国家对年度彩票发行规模的额度管理渠道之中，“收支两条线”的原则让彩票销售和发行费支出、公益金分配在适度调整的管理思路中同步发展。

2015 年的审计行动，是对这么多年彩票运行积弊集中管理的方法之一。健康运行，始终是彩票业发展追求的理想状态。在行政职能赋权方面，财政部负责起草、制定有关彩票管理的法规、政策和制度；管理彩票市场，监督彩票的发行和销售活动；会同民政部和国家体育总局研究制定彩票资金使用政策、监督彩票资金的解缴、分配和使用。如何进一步发挥监管职能，让问题消灭在彩票事业运行过程中而不至于阶段性清查，是制度精细和严密化的科学要求。

此次行动至今，民政部和国家体育总局依然在年度工作中强调要做好巡视整改工作，完成各项整改任务，推动彩票事业健康发展。

在适度扩大彩票发行问题上，“十三五”规划并未像“十二五”规划一样明确要求利用扩大彩票发行充实社保基金，后续政策更是提出用转化部分国有资产充实社保基金的思路。但是彩票公益金的功能和作用并未发生变化，因此如何进一步扩大市场，保持稳健发展，依然是两彩发行机构着力考虑的问题。

在加大公益金管理方面，两部门继续不遗余力地完善相关管理制度和工作方法。

2017 年 6 月，《民政部彩票公益金项目督查办法（试行）》、《民政部彩票公益金使用管理信息公开办法（试行）》先后出台。这两个办法就是依照《关于落实福彩公益金使用管理巡视整改要求，进一步建立长效机制的工作方案》制定出来的新办法。根据巡视整改工作方案，民政部将彩票公益金管理制度分为三个层次：其一是国务院《彩票管理条例》和财政部、民政部、国家体育总局联合发布的《彩票管理实施细则》，其次是民政部制定的“1 +1 +3 + N”规章，即 2016 年和 2017 年两年期间制定完成的 5 个部门办法——《民政部本级彩票公益金使用管理办法》、《民政部公益金预算操作规程（试行）》、《民政部彩票公益金本级项目立项和评审办法》、《民政部彩票公益金项目督查办法（试行）》和《民政部彩票公益金使用管理信息公开办法（试行）》，从综合性实体管理、程序性操作规程到过程性管理，5个办法一一覆盖。N则是指有待完成的具体项目类管理办法。第三个层面是地方制定的相关管理制度。

在彩票公益金宏观使用层面，国务院印发了《“十三五”国家老龄事业发展和养老体系建设规划的通知》，明确提出民政部本级彩票公益金和地方政府用于社会福利事业的彩票公益金，50%以上要用于支持发展养老服务业，并随着老年人口的增加逐步提高投入比例。而国务院在2016年底印发的《“十三五”脱贫攻坚规划的通知》则对中央集中彩票公益金投入扶贫的力度进一步加大做出规定。这些决策都表明，彩票事业在配合国家民生政策方面起到了不可替代的公共财政补充作用，同时也体现了彩票的公益使命。

2. 彩票公益金筹集

2017年体育彩票的年销量首次突破2000亿元大关，达到2096.92亿元，与福利彩票销售量2169.77亿元几可比肩，但是公益金提取数量差异却非常大，体彩公益金为523.26亿元，福彩公益金则达到620亿元，相近的发行底数为何公益金提取差异这么大呢？

根据现行彩票管理规定，彩票公益金来源于彩票发行销售收入和逾期未兑奖的奖金汇总。两种彩票在发行销售收入中，根据不同彩票的品种和类型，彩票公益金提取比例并不相同。

目前在售的体育彩票和福利彩票的玩法分为五种类型，其公益金提取比例的相关规定如下。

一是以双色球、超级大乐透等为主的全国性乐透数字型彩票，彩票公益金提取比例约为36%，彩票奖金和彩票发行费提取比例约为51%和13%；以快速开奖等为主的地方性乐透数字型彩票，大部分彩票游戏的彩票公益金提取比例为28%，彩票奖金和彩票发行费提取比例为59%和13%。

二是以竞彩为主的竞猜型彩票，大部分彩票游戏的彩票公益金提取比例为18%，彩票奖金和彩票发行费提取比例为73%和9%。

三是以中福在线为主的视频型彩票，彩票公益金提取比例为22%，彩票奖金和彩票发行费提取比例为 65% 和 13%。

四是即开型彩票，大部分彩票游戏的彩票公益金提取比例为 20%，彩票奖金和彩票发行费提取比例为 65% 和 15%。

五是以快乐 8、开乐彩等为主的基诺型彩票，彩票公益金提取比例为 37%，彩票奖金和彩票发行费提取比例为 50% 和 13%。

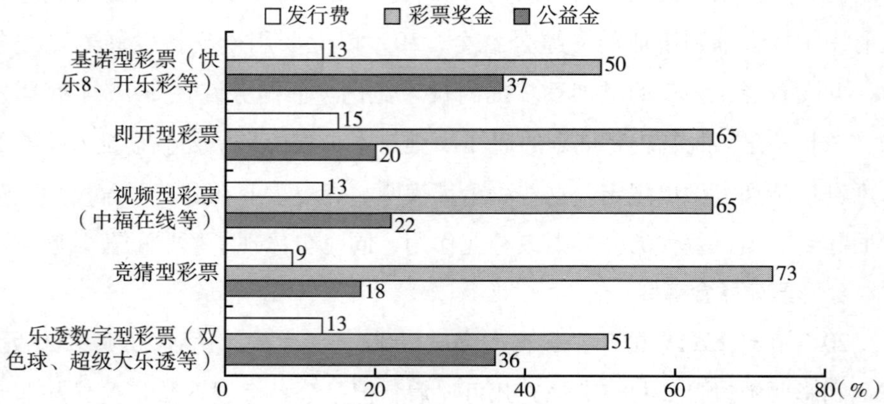

图 2　五种类型彩票公益金计提比例

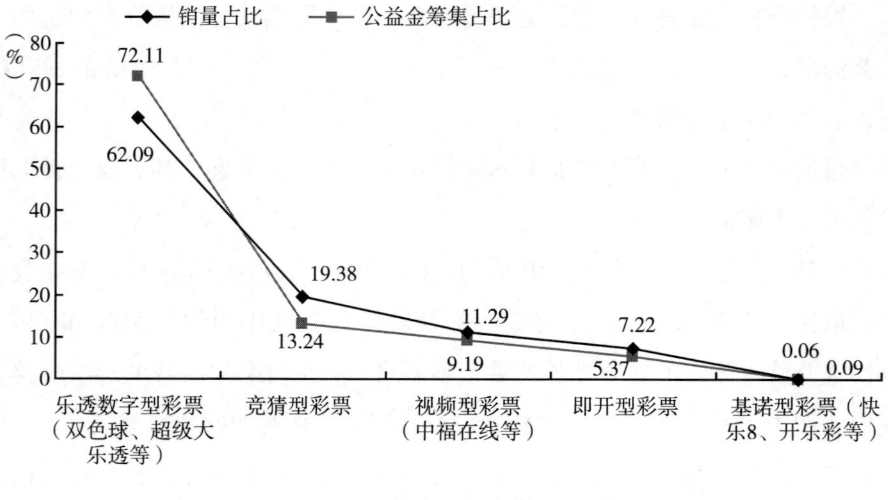

图 3　2016 年五种类型彩票销量及公益金筹集占总比

从彩票发行的实际情况及资金运作规律来看，国务院及财政部逐步调整确定彩票资金的大致构成比例为：彩票奖金占50% ~65%，彩票发行费占比不高于15%，彩票公益金占20% ~35%。如此，就可以理解不同的彩票种类，会有各种类型的公益金提取方法，从而呈现出来的结果不同。

图4　2010～2017年中国彩票销量及公益金筹集

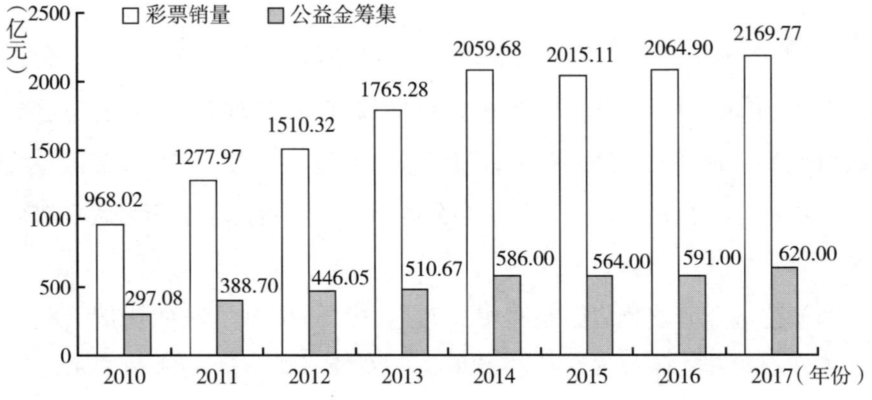

图5　2010～2017年福利彩票销量及公益金筹集

自彩票诞生至2017年底，中国两种类型彩票累计发行32375.69亿元，共筹集彩票公益金9245.26亿元。其中，1987～2017年，全国福利彩票累计销量达到17951.77亿元，筹集公益金约5375亿元；1994～2017

图 6　2010～2017 年体育彩票销量及公益金筹集

年，全国体育彩票累计发行达到 14423.92 亿元，筹集公益金超过 3870.26 亿元。

二　彩票公益金使用分析

《彩票管理条例》及其实施细则和《财政部关于印发〈彩票公益金管理办法〉的通知》明确规定了彩票公益金的管理使用原则，即彩票公益金按照政府性基金管理办法纳入预算，属于政府非税收收入，实行收支两条线管理，专项用于社会福利、体育等社会公益事业，不得用于平衡财政一般公共预算。

彩票公益金分配政策则是在中央和地方之间按 50∶50 的比例分配，专项用于社会福利、体育等社会公益事业，专款专用，结余结转下年继续使用。地方留成彩票公益金，由省级财政部门商民政、体育等有关部门研究确定分配原则。中央集中彩票公益金在全国社会保障基金、中央专项彩票公益金、民政部和国家体育总局之间分别按 60%、30%、5% 和 5% 的比例分配。

相关法规约定了信息公开和社会监督的条款，中央和地方各级彩票公益金的管理、使用单位，应当每年向社会公告彩票公益金的使用情况，依法接受财政部门、审计部门和社会公众的监督。

1. 中央专项彩票公益金使用

自2007年起，财政部开始公开彩票公益金的具体使用情况。按照政策规定，中央彩票公益金部分，除了分配给社会保障基金部分和民政部、国家体育总局固定比例部分外，中央彩票公益金专项主要就是用于社会公益，其使用主体包含政府部门、人民团体和基金会等。

由于2017年度中央彩票公益金筹集分配使用公告尚未公布，因此截取2010~2016年中央彩票公益金使用情况进行分析。2016年中央财政当年收缴入库彩票公益金528.67亿元，加上2015年度结转收入-10.19亿元，共计518.49亿元。经全国人大审议批准，2016年中央财政安排彩票公益金支出473.36亿元。考虑收回结余资金因素，收支相抵，期末余额452.21亿元。按上述中央集中彩票公益金分配比例政策，2016年分配给全国社会保障基金理事会315.6亿元，用于补充全国社会保障基金；分配给民政部26.3亿元，按照“扶老、助残、救孤、济困、赈灾”的宗旨，安排用于资助为老年人、残疾人、孤儿、有特殊困难等人群服务的社会福利设施建设等项目；分配给国家体育总局26.3亿元，支持群众体育和竞技体育发展项目；其余的105.16亿元列入中央专项彩票公益金，用于国务院批准的社会公益事业项目。

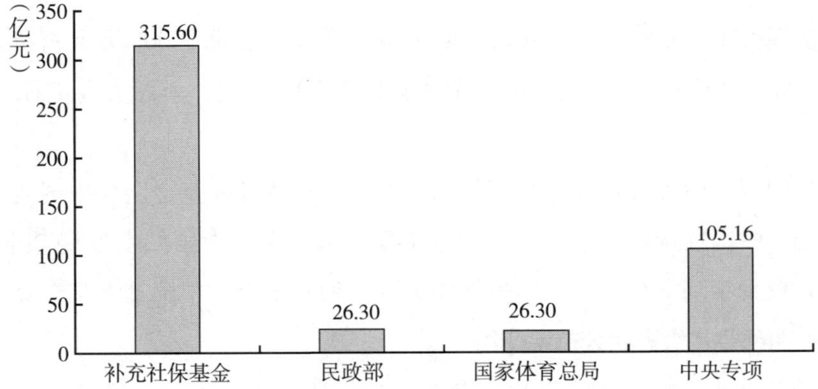

图7　2016年中央彩票公益金分配情况

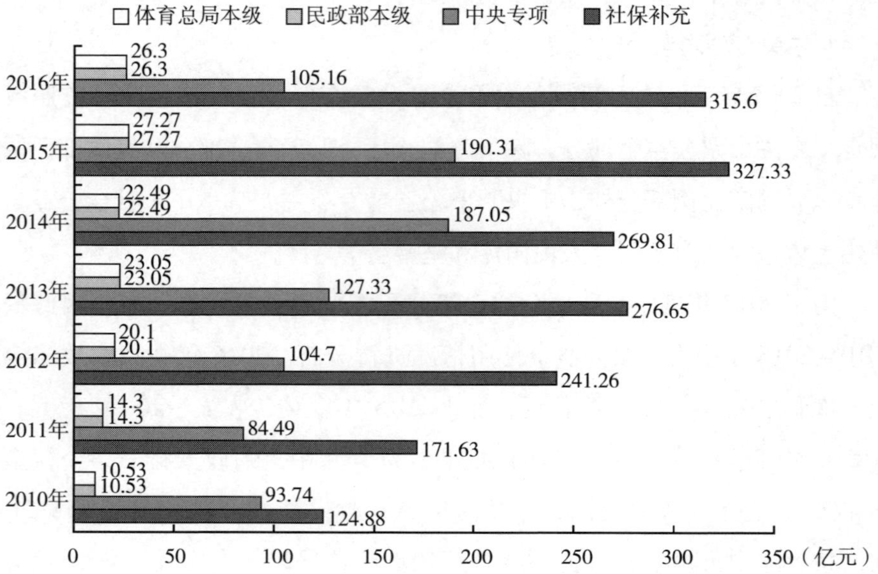

图8　2010～2016年中央彩票公益金分配使用情况

其中中央彩票公益金使用随着社会矛盾的发展变化创新应变，使用领域越来越广泛。包括14个具体项目：未成年人校外教育92000万元；乡村学校少年宫建设67990万元；教育助学和大学生创新创业项目105000万元；医疗救助180000万元；养老公共服务100000万元；扶贫事业150000万元；文化公益事业65000万元；残疾人事业194400万元；红十字事业41700万元；法律援助11000万元；农村贫困母亲“两癌”救助30000万元；留守儿童快乐家园1500万元；出生缺陷干预救助10000万元；禁毒关爱工程3000万元。

其中资金明确交付社会组织使用的有中国教育发展基金会、中国残疾人联合会、中国红十字会总会、中国法律援助基金会、中国妇女发展基金会、中国儿童少年基金会、中国出生缺陷干预救助基金会、中国禁毒基金会等。

2. 两部委本级彩票公益金使用

经财政部核准，民政部2016年彩票公益金预算额度为263000万元，专项用于民政社会福利及相关公益事业。民政部遵循“扶老、助残、救孤、

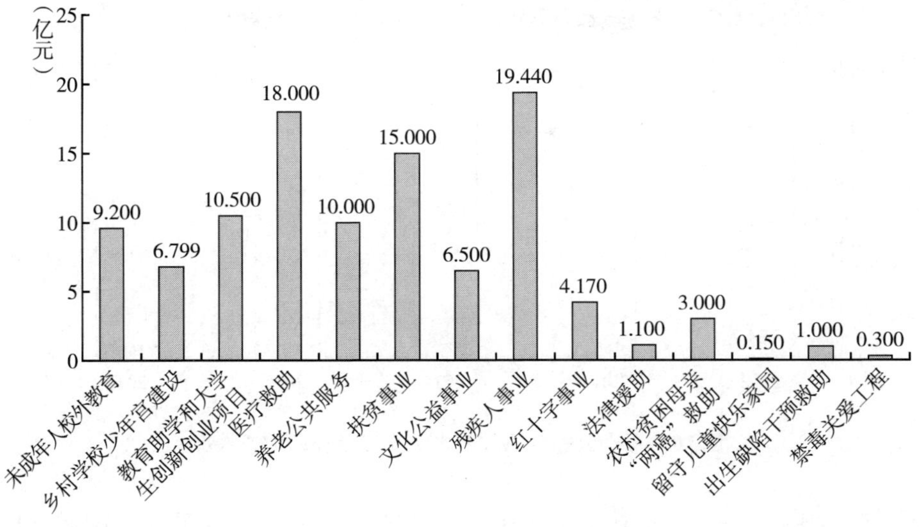

图9　中央专项公益金分配情况

济困”的福彩公益金使用宗旨和彩票公益金使用有关规定，重点支持社会养老服务体系建设项目；优先支持社会福利设施建设以及残疾人、孤儿、经济困难人群等特殊困难群体受益的项目；适当支持符合规定的其他社会公益项目；补助地方资金向贫困地区倾斜。其中财政部批复民政部彩票公益金本级项目预算17104万元，用于民政部本级直接实施或者采取向社会力量购买服务等形式开展老年人、残疾人、儿童福利项目以及相关社会公益项目。民政部实际使用11167万元，结余上交中央财政5937万元。

福利彩票公益金的使用以事业为目标，在公示信息中并未明确列出资金的使用主体，从民政部发布的使用公告中可以分析得出，社会组织实施或者用于购买社会服务的资金隐藏于社会公益部分，2015年还特别列支了5000万元用于社会捐助体系建设和捐赠废旧纺织品综合利用，加上其他明确数据，2015年用于支持社会组织和慈善事业的资金约为6260万元。

其中民政部安排补助地方使用的245896万元主要用于老年人福利、残疾人福利、儿童福利、社会公益四个部分，资金量分别为131072万元、30000万元、59824万元、25000万元。老年人福利重点补助省份为四川、

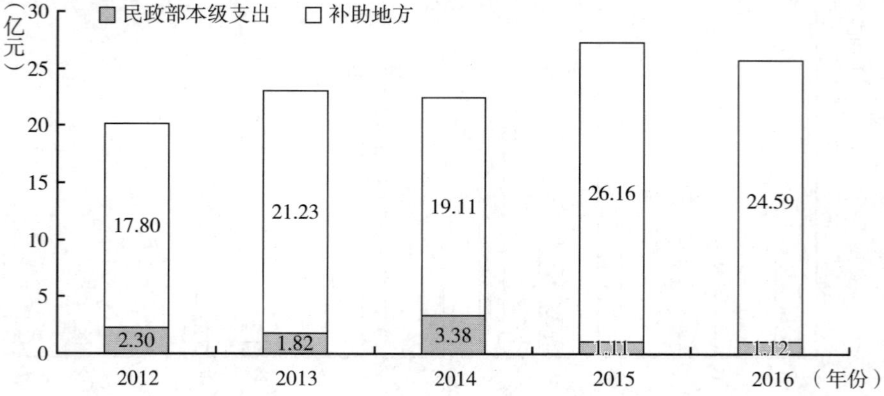

图 10　福彩公益金民政部本级支出及补助地方情况

山东、河南、湖南、安徽等，残疾人福利重点补助省份为河南、湖南、广西、山西、湖北、新疆等；儿童福利重点补助省份为新疆、河南、西藏、湖南、山东等；社会公益重点补助省份为四川、湖南、山东、广西、辽宁等。

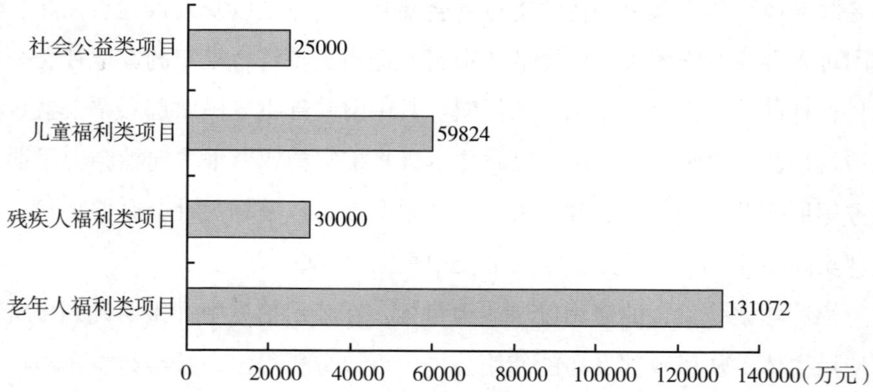

图 11　2016 年民政部本级公益金补助地方资金使用情况

对于部本级项目，民政部坚持项目要有直接受益对象，加强了绩效评价和拨付审核。部本级实际使用资金 11167 万元，用于老年人福利、残疾人福利、儿童福利、社会公益四个领域共 20 个项目。

2016 年度国家体育总局本级体育彩票公益金分配额度为 26.3 亿元，占

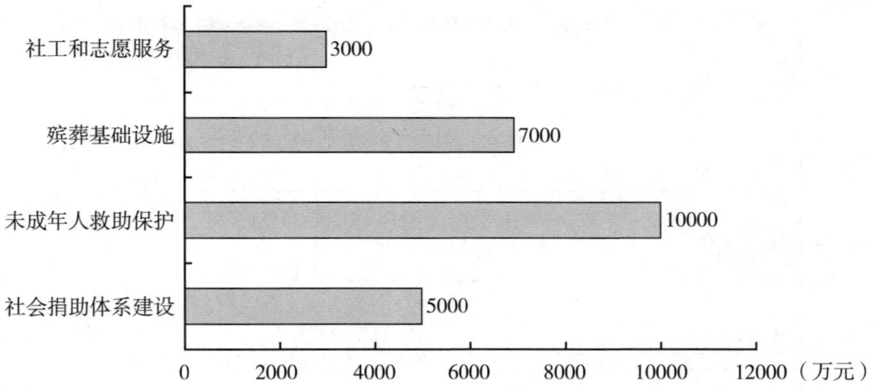

图 12　2016 年民政部本级公益金社会公益项目使用情况

中央集中彩票公益金的 5.31%。其中 88.08% 用于实施群众体育工作，11.92% 用于资助竞技体育工作。

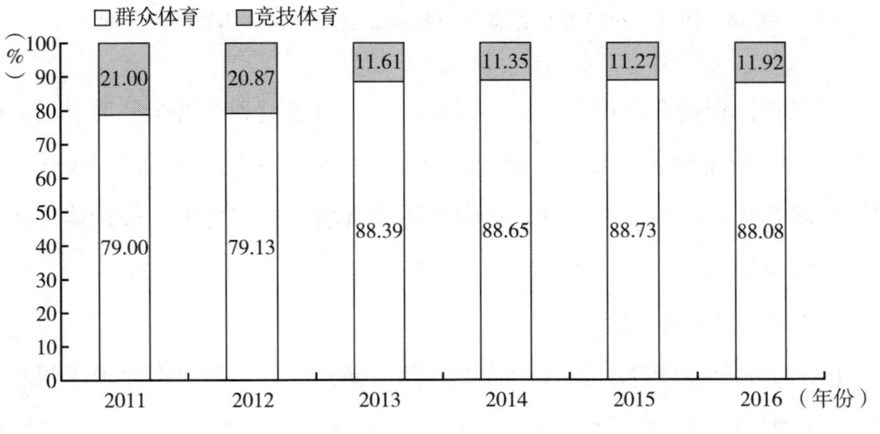

图 13　2011 ~ 2016 年国家体育总局本级公益金分配比例

群众体育项目主要是为贯彻落实国务院《全民健身条例》、《国民经济和社会发展十二五规划》，构建公共体育服务体系，动员社会共同参与全民健身事业。国家体育总局安排使用本级公益金 231639.39 万元，用于援建全民健身场地设施、捐赠体育健身器材、资助群众体育组织建设和开展全民健身活动，开展全民健身法规、科研与宣传等工作。

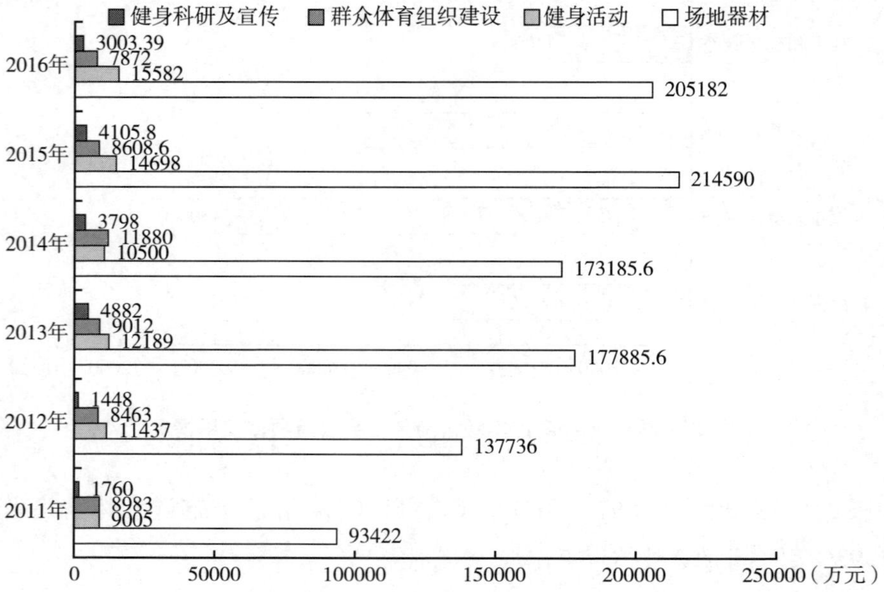

图 14　2011～2015 年国家体育总局本级公益金群众体育使用分配

在群众体育资金使用中，资助群众体育组织建设和开展全民健身活动中的资金大多委托给体育类社会组织执行。其中购买中国足协服务 5600 万元用于开展青少年足球活动，其余资金多用于资助各种体育组织进行体育运动普及及健身活动。

3. 地方彩票公益金使用

由于福利彩票系统实行分级管理体制，福利彩票发行机构即中国福利彩票发行管理中心由民政部设立，各省（自治区、直辖市）福利彩票销售机构由各地民政部门设立。在省以下，少数省份如天津、福建、重庆、四川、宁夏等实行垂直管理体制，广西实行部分垂直、部分分级的混合管理体制，其他多数省份实行省市分级管理体制。而各省公益金使用管理办法是依据本省发展情况进行分配，多数省份的留成公益金都上缴省财政然后按照分配比例进行分配，部分省份则由民政部门保留部分资金剩余资金上缴省财政，因此地方留成福彩公益金交由民政系统使用的约占半数，本文只对民政系统使用的福彩公益金进行统计分析。2016 年民政系统使用资金约占当年福彩公益金筹集量的 45%。

图 15　2011～2016 年民政系统公益金支出金额

全年民政系统共支出彩票公益金 268.3 亿元，比上年减少 20.6 亿元，下降 7.1%，其中用于抚恤 7.1 亿元，退役安置 0.8 亿元，社会福利 172.9 亿元，社会救助 30.0 亿元，自然灾害救助 2.7 亿元。

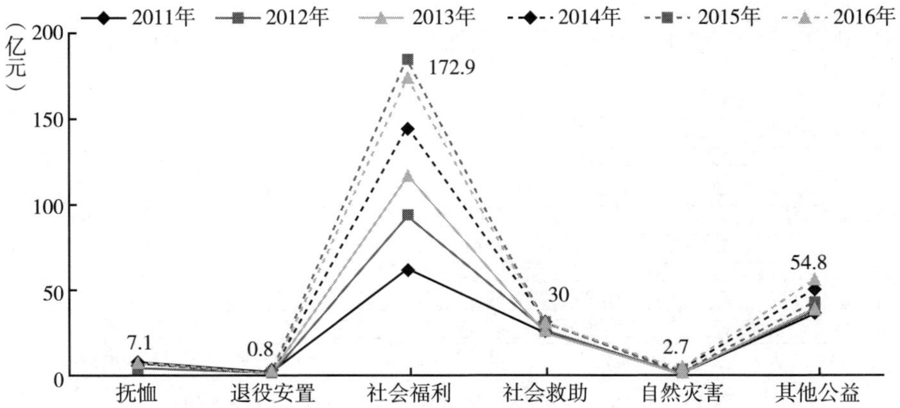

图 16　2011～2016 年民政系统福彩公益金使用情况

＊图中仅标示出了 2016 年的数据。

据民政部2016年第四季度统计季报显示，2016年各省福彩公益金支出中，河南、山东、浙江、广东、江苏位列前五名，这与2016年各省福利彩票公益金筹集量的前五名广东、江苏、山东、浙江、河南完全匹配。其福利彩票公益金筹集量分别为1078468万元、901210万元、843062万元、758982万元、503826万元。

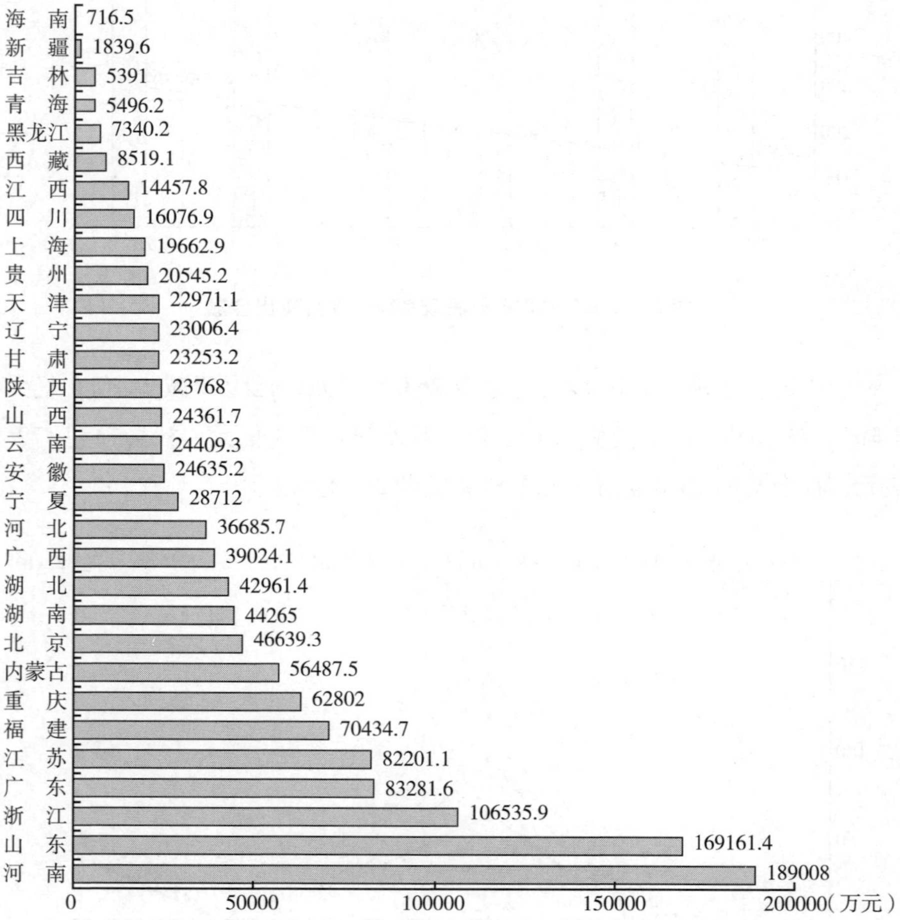

图17　2016年第四季度地方民政福彩公益金支出情况

2016年国家体育总局从中央集中彩票公益金中获分配23.6亿元，其中33483万元本级使用，其余资金转移到地方进行群众体育培育支持等，其中获得资金最多的五个省（区、市）是新疆、内蒙古、陕西、天津和云南。

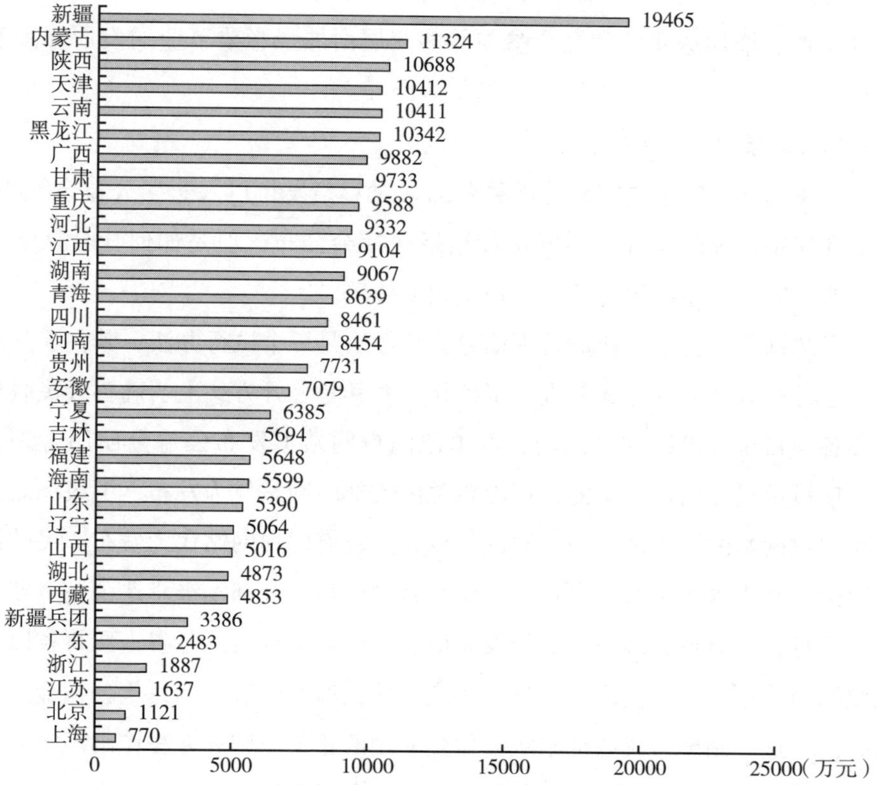

图 18　2016 年国家体育总局留成资金转移地方使用分配

三　彩票公益发展趋势

国务院在 2001 年制定的 35 号文《国务院关于进一步规范彩票管理的通知》中总结了 2001 年之前彩票管理中存在的问题，比如一些彩票发行与销售机构违反有关规定，擅自改变彩票发行方式和游戏规则，或在宣传中发布可能误导公众的信息；比如彩票发行管理办法、资金和财务管理制度不尽完善，发行费用比例过高，彩票公益金的使用范围过于狭窄等，这些问题直至今日还如影随形，影响着彩票事业的健康发展。何况随着彩票发行规模的进一步扩大，一些新的问题比如问题彩民、互联网售彩等还在继续挑战彩票管理，因此除了明确发行宗旨、原则和管理职权，还需要在制度完善、增加透明度和社会参与等多个层面加强彩票事业的发展保障和运行动力。

1. 让彩票事业发展更透明一些

相关制度规定了国家审计机关要加强对彩票发行以及彩票公益金筹集、分配和使用情况的审计，年度审计结果向社会公布。但是如何让公众看得懂、看得方便，还需要管理部门强化制度技巧。

民政部彩票公益金使用管理信息公开办法是一个试行办法，其在公开主体、公开内容和公开方式上进行了细化，尤其是公开方式上明确各级民政部门和各项目单位可以在本部门、本单位门户网站上发布公益金使用管理信息，项目单位无门户网站的，可由相关民政部门网站代为发布，下级民政部门无门户网站的，可由上级民政部门或人民政府门户网站代为发布。民政部门户网站和中国福利彩票发行管理中心官网同步公开部本级彩票公益金使用管理信息，并对各省级民政部门发布信息进行汇总链接。各省也要将省以下民政部门公益金分配使用信息进行相应链接，确保能够查询每笔公益金的使用方向。这一制度对民政部本级公益金使用的相关原则和方法作出规定，对地方彩票公益金的使用发挥了很好的示范和参考作用。为进一步探索公益金的透明问题做出有益尝试。

2018 年 2 月 26 日，国务院办公厅发布了《关于推进社会公益事业建设领域政府信息公开的意见》，应用到彩票领域，更是为彩票业信息公开提供了指导方向。该意见明确信息公开问题的使命：信息公开是手段，不是目的。不解决信息公开过程中不主动、不及时、不全面，面对公众关切解读引导不够等问题，一定程度上就会损害社会公益事业的公信力和公平性。信息公开的出发点是提高国家治理体系和治理能力的现代化，目的则是让社会公益事业的公益性更能得到保障。

彩票业信息公开做的是否到位，同样关系到这一行业的公信力和发展环境问题。进一步按照相关规定结合社会现实运用信息传播的理论方法做好公开工作，让各种信息更加透明一些，可以增强彩票行业健康发展。

2. 增强社会监督和社会参与

民政部在增强社会监督和社会参与方面尝试足够进步，《民政部彩票公益金项目督查办法（试行）》制度本身就是委托第三方起草的。如果说信息公开是解决彩票资金使用管理“最后一公里”的问题，那么做好督查，就是解决资金使用管理“中间一公里”的问题。督查本身依照的是“谁分配、谁管理、谁督察”的分级负责原则，民政部负责对全国范围内民政部彩票公益金项目组织开展督查，地方民政部门负责对本地区民政部补助地方公益金项目开展督查，申报公益金项目预算的民政部门内设机构和直属单位负责配合民政部门开展督查工作，落实督查整改意见等。但是仅仅是内部督查显然缺乏公平性和公信度，还需要配合社会监督完善督查的实效。比如说可以引入第三方组织进行督查，成立社会监督委员会等形式进行与社会监督主体如媒体和公众人士的有效链接。

社会力量参与不仅包含社会力量有权利有渠道去申请使用相关彩票资金提供社会服务，也包含有权利有渠道对彩票制度的制定、督查过程的参与、督查结果的运用等环节全面参与。为此彩票管理监督部门还需要进一步营造社会参与的环境、制定社会参与的办法、提供社会参与的保障机制。

专题报告篇

Special Reports

B.10

《境外非政府组织境内活动管理法》实施一周年观察*

叶 萌　黄浩明**

摘　要：《境外非政府组织境内活动管理法》实施首年，各项工作有序开展。公安部门及各相关业务主管单位积极制定法律配套细则，建立工作机制，做了较为充分的实施准备工作。境外非政府组织和中方合作单位积极响应法律要求，依法开展项目活动。各项工作有序推进。不过该法的有效实施也面临着部分业务主管单位履责不够积极、各方实施临时活动备案职责模糊、相关法律配套措施尚不完善等挑战。需要加强普法教育，同时也需要在宏观政策层面，进一步健全法律实施细

* 本研究过程中得到了程芬、黎颖露、田苗苗等朋友的大力支持，在此表示诚挚的感谢。

** 叶萌，北京师范大学中国公益研究院慈善法律研究中心副主任；黄浩明，深圳国际公益学院副院长，教授。

则，以促进境外非政府组织与中国社会组织在新法框架下共同探讨合作共赢的创新机制。

关键词： 境外非政府组织　境内活动管理　境外法

2016年4月28日，第十二届全国人大常委会第二十次会议表决通过了《中华人民共和国境外非政府组织境内活动管理法》（以下简称《境外法》）。该法规定境外非政府组织在这一管理体制下可以通过登记代表机构和进行临时活动备案两种方式在中国开展非营利活动，这是我国首次以法律的形式来专门规范境外非政府组织在中国境内的非营利活动。该法的颁布和实施填补了我国境外非政府组织管理方面的法律空白，有效促进了境外非政府组织在华发展，在规范组织活动开展的同时明确了组织的权利和义务。该法于2017年1月1日正式生效。截至2017年底，《境外法》的实施已满一年。在《境外法》实施的首年，26个省、自治区、直辖市实际开展了境外非政府组织代表机构登记工作，305家代表机构成功登记；另有30个省份备案了487个境外非政府组织临时活动，覆盖省份更广。[①] 来自29个国家和地区的境外非政府组织获得了代表机构的登记，来自21个国家和地区的境外非政府组织履行临时活动的备案程序，涵盖业务领域丰富，法律的实施工作稳步推进。总体而言，《境外法》实施的首年在各方协作与磨合中不断摸索经验，取得了初步的成效。该法的实施有效推进了境外非政府组织在我国境内的活动在法治的轨道上运行，有利于规范和保障境外非政府组织在中国境内开展各项非营利活动，支持我国经济社会和公益事业的发展。

---

① 《重磅！境外非政府组织代表机构登记突破300家》，境外非政府组织办事服务平台，http：//ngo. mps. gov. cn/ngo/portal/view. do？p _ articleId = 65502&p _ topmenu = 3&p _ leftmenu，访问日期：2018年1月13日。

一 公安等部门为法律顺利实施提供保障和支持

（一）公安部门依法履行职责

公安部门作为《境外法》授权的境外非政府组织登记管理部门是首次承担境外非政府组织的管理和服务职能。在《境外法》出台以前，境外非政府组织在我国境内登记注册的形式各不相同。傅莹曾在2016年3月的十二届全国人大四次会议的新闻发布会上表示，在我国境内开展活动的境外非政府组织已有7000多家。[①] 这些境外非政府组织中明确依据法规规定获得非营利身份的一类境外非政府组织是根据国务院2004年出台的《基金会管理条例》的有关规定在民政部登记境外基金会代表处的机构。根据民政部网站公开的信息显示，自《基金会管理条例》实施到《境外法》生效前，近30家机构在民政部正式登记了境外基金会代表处。[②] 还有一些境外非政府组织则在工商部门进行登记，其中一部分为从事经济类活动的商会、行业协会类组织。另一部分则是从事公益活动，出于在中国境内获得法人身份和开立独立账户等方面的考虑，以公司等机构形式管理项目。除了在民政部门或工商部门进行登记外，2009年12月云南省曾出台《关于印发〈云南省规范境外非政府组织活动暂行规定〉的通知》，探索境外非政府组织的备案制度。虽然备案在法律性质上不同于正式登记代表机构，但云南的试点为《境外法》的出台积累了一定的经验。此外，还有一些机构是在中国改革开放、与国际交往日渐增多的过程中通过与政府机关开展合作、签订备忘录等方式在中国境内运作项目和开展活动。例如，美国大自然保护协会最初进入

---

① 《傅莹谈境外非政府组织管理法：非阻止其在华有益合法活动》，中国新闻网，http：//www.chinanews.com/gn/2016/03－04/7784292.shtml，访问日期：2018年1月14日。

② 民政部：《境外基金会代表机构2014年年度检查结果公告》，中华人民共和国民政部网站，http：//www.mca.gov.cn/article/zwgk/tzl/201506/20150600841686.shtml，访问日期：2018年1月13日。

中国时依据的是与云南省人民政府签订的《关于〈滇西北大河流域国家公园项目〉建议的合作备忘录》[①] 从《境外法》颁布前境外非政府组织在中国境内开展活动形式的差异性可以看出，公安部门在法律颁布到生效，以及法律实施的初期需要将各类境外非政府组织的活动都纳入新法的制度中，进行大量构建管理机制和完善配套措施的探索工作。

公安部门作为登记管理机关落实《境外法》的各项工作可以分为两个阶段。第一阶段是法律正式生效前的立法配合和实施准备阶段。其一，在法律起草和草案征求意见的过程中，公安部与其他相关部门进行了一系列的调研、座谈和专家咨询等工作。例如，2015 年 7 月 25 日公安部、外交部和民政部在上海共同召开境外非政府组织座谈会，与境外非政府组织代表以及美、德、英驻上海总领事馆总领事等就《境外法》草案二审稿征求各方意见。其二，在《境外法》正式颁布后，为保障法律的有效实施，公安部成立了境外非政府组织管理办公室，建立境外非政府组织监督管理工作协调机制。法律实施前夕，公安部于 2016 年 11 月制定并公布了《境外非政府组织代表机构登记和临时活动备案办事指南》，明确了代表机构登记和临时活动备案的办事流程和具体要求。2016 年 12 月，各方期待的《境外非政府组织在中国境内活动领域和项目目录、业务主管单位名录》（2017）（以下简称《名录》）也正式公布，为境外非政府组织确定本机构的业务活动领域，联系寻找业务主管单位提供了依据和指引。与此同时，从中央到地方的公安部门上线了网上办事服务平台和相关服务信息系统，并公布了操作手册，为境外非政府组织提供相关公开信息、线上咨询、申请资料提交等服务，为境外非政府组织依法办理相关申请提供便利。[②] 其三，公安部还与民政部和国家工商总局就法律出台前已经在这两个部门进行登记境外非政府组织代表机构

---

① 《“首代说新法”之美国大自然保护协会篇》，北京师范大学中国公益研究院网站，http：//www. bnu1. org/research/policy/3889. html，访问日期：2018 年 3 月 28 日。

② 《更好地促进交往与合作——境外非政府组织境内活动管理服务工作依法有序开展》，新华网，http：//news. xinhuanet. com/legal/2017 - 02/08/c_ 1120433038. htm，访问日期：2018 年 1 月 13 日。

的移交工作进行磋商，保证这类组织在法律实施后能够平稳过渡到新的管理体系中。

第二阶段则是法律正式生效后的实施阶段。在法律实施的首年，公安部门从多个方面推进法律的有序实施。其一，公安部进一步推动健全法律的配套制度。国家税务总局于 2017 年 2 月发布《关于做好境外非政府组织代表机构税务登记办理有关工作的通知》，对正式登记的境外非政府组织代表机构办理税务登记的具体要求和操作方法进行明确，同时要求税务部门与公安部门应当协调配合，信息互通，为境外非政府组织提供便利服务。2017 年 5 月，公安部联合中国人民银行印发《关于做好境外非政府组织代表机构人民币银行账户管理有关工作的通知》①，明确了境外非政府组织开立银行账户的具体办法，并规定 2018 年 1 月 1 日以后境外非政府组织及其代表机构已经开立人民币银行账户，但未按照新法登记为代表机构的，经省级公安机关通过正式文件认定后，其账户将只收不付。2017 年 8 月，公安部、国家外国专家局印发《关于为境外非政府组织外籍工作人员办理工作许可等有关问题的通知》②，对办理在中国境内依法设立代表机构、开展临时活动备案的境外非政府组织外籍工作人员来华工作许可进行规定。明确登记或备案的境外非政府组织为外籍工作人员办理来华工作许可的具体要求，为境外非政府组织聘请外籍员工提供了制度保障。

其二，公安部门在法律正式生效后通过与境外非政府组织交流座谈，与业务主管单位沟通和协调等方式来保障法律实施工作的顺利推进。法律实施一年来，全国多个省份的公安部门举办了各类交流座谈活动，参与主体包括境外非政府组织、各业务主管单位，也有中国人民银行与境外非政府组织日常运行和管理相关的部门和单位，还包括国内慈善组织、高校等

① 《中国人民银行 公安部关于做好境外非政府组织代表机构人民币银行账户管理有关工作的通知》，中国人民银行网站，http：//www. pbc. gov. cn/zhengwugongkai/127924/128038/128109/3300353/index. html，访问日期：2018 年 3 月 30 日。

② 《关于为境外非政府组织外籍工作人员办理工作许可等有关问题的通知》，国家外国专家局网站，http：//www. safea. gov. cn/content. shtml？id = 12749809，访问日期：2018 年 3 月 30 日。

中方合作单位。① 一些境外非政府组织在寻找业务主管单位的过程中遇到瓶颈时，公安部门也往往发挥沟通与协调的作用。除登记和备案方面外，北京市公安局等登记管理机关也开展了年度计划网上填报培训工作②，力求确保境外非政府组织代表机构在成功登记后继续依据法律的规定履行相应合规义务。

其三，公安部门在法律实施首年根据实际情况进行了法律衔接与配套机制调整的工作。公安部门根据法律实施的具体情况适时地在原有《名录》以外扩大了有资格担任业务主管单位的机构范围。2017 年所登记的代表机构业务主管单位除了 2017 版本《名录》已有业务主管单位外，还实际新增中国人民对外友好协会、河南省人民对外友好协会、中国国际交流协会、国家民族事务委员会、国土资源部、上海国际问题研究院和共青团上海市委员会七家单位。③ 美国福特基金会、美国亚洲基金会、香港乐施会等多家知名境外非政府组织都是以《名录》外新增的机构作为业务主管单位，在公安部门适时扩大业务主管单位范围后成功登记。而香港乐施会等境外非政府组织则是在寻找到国家级别的新增业务主管单位后，实际可以开展活动地域范围覆盖到了全国。可见，扩大业务主管单位范围在一定程度上有效解决了境外非政府组织在注册过程中遇到的挑战和问题。

（二）业务主管部门依法发挥作用

《境外法》规定境外非政府组织的业务主管单位包括国务院有关部门和单位、省级人民政府有关部门和单位。由于在《境外法》出台前各个业务主管单位对于境外非政府组织及其监督管理工作大多不是十分熟悉，而

---

① 境外非政府组织办事服务平台工作动态，http：//ngo. mps. gov. cn/ngo/portal/toInfo. do，访问日期：2018 年 3 月 20 日。

② 境外非政府组织办事服务平台工作办事服务平台，http：//ngo. mps. gov. cn/ngo/portal/view. do？p_ articleId = 65283&p_ topmenu = 3&p_ leftmenu = 1，访问日期：2018 年 3 月 17 日。

③ 中国公益研究院慈善法律中心：《〈境外非政府组织境内活动管理法〉一周年实施进展分析报告》，http：//mp. weixin. qq. com/s/ToJ8ImfMs5m7pXAnUoUzyw，访问日期：2018 年 1 月 14 日。

《境外法》的出台是首次系统建立针对境外非政府组织的管理体系，在该法实施的第一年各业务主管单位还在逐渐摸索和适应作为业务主管单位的职责。另一方面，由于一些境外非政府组织所从事的业务领域与多个主管部门存在交集，难以明确判断应当由哪个部门具体担任业务主管单位。因此，在《境外法》实施的首年，找到合适的业务主管单位，并取得它们对本组织在中国境内设立代表机构的同意对于很多境外非政府组织而言存在一定挑战。可以说，是否能够取得业务主管单位的同意是境外非政府组织能否成功登记代表机构的关键所在。

针对上述挑战，一些业务主管单位通过加强交流学习和健全内部规章的方式来熟悉和适应《境外法》赋予的新职责。国务院扶贫开发领导小组办公室于2017年8月发布《关于受理境外非政府组织业务主管单位申请等事宜的操作办法（试行）》，对内部审核境外非政府组织登记申请的要求和流程进行了明确。国家林业局也在2017年9月发布《国家林业局司局单位与境外非政府组织合作与交流管理办法》，对各林业单位与境外非政府组织的合作原则和形式做出了规定，明确了报批和备案事项。这两个部门对相关工作规程的完善，为进一步与境外非政府组织进行合作奠定了制度基础。不过需要注意的是，文件的出台并不代表相关部门已经积极履行了业务主管单位职责。各业务主管单位积极落实《境外法》的重要体现是积极担当业务主管职责，保障境外非政府组织可以根据《境外法》的相关规定顺利登记注册。

除制定体系内部工作规程外，业务主管单位也通过交流和学习等方式来提高对非政府组织及其开展的各类活动的了解。例如，国家林业局2017年11月召开涉林境外非政府组织管理座谈会，全国28个省市的林业系统代表及专家学者参加。会议还邀请境外非政府组织管理办公室的工作人员来介绍《境外法》的规定。① 此外，如上所述，各地公安部门也多次与业务主管单

① 《涉林境外非政府组织管理座谈会在云南丽江召开》，中国林业网，http：//www.forestry.gov.cn/main/111/content－1051299.html，访问日期：2018年3月31日。

位通过座谈会等方式进行沟通和协调，如海南省公安厅在业务主管单位座谈会上提出要进一步树立开放、合作、包容的理念，鼓励支持和规范引导境外非政府组织依法开展交流与合作。

（三）其他单位的参与和支持

在《境外法》出台和实施的过程中，境外使领馆、联合国系统等涉外性机构也在持续关注法律出台的整个进展。一些使领馆和政府间国际机构也为境外非政府组织和公安部门的交流和互动进行协调。公安部也会同有关部门多次同美国、英国、德国等国家驻华使领馆、欧盟驻华代表团官员及境外非政府组织代表座谈，对公安部门了解境外非政府组织的需求和建议有所助益。①

同时，如上所述，在法律实施过程中，一些政府部门以外的相关单位在公安部门的依法授权下也积极担任境外非政府组织的业务主管单位。② 包括中国人民对外友好协会、河南省人民对外友好协会、中国国际交流协会、国家民族事务委员会、国土资源部、上海国际问题研究院和共青团上海市委员会。这些单位积极担当，保障境外非政府组织代表机构登记工作的顺利推进。在《境外法》实施首年，这七家新增业务主管单位共担任了 18 家境外非政府组织代表机构的业务主管单位，占 2017 年登记总量的 5.9%。③

此外，一些行业性机构和学术研究机构举办了研讨和培训活动，从第三方机构的角度来助力公安部门和境外非政府组织的交流。例如，在《境外法》征求意见的阶段，中国国际民间组织合作促进会等机构召开了多次研讨会，充分发挥行业平台作用，征求与汇集境外非政府组织和中方机构的意见。④ 在

---

① 《公安部向部分国家驻沪领事馆通报〈中华人民共和国境外非政府组织境内活动管理法〉相关准备工作》，新华社，http://www.gov.cn/xinwen/2016-11/09/content_5130597.htm，访问日期：2018 年 3 月 31 日。

② 根据境外非政府组织管理办公室公开信息统计。

③ 根据公安部境外非政府组织办事服务平台公开数据统计。

④ 《境外非政府组织管理立法影响的不仅仅是 NGO》，《公益时报》，http://gongyi.sina.com.cn/gyzx/2015-05-21/105652684.html，访问日期：2018 年 3 月 17 日。

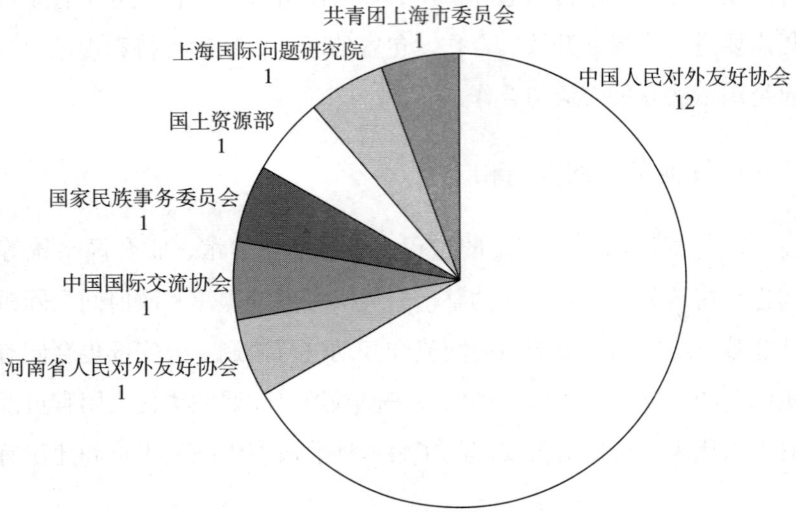

图1　2017 年新增业务主管单位管理代表机构数量

资料来源：根据公安部境外非政府组织办事服务平台公开数据统计。

法律实施后，第三方机构也通过研讨和培训活动助力法律有效落实。2017 年 1 月，中国慈善联合会举办境外非政府组织境内活动管理法培训班，邀请公安部境外非政府组织管理办公室就《境外法》进行培训和介绍。[①] 2017 年 3 月，北京师范大学中国公益研究院慈善法律中心先后举办两期境外非政府组织调研会，邀请北京市公安局境外非政府组织管理办公室的工作人员与境外非政府组织交流，解答大家在登记代表机构和进行临时活动备案过程中遇到的实操问题。[②] 2017 年 5 月，爱德基金会在南京举办了“《境外非政府组织境内活动管理法》国际研讨会”，邀请江苏省委统战部、学界和中外社

---

① 中国慈善联合会：《中慈联成功主办“境外非政府组织境内活动管理法培训班”》，https：//www. charity alltance. org. cn/news/8345. jhtm.，访问日期：2018 年 3 月 14 日。

② 北京师范大学中国公益研究院慈善法律中心：《两期境外非政府组织法律调研会成功举办》，https：//mp. weixin. qq. com/s? src = 3&timestamp = 1521430419&ver = 1&signature = elOyPPODBTK * bom0hWypOrJZGIPimVxL0ztqYMdTC92lceZ0Kzy9QNP3VXhHGtNuDxA5Ju2 PD0WS19XwN * dgctqDOHluB00 - w * 6Kj7gzNjC4Kswhi4OJdQTCGKGBm5sw * 7BCrpV986 ZdpGQCred5HnPL3SSHz - CMlaUCe5aoQ6c =，访问日期：2018 年 3 月 14 日。

会组织探讨在新法框架下如何更好地开展国际民间交流与合作议题。① 2017年9月在清华大学举办的世界公益慈善论也将境外非政府组织在中国和中国社会组织“走出去”作为一个分论坛进行探讨。②

二　境外非政府组织依据法律要求开展活动

（一）境外非政府组织依法确定机构调整决策

《境外法》颁布和实施后，很多境外非政府组织也纷纷按照法律制度的演进做出相应的调整。对于《境外法》的出台，境外非政府组织应对的情况可分为三种类型。一类是选择进行代表机构登记申请，这一些组织中一部分是在整个法律制定到出台的过程中都明确以登记代表机构为目标，从法律起草和草案征求意见阶段就密切关注这部法律的立法情况，为法律草案修改完善提供建议的同时，也在按照新法的立法方向着手进行登记或备案准备工作。还有一部分组织选择登记代表机构是在《境外法》正式颁布后到法律生效的准备期间开始讨论和咨询本机构在中国境内开展活动的合适的形式并最终选择申请登记代表机构。第二类组织则是选择不设立常设性的代表机构，而是进行临时性的活动备案。第三类组织出于在中国项目规模较小、资金可持续性或者其他方面的考虑，论证了在中国保留代表机构的必要性和可行性之后选择不再或暂停在中国开展项目工作。

很多决定申请登记代表机构的境外非政府组织都在注册过程中进行了诸多积极的努力和尝试。在北京师范大学中国公益研究院“首代说新法”系列访谈中，多家机构的首席代表都表示他们在注册过程中积极地与各方

① 爱德基金会举办首届《境外非政府组织境内活动管理法》实施国际研讨会，爱德基金会官方网站，http：//amity. org. cn/index. php？ m = Home&c = News&a = view&id = 394，访问日期：2018年3月14日。

② 《第二届“世界公益慈善论坛”在京开幕》，中青在线，http：//news. cyol. com/yuanchuang/2017 – 11/29/content_ 16732900. htm，访问日期：2018年3月14日。

沟通并依法进行登记材料的准备工作。例如，福特基金会和亚洲基金会总部与中国办公室工作人员都积极与公安部等相关部门进行过多次沟通，介绍机构在中国的开展工作，明确表达依法进行正式登记的意愿。亚洲基金会在访谈中表示，在注册过程中他们“调动了亚洲基金会理事会、前任理事、总部领导层等各方面的力量，利用他们来华访问的时机安排相应的会面。每一次与相关部门会面，都会做好充分的准备，包括提交一些有代表性的项目成果。”[①] 福特基金会在访谈中也表示“我们的会长和副会长都来拜会过相关部门的负责人，总部也十分支持我们的工作”，“我们想要确保我们能够清晰明确地传递两个信息，即我们遵守法律的意愿以及我们对中国的承诺”。[②] 而香港乐施会的理事中也有全国人大代表，不仅代表机构就登记事宜进行沟通协调，也在2016年全国两会期间就《境外法》草案的完善提交了提案。最终这些机构成功登记代表机构，与他们积极准备和努力沟通协调是分不开的。

如上所述，截至2016年，在中国开展活动的境外非政府组织估计已经超过7000家。在法律实施第一年成功登记的305家代表机构，考虑一家境外非政府组织可以登记多家代表机构的情况，是由259家组织所登记的。从这两个数字可以初步分析，目前还有不少境外非政府组织尚未成功进行登记代表机构。

（二）法律实施首年的代表机构登记情况

从第一年实际登记的代表机构情况看，在305家代表机构中，仅以公安部发布的《名录》属于经济领域代表机构数量就有158家，占代表机构总数的51.8%。这在一定程度上说明从事经济领域工作的境外非政府组织登记注册相对容易。另外，一些公益事业相对滞后的省份，辖区

① 北京师范大学中国公益研究院：《首代说新法 | 亚洲基金会篇》，http://www.bnu1.org/research/policy/3894.html，访问日期：2018年3月20日。

② 北京师范大学中国公益研究院：《首代说新法之福特基金会》，http://www.bnu1.org/cpri/2017/0823/3780.html，访问日期：2018年3月20日。

内公益类境外非政府组织数量相对较少，而由于经济交往的跨地域性，行业协会商会类组织的地域分布则相对更为均衡和广泛，因而总体数量也较多。在公益类的境外非政府组织代表机构中，业务活动领域为济困、救灾类的机构有40家，从事卫生领域和教育领域的代表机构均为23家，环保类代表机构20家。①

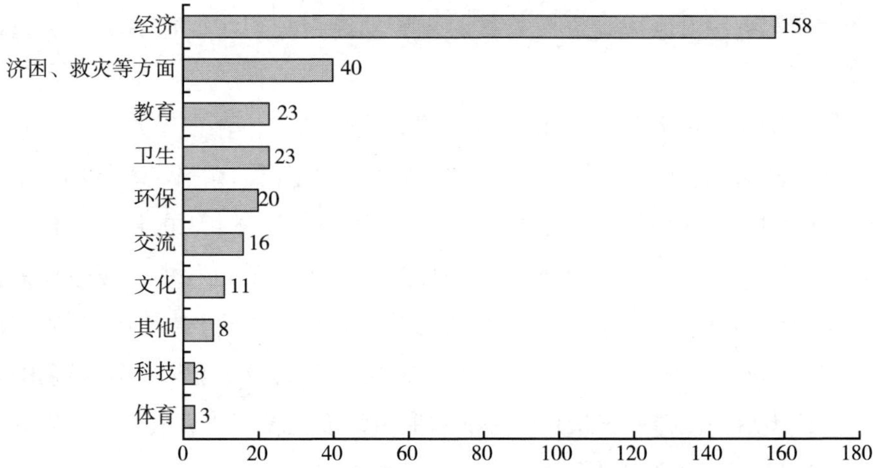

图2　2017年登记的代表机构工作领域分布情况

资料来源：根据公安部境外非政府组织办事服务平台公开数据统计。

由于经济类境外非政府组织代表机构数量最多，相应地商务部门也是担任代表机构业务主管单位最多的部门，以商务部门作为业务主管单位的代表机构138家。此外，担任业务主管单位数量排在第二到第五位的分别是民政部门、卫计委、教育部门和中国人民对外友好协会，这几家机构主管的代表机构数量分别是30家、23家、23家和13家。不过，由民政部门担任业务主管单位的30家机构中，有11家是原来在民政部登记的境外基金会代表处，民政部门担任新增代表机构业务主管单位的

① 根据公安部境外非政府组织办事服务平台公开数据统计。

都是各省的民政厅。[①]

从现有境外非政府组织代表机构的国别或地区看，已经登记的代表机构总部所在地已经覆盖了29个国家和地区，其中来自美国的组织最多，共登记了72个代表机构。其次是中国香港、日本、韩国和德国，分别登记59家、42家、24家和20家代表机构。而从代表机构在全国不同省份的分布情况来看，北京、上海、云南登记代表机构的数量位居前三，分别为106家、71家和22家，三地代表机构数量的总和已经占到305家代表机构总量的65.2%。[②]

如上所述，在2017年登记的305家代表机构中，存在一家境外非政府组织登记多家代表机构的情况。如世界宣明会共登记了6家代表机构。依据《境外法》和《办事指南》的规定，同一家境外非政府组织的代表机构的活动地域之间是不能存在交叉的。在《境外法》起草的过程中，法律草案曾经规定境外非政府组织不得在中国境内设立多家代表机构，但最终颁布的《境外法》采纳了征求意见过程中境外非政府组织关于删除这项规定的意见，正式出台的法律并未禁止境外非政府组织成立多家代表机构。而实际中境外代表机构登记多家代表机构，一方面有机构业务布局和内部治理架构等方面的考虑，另一方面则是虽然代表机构有超越登记地本省范围开展活动的可能性，但最终登记管理部门和业务主管单位批准的活动地域范围可能并不能覆盖境外非政府组织想要开展工作的所有省份，因此需要通过设立多个代表机构来实现在相关地域合法开展活动的目的。在2017年登记的305家代表机构中，有105家的活动地域范围覆盖全国，占代表机构总量的34.4%。211家代表机构的活动地域范围在2~30个省份，另有94家代表机构仅在注册地本省内开展活动，占代表机构总量的69%。105家可在全国范围内开展活动的

① 北京师范大学中国公益研究院慈善法律中心：《〈境外非政府组织境内活动管理法〉一周年实施进展分析报告》，http://mp.weixin.qq.com/s/ToJ8ImfMs5m7pXAnUoUzyw，访问日期：2018年1月14日。

② 北京师范大学中国公益研究院慈善法律中心：《〈境外非政府组织境内活动管理法〉一周年实施进展分析报告》，http://mp.weixin.qq.com/s/ToJ8ImfMs5m7pXAnUoUzyw，访问日期：2018年1月14日。

机构的登记地域分布主要集中在北京和上海两地。其中有53家代表机构在北京登记，占活动地域为全国的机构总量的50.5%，有42家在上海登记，占总量的40.0%，两地共占总量的90.5%。山东、广东、广西、江苏、四川、甘肃、云南、安徽、福建和天津则各有1家代表机构的活动地域为全国。①

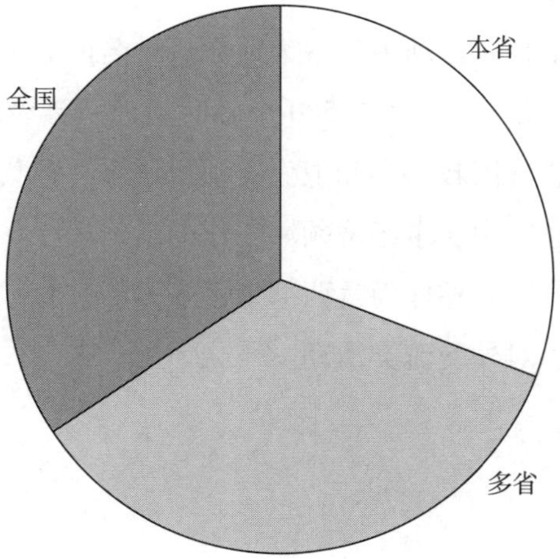

图3　2017年登记的代表机构工作地域分布情况

资料来源：根据公安部境外非政府组织办事服务平台公开数据统计。

（三）法律实施首年的临时活动备案情况

根据《境外法》第十六条规定，未能设立代表机构的境外非政府组织在我国境内开展临时活动，要与国家机关、人民团体、事业单位、社会组织（中方合作单位）合作，并且进行备案。在临时活动备案方面，《境外法》实施的第一年，共有224家境外非政府组织备案了487个临时活动，平均每月备案40.6个。据公安部门统计，备案临时活动的境外非政府组织来自中国香港的最多，其次是美国。中国香港机构备案的临时活动共计292个，美

① 北京师范大学中国公益研究院慈善法律中心：《〈境外非政府组织境内活动管理法〉一周年实施进展分析报告》，http://mp.weixin.qq.com/s/ToJ8ImfMs5m7pXAnUoUzyw，访问日期：2018年1月14日。

国机构备案的临时活动共计 96 个，远远领先于排在第三位的德国（备案 27 个临时活动）。从临时活动的持续时间来看，活动时间在半年到一年的共有 285 个，占活动总数的 58.5%。活动时间在一个月到半年的共计 71 个，一周到一个月的共有 33 个，分别占总量的 14.6% 和 6.8%。一周以内的共计 98 个，占总量的 20.1%。

已备案的 487 项临时活动中，备案地数量排名前五位的分别为北京、广东、四川、云南和贵州①。而在近 500 个临时活动所涉及的业务领域也同样较为丰富，以教育、济困救灾类和卫生类项目居多。与代表机构工作领域不同的是，临时活动备案中从事经济领域工作的活动较少。根据北京师范大学中国公益研究院的统计，整体而言西部地区多开展教育、扶贫类活动，东部地区则多开展经贸、对外交流类活动。②

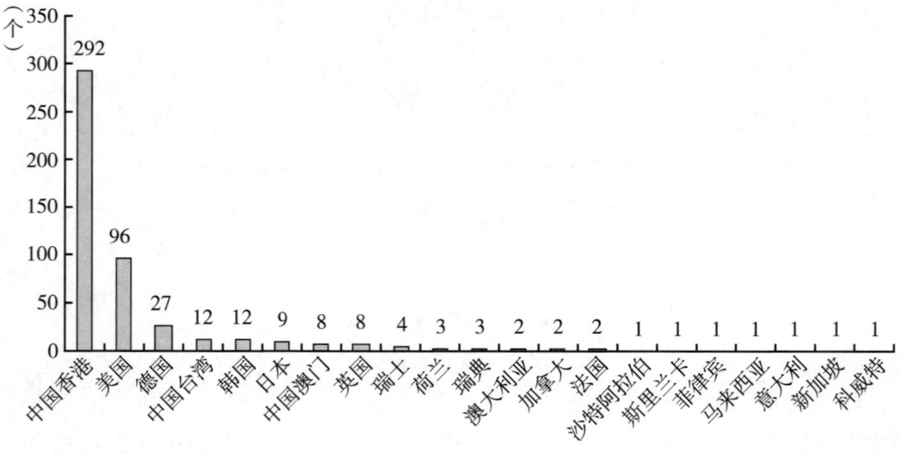

图 4　2017 年备案临时活动的境外非政府组织总部所在地分布

资料来源：公安部境外非政府组织办事服务平台工作动态。

① 《重磅！境外非政府组织代表机构登记突破 300 家》，境外非政府组织办事服务平台，http://ngo.mps.gov.cn/ngo/portal/view.do?p_articleId=65502&p_topmenu=3&p_leftmenu=1，访问日期：2018 年 1 月 13 日。

② 北京师范大学中国公益研究院慈善法律中心：《〈境外非政府组织境内活动管理法〉一周年实施进展分析报告》，http://mp.weixin.qq.com/s/ToJ8ImfMs5m7pXAnUoUzyw，访问日期：2018 年 1 月 14 日。

三 中方机构积极参与《境外法》实施

在《境外法》正式颁布之前，很多境外非政府组织已经通过不同的方式在中国境内开展活动多年。境外非政府组织往往在资金、专业技术和非营利项目管理经验方面具有优势，而中国的相关机构则更了解中国本地的服务对象和需求。对于与境外非政府组织有项目合作的中方机构而言，虽然中国各类机构不是《境外法》的直接规范对象，但也同样需要了解《境外法》的相关规定，在涉及与境外非政府组织合作开展项目时，需要注意是否根据新法的规定合法进行。

（一）四类中方主体与境外非政府组织进行合作

在中国境内开展非营利活动，境外非政府组织大多需要与中方机构开展合作。具体的方式可以是合作进行临时活动备案，也可以是在登记代表机构后与中方机构在机构项目活动中进行合作。《境外法》规定境外非政府组织开展活动的中方合作单位必须是四类主体之一。实践中，境外非政府组织代表开展合作的对象也以这四类组织为主。

第一类是国家机关。国家机关除了作为境外非政府组织的管理机构和业务主管单位也会在具体的工作中与境外非政府组织展开合作，包括中央层级和地方政府。既包括政府也包括立法机关、司法机关等。例如，2017 年美中关系全国委员会与中国全国人大外事委员会开展美国国会议员代表团访华活动。香港社区发展促进会与广州市民政局合作开展广州市家庭综合服务中心标准化建设活动。[①]

第二类是事业单位。在事业单位作为中方合作单位的临时活动中，中方合作机构以教育、医疗和研究机构为主，包括与中方进行援建学校、设立奖

① 境外非政府组织办事服务平台，http：//ngo. mps. gov. cn/ngo/portal/toInfogs. do，访问日期：2018 年 4 月 1 日。

学金的合作，或开展助医、召开研讨交流会等。例如，香港李嘉诚基金会有限公司与青海塔尔寺藏医院合作执行的李嘉诚基金会捐助青海塔尔寺藏医院医疗扶贫计划等。[①] 值得注意的是，根据《境外法》的规定，一部分自然科学和工程技术研究机构之间的交流合作则是在《境外法》管辖的范畴之外。而已经登记的代表机构与科研单位、学校等事业单位的合作占了比较大的比例。

第三类是人民团体。在已有的临时活动中，境外非政府组织主要与各地共青团的妇联合作，开展的项目包括助学、家庭教育等。已登记的代表机构如汉斯·赛德尔基金会甘肃代表处也与全国妇联国际部在甘肃西和县开展了“家政服务扶贫培训项目”。[②]

第四类是社会组织。社会组织即在民政部门进行登记的基金会、社会团体和社会服务机构（民办非企业单位）三类中国非营利性机构。作为民间性的非营利性机构，社会组织与境外非政府组织合作开展活动最为普遍。

（二）中方机构与境外非政府组织调整合作方式

1. 与境外非政府组织代表机构开展合作

中方机构与境外非政府组织合作的一种形式是与境外非政府组织代表机构进行合作，具体的合作方式包括接受境外非政府组织的资助执行项目以及与具有专业技术的境外非政府组织合作开展活动等。在《境外法》实施的首年，在境外非政府组织申请代表机构登记的过程中，与境外非政府组织存在合作关系的中方机构会面临暂时中断合作项目的情况。由于境外非政府组织在申请登记期间不能开展登记注册以外的其他活动，在2017年，一些原来与境外非政府组织存在合作关系的中方机构暂停了与境外非政府组织开展非营利活动的合作，这是依据新的法律体系调整项目方式所需要经历的一个

① 境外非政府组织办事服务平台，http：//ngo. mps. gov. cn/ngo/portal/toInfogs. do，访问日期：2018年4月1日。

② 《西和县举行妇女与家庭服务业宣传培训项目开班仪式》，https：//www. xihezx. com/xhxly/1738. html，访问日期：2018年3月17日。

过渡的过程。

而中方机构与已经正式登记的境外非政府组织代表机构进行合作时，也需要进行一定程度的调整。随着法律体系的逐渐完善，境外非政府组织的日常活动也不再处于无监管状态。根据法律规定，境外非政府组织代表机构应当于每年 12 月 31 日前将包含项目实施、资金使用等内容的下一年度活动计划报业务主管单位，业务主管单位同意后十日内报登记管理机关备案，同时应当于每年 1 月 31 日前向业务主管单位报送上一年度工作报告，经业务主管单位出具意见后，于 3 月 31 日前报送登记管理机关，接受年度检查。因此，中方机构与境外非政府组织代表机构合作开展的活动，也需要纳入监管体制中来，按照要求要提前制订活动计划开展执行，接受登记管理部门与业务主管单位的监管。

2. 与境外非政府组织合作开展临时活动

中方机构与境外非政府组织合作开展活动的另一种合法方式是进行临时活动备案。根据《境外法》的规定，在临时活动中中方合作单位承担更大的职责，相关活动备案的申请需要由中方合作单位进行提交。而开展临时活动的境外非政府组织应当通过中方合作单位的银行账户管理用于中国境内的资金，实行单独记账，专款专用。如上所述，《境外法》同时也对可以与境外非政府组织开展临时活动的中方合作单位范畴进行了规定，具体包括国家机关、人民团体、事业单位、社会组织。换言之，公司企业是不可以与境外非政府组织合作开展非营利活动的。

据统计，《境外法》实施首年备案的临时活动中，境外非政府组织与社会组织合作的临时活动数量占总量的 58%。境外非政府组织与事业单位合作开展的活动则占活动总量的 25%，其中事业单位主要为各类研究所和学校。与国家机关进行合作的临时活动占比为 15%，与人民团体等机构开展活动约占 2%。[①] 境外非政府组织与社会组织开展的临时活动合作最多，这

① 中国公益研究院慈善法律中心：《〈境外非政府组织境内活动管理法〉一周年实施进展分析报告》，http：//mp. weixin. qq. com/s/ToJ8ImfMs5m7pXAnUoUzyw，访问日期：2018 年 1 月 14 日。

个数据情况与境外非政府组织的民间属性相符合。截至 12 月 31 日，境外非政府组织 2017 年全年备案 487 个临时活动。其中每个季度的备案数量分别为 21 个、112 个、168 个和 186 个，总体呈稳步上升态势。[①]

《境外法》实施一周年以来，作为登记管理机关的公安部门和业务主管单位的其他有关部门在管理和规范境外非政府组织在华各项活动的同时，给予境外非政府组织各方面的指导和支持，对法律各项工作的实施起到了推动作用。多家境外非政府组织成功登记代表机构或备案临时活动，这些组织的探索和成功经验也为其他准备提交申请的组织提供宝贵借鉴。登记和备案工作总体呈现出代表机构设立省份增多、业务领域扩大，业务主管单位数量增多的趋势。这不仅规范和保障了境外非政府组织在中国开展业务的权益，在一定程度上拓展了双方合作的途径和意愿，同时能够促进中国经济社会的发展。

四 《境外法》实施过程中面临的挑战

尽管在多方努力下，《境外法》的实施工作取得了显著进展，但法律的后续实施还面临着一定的挑战。一方面，仍有境外非政府组织在登记代表机构或备案临时活动的过程中遇到困难；另一方面，成功登记或备案的境外非政府组织在实际开展的具体工作中也存在一些困惑。

（一）部分业务主管单位履责不够积极

如上所述，在《境外法》颁布前，官方估计在我国开展非营利活动的境外非政府组织在 7000 家左右。相较于法律实施首年 259 家境外非政府组织登记 305 家代表机构的数量，基本判断仍然有不少组织尚未成功登记代表机构。虽然有一部分组织可能因内部战略调整决定暂不申请登记代表机构，但从实践中与境外非政府组织进行的交流中，可以观察到很多未能成功登记

① 中国公益研究院慈善法律中心：《〈境外非政府组织境内活动管理法〉一周年实施进展分析报告》，http：//mp. weixin. qq. com/s/ToJ8ImfMs5m7pXAnUoUzyw，访问日期：2018 年 1 月 14 日。

的机构所面临的最大挑战或症结是难以找到业务主管单位，或者即使找到了业务主管单位也很难获得认可和同意。究其原因，一方面在于《境外法》出台以前，境外非政府组织在中国境内的运行基本处于监管空白状态，不论是登记管理部门还是业务主管单位都缺乏对境外非政府组织进行管理和服务的经验。而各个业务主管单位也并非专门进行境外非政府组织管理的职能部门，在法律实施的第一年，尤其是法律生效后的前几个月，多家业务主管部门还处于学习和了解法律的阶段，或内部缺乏明确的办理相关事项的规程，或已出台规程但尚未在实践中实际执行。因此，在业务主管单位对如何履行好相应职责还把握不准的情况下，对有关境外非政府组织设立代表机构的申请，可能就没有得到那么迅速和积极的反应。

另一方面，有的境外非政府组织所从事的业务活动领域涉及多个部门的主管范围，甚至还有一些新兴和前沿的工作领域在政府有关部门的设置中还没有直接对应接洽的单位，所以确认合适的业务主管单位在技术上本身的难度就相对较大。因而不同业务主管单位之间的跨部门沟通还需进一步加强。

另外，还有一些组织希望在全国或者多个省份开展工作，但一些省级的业务主管单位允许代表机构开展活动地域范围相对较小。在这种情况下，一些组织希望能够申请国家部委等作为其业务主管单位，这个申请获得批准的难度可能会更大。例如，在中国开展多年工作的境外非政府组织国际计划希望能够由民政部作为业务主管单位，登记工作地域可以覆盖全国的代表机构，但截至2017年底还没有成功。它们在陕西登记的代表机构的工作地域范围覆盖的是8个省份。[①] 因而，部分组织虽然能够登记，但希望以更符合组织发展诉求的方式登记代表机构，因而暂时尚未完成登记工作。

（二）各方实施临时活动备案职责模糊

境外非政府组织与中方合作单位在《境外法》实施的首年遇到的另外

① 《境外NGO在华注册工作访问答实录》，《中国发展简报》，http：//www.chinadevelopmentbrief.org.cn/news-19941.html，访问日期：2018年3月18日。

一个主要的问题即申请临时活动备案的具体要求尚不明确。如上所述，《境外法》仅规定了备案临时活动中方合作单位需要提交“获得批准的文件”，但对于应该获得哪个部门的批准，什么层级的部门有进行审批的权力并不清楚，在实践中往往出现没有部门能够明确出具审批意见的情况。例如，某境外非政府组织的中方合作单位是一家在县级登记的社会组织。那么对该组织开展工作情况最为了解的县级民政部门或其同一层级的业务主管单位是否有权审批与境外非政府组织的临时合作并不清楚。当涉及进行外事审批事项时，很多部门要求省级以上相关机关进行审批，但前述县级社会组织所在地省级民政部门或业务主管单位的上级单位与这家社会组织之间并无直接业务联系，也缺乏对其进行直接管理的直接依据。在类似的情况下，中方合作单位在取得相关审批文件时往往会遇到困难。

（三）各项法律配套措施尚不完善

2017 年，公安部门已经会同相关管理部门出台了关于开立银行、办理税务登记与办理外籍工作人员工作签证等相关运行管理细则，但境外非政府组织的日常管理还有一些问题需要相关配套措施进一步予以细化。

首先是境外非政府组织普遍关心的收入来源问题。《境外法》规定境外非政府组织在中国境外开展活动的合法收入来源有三类：一是境外合法来源的资金；二是中国境内的银行存款利息；三是中国境内合法取得的其他资金。对于第三类的其他合法取得的来源，很多境外非政府组织希望法律能够进一步地予以明确。例如，境外非政府组织是否只能完全被动地接受捐赠。还有一些组织是具有很强的专业技术能力，一些国内的政府部门或商业企业希望通过购买咨询服务的方式与他们进行合作。在这种情况下，境外非政府组织代表机构在相关资金全部用于在中国的非营利活动的前提下，是否可以取得一定的服务性收费收入。

其次是登记代表机关与业务主管单位的日常监管工作具体将如何开展。境外非政府组织代表机构成功登记后每年需要按期报送年度工作计划与进行年检。但除此之外，登记管理机关与业务主管单位对组织的日常活动也具有监管职责。那么相应的日常监管职责将如何履行？境外非政府组织在开展重大活动之前是否需要与业务主管单位和登记管理机关沟通，还是在年度工作的计划框架下，可以自主决定具体项目实施的细则？相关的日常管理细节还需要进一步明确和完善。

再次是境外非政府组织总部所在国家的相关法律与《境外法》及其配套措施规定的协调。由于境外非政府组织代表机构在性质上属于境外非政府组织在中国的一个分支机构，其日常运行管理不仅需要符合中国法律对代表机构的要求，也需要与总部所在国法律的要求相协调。例如《境外法》第24条规定，境外非政府组织代表机构应当执行中国统一的会计制度，聘请具有中国会计从业资格的会计人员依法进行会计核算。财务会计报告应当经中国境内会计师事务所审计。那么境外非政府组织在华代表机构按照中国会计制度记录的账目如何与总部所在国的财务制度要求进行统一还需要进一步探索。

五 《境外法》有效实施的展望和建议

《境外法》的出台实施标志着我国境外非政府组织境内活动管理制度的法制化和体系化。随着法律实施工作的推进，将有更多境外非政府组织在法律的框架下来华开展非营利活动。随着我国经济社会的发展和我国非营利事业国际化发展，境外非政府组织也将与中国的非营利组织和其他工作伙伴建立更紧密的合作关系，在中国经济社会发展以及社会组织“走出去”和“一带一路”倡议的实施过程中发挥更为重要的作用。为此，建议从以下三个方面进一步改进和完善《境外法》的实施工作。

（一）开展普法教育与培训以推动法律有效实施

1. 开展普法教育推动法律有效实施

由于包括各个业务主管部门在内的诸多主体对于境外非政府组织及其登记管理工作的特点和基本情况缺乏充分的了解，境外非政府组织在寻找业务主管单位和中方合作伙伴等工作过程中遇到一定的挑战，不利于《境外法》

规范和促进境外非政府组织在华依法开展活动作用的有效发挥。因此，建议立法机关、人民政府、公安部门等有关机构共同加强《境外法》相关规定的法律宣传工作。由公安部门作为牵头部门，充分有效发挥境外非政府组织监督管理工作协调机制的作用。

2. 加强普法培训与经验交流工作

进一步深入普法教育工作，在法律实施首年取得的进展基础上，进一步铺开和深化法律宣传和普及工作，在对境外非政府组织进行普法培训的同时，也应加强对不同政府部门、人民团体、事业单位和社会组织等中方合作机构对《境外法》相关规定的了解，从而在法律实施的过程中更好地与境外非政府组织共同履行法律职责。包括业务主管单位根据法律规定应该履行的权力和职责，与中方合作单位及外事审批机关应该如何履行义务，从而保证境外非政府组织能够按照法律要求规范地开展活动。加强不同省份主管部门之间、公安部门与业务主管单位之间的沟通与交流，通过经验分享等多种方式来提升登记管理机关与业务主管单位的监管水平。

3. 推动社会各界对境外非政府组织的了解

境外非政府组织活动领域各有差异、总部的所在国及依据法律也并不相同。不同机构开展活动的方式也有所区别，有的是提供资金资助，有的是提供技术支持，也有的是与中方机构共同执行和运作项目。通过因地制宜推动中方机构对境外非政府组织的了解，使各监管机构和业务主管部门更好地履行相关职责。其一，税务部门在确保境外非政府组织代表机构依法履行税收义务的情况下，适当关照机构总部所在国法律的财务与税收管理要求，在存在冲突的情况下，因地制宜地协调解决。其二，业务主管单位对于境外非政府组织活动方式难以纳入传统业务管理框架的情况，应依据相关业务领域监管的特点和原则灵活进行管理；其三，外汇管理、出入境管理以及人社部门、银行等机关或单位也应提升境外非政府组织代表机构这一组织类型的熟悉程度，将境外非政府组织的账户管理、外方工作人员的签证管理、员工的社保管理等事务纳入日常工作范畴内，避免出现因不了解该类组织而不予办理相关事务的情况。

（二）健全法律实施细则和配套工作

为了推动法律有效实施，建议有关部门从以下四个方面完善法律的配套和实施工作。

1. 细化和明确管理过程中各项规定

建议完善境外非政府组织代表机构在年度工作报告报送、提供服务性收费、会计制度、与中国驻外使领馆在邀请来华专家和志愿者方面的政策以及税务管理等方面结合实际工作出台法律配套细则，使境外非政府组织运作项目和开展具体活动的相关规范更加明确。

2. 积极承担业务主管单位职责

如上所述，国务院扶贫办、国家林业局发布了本单位担任业务主管单位以及与境外非政府组织开展其他合作的办法。不过，从政策的出台到真正落地还需要一定的过程。目前，国家林业局先行一步，已经担任 7 家代表机构的业务主管单位，期待国家扶贫办亦可尽快实现零的突破。在今后法律实施工作中，建议国家推动更多部门做好法律落实和衔接工作，鼓励各相关部门履行好业务主管单位职责，并根据自身情况健全完善单位内部开展相关工作的机制。

3. 加强各政府部门间交流与沟通

进一步发挥境外非政府组织监督管理工作协调机制的作用，加强境外非政府组织、公安部门、业务主管单位三方之间的交流和沟通，同时加强业务主管单位之间的经验分享和工作协调，增强相关主管部门对境外非政府组织相关工作的熟悉程度。

4. 充分发挥第三方咨询机构支持作用

对于境外非政府组织管理的各个环节涉及的具体问题，第三方可以提供一些咨询服务建议。以求通过各方努力，共同规范和促进境外非政府组织开展各类活动，推动《境外法》进一步发挥作用。

（三）重视发挥境外非政府组织作用

《境外法》的有效实施，除了进一步加强法律工作和政策制度完善外，还需要中方机构采取积极的态度，充分学习和发挥境外非政府组织的优势和先进经验，有效发挥非营利事业的社会经济价值，推动我国非营利部门发展并提升其国际影响力。

1. 加强与境外非政府组织开展合作

《境外法》的出台为境外非政府组织在中国境内的活动和开展的合作提供了明确的法律依据。作为中方机构，应该在新的法律框架下积极与境外非政府组织进行合作。一是主动学习了解法律要求，在与境外非政府组织开展活动的过程中充分了解中方和外方的法定义务，适时对境外合作方履责与合规情况进行提示和建议。二是积极看待与境外非政府组织的合作关系，在业务活动必要时，应充分利用境外非政府组织在专业技术、项目设计、运营管理等方面的经验与优势，不应因排斥作为中方合作单位的法律义务而避免与境外非政府组织开展合作或虽然开展合作但存在侥幸心理，不按照法律的要求为合作项目进行临时活动备案。将与境外非政府组织的合作作为提升组织能力和项目执行效果的重要手段。

2. 充分学习境外非政府组织先进经验

中方合作机构在与境外非政府组织合作的过程中，应与境外非政府组织进行充分的交流和沟通，听取境外非政府组织的建议，有效学习境外非政府组织在发现社会需求，设计组织策略和项目方案，项目管理与监测评估，工作人员附能和受益人保护等各方面的经验和技术。尤其是平台性和行业支持性机构，应对中方机构与境外非政府组织合作开展的工作进行深入总结和系统研究，结合中国实际情况，转化为中国非营利部门可以吸收借鉴的经验，为促进新时期国家的社会经济可持续发展发挥应有作用。

3. 利用境外非政府组织开展国际合作

随着中国经济社会的发展和社会影响力的提升，非政府组织民间合作这一重要的“民间外交”方式也将进一步积极发挥作用。很多在华开展项目的境外非政府组织是工作地域覆盖多个国家的国际性机构，在全球范围内有着较为成熟的合作协调网络。中国的非营利部门在未来发展中，应逐渐提升国际交往的意识和能力，积极地探索中国组织“走出去”，进一步提升国际影响力。在此过程中重视与在华境外非政府组织的沟通合作，有效利用它们已有的非政府组织国际关系网络，并主动建立中国非营利组织的国际合作网络，增强中国非营利组织的国际话语权。

4. 与境外非政府组织探讨共赢机制

在新的全球治理视角下，中国非营利事业的发展应从单方的学习和借鉴外国经验，逐渐转型为行业趋势的引领者和创新者。中方机构应当积极与境外非政府组织共同探讨合作共赢的机制，共同建立解决全球治理面临的复杂性新挑战的协调机制。在“一带一路”建设等国际发展的过程中积极探索与外方机构合作的创新方式，尤其是全国人大刚刚通过成立国家国际发展合作署，这将是中国与国际社会融合，并在与外方非政府组织合作的过程中传播中国非营利事业发展的经验，打造中国公益品牌的新机会。

总之，《境外法》一年的实践卓有成效，当然还存在很多挑战，期待社会各界在新的一年中，解决更多具体的问题，以推动境外非政府组织在境内的活动在法律的框架下进行，使其在参与和促进中国的经济建设和社会进步中发挥积极的作用。

B.11

中国社会组织“走出去”的行动路径

——基于典型案例的探寻

张 强　陆奇斌　徐诗凌　张 元*

摘　要： 随着社会治理创新的日益深化，中国社会组织不仅成为构建现代社会服务体制、完善国家治理体系的重要力量，也顺应全球发展趋势逐步走出去参与国际发展，为践行“南南合作”、“一带一路”建设等做出贡献。为此，本文试图全景式勾勒中国社会组织参与全球治理的现实意义和既有形态，并通过典型案例研究发现，人道援助使命、组织自身战略和国家政策响应成为中国社会组织“走出去”的主要驱动因素，并形成相应的行动路径。本文最后探讨的中国社会组织“走出去”面临的挑战，可供未来更多的社会组织和相关政策部门借鉴。

关键词： 社会组织　走出去　路径　案例　南南合作

随着全球化程度的日益加深，国际社会经济、政治、文化等各个方面越来越联结为一个整体，“走出去”① 已成为中国发展的必经之路。近年来，

---

* 张强，北京师范大学风险治理创新研究中心主任；陆奇斌，北京师范大学风险治理创新研究中心副主任；徐诗凌，北京师范大学风险治理创新研究中心博士分析员；张元，北京师范大学风险治理创新研究中心硕士研究生。

① 本文使用“走出去”来指代我国相关组织走出国门参与国际化的过程，这一说法主要源于2000 年我国把“引进来”和“走出去”正式作为对外开放方针的两个紧密联系、相互促进的方面，在 2002 年十六大报告正式提出“坚持‘引进来’和‘走出去’相结合，积极参与国际经济技术合作和竞争，不断提高对外开放水平”。http：//language. chinadaily. com. cn/19thcpcnationalcongress/2017 －10/16/content_ 32684821. htm。

来自国内外的呼吁中国社会组织开展民间交往、参与国际事务、促进多方合作的声音也越来越强烈，各方都期待中国社会组织投身到全球发展领域，以民心相通的方式为世界和平与可持续发展贡献力量。与此同时，随着中国社会治理创新的逐步深化以及“一带一路”等国际倡议思路的日益推广，中国社会组织的规模、服务能力、治理水平都呈现出迅猛的发展态势，社会组织“走出去”不仅成为战略的需要，而且经过一系列的实践探索已经成为现实的可能。但随着国际事务的日益复杂，全球治理的困境不断加深，中国社会组织“走出去”也会面临全方位的挑战，要练好“内功”、优化环境并讲好中国故事其实并不容易。因此，本文将选取近年来的经典案例，试图揭示当前中国社会组织“走出去”的主要驱动力和相应的路径特征以及面临的机遇与挑战。

一　社会组织“走出去”的必要性

社会组织“走出去”并非新现象，早在20世纪70年代，便有学者提出跨国组织这一“新的主体”，强调了它的重要影响，并由此提出包括非政府机构组织在内的多主体“跨国关系”范式。[①] 直到今天，社会组织在国际事务中的影响力不断提升。2017年，在全球开展跨国业务的非政府组织达到67000个[②]，参与各个领域的国际事务，例如非政府组织以其根植于社会的特点，在人权保护、环境等议题上，使得地方与国家之间建立了极为有效的桥梁。[③] 另外，OECD成员国也在20世纪70～90年代，将对外援助资金拨付非政府组织使用的比重提高，从1970年的0.2%提升至1994年的

① R. Keohane & J. Nye, “Transnational Relation and World Politics: A Conclusion”, in *International Organization*, Vol. 25, 3 (1971), p. 721 - 748.

② https://uia.org/yearbook, retrieved on 24 June, 2017.

③ C. Ku & P. F. Diehl, “Filling in the Gaps: Extrasystemic Mechanism for Addressing Imbalances between the International Legal Operating System and the Normative System”, in *Global Governance*, Vol. 12, No. 2 (2006).

15%，这一比例在瑞典等发达国家甚至达到30%[①]。美国的基金会、非政府组织、其他宗教和慈善群体早在2000~2011年，在发展领域的资金投入已经超过政府。[②]在联合国当前的可持续发展主体议程以及应对气候变化、减轻灾害风险的框架中，社会组织都毋庸置疑地成为全球治理体系不可或缺的参与主体。[③④⑤]就此而言，中国社会组织"走出去"无论对于国际社会还是国内发展都具有重要意义，既是实现全球可持续发展目标的重要力量，也是国家发展战略的社会支持。

首先，中国社会组织"走出去"是践行全球可持续发展目标（以下简称SDGs）[⑥]的重要途径。伴随着中国国际地位的日益提高，中国以其雄厚的总体经济实力和开放包容的外交心态成为国际社会可持续发展的重要力量，为全球可持续发展做出了重要贡献。在这一过程中，中国社会组织的力量不断发展壮大，逐渐承担了部分输送发展经验、共享发展成果的职能与责任，进而成为实现SDGs的重要力量之一，与世界各国分享发展经验和技术，培养优秀人才，并加强自身能力建设，同时也成为中国作为负责任的大国为其他发展中国家提供支持和帮助，为全球可持续发展贡献力量的重要民间窗口。

其次，中国社会组织"走出去"是辅助国家外交战略、实现民心相通

---

① 赵黎青：《非政府组织与可持续发展》，经济科学出版社，1998，第133、137页。

② R. M. Desai & H. Kharas, "The New Global Landscape for Poverty Alleviation and Development: Foundations, NGOs, Social Media, and Other Private Sector Institutions", in M. P. Lagon & A. C. Arend ed., *Human Dignity and the Future of Global Institutions*, Georgetown 2014.

③ 《变革我们的世界：2030可持续发展议程》（中英文），常驻日内瓦联合国代表团经贸处，2016年4月13日，http://genevese.mofcom.gov.cn/article/wjysj/201604/2016041295679.shtml。

④ 《联合国气候变化框架公约》（《巴黎协定》全文中文版），中华人民共和国国家发展改革委员会应对气候变化司，2015年12月18日，http://qhs.ndrc.gov.cn/gzdt/201512/t20151218_767995.html。

⑤ Sendai Framework for Disaster Risk Reduction 2015 - 2030, UNISDR, 2015, https://www.unisdr.org/we/inform/publications/43291。

⑥ 可持续发展目标（SDGs-Sustainable Development Goals，SDGs）诞生于2012年联合国可持续发展大会（里约+20峰会），是指联合国新千年发展目标。

的重要渠道。中国社会组织“走出去”有利于中国完善对外援助体系、参与全球治理、承担国际义务，这也是中国展现大国形象的重要方式。党的十八大报告指出，要“加强民间团体的对外交流，夯实国家关系发展社会基础”，社会组织通过提供国际服务，展现中国文化的吸引力，同时通过民间交往增强国家影响力，为深化双/多边合作奠定坚实的民意基础，是民间外交的重要形式。特别是在2013年，习近平总书记提出建设“一带一路”的构想，强调与沿线国家共同打造互利共赢的“利益共同体”；2017年首届“南南人权论坛”中，习近平总书记强调要以合作促发展，以发展促人权，共同构建人类命运共同体。因此，在践行“一带一路”倡议的过程中，中国社会组织“走出去”将促进与“一带一路”沿线国家及其他发展中国家的社会互通，为探索彼此深入的多元合作打下坚实基础。如2018年4月，中国红十字援外医疗队再赴阿富汗开展“一带一路”大病患儿人道救助行动，天使之旅一带一路人道救助计划全面展开。这一行动受到当地的热烈欢迎，有利于保护阿富汗儿童的生命健康，并进一步促进了中阿两国的友谊和民心相通。另外，这一渠道对于提升国家影响力、传播优秀中华文化、增强世界人民的认同感等软实力尤为重要，也能够在环境保护、资源利用、人道主义援助等方面有效回应国际社会对中国力量参与的呼声，展现大国形象。

再次，中国社会组织“走出去”是我国社会组织能力建设的有效方式。现阶段中国社会组织的国际化、组织化、专业化水平还有待提高。据联合国经济社会理事会（ECOSOC）的统计数据显示，截至2014年9月，具有联合国咨商地位的社会组织共有4361家，其中美国703家、印度380家、日本150家，中国（包括港澳台地区）则仅有105家，[①] 而且发声频率不高。在联合国的一般咨商地位、特殊咨商地位和注册咨商地位社会组织中，中国所占的比例也较小。提供国际服务不仅能够提升社会组织的国际影响力，更能促进社会组织自身机构能力的发展。各社会组织在提供国际服务的过程

① Consultative Status with ECOSOC and other accreditations, the United Nations, 2015, http://esango.un.org/civilsociety/displayConsultativeStatusSearch.do?method=search&sessionCheck=false.

中，能够充分践行“送出去、请进来”、“边干边学”等策略，培养国际化的人力资源，学习国际组织的筹资、项目管理等能力发展策略，完善组织内部管理架构和工具，进而更好地“走出去”。

最后，中国社会组织“走出去”是培养国际化人才的创新通道。从国际经验来看，社会组织和志愿者“走出去”是社会组织工作人员和志愿者以及广大青年培养自身能力的有效方式，有利于培养具有国际视野的优秀青年人才，而且方式友好、成本可控。特别是参与社会组织开展的国际发展工作能够帮助青年积累海外实习经历和文化经验，提高个人的综合素养，培养语言能力，丰富志愿者的专业知识，培养沟通能力以及建立较好的人际关系网络，进一步为我国相关发展领域储备人才力量，促进国际和国内相关领域发展的有效连接，有很多优秀的志愿者和工作人员在结束国际服务工作后，留在国外的中资机构就业，成为充实我驻外机构的坚实力量。

二　社会组织“走出去”的行动路径

自2008年汶川地震以来，中国社会组织经历了一段时间的蓬勃发展，持续积累了社会服务经验并提升了治理能力，目前也正积极走向国际社会，参与国际援助和交流合作，提供志愿服务，在全球经济、政治、文化以及社会等可持续发展领域均做出了积极贡献。在长期的“南南合作”、多次国际灾害应对中，中国部分社会组织积极开展国际项目，通过建设区域办公室、实施援助项目、派出志愿者等形式为国际社会提供人才与服务。

在发展路径上，纵观社会组织参与国际工作的历程，其主要路径就是参与发展项目，国际发展援助也就成为其重要的业务驱动和支持渠道。相较而言，当前中国社会组织“走出去”主要集中于以下三种路径，也是促进中国社会组织国际发展的三大主要推力。

一是人道援助驱动型。随着全球政治和平、可持续发展、气候变化、自然灾害等议题超越国界、相互交织，联合国人道事务协调厅（OCHA）于2005年建立了人道援助集群（Cluster）系统框架，即根据食品、健康、营地协调、教育等 11 类不同的援助需求将参与人道援助行动的政府间机构以及社会组织划分成不同的专业组群，明确权责，加强灾时和常态下的协同。因此，人道援助工作不仅需要全球政社企学等各界的共同努力，也成为中国社会组织国际发展的重要契机和窗口，通过参与全球人道援助等相关问题的治理，中国社会组织开始“走出去”并在这个过程中锻炼自身技能，展现中国力量。

二是组织战略驱动型。一些中国社会组织在成立之初就有着视野开阔的愿景，致力于全球的相关领域发展，“走出去”是必然的战略实施之举。因此其在自身战略的指导和驱动下开始开展国际项目，积极走向国际，与受援国沟通与交流，提供服务与援助，践行机构使命和宗旨。

三是政策响应驱动型。随着“一带一路”倡议的提出和“南南合作”发展战略的不断深化，政府越来越重视社会组织能够发挥的桥梁作用，因此也积极推动中国社会组织“走出去”，辅助中国开展对外友好关系，提升大国形象。在这样的背景下，政府支持了一批社会组织走向国际，开展国际项目。为此，一些社会组织积极响应政策需求，主动开展相关工作，建设了一些国际交流项目。

综上所述，正是在这三种驱动力下，中国社会组织抓住机遇，做好组织准备以及人员准备，并充分地结合国家外交战略，积极走向国际社会。

三　典型个案分析——怎么“走出去”

为了更好地说明中国社会组织“走出去”的行动路径，本文针对性选取了尼泊尔地震应急救援与灾后重建、中国扶贫基金会国际志愿者项目以及中国青年志愿者海外服务计划等对三种行动路径进行阐释。

在尼泊尔地震发生后，中国政府及社会各界迅速响应，全面而深入地展开救援，发挥了积极的作用。其间，中国扶贫基金会、壹基金、爱德基金会、中国青少年发展基金会、多支社会救援队等一批社会组织都参与了救灾与重建的工作。本文将探索在尼泊尔地震应急救援与灾后重建过程中，社会组织如何在人道援助业务导向性工作中发挥作用以及其路径与特征。

中国扶贫基金会在2005年提出了国际化战略，开始启动对外发展援助项目，在人道主义救援和国际发展援助方面不断做出尝试，先后在14个国家和地区开展项目。2015年，该基金会不仅参与了尼泊尔地震灾害救援与重建，也在此基础之上延伸了其他的国际项目，是组织战略驱动型发展的社会组织的重要代表机构之一。因中国扶贫基金会业务广泛，所以本文将主要以中国扶贫基金会近期大力推动的国际志愿者项目为例，对其战略定位、工作体制、工作机制以及项目流程等进行论述，讨论组织战略驱动型社会组织“走出去”的人力资源路径与特点。

中国青年志愿者协会是共青团中央指导下的社会组织，本文将选取其承办的团中央“中国青年志愿者海外服务计划”来进一步说明，社会组织是如何在政府的支持和政策驱动下开展国际项目，三个典型案例对比情况见表1。

表1　典型案例对比情况一览

典型案例	所属类型	机构类型	工作内容	案例选择依据
尼泊尔地震应急救援与灾后重建	人道援助驱动型	多类型社会组织	灾害救援与灾后重建	一批中国社会组织第一次成规模地“走出去”，第一次真正意义上参与了国际应急救援、转移安置和恢复重建等人道援助，这是中国社会组织“走出去”的一次重要集体实践
中国扶贫基金会国际志愿者项目	组织战略驱动型	社会组织	国际发展项目以及其他援助工作	中国扶贫基金会在2005年提出了组织层面的国际化发展战略，随后积极开展各种援助项目、志愿者项目以及其他人道援助工作。国际志愿者项目不仅解决“走出去”的人力资源问题，而且联动了相关政府部门及机构
中国青年志愿者海外服务计划	政策响应驱动型	政府组织社会组织(GONGO)	选派中国青年志愿者开展“海外服务计划”	在政府的引导和支持下，通过承办政府项目、结合外交战略，实现了“走出去”

（一）人道援助驱动型——尼泊尔地震应对

2015 年 4 月 25 日，尼泊尔发生 8.1 级地震，震中位于尼泊尔第二大城市博克拉。在震后一个月内，余震频繁发生，仅 4 级以上余震就达到 265 次。此外，印度、中国西藏、不丹、孟加拉国等地也受到地震影响，出现人员伤亡。

1. 尼泊尔地震灾情概况

与以往地震不同的是，尼泊尔在 4·25 地震后不到一个月，即 2015 年 5 月 12 日 15 时 05 分再次发生 7.5 级强震。两次地震的叠加使得尼泊尔遭受巨大损失（初步估计经济损失约 70 亿美元），截至 2015 年 6 月 11 日，地震至少造成 22303 人受伤，8786 人死亡；完全损毁的建筑物达 51.34 万座，约 51.70 万座建筑物遭到部分损毁；教育与医疗设施遭到巨大破坏，其中遭破坏的学校 1.6 万所，另有 4 个地区的 90% 的医疗设施均受到严重损毁。另外，突如其来的二次地震严重扰乱了第一次地震的救援计划，拖延了应急救援和灾后重建的进程。

2. 中国社会组织参与应对的个案分析

尼泊尔地震发生后，中国扶贫基金会、壹基金、爱德基金会、中国青少年发展基金会、多支社会救援队等社会组织就在第一时间集结[①]，前往尼泊尔展开紧急救援。业内一致认为“这是迄今为止我国社会组织反应最快、规模最大的一次海外救援行动”。[②] 也有媒体称其为“中国社会组织在海外的‘首秀’”。本部分将通过勾勒典型机构与组织在此次参与尼泊尔地震中的应对过程和具体行动，来分析其在尼泊尔地震应对中如何发挥作用、如何开展工作以及人道援助驱动型的发展路径具备哪些特征等。

① 中国红十字会对尼泊尔地震紧急救援提供了大量物资，如 2000 顶帐篷、5000 个赈济家庭箱等，并组织派遣 28 人医疗队伍，在地震灾区提供医疗救援 33 天。考虑中国红十字会长期以来一直参与国际重大灾害救援，本文没有专门调研中国红十字会。

② 徐会坛：《尼泊尔地震，中国基金会试水联合救灾》，《中国慈善家》2015 年第 05 期。

表2　2015年尼泊尔地震中中国社会组织参与应对情况概要

机构名称	机构类型	响应时间	参与形式	工作内容	筹款物金额
中国扶贫基金会	公募基金会	4月25日开始响应,26日派出人员赴尼	派遣工作人员实地开展工作	-灾情排查与生命搜救 -供餐 -社区卫生医疗与防疫 -安全饮水及食品保障 -物资采购及发放 -临时安置社区建立与营造 -灾后重建	888.16万元(其中在尼支出564.26万元)
壹基金	公募基金会	4月25日14时43分壹基金救援联盟启动响应,26日零点第一梯队进入尼泊尔帕坦、巴德岗地区开展紧急救援	派遣救援联盟救援队实地开展工作	-紧急救援 -物资发放与医疗援助 -灾后重建	1500万元(用于尼泊尔和西藏两地灾区)
爱德基金会	公募基金会	4月25日14时30分启动响应,27日17时第一批救援人员抵达加德满都	派遣工作人员实地开展工作	-紧急救援 -过渡安置 -灾后重建	127万元人民币物资584.6万元港币用于配合国际救灾联盟成员机构的共同救援行动
中国青少年发展基金会	公募基金会	4月26日发起"希望工程紧急救灾助学行动@尼泊尔&西藏灾区",5月6日派出工作组赴尼泊尔需求扫描	派遣工作组赴尼进行需求扫描工作	中尼友好希望小学建设	
中国妇女发展基金会	公募基金会	4月25日19时启动响应	未派遣人员赴尼	-发起倡议 -筹款	49.118433万元

续表

机构名称	机构类型	响应时间	参与形式	工作内容	筹款物金额
卓明灾害信息服务中心	民办非企业单位（志愿者团队）	一个小时内启动响应程序	网络信息共享	灾情信息收集和研判工作	—
其他民间救援队	民办非企业单位（救援队）	当天即开始响应	先后派出救援队	- 配合国际救援队工作 - 灾情调查 - 紧急医疗救助 - 应急物资发放 - 防疫消杀等	—

资料来源：中国扶贫基金会、壹基金、爱德基金会、中国青少年发展基金会、中国妇女发展基金会，2015 年。

3. “走出去”的特征

从参与路径来看，可以从信息渠道、核心伙伴、业务特征等三个方面来识别中国社会组织在此次尼泊尔地震应对中的国际化探索路径。

（1）信息渠道

值得肯定的是，各基金会在尼泊尔都直接或间接地从以下渠道获取当地社情、灾情、政府应对措施、国际机构援助进展、当地社会组织行动等信息，如当地华人企业、志愿者及组织、国际合作伙伴、尼泊尔非政府组织平台、“4·25 尼泊尔地震中国社会组织信息协同平台”等。

（2）核心伙伴

在国际援助中，选择不同的核心伙伴意味着不同的行动路径。中国扶贫基金会依托的是当地华人志愿者和组织以及长期的战略合作机构国际美慈，壹基金则是将救助儿童会作为核心伙伴，爱德基金会依托已有的国际救灾联盟（Act Alliance）获得支持，中国妇女发展基金会通过联合国人居署、儿童希望救助基金会开展对尼援助工作，中国青少年发展基金会选择与中国驻尼使馆、尼中资企业和尼泊尔政府教育部合作。

（3）业务特征

一般而言，机构开展的业务是国际化路径的具象体现。上述基金会的业务特征可分成四类："以我为主"的自适应型，如中国扶贫基金会结合组织能力、资源状况以及当地需求，设计并直接提供了一系列援助服务；"借船出海"的战略伙伴依托型，如壹基金主要依托国际知名组织和机构，即国际救助儿童会等开展相应的灾害应对工作；"有机互融"的国际网络嵌入型，如爱德基金会作为国际救灾联盟（ACT Alliance）理事成员，在该联盟网络的框架中参与援助工作；"经验输出"的向外延伸型，如中国青少年发展基金会将"希望小学"等成熟的产品和运作模式推广至尼泊尔的灾后重建过程中。

（二）组织战略驱动型——中国扶贫基金会国际志愿者项目

如上所述，中国扶贫基金会在尼泊尔地震救援中发挥了重要作用，积极展开人道救援行动，也是少数留下直接参与灾后重建的社会组织之一，并由此建立了尼泊尔国别办公室，将其基金会的项目进行延伸，在当地建立了长期的志愿者项目，保证当地人员的可持续。也就是说中国扶贫基金会除了抓住人道救援的机遇进行发展之外，还具备更加稳固的驱动力，即组织战略驱动力，这也是中国扶贫基金会发展的重要路径，本文将着重以其国际志愿者项目为例，说明中国扶贫基金会是如何在组织战略的驱动下"走出去"开展国际项目。

中国扶贫基金会作为最具影响力的公益组织之一，开展了诸多国际项目，覆盖亚洲、非洲、美洲的埃塞俄比亚、加纳、柬埔寨、缅甸、尼泊尔、苏丹、厄瓜多尔、海地等 14 个国家，受益贫困人口和灾区民众 4293989 名。

1. 发展概况

中国扶贫基金会于 1989 年成立，主要从事健康扶贫、教育扶贫、生计扶贫、救灾扶贫，是中国扶贫公益领域最具影响力的公益组织之一，截至 2016 年底，累计筹措 248. 67 亿元的扶贫资金和物资，帮助了约 2908. 72 万人次的灾区人民和贫困人口，其项目覆盖范围较广，覆盖全国 31 省（自治区、直辖市）、868 县、238 所大学。[①] 经过数十年的发展，中国扶贫基金会

① 中国扶贫基金会官方网站，2018 年 1 月 26 日，http：//www. cfpa. org. cn/about/introduction. aspx。

以其良好的效果和社会贡献得到了广泛的社会认可。

2005年，遵循着机构使命和愿景的指引，为回应国际社会对中国力量的期待，完善中资海外企业的社会责任，向世界传递中国人民的爱心，[①] 中国扶贫基金会明确提出了组织发展的国际战略，开始启动对外援助，在人道主义救援和国际发展援助方面不断做出尝试，先后在14个国家和地区开展援助项目，如国际灾害紧急救援、小额信贷妇女技能培训项目、缅甸胞波助学金项目、国际志愿者项目等，促进了受援国当地的经济社会发展，例如苏丹微笑儿童项目为儿童提供营养早餐，帮助儿童健康成长，受益学校7所，受益儿童3630人。多年来，中国扶贫基金会期望将自己打造为“最值得信任、最值得期待、最值得尊敬”的国际公益平台，截至2014年12月，累计投入了7594万元的国际救援资金与物资。[②] 2015年，在尼泊尔地震后，中国扶贫基金会在尼泊尔援建了中国人民援建的第一所永久学校，还开展了爱心包裹项目，在尼泊尔震区为2756名小学生发放爱心包裹。[③] 同年，中国扶贫基金会的国际化发展取得重大突破，不仅同时在埃塞俄比亚、苏丹、尼泊尔和缅甸等四个国家开展了长期国际援助项目，还分别在2015年7月27日和8月14日成功注册缅甸和尼泊尔国别办公室，标志着中国扶贫基金会向着扎根海外，走向世界的目标又迈进了一大步。仅2017年，其国际援助项目共支出资金2029万元，惠及缅甸、尼泊尔、埃塞、苏丹、柬埔寨和朝鲜6个国家共91117人，具体情况见表3。

其中，国际志愿者项目是中国扶贫基金会开展国际志愿服务的典型项目代表，也是本文关注的重点。

---

① 王行最：《人类命运共同体视角下的中国公益慈善组织走出去》，中国慈善联合会，2018年2月1日，https：//mp. weixin. qq. com/s/QIUxB9jbkbZ9HqdMEbzpAg。

② 中国扶贫基金会官网，2018年2月8日，http：//www. cfpa. org. cn/about/introduction. aspx。

③ 王行最：《人类命运共同体视角下的中国公益慈善组织走出去》，中国慈善联合会，2018年2月1日，https：//mp. weixin. qq. com/s/QIUxB9jbkbZ9HqdMEbzpAg。

表 3　2017 年中国扶贫基金会的国际援助项目成效

国家	资金(万元)	受益人群
缅甸	378	3175
尼泊尔	236	52358
埃塞俄比亚	439	8174
苏丹	285	5286
朝鲜水灾救援行动	21	3124
柬埔寨供膳项目	618	17000 余人(受益学生)
国际志愿者项目	81	2000

资料来源：中国扶贫基金会《中国扶贫基金会 2017 年国际发展项目总结》，2018 年 1 月 12 日，http：//www. cfpa. org. cn/information/project. aspx。

2015 年 7 月商务部援外司培训处委托中国扶贫基金会对同行业务国际机构开展调研工作，为国际志愿服务整体改革、拓宽渠道，提高标准以及扩大影响力提供信息基础。中国扶贫基金会从需求调研与岗位开发、宣传与招募、培训与派遣、项目管理与受援国管理、服务条件与支持等方面对日本国际协力机构（JICA）、英国海外志愿服务社（VSO）、联合国志愿人员组织（UNV）以及团中央中国青年志愿者海外服务计划进行了调研，认识到志愿者派遣工作的复杂性和系统性。因此在 2016 年 10 月 20 日启动国际志愿者项目时，根据组织自身的能力和外部条件，中国扶贫基金会联合中国志愿服务联合会、中国志愿服务基金会和北京市志愿服务联合会共同发起了国际志愿者项目，仅承担了向缅甸和尼泊尔分别派遣 5 名国际志愿者的任务，这也是我国对外援助工作中首次将民间组织纳入援助框架。项目启动之后，共有 202 人报名，通过资料初步筛选、两次面试和心理测试，最终选定 10 位国际志愿者，于 2017 年 3 月派往缅甸和尼泊尔进行志愿服务。①

2. 工作路径

本文将从战略定位、工作体制、运营机制以及项目流程层面对中国扶贫

① 中国扶贫基金会：《中国扶贫基金会 2017 年国际发展项目总结》，2018 年 1 月 12 日，http：//www. cfpa. org. cn/information/project. aspx。

基金会开展国际项目的工作路径进行分析。

（1）战略定位层面

中国扶贫基金会期望打造“最值得信任、最值得期待、最值得尊敬”的国际公益平台，以影响力为先导，现代慈善与公益创投并举，即“一体两翼战略”。国际志愿者项目不仅是项目的有效实施载体，而且是“民间帮助民间”援外模式的重要体现，通过派遣有经验或者具备专业技能的志愿者帮助受援国培养人才、进行能力建设，服务于当地的经济、文化、社会发展。此外，国际志愿者积极融入社区，也能促进中国与受援国的“民意沟通，民间友好，民生合作”。

（2）工作体制层面

在制度规范层面，中国扶贫基金会制定了《中国扶贫基金会机构章程》，明确了组织结构、业务范围、财产管理等内容，使得组织运行有章可循。同时，中国扶贫基金会具备明确的人力制度（《中国扶贫基金会工作人员招聘管理流程》）、项目制度［《中国扶贫基金会项目管理条例》（2015 年修订版）］、筹资制度（《中国扶贫基金会筹资管理办法》）和财务制度（《中国扶贫基金会财务管理条例》）。对于国际志愿者项目，中国扶贫基金会撰写了《中国扶贫基金会国际志愿者项目建议书》，对项目设计思路、目标、内容、财务等进行了非常明确的计划和说明，明确项目执行机构和流程，保证项目的顺利进行；中国扶贫基金会还撰写了《中国扶贫基金会国际志愿者项目志愿者手册》，此手册参考美国和平队等国际组织志愿者管理手册，内容较为详细，可为志愿者提供志愿服务期间解决问题的办法，在项目、机构概况、目的国情况、培训、生活待遇、日常行为准则、志愿者安全等方面均作了说明，以对志愿者进行管理并保证志愿者的安全。

在中国扶贫基金会的总体组织结构方面，理事会、会长会议、秘书处为垂直管理结构，理事会为决策机构，其他内部职能被划分为功能性部门和项目部门，以此使得每个项目都可以和基金会的职能化部门相匹配，提高工作效率的同时保证了各个项目的独立性，发挥各项目管理团队和各部门的积极性，并保证各个项目得到充分支持和保障。

国际志愿者项目为国际发展部下的独立项目，其组织架构如图1所示，商务部对外援助司作为委托单位为项目提供政策和资金支持；中国志愿服务联合会、中国志愿服务基金会、北京市志愿服务联合会均作为支持单位，为项目提供资金、专家咨询、传播、招募、培训、心理辅导及志愿者管理等资源；中国扶贫基金会作为执行单位，负责项目的整体调研设计、资源整合以及执行与管理工作；中国扶贫基金会的国际发展部为具体实施单位，其下设立国际志愿者项目办公室统筹国内国外项目管理，并在内部设置传播、招募、培训、财务四个管理组负责管理和协调国内组工作，以及一个受援国管理组，负责各国需求调研和岗位开发并管理和协调管理组工作；国别办公室负责志愿者的受援国管理，包括志愿者安全、签证、住宿、心理支持等。志愿者管理按照属地化管理原则，因此国内项目办公室与国别办公室各自承担不同的职责，相互支持，相互衔接。例如，在尼泊尔提供志愿服务的志愿者主要接受尼泊尔国别办公室的管理，国内国际志愿者项目办公室主要负责收取志愿者的月度报告、工作计划以及工作问题等。不同于中国青年志愿者海外服务计划，由基金会派遣的志愿者接受基金会国际办公室的管理，不接受在地国大使馆的管理，具有一定的自主性与自由度。

此外，接收单位负责制定志愿者的日常工作计划，提供工作条件并对志愿者进行考核，并将考核结果反馈给国别办公室。驻外大使馆的经商参处则负责提供具体国别的政策支持等。

（3）运营机制层面①

在资金来源方面，中国扶贫基金会国际志愿者项目的资金来源主要为商务部以及基金会自身，对志愿者的支持包括生活津贴、个人所得税、培训费、住房保障、保险以及国际交通费用，商务部援外资金负责志愿者生活津贴、培训费、国际意外伤害和医疗保险、国际机票以及住宿费。② 在宣传方面，中国扶贫基金会凭借良好的口碑与知名度以及其多年的国内志愿者招募

① 中国扶贫基金会：《中国扶贫基金会国际志愿者项目建议书》，2015年10月。

② 中国扶贫基金会：《国际志愿者手册》，2017年2月。

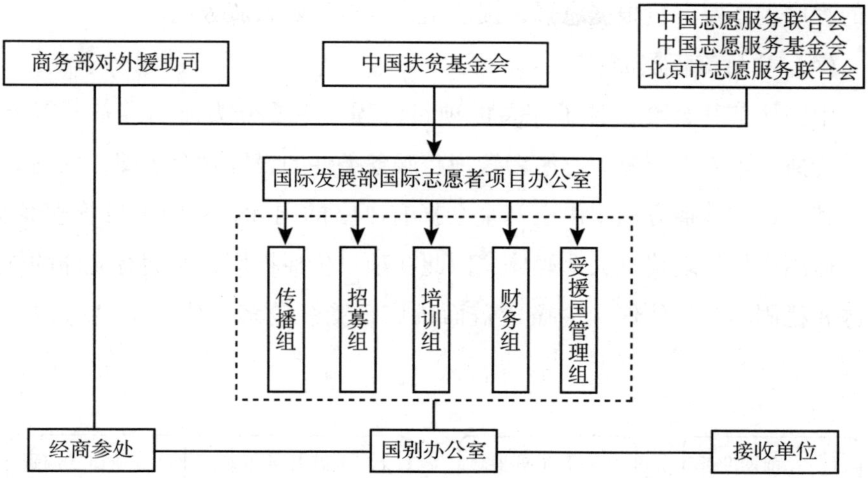

图 1　国际志愿者项目组织架构

资料来源：根据中国扶贫基金会《国际志愿者手册》，由作者整理得到。

和培训经验，大力推进项目传播，极大地调动了社会大众的积极性。[①] 在招募与培训方面所有即将被派遣出国的志愿者还需要受援国内培训与考核。除培训外，中国扶贫基金会还计划为志愿者提供在线学习平台。

在志愿者考核方面，志愿者管理人员与志愿者建立定期沟通机制，主要通过邮件或电话等召开例会，沟通志愿者工作。志愿者需要按月提交月度工作计划表和月度报告，半年报告以及年终总结报告，同时接受国内项目办公室、国别办公室在项目开始后的监测与评估。国别办公室还将组织召开受援国国际志愿者交流大会，交流志愿服务经验，提出问题并讨论解决。[②]

在志愿者激励方面，志愿者除了可以享受中国扶贫基金会提供的志愿者津贴、体检、保险、签证、机票等，还可享受定期、预约和归国后的心理咨询与辅导。此外，国际志愿者除可按受援国节假日休假，每年还有两周的额外年假。中国扶贫基金会还为志愿者工作设置了相应的灵活机制，即经过特

① 中国扶贫基金会：《2016 年外派志愿者招募方案》。
② 中国扶贫基金会：《国际志愿者项目志愿者手册》，2017 年 2 月。

定的程序，志愿者可根据意愿，提前结项也可以延长服务期。

（4）项目流程层面

中国扶贫基金会设计了完备的项目流程，主要分为前期准备、需求调研、传播、志愿者招募、志愿者管理、服务条件的设置六个步骤，如图 2 所示。其中，在传播方面，由于基金会拥有丰富的国际、国内项目管理经验，善于运用微信等现代化大众媒体，因此在项目传播推广方面拥有充沛的外部资源和稳固的合作伙伴，传播覆盖面较广，受众较多，建立了良好的大众口碑。

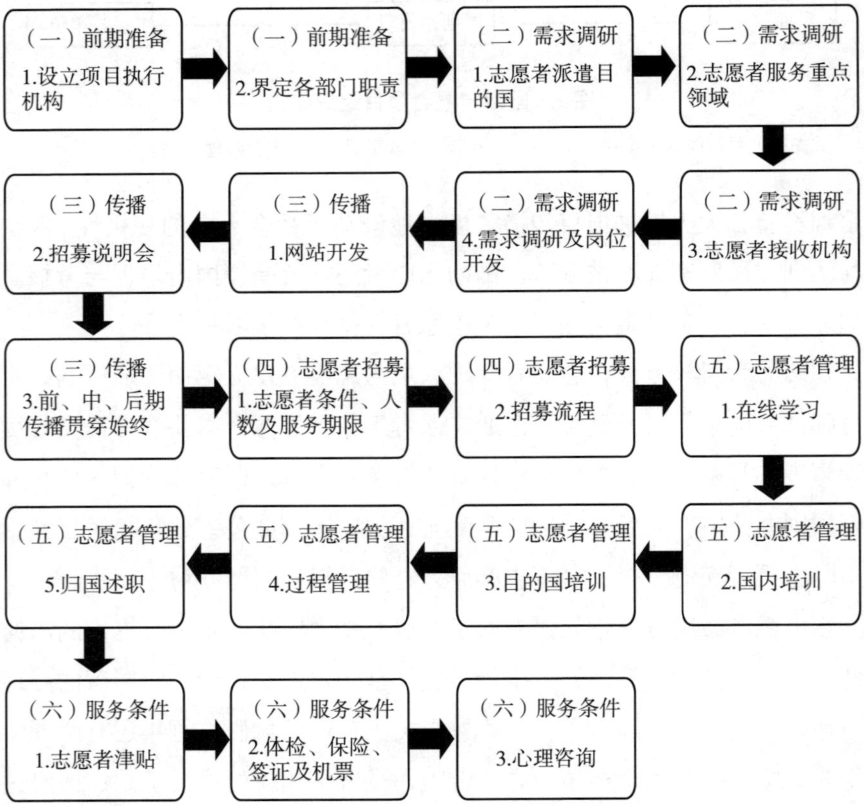

图 2　中国扶贫基金会项目执行流程图

资料来源：中国扶贫基金会：《中国扶贫基金会国际志愿者项目建议书》，2015 年 10 月。

3. 发展特征

中国扶贫基金会的国际志愿服务项目得到了政府和社会的广泛支持与认可。这种“民间对民间”形式国际志愿者项目的开展促进了该机构“走出去”的深入程度和在地项目实施能力。当然，此类践行机构战略为目的的发展路径，更多地强调机构的组织架构优势以及其开展的国际项目的完善程度。对于中国扶贫基金会而言，主要具备以下特征。

一是拥有合理的组织架构和运营机制，明确各部门职责。中国扶贫基金会建立了国内办公室为志愿者提供管理和支持，同时分国别设立受援国管理组，对志愿者进行在地管理。国内与国际办公室的良好对接有利于回应志愿者需求，为志愿者提供充分的组织保障、资金保障和制度保障等。尤其海外办公室是海外项目的顺利实施的重要保障，也是应对风险，加强管理和沟通能力，在紧急情况下更迅速和精确地调动资源的重要保证，这也是国外许多成熟的国际社会组织的成熟经验。同时中国扶贫基金会的管理团队还通过志愿者大会、工作进展报告、年终报告和结项报告等帮助志愿者进行经验交流。但是由于该国际志愿者项目目前还未成熟，因此，在建立合理的组织架构和运营机制的同时，对各部门职责也应进行明确，提高组织运行和国际志愿服务项目开展的效率。

二是保证国际志愿者项目各项工作的有效性。例如，在招募方面，中国扶贫基金会充分发挥受援国当地的自主性，匹配有需求的岗位。在培训方面，中国扶贫基金会除开展国内培训和受援国培训之外，还计划为志愿者建设在线学习平台，让培训和志愿者的学习不再受限于时间与空间。中国社会组织要想“走出去”，必须保证项目各项工作的有效性，才能进一步保证“走出去”的持续性。

三是注重建立合作伙伴关系。中国社会组织要想“走出去”，仅仅依靠机构自身的力量是不够的，而是应该注重建立合作伙伴关系。例如，中国扶贫基金会善于与受援国当地组织、国际组织、海外中资企业建立合作伙伴关系。与当地社会组织建立属地伙伴关系，有助于提高与当地的沟通能力，增强对当地政府的影响力，促进对当地情况的了解。此外，随着中国企业的“走出去”，社会组织与当地社区建立的关系将会成为海外投资效益实现的重要组成部分。企业愿意提供资金，社会组织乐于提供服务，这就实现了合作共赢的局面。如中国扶贫基金会援建苏丹妇幼保健系统示范项目的经费就主要来自中石油的捐赠，双方的合作达到了双赢的目标。

四是正确平衡保证志愿者安全的承诺与融入当地社区的目标。中国社会组织“走出去”一定程度上代表中国的形象和影响力，因此必须既要保证志愿者安全，又要融入当地社区。志愿者在国外提供志愿服务的重要目的是通过融入当地社区，促进当地社区的发展并提升中国的国际形象，但同时约束志愿者在受援国当地的行为、保证志愿者的安全也是国际志愿服务开展的重中之重。而过于严格的安全管理，却不利于志愿者与当地社区进行充分的交流与融合，提升中国的友好形象。因此，如何在开展国际项目时对这二者进行平衡是尤为重要的。

（三）政策响应驱动型——中国青年志愿者海外服务计划

中国青年志愿者协会于1994年12月5日成立，是由青年志愿者组织和个人自愿结成的社会组织，其主要通过组织和指导全国青年志愿服务活动，提高青年整体素质，以促进经济的协调发展和社会的全面进步。[①]“中国青年志愿者海外服务计划”这一项目正是该协会主要承办的项目，也是辅助国家“南南合作”和开展对外友好关系等外交战略的重要表现。因此本文将主要以中国青年志愿者海外服务计划为例，介绍政策响应驱动型的社会组织“走出去”工作路径和特点。

1. 发展概况

中国青年志愿者海外服务计划（又名“援外青年志愿者”[②]）是由共青

① 中国青年志愿者网，2015年7月7日，http：//www. zgzyz. org. cn/content/2015 - 07/07/content_ 11482259. htm。

② 项目之初，名为“中国青年志愿者海外服务计划”，后与商务部建立合作关系后，此项目志愿者又称“援外青年志愿者”（《援外青年志愿者选派和管理办法》中规定援外青年志愿者是指利用国家对外援助资金，由专门机构选派到发展中国家，直接为发展中国家当地人民服务的青年志愿人员），因此二者只是在不同语境下同一项目的不同名称。本文主要使用“中国青年志愿者海外服务计划”一名。

团中央、商务部共同组织实施的援外项目，该项目通过公开招募、自愿报名的方式，集中选拔青年志愿者，并开展志愿者培训，最终确定向外派出的志愿者人选，选派其到受援国开展为期半年至两年（一般为一年）的志愿服务工作，服务的领域主要集中于经济管理、医疗卫生、体育教学、农业技术、社会发展、汉语教学等各个领域。①

“中国青年志愿者海外服务计划”由共青团中央发起，中国青年志愿者协会则是具体的项目承办单位，其落脚点是支持并培养拥有国际视野的优秀青年人才。21 世纪初，中国改革开放取得成效并于 2001 年顺利加入 WTO，开始融入国际社会，国际地位不断提升。这为“中国青年志愿者海外服务计划”的开展提供了物质基础和环境条件。20 世纪 90 年代至 21 世纪初，随着国际志愿人员组织与中国社会组织的合作开展，共青团中央开始尝试招募并派遣青年志愿者到发展中国家开展志愿服务。②

“中国青年志愿者海外服务计划”不仅通过向外派遣志愿者培养了一大批拥有国际视野的优秀青年人才，同时还是党政外交、外援重要补充，民间外交的重要形式，增进了中外友好与合作关系发展。项目通过在教育、医疗、农业、工业、社会发展领域向受援国提供志愿服务，不仅提升了中国负责任的大国形象，更是推动了当地民生改善、经济社会发展、教育和医疗卫生服务水平的提升，积极推进了受援国在援助领域的能力建设。截至 2016 年 11 月，“中国青年志愿者海外服务计划”已指导协调 17 个省区市的团组织，累计实现 44 批次派遣，选派了 679 名优秀志愿者到 23 个国家开展志愿服务工作③。截至 2018 年 1 月，派遣人数已达 700 余名。④

2. 工作路径

从派遣时间来看，根据派遣的持续性该项目大致可分为三类：一是接续派

① 《中国青年志愿者海外服务计划》，中国文明网，2016 年 11 月 4 日，http://www.wenming.cn/specials/zyfw/4g100_39622/zjzyfwxm/201611/t20161104_3867082.shtml。

② 《中国青年志愿者海外服务计划有关情况》（内部资料）。

③ 《中国青年志愿者海外服务计划》，中国文明网，2016 年 11 月 4 日，http://www.wenming.cn/specials/zyfw/4g100_39622/zjzyfwxm/201611/t20161104_3867082.shtml。

④ 资料来源于对中青志协相关负责人的访谈。

遣，如埃塞俄比亚、突尼斯、塞舌尔、尼日尔等国都实现了接力派遣，志愿者派遣工作实现可持续性。二是单次派遣，即截至目前仅派遣过一次。三是不连续派遣，即一次派遣间隔一段时间再次派遣。另外，中外友好关系的发展，可持续性越来越成为各受援国的现实需求，驻外使馆的参赞等相关部门负责人的支持也使得项目获得较好的历史延续性，都有助于项目可持续性不断增强。

（1）战略定位层面

“中国青年志愿者海外服务计划”最初的目标立足于帮助中国青年志愿者“走出去”，增进对外交流和学习，培养拥有国际视野、家国情怀和社会责任感的优秀青年人才。但同时，随着其被提升至国家战略层面，以及多年来项目在各受援国的开展，“中国青年志愿者海外服务计划”成为党政外交格局的重要补充形式，承担了一定的外交外援任务，促进受援国经济社会发展和能力建设，服务当地人民，增进与受援国家的友好关系，增进与全球青年和人民之间的友谊。与此同时，传播中华文明，讲好中国故事也成为项目预期意义所在。

此外，“中国青年志愿者海外服务计划”还有效促进了国际志愿服务和国内志愿服务的衔接，成为国内与国际志愿者服务的重要纽带。很多国内志愿服务的优秀人才成为志愿者走向海外的重要力量，而很多回国的优秀海外志愿者也继续服务在国内的对外工作领域，如江苏海外派遣志愿者崔勇，回国后任职扬州大学的外办主任，有力地推动了国内与国际矿产资源开发等领域的连接。

（2）工作体制层面

2004年9月，《援外青年志愿者选派和管理暂行办法》出台。同年10月，商务部和财政部联合制定了《援外志愿者生活待遇内部暂行办法》，2006年8月，《援外青年志愿者招募、培训（暂行）办法》发布。此外共青团中央和商务部还出台了《援外青年志愿者工作经费使用管理暂行办法》《援外青年志愿者工作经费说明》[①] 等行政规定和办法，这些都为“中国青

① 黄立志：《中国青年志愿者在海外》，北京时代华文书局，2017，第55页。

年志愿者海外服务计划”提供了一整套制度，为项目的深入开展提供了政策依据，建立了制度保障。

在管理体制层面，“中国青年志愿者海外服务计划”由商务部担任主管部门，负责制定派遣援外青年志愿者的年度派遣计划，包括派遣国别、人数、服务岗位、服务时间以及资金预算等内容，与相关部门拟定援外青年志愿者的相关费用，同时负责与受援方有关部门商谈、签署合作协议。①

共青团中央全权负责“中国青年志愿者海外服务计划”的招聘、资金筹措以及管理。其下属的中国青年志愿者协会作为具体承办单位，负责援外青年志愿者的选派和具体管理工作，如组织招募、选定、培训和派遣援外青年志愿者等。②

外交部驻外经商参赞负责对援外志愿者进行驻地管理。③

管理流程方面，商务部援外司通过驻外经商处采集受援国的需求，定期/不定期下达需求计划；商务部培训中心对接中国青年志愿者执行需求计划；中国青年志愿者协会是项目的实施主体，根据受援国需求选择与地方团委进行合作，协同地方进行招募、培训和派出（如图3所示）。

为保证“中国青年志愿者海外服务计划”的顺利开展，共青团中央和商务部还建立了援外青年志愿者工作联席会议制度④。由于三方管理，在中国青年海外志愿者派遣过程中存在部门协调问题⑤，为此商务部于2008年会同外交部、财政部等形成了对外援助部际联席机制，后升级为部际协调机制。

---

① 商务部：《援外青年志愿者选派和管理暂行办法》，2004年11月17日，http://www.mofcom.gov.cn/article/b/g/200411/20041100306454.shtml。

② 商务部：《援外青年志愿者选派和管理暂行办法》，2004年11月17日，http://www.mofcom.gov.cn/article/b/g/200411/20041100306454.shtml。

③ 商务部：《援外青年志愿者选派和管理暂行办法》，2004年11月17日，http://www.mofcom.gov.cn/article/b/g/200411/20041100306454.shtml。

④《共青团中央将建立中国青年志愿者援外人才库》，新华网，2006年10月7日，https://news.qq.com/a/20061007/000528.htm。

⑤ 王筱稚、黄立志、刘海方：《反思中国对非公共外交——以援非青年志愿者为个案》，《当代世界》2012年第3期。

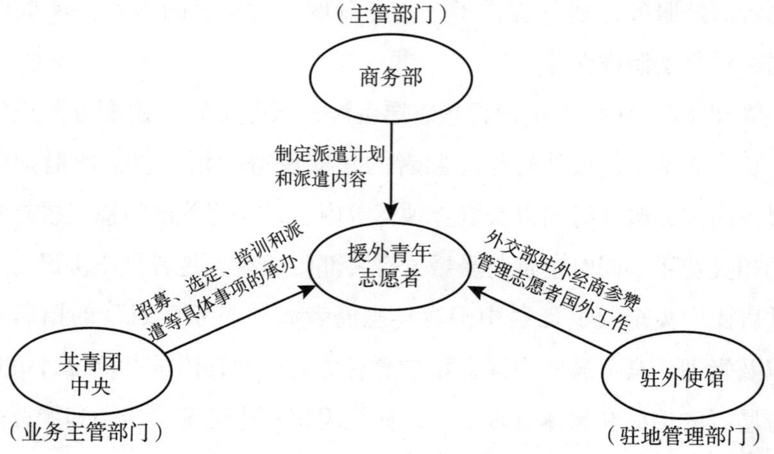

图3　海外派遣志愿者管理机构及职责示意图

资料来源：作者根据相关公开资料整理。

（3）运营机制层面

①资金保障

最初共青团中央为主管部门时，项目主要资金来源是自筹。但是自筹资金规模较小，来源不足，难以充分支持项目开展。因此商务部接管后，通过对外援助资金拨款的方式来支持援外青年志愿者，为项目提供了较为充分的资金保障。对外援助资金列支援外志愿者在志愿服务期间的基本生活费、人身保险费、体检费、往返国际旅费、培训费、管理费。此外，援外志愿者的住宿费由受援方负责承担，但如受援方承担确有困难，需在援外资金中支付，也会据情况设定相应的标准，为志愿者提供住宿费。而在预算制定与报销方面通常需要经过招募机构、省级团委、共青团中央、商务部等四级的审核。①

②志愿者招募与培训②

《援外青年志愿者选派和管理暂行办法》中规定中国青年志愿者协会负

① 黄立志：《中国青年志愿者在海外》，北京时代华文书局，2017，第53页。

② 中国青年志愿者协会：《中国青年志愿者协会．援外青年志愿者招募、培训（暂行）办法》，2006年8月22日。

责组织招募、选定、培训和派遣援外志愿者，可以通过商务部、中国志愿服务网等网站以及新闻媒体等发布招募启事，面向社会公开招募援外青年志愿者或根据需要有针对性地向具体地区或单位定向招募。共青团中央还在建立援外青年志愿者人才库，对服务期满的志愿者进行跟踪和接续培养，同时为今后中国青年志愿者海外服务工作提供后续的人才储备。①

在培训方面，如有必要，招募机构可组织针对理念、纪律、安全健康以及服务技能的培训，时间大约为一周。② 培训形式除了出发前培训，还增加了在地培训。

③志愿者评估考核

在前期派遣的志愿者确定了定期汇报的制度，这些汇报作为志愿者进行评核的依据。这种工作汇报主要是由志愿者自我描述和报告，因此在此基础上的评核客观性不足。中青协负责考核援外志愿者在受援国服务期间的表现，考核过程中征求驻外使领馆经济商务参赞处（室）的意见，考核结束后应将考核结果上报商务部，并通知推荐单位或原工作单位。

④志愿者激励机制

“中国青年志愿者海外服务计划”设置了一系列正式和非正式的志愿者激励机制。首先，《援外青年志愿者选派和管理暂行办法》中规定：“圆满完成服务任务的援外青年志愿者将获得援外青年志愿者荣誉证书，表现优秀的青年志愿者可以被推荐到中国驻外使领馆经济商务参赞处（室）或援外专家组工作。”此外，还有机会参评中国青年五四奖章等荣誉，如冯艾、徐本禹等。其次，各地方也会针对本省派遣的志愿者提供一些激励措施或者优惠政策。最后，除了全国和各省市的优惠政策和激励机制外，参与援外志愿服务的中国青年志愿者还可获得一些无形的、非正式的发展机遇，如表现优秀的志愿者在符合有关部门招聘规定和岗位要求的情况下有机会被推荐至相

① 中国青年志愿者协会：《中国青年志愿者协会．援外青年志愿者招募、培训（暂行）办法》，2006 年 8 月 22 日。

② 中国青年志愿者协会：《中国青年志愿者协会．援外青年志愿者招募、培训（暂行）办法》，2006 年 8 月 22 日。

关部门工作。例如共青团中央曾推荐优秀志愿者到国内知名基金会工作等。这不仅有利于开发青年志愿者的潜力，也为我国志愿服务工作领域积蓄人才力量。

（4）项目流程层面

根据“受援国需要、志愿者能为”的原则，在进行志愿者派遣前，商务部、共青团中央及外交部都会通过与受援方沟通，尽可能满足对方提出的人才要求。

“中国青年志愿者海外服务计划”早期的宣传主要是通过共青团中央及省级团委的官方网站以及服务队开设的博客，受众有限，媒体关注较少。随着我国互联网技术的发展，新媒体的兴起，宣传渠道也进行了扩展。目前商务部网站、中国志愿服务网、各省市级团委、官方微博以及《人民日报》（海外版）都进行宣传。同时，共青团中央开办的《中国青年志愿者》专刊也成为援外青年志愿者的重要宣传途径。在2012年，共青团中央还出版了《中国海外志愿者》，专题介绍中国青年海外志愿者在海外提供志愿服务的经历和故事。

3. 发展特征

“中国青年志愿者海外服务计划”经过10余年的发展，形成了独特的品牌与特色，取得了巨大成效。首先，其作为公共外交的重要形式之一，拓宽了对外援助的领域，丰富了对外援助的内容，巩固和加强了中国同受援国的友谊。其次，取得了多维度的成效与收益：服务了受援国经济社会发展、培养全球化治理人才、传播和谐世界理念、展现中国青年志愿者良好形象等。再次，作为国内较早组织实施的援外志愿者项目，“中国青年志愿者海外服务计划”探索形成了相对科学成熟的运行机制，为进一步深化开展该项目奠定了扎实基础。① 最后，“中国青年志愿者海外服务计划”也得到了党和国家领导人的高度重视。党政部门和领导人的重视扩大了“中国青年志愿者海外服务计划”的影响力，是其后续发展的助推力。

① 《中国青年志愿者海外服务计划有关情况》（内部资料）。

“中国青年志愿者海外服务计划”具有其自身独特的优势和特点。该项目的承担方中国青年志愿者协会发展的路径不同于特定的人道救援工作，也不同于靠机构能力逐步拓展国际业务，而是在政府的指导下，通过响应政策，承担政府项目的部分工作，在政府资金、政策和力量的支持下，派遣志愿者，通过志愿者“走出去”的方式实现社会组织自身的“走出去”，这也能够为我国社会组织“走出去”提供可借鉴的经验和新的路径。

“中国青年志愿者海外服务计划”条件成熟，基础具备，前景可期，因此需要通过丰富项目合作主体，丰富资金来源，切实做好存量，拓展做好增量，在提供充分项目实施经费保障的前提下，实施援外青年志愿者“一带一路”沿线国家专项行动，努力扩大海外计划的实施规模，推广这张中国志愿服务“走出去”的海外名片。目前，共青团中央和商务部也正在积极推进志愿者派遣工作。根据非方成员的强烈愿望，着眼于中非关系发展的现实需要，中非合作论坛峰会将于2018年在中国举办。在这样的历史机遇下，目前相关部门在制定2018～2020年的派出计划，相对于2006年的“3年派出300人”的承诺，“中国青年志愿者海外服务计划”有望迈向新台阶，是否能够再次实现派遣规模的突破有待正式通过和形成多方共识。这样的期待也进一步为中国青年志愿者协会提供了新的“走出去”的环境与契机。

（四）总结

综上所述，当前中国社会组织“走出去”主要集中于人道援助驱动、组织战略驱动以及政策响应驱动三种行动路径，通过不同路径发展的社会组织成长过程具有不同的特征。值得一提的是，这三种行动路径并不是中国社会组织走向国际的全部驱动力，还有诸如组织能力驱动、国际组织驱动等类型，但是这三种是目前项目规模可观且具有显著体制性特征的行动路径。

四 “走出去”面临的挑战

中国社会组织正在迅速发展，积极“走出去”，但目前由于我国法律法规等大环境仍不够完善，加之社会组织自身能力等仍有待提高，因此存在诸多挑战。

（一）组织层面挑战分析

中国社会组织“走出去”根源之一在于其已经积累了丰富的业务经验，形成了一定的组织能力，极大增强了开展国际援助等工作的自信心。在一系列的国际实践中一方面验证了中国社会组织“走出去”参与国际事务的可行性，另一方面也暴露出大部分社会组织对参与国际事务复杂性的认识和能力存在不足。因此从组织内部来看，中国社会组织要“走出去”存在如下一些挑战。

1. 知识和人才储备的挑战

对中国社会组织而言，“走出去”首要的挑战是人才储备不足。以灾害应对为例，首先，是熟悉国际体系，如联合国运作机制的人才。中国社会组织参与国际应对，必须一定程度上融入由联合国等国际机构、西方发达国家国际发展机构以及全球活跃的 INGO 等主导的国际体系。其次，是具备国际语言能力，擅长与国际机构和 INGO 交流的人才。社会组织要想“走出去”，不可避免的是语言相通，只有保持有效而频繁的交流，才可能建立起长期持续的联系，也才谈得上融入。再次，是熟悉国际工作开展国家或地区的文化，能够与当地机构和人员，特别是当地社会组织，有效建立联系的人才。充分利用当地 NGO 能够较大提高工作效率，解决很多实际问题。从中国社会组织普遍的当前状态来看，以上这些人才均十分匮乏。

2. 管理能力的挑战

中国社会组织走出国门，并非建立一个全方位独立的组织，而更多是一个以执行为主的派出机构或分支机构。基于这样的安排，显然对组织的管理能力有更高要求。总体而言，目前有能力“走出去”的社会组织都属于国内各方面能力均较为突出的一些社会组织，均有较强的管理能力。但是这些组织绝大多数既往的管理经验都是在中国国内积累的。即便如中国扶贫基金会等组织，已经尝试走出国门，但内部管理也还是以针对国内的模式为主。

因此，参与国际事务还是对其组织的管理能力提出了巨大的挑战，包括财务管理能力、人力资源管理能力、法务管理能力和公共关系能力等全方位的管理能力，否则往往会造成国际业务部门和国内管理支持部门间的冲突。因此，中国社会组织如果要长远地“走出去”，就有必要专门设计相关管理流程，形成国内和国际两套管理模式，提高管理能力，真正形成在国内的国际业务管理总部。

3. 建设国际社会组织网络的挑战

从国际视野上来看，存在一些可以称之为中坚力量的国际社会组织。例如救助儿童会、乐施会、国际美慈组织等，广泛活跃在国际发展领域，有着全球性的影响力，甚至可以与联合国的相关机构相提并论。这些情况都表明，社会组织参与相应的领域已经有相当广泛而深入的经验。因此，中国社会组织参与国际事务可以直接向那些领先的国际社会组织学习，甚至获得人才、知识和管理能力等方面的直接帮助。这是中国社会组织更快走出国门，更高效开展国际业务的捷径。当然，要想走这条捷径，中国社会组织就必须与这些领先的国际社会组织建立广泛而深入的伙伴关系，或者说必须建设自身的国际社会组织网络，这也是中国社会组织“走出去”所面临的重要挑战。

4. 资源储备的挑战

以上所有的挑战其实都带来一个共同的问题，就是需要一定的资源予以支撑。社会组织总体而言，是基于志愿精神的原则，获取社会资源的支持，得以生存和发展。因此，社会组织的活动一般而言要符合特定社会愿望及志愿精神。有能力“走出去”的社会组织均属于在中国国内相关领域内获得广泛社会认可和支持的组织，当这些组织将活动领域扩展到国际领域时，原有的社会认可和支持并不一定能直接迁移到新的领域。于是，这些社会组织必须有一定资源储备或者获得额外的资源来支持领域的国际扩展。此外，当中国社会组织走出国门后，要建立起新的业务能力，也需要更多的资源支持。总之，一定程度上，中国社会组织“走出去”，是一个重大的战略举措，没有较为充足的资源储备，就难以支持这种战略的有效完成。资源储备方面的挑战，对于中国社会组织“走出去”的影响也是基础和根本性的。

（二）环境层面挑战分析

中国社会组织“走出去”，还需要做好相关环境层面的准备。

1. 国家外交战略的挑战

当参与国际事务时，中国社会组织就不仅是代表中国的社会意愿和社会资源，而成为中国整体性参与国际事务的一部分。因此，中国社会组织“走出去”必须跳出在国内工作时的社会思维，从国家整体性外交战略的角度考虑自身的任务和使命。相应的，国家的外交战略也成为中国社会组织开展国际项目最为根本性的基础因素。当然，这种挑战是双重性的。一方面对于中国外交战略而言，中国社会组织发展壮大开始走出国门为外交战略增加了新的选项和回旋空间，是必须予以认真思考的新挑战；另一方面，对于中国社会组织，要有效参与国际事务，必须有国家意识，积极主动融入国家的外交战略中，为国家战略服务，这也是中国社会组织的新挑战。

2. 异国环境的挑战

中国社会组织参与国际事务，走入异国，首先就面临世界各国语言、宗教、文化风俗、饮食等方面差异的挑战。例如，从参与尼泊尔地震灾害救援的情况看，虽然尼泊尔和中国是邻国，外交关系亲密，民间交往频繁，一些风俗与中国西藏地区相近，如尼泊尔有不少来华留学毕业生、许多华人华侨，此外，在尼泊尔英语也较为通用，这些因素也确实给中国社会组织带来不少便利，但即便如此，语言、文化等差异还是带来很多困难。其次，当更为长期和深入参与国际事务等工作中，该地的政治体制、政社关系、社会发展和经济状况等更深层的特征会带来更为复杂的挑战。中国社会组织在国内开展工作时，大量经验都是基于国内特点的政治体制以及所熟悉的中国社会经济状况，而在异国，基础背景改变了，这些经验顿时就失效，甚至变成影响社会组织行动的负累。如当地政府更迭、不同政党和政治势力关系错综复杂、罢工等在中国国内完全不会或很少涉及的问题成为实施国际项目必须考虑的重要因素。再次，相关国家或地区政治势力和民众对中国的感情好恶也是影响中国社会组织“走出去”的重要因素。在那些对中国不太友好的国家或地区，难免会遇到各方面的苛待，参与国际事务工作会面临更多困难，而那些对中国友好的国家或地区，固然更欢迎中国社会组织，也容易获得各方面的支持，但也会有更多期望和要求，也需要谨慎处理。

3. 国内社会环境的挑战

中国社会组织传统的根基在国内。中国社会组织参与国际事务，一方面有各个社会组织基于自身发展和能力建设的考虑，另一方面也是因为拥有一定的社会基础。中国社会经济发展水平的提高，社会组织的蓬勃发展，促使中国社会存在一定的民众情绪和民意基础，希望其承担更多国际责任和传播中国经验。但是毕竟中国社会组织才刚开始走出国门，支持这些行动背后的中国国内社会基础还处于发展初期，有时国内还出现一些疑虑，如质疑国内还有很多社会问题亟待解决，是否有必要“走出去”等。这种国内社会环境对于中国社会组织参与国际事务的看似矛盾的态度，正是当前中国发展阶段的真实反映。对此，中国社会组织需要积极主动引导、培育中国社会公众认识参与国际事务的意义和价值。同时，也必须正视国内社会环境是中国社会组织“走出去”必须面对的外部挑战。

B.12

生生不息：中国社会创业家新生代数据画像

陈迎炜　呼锦平　王红红　张 元　顾小双*

摘　要： 本文从具有可持续模式的社会组织和有社会目标的创新型企业的现实出发，通过应用友成基金会的三 A 三力评估标准做调研和分析，从驱动力、创新力和转化力三个维度对中国新兴社会创业者进行诠释，意味着中国有了一份从源头到过程到结果的发展报告，也充分呈现出新兴社会创业者蓬勃的生命力来源。

关键词： 社会创业　社会企业　可持续发展

一　缘起

今天的中国，在社会和经济方面依然面临严峻的挑战。如何调动全社会的力量，协同政府创造性地解决社会问题，走出社会与经济均衡发展的新路，这是关系国计民生的重大课题。

社会创业因应这一时代的发展需要正在中国迅速崛起。社会企业作为一种用符合企业家精神的方式来创新地和可持续地解决社会问题的组织，正在成为促进中国社会与经济持续均衡发展的重要力量。①

---

* 陈迎炜，社创之星执委会秘书长。此外，本文由社创之星执委会服务总监王红红实施调查，北京师范大学风险治理创新研究中心硕士研究生张元进行个案访谈，调研由友成基金会资助，数据分析由社会价值评估中心呼锦平、顾小双完成。

① 参见由中国人民大学商学院、中国人民大学尤努斯社会事业与微型金融研究中心、北京大学公民社会研究中心等发起的《中国社会企业发展北京倡议》，新华网，2017 年 6 月 12 日，http://www.xinhuanet.com/gongyi/2017-06/12/c_129630492.htm。

近年来，社会企业得到快速发展，赢得政府及社会各界的广泛关注，特别是在改善民生、提升就业、培育社会资本、促进经济发展等方面发挥作用明显。[①] 在我国已经出现了中和农信、深圳残友等这样具有国际影响力的优秀社会企业，并走出了中国式发展路径。

尽管如此，现阶段中国社会创业不论是规模还是社会影响力方面还都相对较小，可扩张性弱，处于边缘地位，因而很难引起社会各界尤其是投资界的关注。政府、企业和媒体对于国内社会创业机构的发展现状、运营模式、成长路径及在社会建设过程中所发挥的作用等都缺乏必要的认知与理解。

而社会创业因其双重底线标准使得这样的创业更为艰辛而漫长，许多社会创业者在创立机构的过程中也都是“摸着石头过河”，在发展过程中往往会遇到各种问题和困难，因此，亟待对社会创业现状和运营发展有更深入的一手调研。

过去四年来，社创之星依托海内外众多社会创业导师评委推荐和层层选拔，诞生了社会创业具有潜质的新锐榜，他们代表了中国社会创业的未来和方向，对于他们的回访和调研，有利于对社会创业新生代的发展过程有一个较为全面的了解和认知。

有幸的是，一期数据调研得到了友成基金会的资助。在此也对给予帮助的北京师范大学社会发展学院、中国社会科学院社会政策研究中心、友成基金会社会价值评价中心、国信品牌评价研究院等给予的支持表示感谢。

此次问卷调查和访谈从具有可持续模式的社会组织和有社会目标的创新型企业的现实出发，通过应用友成基金会的三 A 三力评估标准做常模调研，从驱动力、创新力和转化力三个维度对中国社会创业者进行诠释，意味着中国有了一份从源头到过程到结果的发展报告，也充分呈现出新兴社会创业者蓬勃的生命力来源。

---

① 摘自朝阳区副区长刘海涛在社创之星 2017 启动仪式上的发言，人民网，2017 年 1 月 5 日，http：//gongyi. people. com. cn/n1/2017/0105/c186202 －29001802. html。

调研中，我们惊喜地发现在150位社创新锐榜上，组织依旧存在并持续发展的超过90%，进一步的调查中让我们看到了来自民间社会创业者生生不息的力量，甚至突破了商业创业所谓的18个月死亡定律。

调研中，我们看到商业和公益的融合之道正在凸显。一些极具企业家创新精神的公益组织创始人努力去挖掘那些可以商业化经营的公益细分市场，从而创立出隶属于公益组织的社会企业。一些有社会责任的企业家正在向社会企业转型，还有一些创业者从一开始就将组织定位在通过商业的手段解决社会问题，创造社会共享价值上，希望让商业成为一种向善的力量。在这个过程中我们依稀看到少数先锋投资人已经开始动用金融杠杆以撬动更多的资源加入到社会企业中，以提升社会公益服务的效率，尽管目前贡献度非常低。

当然，因为人力和财力局限，目前的评估大部分是机构创始人的自我评估，带有一定的主观性。但是，借由这份一线责任人的自我报告让我们看到了义利并举的可能性，从某种意义上也描绘了社会创业家如何炼成的自生长路径。

最后，我们特别呼吁更多的商业企业、社会组织、研究机构、认证机构、金融机构、媒体和政府机构的从业者，都积极投身到社会创业热浪当中，用各种方式来支持社会创业，成为更美好社会的贡献者。

二　定义

本次调研的对象是社会创业者，如何定义他们呢?

定义社会创业者也是重新定义商业成功的过程。美国瑞安·霍尼曼在其所著的《共益企业指南》中指出，我们已经开始从极度强调股东创造短期利润的20世纪模式进化到为所有利益相关方（包括员工、供应商、社区、环境和股东）创造共享和持久繁荣的21世纪模式，前者以股东利益为导向，强调的是股东利益最大化，后者则强调共享价值最大化。在这股浪潮中，社会创业者和他们创办的社会企业将加快这样的进化过程。

社会企业是介于商业组织和非营利组织的中间地带，迄今为止并没有一个世界公认的定义。不同国家和地区的经济、文化、法律制度等有很大差异，每一个国家和地区在不同发展阶段，可能有不同的侧重点。

我们理解的社会创业者是这样一群人：他们怀揣着为社会带来积极改变的愿景而创业，他们以社会价值为核心使命也能实现经济可持续发展，他们用自己的创新模式为社会上的弱势群体提供有效的产品和服务。在他们身上都有着众多共同的美好特质,[①] 我们把他们称为社会创业者。

社会创业以解决社会问题为组织首要目标；通过符合企业家精神的方式，创新性地和可持续地解决社会问题；同时在发展过程中社会目标不会受商业利益、股东利益最大化的捆绑而轻易产生漂移。他们创办的社会企业既可以是创办一家社会组织也可以是一家商业公司。[②]

三　概述

（一）调研说明

2016 年底，在友成基金会的资助下，社创之星组委会以 4 年来社创之星大赛胜出者为主要研究对象进行回访和调研，截至 2017 年 2 月第一期共回收了 102 家调查数据。

社创之星是中国最有潜力的新兴社会创业者选拔大赛，自 2012 年以来每年由来自全国各地包括北京、上海、广东、浙江、江苏、湖南、湖北、海南、四川、云南、安徽、天津、福建、山东、陕西等地区的枢纽型组织或者社会创业领域的资深人士推荐，近百位基金会负责人、社会投资人、媒体人、能力建设专家评议，并倡导公众参与，已经成为观察中国公益与商业融

① 《浪潮中崛起的力量：如何定义社会创业家》，经理人分享网，2015 年 10 月 18 日，http：//www. managershare. com/post/212645。

② 《中国社会企业发展北京倡议》，社会创业家公号，2017 年 6 月 15 日，https：//mp. weixin. qq. com/s/4EfsYVUGArXSrRJ4P8Y_ gQ。

合、了解创新趋势的第一现场，截止到调研前已有150余位最具潜力的社会创业者上榜①。

此次调研的初衷旨在研究这些社会创业新生代发展现状，第一期调研的数据画像从驱动力、创新力和行动力三个向度对社会创业者进行描述，相信对于其他正在进行社会创业的实践者及未来的“社会创业家”们具有重要的数据样本价值和对标意义。

（二）调查手段

问卷调查+个案访谈。

（三）调查方式

自我评价+第三方评估。

（四）调查内容

1. 基础信息

创始人成立时间、发展阶段、规模、组织形态、注册资本、创始人年龄、学历、地域等基础信息。

2. 三A三力指标

社会创业家到底是一群什么样的人呢？我们用3A来概括。

社会创业基于使命驱动力Aim，以更公平、更有效地解决社会问题为导向，那么如何实现这一社会目标，要有创新力Approach，这里所说的创新力是为了达到资源的优化配置和有效利用而进行的技术、创意、模式的创新，从而提高解决社会问题的效率。同时他们在具体的行动力Action方面，通过组织和团队，把创新的价值转化成市场价值和社会影响力。

因此，此次调研立足于创始人角度从驱动力、创新力和行动力三个方面进行调研。其中Aim主要包括愿景使命、战略定位、资源禀赋三个维度；

① 截至2017年7月，社创之星榜单最新数据为208人。

创新力包括产品/服务的创新性、运营模式的系统性、治理结构的社会性三个维度；行动力包括管理运营的有效性、市场转化力与成长性、社会效益和影响力三个维度。具体如下表1。

表1　三A三力调查表

	描　述
Aim	愿景使命——创始人具有积极进取、热切改变世界的愿望，有清晰的战略目标，价值观导向。例如： 1. 贵机构的使命、愿景和价值观是什么？ 2. 贵机构存在的首要任务是哪三项？ 3. 当面临利益冲突的时候，贵机构做决策时首先要重点考虑保护下列哪些利益相关方的利益？ 4. 贵机构核心团队成员对机构的价值观是否了解并认同？……
	战略定位——瞄准规模足够大的社会痛点，找到自身的切入点。例如： 1. 贵机构关注的领域或针对的社会问题是哪些？ 2. 贵机构制定的社会影响目标是什么？ 3. 请依据地域分布、收入情况、年龄和弱势人群四种分类，选择贵机构的受益对象类型。 4. 贵机构要解决的社会问题（或市场方向）是否取得了广泛的社会关注？ 5. 请说明社会对此类服务的总需求规模有多大？ 6. 成立到现在，机构的总体战略定位是否变化过？ 7. 未来5年，贵机构预计和计划占据行业什么样的地位？……
	资源禀赋——创始人/团队的能力和资源禀赋与创业项目匹配情况。例如： 1. 请说明你及核心团队的核心能力、比较优势、资源禀赋与达成机构选定的社会目标是否匹配？ 2. 作为创始人，你在日常工作中最重视和最花时间做的三件事是什么？ 3. 作为创始人，你觉得自己之所以能够成就这番事业最重要的三个特质是什么？ 4. 是否有选拔流程把合适的人放在合适的位置上？……
Approach	产品/服务的创新性——产品服务的独特性和领先程度，比较优势/门槛，有利的竞争格局。例如： 1. 贵机构的核心服务模式与机构使命和愿景的关联度如何？ 2. 与同类产品/服务相比，贵机构的独特性。 3. 贵机构的产品/服务是否具有代表创新、信任和满足感的特征？ 4. 贵机构的产品/服务是否能满足消费者不断变化和增长的需求？ 5. 贵机构的产品/服务是否对于消费者或者资助者来说是一种优先的选择？ 6. 贵机构提供的产品或服务是否体现机构的文化和价值观？……

续表

	描　述
Approach	运营模式的系统性——多方共赢，为价值链/平台上的各方带来的价值，营利程度。例如： 1. 贵机构的运营模式特点。 2. 贵机构的产品和服务模式是否标准化，便于快速扩张？ 3. 该运营模式下的利益相关方主要涉及哪些？ 4. 现阶段贵机构收入是否50%以上来自稳定客户？ 5. 现阶段贵机构的产品或服务价格是否具有显著优势从而主导市场获取高溢价？ 6. 机构的成本高于或者低于同行平均成本的原因分析。 7. 贵机构的可持续模式整合了哪些跨界资源？ 8. 贵机构是否达到收支平衡？……
	治理结构的社会性——社会利益相关方决策在利润分配、股权分配中的参与程度。例如： 1. 参与公司决策的相关利益方是哪些？ 2. 贵机构是否能有效管理相关利益方？ 3. 除了管理团队外，贵机构是否拥有董事会或理事会管理机构？如果有，机构董事会或理事会召开的频率是每年几次。 4. 贵机构董事会/理事会或管理机构是否以书面文件明示相关的社会责任？ 5. 贵机构是否制订员工持股计划？（如果贵机构是一家非营利组织，则请选择不适用。）如果是，全职员工（不包括公司创始人、高级管理人员）持有公司股权比例是多少？ 6. 贵机构是否有书面规定将一定比例的年利润捐赠给公益项目？规定的捐赠比例是多少？ 7. 贵机构是否有财务报表的审计或复核机构。 8. 贵机构是否进行信息公开，如公开，渠道主要包括哪些？ 9. 贵机构是否有书面的政策规定怎样监督和披露机构、董事会/理事会成员、机构拥有者、投资人/资助人潜在的利益冲突？……
Action	管理运营的有效性——机构内部管理制度健全、流程严谨顺畅，能够有效支持机构业务开展。例如： 1. 贵机构是以庞大的层级结构运作的，还是由小型的、跨部门的自我管理的团队组成？ 2. 贵机构是否有管理的监督评估机制？ 3. 贵机构是否有员工、用户等反馈机制。 4. 贵机构如何鼓励员工进行自我学习？ 5. 贵机构的知识管理体系是怎样的？ 6. 贵机构最高薪酬和最低薪酬比例分别是多少？……
	市场转化力与成长性——在受益人群或者用户的表现，如渠道、收入、市场占有率等方面的增长，以及市场和品牌估值。例如： 1. 贵机构连续三年的经济成效指标，收入来源。 2. 贵机构提供的产品或服务业绩同行排名情况。 3. 贵机构提供的产品或服务过去一年市场覆盖情况。 4. 贵机构是否在利益相关方意识中形成独特印象和积极联想，从而产生经济利益？……

续表

	描　述
Action	社会效益和影响力——机构主营业务给社会带来的正向改变的广泛性和可持续性。例如： 1. 贵机构连续三年受益人数情况。 2. 贵机构是否规定了与机构社会或环境目标相关的关键绩效指标(KPI)或标准？ 3. 贵机构首席执行官或其他高级管理人员的薪酬是否与社会和环境绩效挂钩？ 4. 贵机构是否有专项预算或激励机制促进社会/环境目标的改善？ 5. 贵机构提供的产品或服务是否体现机构的文化和价值观？ 6. 贵机构是否善于在互联网新媒体上建立品牌影响力？ 7. 阻碍贵机构发展的因素有哪些？……
合一性	Aim(驱动力)、Approach(创新力)、Action(行动力)的知行合一程度

四　发现：社会创业新生代成长描述

（一）基本情况分析

1. 40岁以下高学历人群成为主力军

创始人年龄：他们平均不到 40 岁，最小 24 岁，本科以上 80%。学历高且年轻化。

表 2　创始人/负责人特征

单位：%

年龄分布	占比	学历分布	占比
30 岁以下	12	博　士	5
30～39 岁	40	硕　士	29
40～49 岁	35	大学本科	46
50～59 岁	9	大　专	12
60 岁及以上	2	其　他	8

2. 55%的社会创业不到4年

成立时间：平均成立年龄为 4 年。其中约 55%（56 家组织）社会创业不到 4 年，35%（36 家组织）社会创业在 5～10 年，这显示了社会创业浪潮在中国方兴未艾。

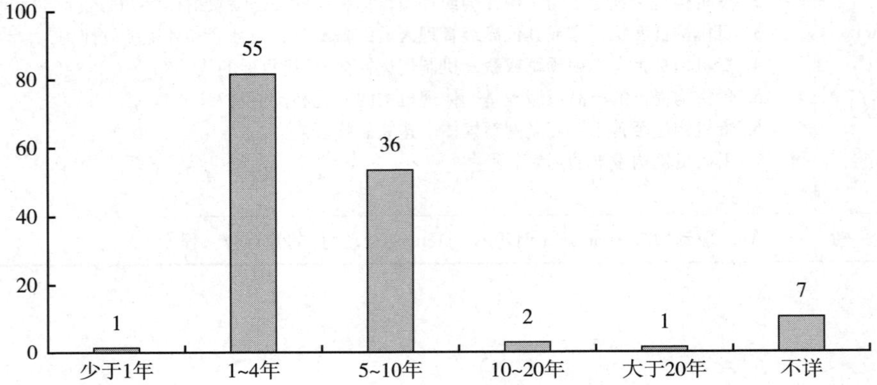

图 1　成立时间

3. 发展阶段以成长期和初创期组织为主

发展阶段：本期调研中，工商注册和社会组织形态基本各占一半，其中 53.5% 的受访组织自我评估属于成长期，25.7% 自我评估属于初创期，显示了以成长期和初创期组织为主的新生代特征。

表 3　发展阶段

选项	数量	占比(%)	选项	数量	占比(%)
种子期	8	7.90	扩张期	11	10.90
初创期	26	25.70	成熟期	2	2
成长期	54	53.50			

4. 资料来源主要分布在五大省市

地域分布：本次调研的数据来自对过去 4 年 150 位社创之星的问卷发送，截至结束时间共有 102 家机构的创始人参与调查。发送样本涉及全国近

20个省市特区，其中四分之一机构位于北京，其他主要分布于上海、广东、浙江、四川等省市，这五个省市容纳了60%以上社创之星。

由于本次调查并非概率抽样，并不能代表全国社会创业新生力量的总体分布，但是和目前北京、上海、广东、浙江、四川五大区域公益慈善活力强劲态势基本一致：2016年底，中国慈善联合会在北京发布第四届“中国城市公益慈善指数”，从社会捐赠、志愿服务、慈善组织、慈善经济贡献、政府支持、慈善文化等六个方面对51个指标进行了统计。其中，北京、上海、南京、广州、深圳、无锡、苏州、长沙、成都、厦门等城市位居综合指数前列。[①] 从社创之星整体数据分布以及入围获奖名单看，北京、浙江、上海、江苏、四川、广东、海南位列前七，此外湖南、云南、安徽的民间活跃度也值得期待。

表4　社创之星晋级12星榜单地区排名

地区	12星数量	地区	12星数量
北　京	18	广　东	4
上　海	6	海　南	4
江　苏	6	湖　南	2
浙　江	7	云　南	2
四　川	5	安　徽	2

（二）社会创业的内在驱动力

1. 社会使命凸显，优于股东利益

公益事业的社会价值在于推动社会进步，这一使命优先于股东利益。从调查中可以明显看出，社会创业者以解决社会问题为发展长远目标，并以创建核心社会价值观为导向。

---

① 《中国城市公益慈善指数排行榜“出炉”，北京上海南京位列前三》，新华社，2016年12月26日，http：//www.chinadaily.com.cn/micro－reading/2016－12/26/content_27778197.htm。

机构存在的首要任务社会性属性强：82.40%的创始人表示首要任务是“解决特定的社会问题”，71.60%的创始人希望“对社会进步做出贡献”。41.20%的创始人希望“服务于消费者的利益”，37.30%则以“增加员工待遇”为己任，28.40%追求“满足员工的精神需求”，仅有不足4.90%的创始人认为机构存在的首要任务是实现“股东利益最大化”。

表5　机构存在的首要任务

选项	数量	占比(%)	选项	数量	占比(%)
股东利益最大化	5	4.90	解决特定社会问题	84	82.40
增加员工待遇	38	37.30	满足员工的精神需求	29	28.40
服务于消费者的利益	42	41.20	其他	7	6.90
对社会进步做出贡献	73	71.60			

从三A三力分值上看，本次调研的社会创业新生代样本的目标驱动力均强于创新力，也强于达成目标的转化力。

表6　三A三力总分表

三A总分	76.26	更公平、更有效率、更可持续解决社会问题的水平
三A合一性	79.24	Aim，Approach，Action的一致性程度
目标驱动力 Aim	82.62	社会议题的公共性、社会性
方案创新力 Approach	71.72	解决方案的专业性、系统性、创新性、可持续性
行动转化力 Action	64.68	组织和团队实施创新解决方案、达成社会目标执行能力

2. 善于发现社会需求，瞄准社会痛点

37.3%的创始人认为组织所要解决的社会问题已经取得了广泛社会关注；43.1%的认为组织所要解决的社会问题被少数关注；而16.7%的认为自己是变革的启动者，其要解决的社会问题首次被倡导。由此可见，近60%的新兴社会创业者是那些善于发现社会需求先机，具有蓝海思维、先动性强的人群。

表7　所解决社会问题的社会关注度

选　　项	数量	占比(%)
此社会议题在我们之前没有得到过社会关注,属于首次被倡导	17	16.70
此社会议题之前只被少数机构或人群关注	44	43.10
此社会议题已经得到广泛的社会关注	38	37.30
不清楚	3	2.90

调研数据显示，社会创业新生代的服务领域广泛。联合国2030年可持续发展目标涉及的17个方向均有涉及，其中教育、文化艺术、扶贫、养老、心理、残障、环境保护、医疗健康等领域最为关注。受益人群包括贫困、残疾、少数民族、妇女儿童、老人等。具体如下。

（1）社会创业新生代最关注的社会领域是“教育”，有60.8%的机构将“教育”列为其重点关注的社会问题之一；其次受到重点关注的领域是“文化艺术”，占据26.5%的比重。“扶贫”与“养老”也是机构重点关注的社会问题，分别占比21.6%与20.6%，与之相接近的是“心理（18.6%）”、“残障（17.6%）”、“环境、能源和水（16.7%）”、“医疗健康（15.7%）”。

表8　关注的社会领域

选项	数量	占比(%)	选项	数量	占比(%)
教育	62	60.80	残障	18	17.60
环境、能源和水	17	16.70	救灾	7	6.90
食品	10	9.80	心理	19	18.60
农业	10	9.80	文化艺术	27	26.50
医疗健康	16	15.70	金融	7	6.90
养老	21	20.60	交通	3	2.90
扶贫	22	21.60	居住	8	7.80
女性	13	12.70	其他	18	17.60

（2）机构制定的社会影响目标最主要集中在“教育改善”。有54.9%的机构将“教育改善”列为其制定的首要社会目标。其次46.1%的机构将

"社区发展"列入社会目标之中。"健康改善（23.5%）" "平等赋权（21.6%）""增加就业（20.6%）""环境保护（18.6%）"，是仅次于前两个被大多数机构制定为其努力达成的社会目标。

表 9　机构制定的社会影响力目标

选项	数量	占比(%)	选项	数量	占比(%)
教育改善	56	54.90	疾病预防	11	10.80
环境保护	19	18.60	健康改善	24	23.50
金融服务	5	4.90	增加就业	21	20.60
信息公开	8	7.80	平等赋权	22	21.60
平价住房	2	2	食品安全	11	10.80
农业生产力	8	7.80	慈善捐赠	13	12.70
建筑能力	3	2.90	人权保护	7	6.90
社区发展	47	46.10	收入/生产力增长	12	11.80
缓和冲突	12	11.80	其他	16	15.70

综上可见社会创业者在创办初期具有清晰的社会目标，以社会问题解决为己任。

（3）受益群体特征：

从表 10 可以看出，被调查对象关注的受益群体排名前三位的分别是：低收入（76%）、中等收入（70%）和贫困人群（56%）。非常贫困（39%）和高收入人群（45%）的关注度非首要位置。

表 10　受益人群的收入情况

单位：%

受益群体特征	占比	受益群体特征	占比
非常贫困	39	中等收入	70
贫困 *	56	高收入	45
低收入	76		

*贫困人群指人均年收入低于 3000 元。

从表 11 可以看出，受益人群的特征是从地域看依次在城市、城乡接合部、偏远地区，年龄分布上依次是成年人、青少年、儿童和老年人，从特殊性看依次是女性、残障人、少数民族群体和患者。

表 11　受益群体特征

单位：%

受益群体特征	占比	受益群体特征	占比	受益群体特征	占比
偏远地区	49	儿童	58	残障人	33
城乡接合部	56	青少年	61	少数民族	30
城市	77	成人	71	女性	37
		老年人	44	患者	18
				其他风险人	41

从社会需求看，46.5%的机构认为自身解决的社会问题受益人规模在 1 亿人以上。上述调查初步体现了这些机构所关注的社会议题的公共性和公平性，紧迫性方面从财产、生命健康的影响程度上也有所体现①。

表 12　预计社会对此类服务的总需求规模

选项	数量	占比(%)	选项	数量	占比(%)
10 万人以下	7	6.90	1000 万～1 亿人	21	20.80
10 万～100 万人	11	10.90	1 亿人以上	47	46.50
100 万～1000 万人	15	14.90			

3. 崇高而热切的使命：成就社会事业最重要的特质

被访的创始人有 54.3% 认为自己对于社会问题的解决具有强烈的热忱，非做不可；33% 认为自己的核心能力和优势资源与要解决的社会问题完全匹配，充满信心。

① 友成通常会从公共性、公平性和紧迫性三个维度来衡量一个社会问题或需求：公共性指的是问题涉及的人群的比例和规模，公平性是问题涉及的人群的社会福利和权利与社会平均水平的相对关系，紧迫性是指这类问题造成的生命、环境、财产的影响和危害的程度。

表 13 创始人资源禀赋和所要解决社会问题的匹配度

选项	数量	占比(%)
我对这个社会问题的解决具有强烈的热忱,非做不可	51	54.30
我的核心能力和优势资源和问题解决方向完全匹配	31	33
我的核心能力和优势资源与问题解决方向不完全匹配,但我正在努力中	10	10.60
其他	2	2.10

被访的创始人认为成就社会创业最重要的特质是创新精神、热情或激情、有远见并能表达出来、坚持甚至是固执以及积极态度。其中创新精神的重要性非常显著，占到52%；其次是热情或激情占47.1%，也就是对于要达成的愿景的不可遏制的兴奋和热情；有远见并能表达出来和坚持甚至是固执分别占39.2%和38.2%，除了创新精神和热切的使命外，还需要对于社会目标的远见卓识和坚定不移的恒心。

表 14 成就社会创业最重要的特质

选 项	数量	占比(%)
热情或激情(PASSION)	48	47.10
坚持甚至是固执(PERSISTENCE)	39	38.20
有远见并能表达出来(VISIONARY)	40	39.20
积极态度(POSITIVE ATTITUDE)	33	32.40
创新精神(INNOVATIVE)	53	52
动员能力(MOBILIZING ABILITY)	11	10.80
营商智慧(STRONG BUSSINESS SENCE)	10	9.80
关怀的心(CARING)	19	18.60
授权与栽培(ENABLING & EMPOWERING)	12	11.80
改革启动者(DRIVER OF CHANGE)	15	14.70

尤其值得一提的是积极乐观的精神，占32.4%。日本企业界重量级人物稻盛和夫有一个著名的方程式：人生的成功 = 思维方式 × 热情 × 能力，热情和能力都是正数，而思维方式将以“作为人何为正确”思考为零点，正向积极思维是正数，越是朝向良知的分值越高；反之则是负数。

从社会创业者的调查中也分明看到了积极乐观的正向思维，崇高而热切的使命驱动对于成就利他事业的重要性。

从调查中我们也看到关怀、变革驱动、授权、动员能力的重要性并不高，都在10%左右，而对商业敏锐的营商智慧则排在最后。究竟是这样的品质存在但不被重视，还是非重要品质需要进一步论证。

总之，对社会创业者而言，创业不是为了创造一个组织，而是以组织为手段来实现自身追求的社会目标，并且是一个由内及外的影响过程。

来自杭州老爸评测的创始人魏文锋作为一位具有16年工作经验的检验认证工程师，敢于变革。传统检测认证行业收入主要来源于生产企业，认证机构的利益往往被生产者所捆绑，甚至为不良企业做背书。在有毒产品面前，几乎很难有机构在真正保护消费者。同样是孩子的家长，他从塑料包书皮开始坚定不移站在家长一边，致力于“让孩子远离有毒有害产品”，通过众筹的方式募集检测费，由此开创了良币驱除劣币的发展路径，取得显著的社会效益和经济效益双丰收。

来自古村之友的创始人汤敏则以古村保护活化为载体，以新乡贤工程为抓手，以乡土文化复兴和激活民间公益慈善土壤为目的构建一个生态系统。古村之友成立仅半年，团队已覆盖30个省份1000支志愿者队伍，拢聚成四五万人的古村保护志愿者团队，形成稳固的“心愿共同体”。

海南星农夫创始人苏剑程毕业于华南热带农业大学，植物保护农药方向专业。2014年开始专注于蚯蚓在滨海盐碱地上的改良应用，希望能让每一寸土地都可持续。

百信之家的创始人谢勇模大学期间就休学创业，至今他通过社区互助银行的探索，开辟了农民自我赋能的新道路，让“泥腿子”到“银行家”不再是一个梦想。

从他们身上都可以看出崇高而热切的使命是一家组织得以持续发展甚至创造指数级发展的心法。相比而言，利益驱动和资源驱动往往会诱使创业者舍本逐末，真正永续的驱动是愿力驱动，也就是来自使命、愿景和社会价值的驱动，这是社会创业的源头能量。

（三）社会问题解决方案的创新力

1. 与机构使命和愿景高度关联的产品服务

调查数据发现具有社会情怀的宗旨不仅仅挂在墙上，还落实到制度、KPI 考核和产品服务设计中。96.9% 的机构的核心服务模式与机构的使命、愿景相关，其中 52% 的运营模式与价值观和愿景高度匹配，他们存在具体且广泛接受的达成机构使命和愿景的服务模式，并被广泛用于指导机构设计项目，机构极少实施不符合标准的行动；30.6% 的机构存在达成机构使命愿景的清晰的服务模式，且被用做筛选机构项目的标准；14.3% 的机构有符合机构使命愿景大致的服务模式，但是在实践行动中匹配度较为松散。

表 15　机构核心服务模式和机构使命愿景的关联度

选　　项	数量	占比(%)
没有一个能促使机构使命愿景达成的清晰的服务模式，机构的实践行动都是与愿景和使命关系松散的项目组合	2	2
存在达成机构使命愿景的大致理念和服务模式，但实践行动与使命和愿景联系松散	14	14.30
存在达成机构使命愿景的清晰的服务模式，且被用做筛选机构项目的标准	30	30.60
存在具体且被广泛接受的达成机构使命和愿景的服务模式，被广泛用于指导机构设计项目，机构极少实施不符合标准的行动	51	52
不适用	1	1.10

在这些组织中，超过一半规定了与机构社会或环境目标相关的 KPI 关键绩效指标，其中有 8.4% 的机构每半年就衡量一次与社会环境目标有关的 KPI。同时 24.2% 的机构所有、高管薪酬和社会环境绩效指标挂钩。64.1% 的机构会将部分利润捐赠给公益项目，但随意性强，有 46.7% 的机构捐赠是随机的，没有对捐赠比例做出书面规定。由此进一步说明了这些组织社会价值实现路径的特点。

表 16 是否规定了与机构社会或环境目标相关的关键绩效指标（KPI）或标准

选　　项	数量	占比(%)
我们并不追踪关键社会或环境绩效指标	44	46.30
我们制定了衡量机构社会和环境目标的关键绩效指标/标准或结果	27	28.40
我们至少一年衡量一次与社会和环境目标相关的 KPI 的值	16	16.80
我们至少半年衡量一次与社会和环境目标相关的 KPI 的值	8	8.40

表 17 首席执行官或其他高级管理人员的薪酬是否与社会和环境绩效挂钩

选　　项	数量	占比(%)
不挂钩	68	71.60
只与机构创始人和首席执行官的薪酬挂钩	4	4.20
与所有高管人员的薪酬挂钩	23	24.20

表 18 机构是否会将部分利润捐赠给公益项目

选　　项	数量	占比(%)
不捐赠	33	35.90
捐赠是随机的，没有关于捐赠比例的书面规定	43	46.70
规定捐赠比例<2%年度利润	0	0
2%年度利润<规定捐赠比例<5%年度利润	5	5.40
5%年度利润<规定捐赠比例<10%年度利润	2	2.20
10%年度利润<规定捐赠比例<20%年度利润	4	4.30
规定捐赠比例>20%年度利润	5	5.40

2. 运营模式的独特性

尝试独特的方法和流程解决问题，具有优于其他竞争对手的先动性以及定期创新迭代成为机构立于不败之地的关键。

调查中，37.4%的机构尝试独特的方法和流程解决问题；29.1%在市场竞争中具有先动性，即通常先于同类机构或者竞争对手引进新产品、服务或流程；17.3%通过定期引进新产品、服务或流程。

表 19　运营模式的独特性

选　　项	数量	占比(%)
尝试独特的方法和流程解决问题	67	37.43
在市场竞争中具有先动性,即通常先于同类机构或竞争对手引进新产品、服务或流程	52	29.05
定期引进新产品、服务或流程	31	17.31
专注于超越竞争对手,采取积极的态度,迎接对手的挑战。	19	10.61
具备风险承担性,倾向于参与高风险项目,在不可控形势中采取大胆的行动	7	3.91
其他	3	1.68

产品/服务的稀缺性和质量、美誉度以及技术创新是机构能够在市场中高溢价的主要原因。调研中有 53 家机构提供的产品或者服务价格高于同行，其中 71.7% 由于产品和服务的稀缺性和质量获取高溢价，56.6% 机构由于自身美誉度获取溢价空间，37.7% 因为技术和设计创新和设计带来高附加值。

有 42 家提供的产品或服务低于市场平均价格，其中超过一半是因为给目标群体让利，而近 1/3 的机构因为成本低于市场而使得价格偏低。

表 20　机构提供的产品或服务价格高于同行平均价格的原因

选　　项	数量	占比(%)
由产品/服务的稀缺性和质量带来的溢价	38	71.70
由机构本身美誉度带来的溢价	30	56.60
由于创新科技/设计带来的溢价	20	37.74
成本高于市场平均值	2	3.77
其他	1	1.89

表 21　机构提供的产品或服务价格低于同行平均价格的原因

选　　项	数量	占比(%)
对目标群体让利	24	55.81
成本低于市场平均值	14	32.56
其他	4	9.30

进一步分析机构的成本结构发现，与商业机构类似，共享和规模化生产带来的边际成本降低同样是降低机构产品服务成本的关键，但不同的是因为志愿者的参与已经成为社创机构降低成本的重要原因，此外有超过1/4的机构将政府补贴或者社会捐赠作为降低成本的利好因素看待。值得一提的是，一般而言，政府购买、社会捐赠等是作为收入增加而不是成本减少计算在机构财报中，这样更容易和商业机构进行对照。

而更多考虑生产材料的质量、社会责任、交叉补贴等因素导致成本增加成为首要因素。而对于受益人群的让利已经成为机构定价的主要策略。可见社创机构运营的独特性更多从社会利益角度考虑。

表22　贵机构的产品或服务如果成本低的原因分析

选　　项	数量	占比(%)
由资源共享带来的边际成本递减	52	51
志愿者参与	40	39.20
由规模化生产带来的边际成本递减	36	35.30
社会捐赠	33	32.40
政府补贴	26	25.50
其他	3	2.90

表23　贵机构的产品或服务如果成本高的原因分析

选　　项	数量	占比(%)
关键生产要素的质量优于市场	49	48
社会责任的额外成本	47	46.10
补贴受益人群	24	23.50
其他	6	5.90

此外，社会创业的运营模式中善于整合跨界资源，超过一半的机构在可持续运营模式中整合的资源依次是企业资源、政府资源、公众资源和高校研究资源。

表 24　机构可持续模式整合的跨界资源

选项	数量	占比(%)
企业资源	74	72.50
政府资源	72	70.60
公众资源	68	66.70
高校研究资源	52	51
其他	11	10.80

3. 治理结构中相关利益方视角明显

从产品服务最主要的受益人类型看，超过七成的被访机构的创始人认为是用户利益和社区利益，其次分别是政府、客户、员工。而股东、供应商和分销商等的利益排在最后。

表 25　产品服务主要受益人类型

选　项	数量	占比(%)	选　项	数量	占比(%)
用　户	76	74.50	员　工	64	62.70
客　户	68	66.70	社　区	73	71.60
供应商	28	27.50	政　府	69	67.60
分销商	16	15.70	其　他	4	3.90
股　东	32	31.40			

被调研的机构，除了管理团队外，69.5%的机构拥有董事会或者理事会管理结构，并且每年至少召开一次董事会或者理事会，1/5 的机构每季度就召开一次。当然还有近 1/3 的机构在治理结构上有待完善。

表 26　机构是否拥有董事会或理事会管理机构

选项	数量	占比(%)
有	66	69.50
无	29	30.50

表 27　董事会或理事会召开频率

选项	数量
每年一次	33
每半年一次	19
每季度一次	14

参与机构决策的相关利益方中排名前三位的是员工、受益人群和股东，其中员工参与决策的比例占到 68.6%，受益人群参与重大决策的比例占 60%，可见决策中受益人视角突出。

表 28　参与机构决策的相关利益方

选项	数量	占比(%)	选项	数量	占比(%)
员工	70	68.60	上游合作伙伴	34	33.30
受益人群	61	59.80	下游合作伙伴	23	22.50
股东	47	46.10	其他	4	3.90
客户	37	36.30			

4. 员工利益不再是简单的口号

如何衡量一家组织是否以员工为本，美国共益企业认证一般会体现在三个方面：（1）员工的所有权；（2）工作的环境；（3）员工的工资、福利和培训。①

此次调查可以发现绝大多数被访组织在美国共益企业 15 道快速评测题中均能拿到 7 分以上。

在商业组织中最高收入和最低收入差距日益突出。据 2012 年美国财富 50 强的数据显示，首席执行官和普通员工工资比率为 379∶1。②

① 〔美〕瑞安·霍尼曼（Ryan Honeyman）：《共益企业指南》，中信出版集团，2017，第 57 页。

② "Fortune 50 CEO Pay VS. OurSalaries," CNNMoney, Http://money.cnn.com/magazines/fortune/fortune 500/2012/ceo－pay－ratios/.

而2016年，中国社会创业新生代机构平均最高薪酬和最低薪酬比不超过3倍。月平均最高薪酬12861元，最低薪酬4393元；预计2017年最高薪酬和最低薪酬有望接近4倍。而54家工商注册的机构中，53.7%的机构员工持有股份。

表29　最低薪酬和最高薪酬差异

单位：元/月

年份	最高薪酬	最低薪酬
2015	10706	4091
2016	12861	4393
2017(预计)	20550	5232

84%的机构有选拔流程把合适的人放在合适的位置上；在“机构是否有员工意见反馈机制”这个问题上，90.3%的机构都有员工反馈机制。

表30　全职员工持有公司股份比例

选项	数量	占比
0%	25	46.30%
1%~24%	22	40.70%
25%~50%	2	3.70%
>50%	5	9.30%

表31　合适员工的选拔流程

选项	数量	占比(%)
有	79	84
无	15	16

表32　员工意见反馈机制

选项	数量	占比(%)
有	84	90.30
无	9	9.70

从员工的培训和鼓励自我成长方面，59.8%的机构有团队建设，46.1%有内部讲师制度或者内部微信、QQ学习群，42.2%有培训讲座或晨

读制度。而业务竞赛（12.7%）、国际交流（13.7%）、轮岗学习（14.7%）、作为效绩考核指标与物质奖励或精神奖励挂钩（23.5%）等促进学习的做法并不普遍。

表 33　鼓励员工自我学习的措施

选　项	数量	占比(%)
团队建设	61	59.80
内部讲师制度或内部微信、QQ 学习群	47	46.10
培训讲座或晨读制度	43	42.20
读书会或书籍传阅制度	33	32.40
有内部员工职业规划成长通道	31	30.40
作为绩效考核指标与物质奖励或精神奖励挂钩	24	23.50
轮岗学习	15	14.70
国际交流	14	13.70
业务竞赛	13	12.70
无措施	4	3.90

（四）社会创业的组织行动转化

1. 市场销售是最多收入来源

年收入：70 家机构 2016 年的收入（包括捐赠收入）2.94 亿元，平均每家收入 420 万元。2016 年，每家机构平均雇佣 21 人，每位全职员工每年平均为机构创造 20 万元收入。

表 34　机构年收入和平均值

单位：万元/年

年份	被访机构年总收入（万元）	平均机构年收入（万元）	平均雇佣员工数（人）	全职员工贡献度（万元/年）
2015	15115	207	16	13
2016	29435	420	21	20
2017(预计)	71246	1018	30	34

注：102 家被访机构本项有效数据为 70%。

从调查结果看，机构自造血模式清晰，不管是2015年还是2016年组织收入排名前三的均是市场销售、政府购买或捐赠、补贴和基金会项目或捐赠；其次除了自己的积蓄外，我们看到公益创投、众筹、企业项目或捐赠的支持力度均在10%～20%，位居第二阵营；而2015年和2016年风险投资均排名最后，仅占2%，这也显示了目前主流的风险投资在社会价值投资领域的贡献度非常低。

表35　机构总收入来源前三位

单位：%

选　项	2015年占比	2016年占比	2017年占比（预计）
市场销售	41.20	43.10	50
政府购买或捐赠、补贴	33.30	35.30	37.30
基金会项目或捐赠	28.40	31.40	33.30
自己的积蓄（包括家人、朋友的支持）	16.70	17.60	8.80
企业项目或捐赠	14.70	17.60	17.60
公益创投	19.60	16.70	18.60
众筹	9.80	14.70	15.70
民间捐赠	7.80	8.80	8.80
会员费	3.90	3.90	3.90
其他	5.90	2.90	2
风险投资	2	2	4.90

调查显示70%的机构表示，现阶段有50%的收入来自稳定客户。78.8%以上的创始人产品/服务已经标准化，便于快速扩张。55.8%的机构具有显著优势使其产品/服务价格主导市场获取高溢价。

表36　50%以上收入来自稳定客户情况

选项	数量	占比（%）
是	70	70
否	30	30

表 37　产品/服务标准化情况

选项	数量	占比(%)
是	78	78.80
否	21	21.20

表 38　现阶段产品或服务价格具有显著优势获取高溢价

选项	数量	占比(%)
是	53	55.80
否	42	44.20

2. 社会成效

在此次调查中，被访对象 2016 年提供的产品或服务总受益人达 5904 万人次，平均每家机构受益人 84 万人次。预计 2017 年机构总受益人将增长 4 倍以上。

表 39　受益人总规模和平均值

单位：万人次

年份	受益人次总规模	机构平均受益人次	较上一年增长倍数
2015 年	1385	19	
2016 年	5904	84	3.42
2017 年(预计)	32829	469	4.58

注：102 家有效数据为 71%。

被访机构中，48% 认为对第一受益人产生重大影响，31% 认为影响比较大，当然值得关注的是有 21% 认为影响不大。

2013 年开始，“上学路上”通过改进国际通用的“阅读疗法”——把精选的、有疗育效果的读物，朗读并录制下来，剪辑配乐后放进“故事盒子”，弥补留守儿童们没有机会听父母讲故事的成长真空，并疗育他们爱缺失下的心灵，同时根植正直、忠诚、善良和爱。迄今为止，已有百余位名人和上千名志愿者参与了故事录制以及温暖留言。截至 2017 年 12 月，“上学路上”已为贵州、河南、甘肃、山西、湖北、广西、宁夏等 11 省份共 31 所学校的 9394 位学生送去了“故事盒子”。4 年来通过小雨点广播站直接帮扶留守儿童 30 余万，成为该领域中国公益重要的民间力量。问卷抽样调查显示，有 64% 的孩子在连续听了故事盒子三个月到半年之后，心理状况都离开了警戒线红区。今年 3 月，北京上学路上公益促进中心关于留守儿童帮扶的提案首次提交两会。

2017 年，大西洲“致敬生命”公益全年持续开展，服务范围从广东扩展到北京、湖北、湖南、四川、山东等地，并在 7 月跨越国界，在泰国曼谷为知名华人、泰国王传记作家范军教授开展“致敬生命”服务。到 2017 年 12 月已开展到 28 期，为超过 60 名长者提供数字化身全系列服务，直接受益人群达数千人。

招收农村残疾人的海南残服爱心服装有限公司成立不到半年，服装销量已经突破一千万元。不仅仅是销量奇迹，一个又一个残疾员工在这里得到很大变化，甚至脑瘫的姑娘从最初的不愿意说话变得爱笑、爱说、爱唱。有因事故致残曾经想自杀忘记了该怎么笑的小伙子，改变了心态，认真积极工作，获得尊严。

五　问题和挑战

（一）钱和机构自身的问题依旧突出

虽然社会企业被认为具有创造社会价值的创新优势，但是调研中，我们发现大多数的社会创业者都受到来自资金 57.8% 和自身的阻碍 48.0%。

57.8% 机构受到来自资金的阻碍，缺乏发展所需的资金；48.0% 受到来自机构自身的阻碍，比如时间不充裕、人才缺失、技术盲区、市场信息不对称等；18.6%受到来自法律法规的阻碍，如政府对社会企业界定不明确，未能提供所需支持等；8.8%来自市场接受度低。

表 40　阻碍机构发展的因素

选　　项	数量	占比(%)
来自资金：缺乏发展所需资金	59	57.80
来自机构自身：时间不充裕、人才缺失、技术盲区、市场信息不对称	49	48
来自法律法规：政府对社会企业界定不明确，未能提供所需支持	19	18.60
来自市场：市场接受度低	9	8.80

一家机构创始人表示因为其服务对象以低收入人群为主，如何通过政府购买是关键收入来源，但是因为渠道不通畅，短期难有成果。此外如何能够将产品服务和高端人群结合，目前还在摸索中。而人才构成中市场营销经验，商业运营能力是他们的劣势，因此市场接受度不高。

此外时间不够用，人才留不住，技术短板等也是大家普遍遇到的挑战。一家已经成立3年的机构尽管在行业有一定的影响力，拥有近200人的志愿者团队，但是至今得到的行业资源支持并不是很多，发展艰难；其全职人员仅仅2人。

另一家在业内排名前几位的平台型组织每年员工的流失率超过1/3。在被访中，一位不愿意透露姓名的高层表示，社会组织不存在分红机制，他们的员工尽管每年都要做全面预算，大家都需要背负KPI任务，但是到年终的时候，业绩好的个人和团队得不到有效激励，高管在北京的工资也就是6000元，拿着连农民工都不如的低薪，一个人干着两三人的活儿，这也是机构留不住人才的重要原因。

社会企业在国内是新事物，目前政策上并没有什么特别支持。来自成都工商局有关人士表示目前正在试点设立社会企业类别，希望由此能促进政策红利出台。

（二）亟待解决的发展瓶颈

在调研中发现，新兴社会创业者的弱项也很明显。

具体分析可以看出，社会创业者的内在驱动力高，主要体现在愿景使命和战略定位上，高分分布较为集中，而资源禀赋和目标匹配度方面高低参差不齐。在能否更系统、有效和可持续解决问题上的创新力方面，产品模式，尤其是治理结构普遍不够完善，差异大，有较大提升空间。短板是达成目标的执行能力，管理模式，比如管理有效性、员工激励、持续成长、薪酬待遇

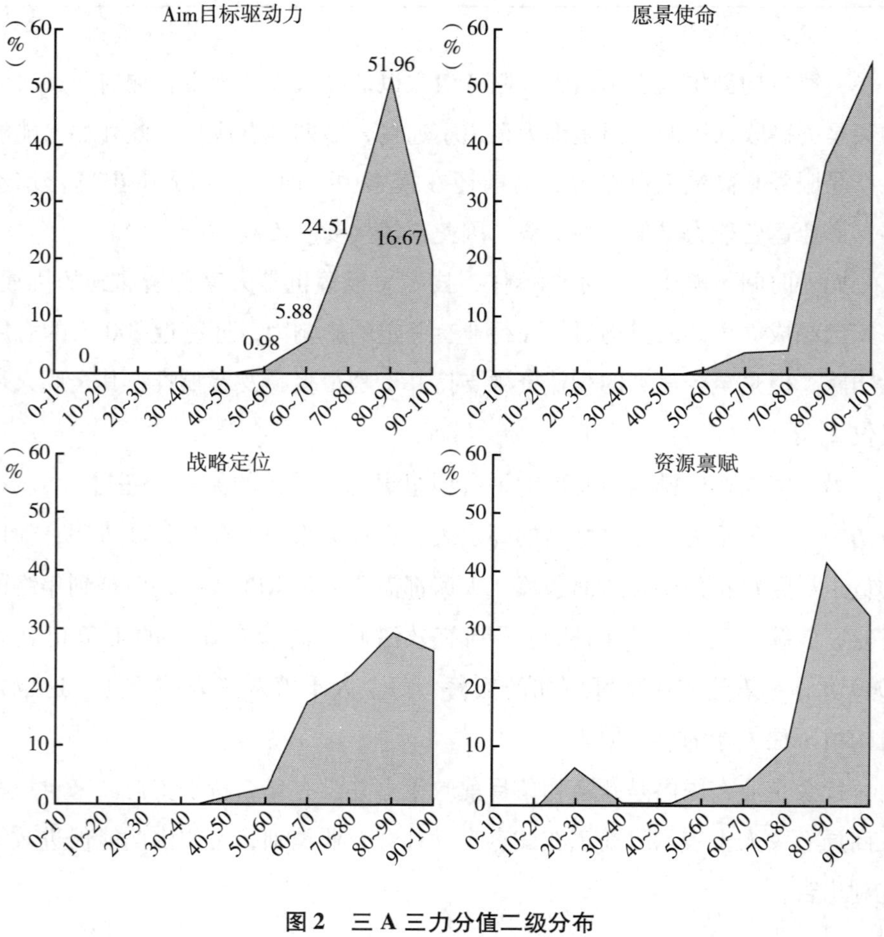

图2　三A三力分值二级分布

等有待加强，社会成效和影响力方面也是参差不齐。这些都是社会创业新生代亟待解决的发展瓶颈。

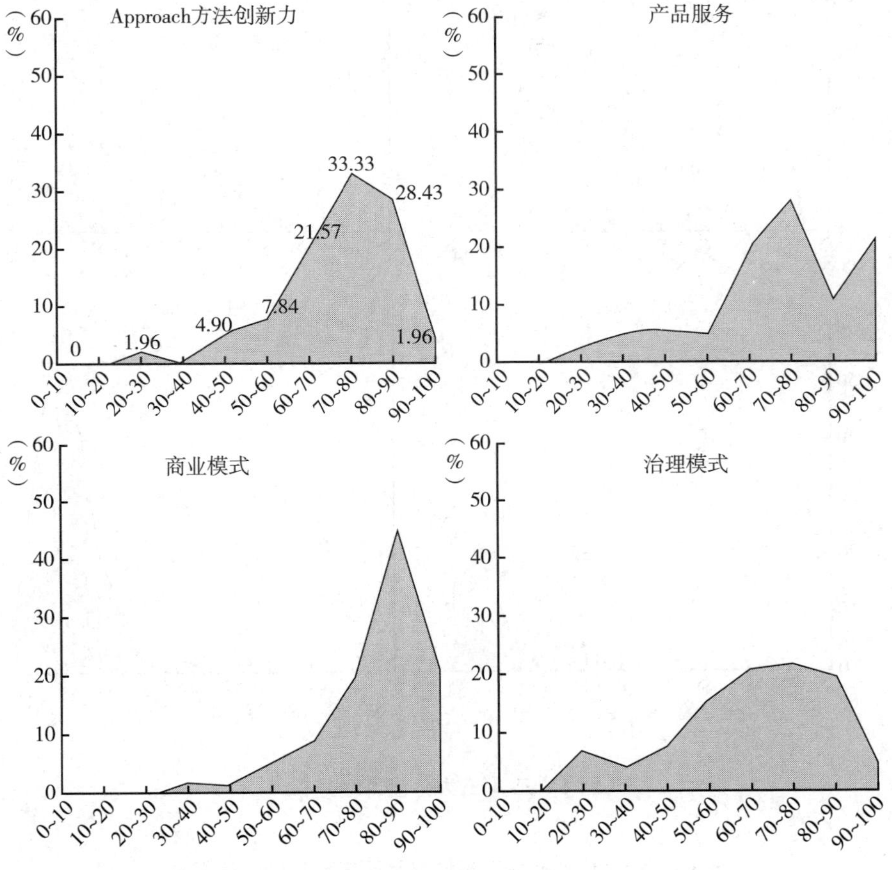

图3　三A三力分值二级分布

从治理结构的公开透明方面看，超过一半的机构并没有对使命完成情况出具年度报告，如表41所示。

在48家出具年度报告的机构中，主要公开的内容是机构的使命、目标和变化情况，和机构使命有关的活动和量化目标，但是与使命有关的量化结果，衡量的参数一致性以及第三方检验方面内容呈现不足。

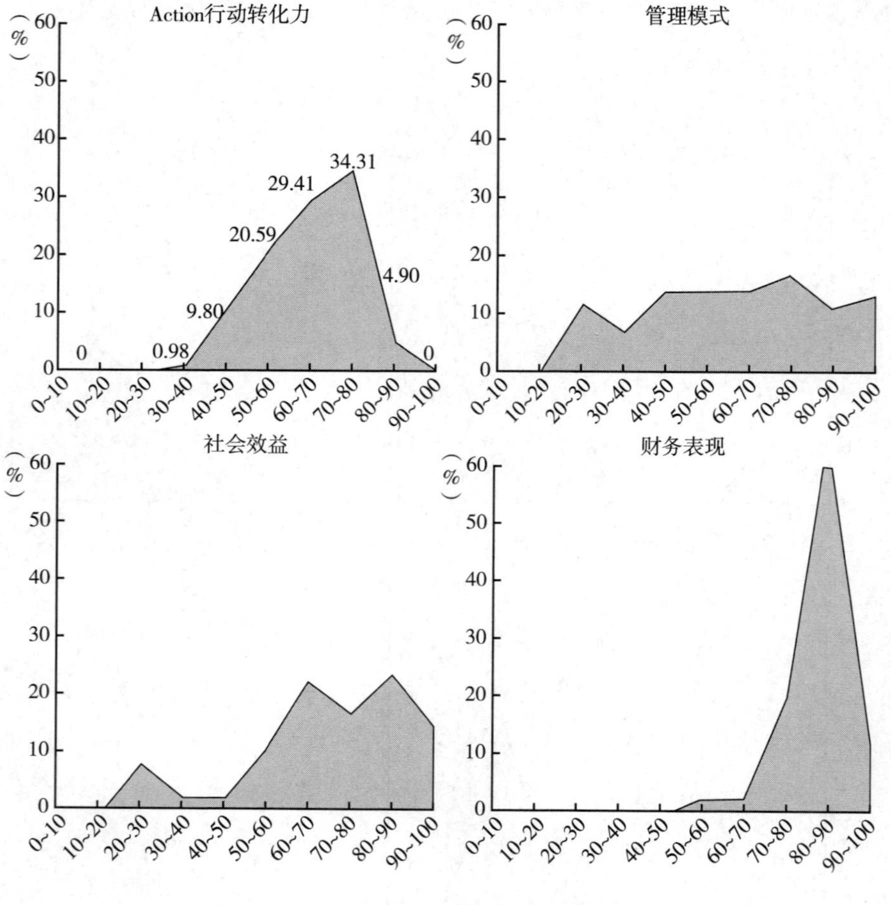

图 4　三 A 三力分值二级分布

表 41　针对机构使命表现情况是否出具年度公开报告

选项	数量	占比(%)
无/机构未对使命完成情况出具年度报告	54	52.90
有 1 对使命完成情况出具年度报告	48	47.10

表 42　年度公开报告内容

选项	数量	占比(%)
该报告清晰地阐述机构使命、目标及变化情况	21	43.75
该报告清晰描述了与机构使命有关的活动	18	37.50
与机构使命相关的量化目标	15	31.25

续表

选项	数量	占比(%)
与使命有关的量化结果	9	18.75
通过一致的参数进行衡量的结果，从而有利于与以前年度结果进行比较	9	18.75
针对机构使命表现的任一部分进行的第三方检验	6	5.90

（三）工商注册看起来更有生命力？

尽管数据的显著性差异不大，但此次调查的一个重大发现是针对社会创业新兴组织而言，工商注册组织不管从目标驱动力、创新力还是行动成效方面都优于社会组织形态。具体而言，公司显然比社会组织形态在资源禀赋、产品服务、商业模式、管理模式上更有优势，特别值得一提的是在愿景使命、社会效益、治理结构方面，公司的分值也比社会组织高。

初步分析其中一个原因是因为公司激励机制更为灵活，大部分公司都有员工激励股权。一家拿到风险投资的公司表示目前决策权并非谁出钱多谁说了算，创始人尽管是小股东但一样可以拥有比重大的决策权，这使得治理结构上公司也不容易被资本利益捆绑，从而促进社会目标的达成；当然也有专家分析表示，公司社会成效高，除了与公司管理更高效有 KPI 绩效要求外，可能与创始人自我评估过高也会有一定关系。进一步的论证还需要深入调查提供证据。

表 43　社会组织和公司的三 A 三力分值差异

	Aim 目标驱动力			Approach 方法创新力			Action 行动转化力		
社会组织	80.88			69.54			62.62		
公司	84.53			74.21			66.86		
组织 vs. 公司	↓3.65			↓4.66			↓4.23		
二级指标	愿景使命	战略定位	资源禀赋	产品服务	商业模式	治理模式	管理模式	社会效益	财务表现
社会组织	85.65	80.08	75.72	68.13	78.64	63.78	58.73	64.08	80.21
公司	89.87	80.98	85.40	77.19	82.55	65.71	64.07	74.57	81.29
组织 vs. 公司	↓4.22	↓0.9	↓9.68	↓9.06	↓3.91	↓1.93	↓5.34	↓10.49	↓1.08

（四）创始人花费时间最多在哪里？

从调研结果看，创始人对核心团队的成长，服务产品研发和市场推广，融资最为关注，从表42看创始人目标一致性比较高。当然，在实际时间投入中，市场推广、公共关系，尤其是出席活动占据创始人的时间大大超出了预期。

表44　创始人花时间最多的事和最重视的事

单位：%

选项	最重视的三件事	最花时间的三件事
团队打造	75.50	72.50
产品研发	68.60	60.80
市场推广	36.30	41.20
公共关系	26.50	32.40
融资	32.40	27.50
出席活动	2.90	13.70
绩效考核	6.90	7.80
个人品牌打造	9.80	5.90
其他	2.90	3.90
主持会议	3.90	2

中和农信董事长王行最认为对于创始人而言在机构中扮演三种角色：领袖；管理者；执行者。

领袖有三个职能：有超强的前瞻能力、团队的搭建、烦恼的承担者和问题的解决者，因此领袖善于定战略，让团队看到抵达使命的路径；管理者则要靠有效的治理结构，通过管理机制分解任务，制定考核标准，通过开会进行信息分享、学习和共同决策。在实际中，很多机构领导往往陷于具体的执行中，管理角色较弱，领袖的角色尽管有，但是好像一个孤独的登山者，没有人支持、照顾，团队耦合弱。

因此，一个好的管理模式需要搭建一个有效的至少3人的治理结构；明晰员工年度计划、月度计划，工作计划内充分授权，发挥主观能动性；同时做好绩效考核，充分激励员工工作热情；优化部门设置和组织架构；增加团队建设，渗透创始人文化价值观。这样通过治理结构、管理架构、考核制度和创始人文化等突破创始人瓶颈，实现组织跨越。

（五）为什么社会创业存活率高？

一般而言，18 个月是创业的死亡期。根据相关统计，目前我国青年首次创业的成功率不足百分之十。[①]

从 150 位社会创业者回访的情况看，他们平均成立机构的时间在 4 年。截至 2017 年 4 月上榜的 150 位社创之星仅 14 位“死亡”（包括联系不上的），也就是经过 2 ~5 年发展，社创之星的存活率超过 90%，而这些年度入围的创始人 80% 处于两年以内的初创阶段。为什么社会创业存活率高呢？

不成功企业的死因往往是因为以下 3 大死亡规律，比如搞不定团队，搞不定商业模式，搞不定投资人都会将创业置于死地。[②] 但是从上述驱动力、创新力和行动力的表现看，社会创业者团队价值观比较一致、商业模式清晰，社会目标驱动力强，有一定的溢价优势和创新力，治理结构多元和社会资源动员强，反而对于投资人的依赖性不大，这些似乎是可以超越死亡规律获得生生不息的因素。当然，需要和商业样本进行对比分析才具有说服力。

六　展望未来：何以生生不息

1. 把握下一个风口

阿里巴巴研究院高级顾问梁春晓认为，“互联网 +”将进入社会创新时代，互联网通过连接、传播、赋能、聚合和协同等提供了应对社会问题、促进社会创新的新动力，推动社会创新朝着平台共享、自组织、普惠、精准和

① 《创业“热”时代更需“冷”思考》，《黑龙江日报》2015 年 12 月 11 日，http：//epaper. hljnews. cn/hljrb/20151211/164811. html。

② 《创业路上要知道的三大死亡定律》，网易财经，2014 年 9 月 13 日，http：//money. 163. com/14/0913/12/A6198JRV00253G87。

跨界融合等五个方向发展。未来十年，公益将呈现“聚变”式爆发，通过互联网及其平台化聚合将催生前所未有的新公益形态。①

明道、优术还要善于取势，把握未来的风口抢占先机同样是社创之星快速成长的秘密。大西洲跨界创新机构创始人彭顺丰从14岁开始就痴迷于VR技术和人类发展的关系，前三次的创业也为他奠定了很好的商业基础。2015年他邀请国内领先的人机互动实验室创办人翟振明、虚拟现实之父许晖一起创立大西洲科技，开始系统性推进虚拟现实基础研发、商业化和产业应用，并致力于用虚拟现实技术保存人类精神财富、推动人类往更高文明形态跃迁的事业。作为一个充满人文情怀的科技公司，大西洲同时运营用VR虚拟现实技术，以帮助人们“建立数字化身、在虚拟世界永生”的公益项目——“致敬生命”。这个公益项目是利用所掌握的VR虚拟现实技术，通过图像、视频、VR建模、360°视频等综合多媒体，为还没有进入数字世界的60岁以上的老人建立“数字化身”，全方位记录其生命场景，并植入虚拟世界引擎，利用AI算法和大数据植入，使老人可实现在数字世界的“永生”，后人可随时穿越回来和老人“在一起”，甚至可以让过往的历史人物在虚拟世界“活过来”和人类互动。在没有主动开拓业务的情况下，2017年主营虚拟世界的科技主体公司大西洲科技销售额突破1000万元，比2016年增长500%。

被媒体称为中国“黑客教父”的益云社会创新中心创办人万涛；来自媒体利用VR技术和认知科学进行心理干预“阿勋盒子猫”的张鸿勋；还有一批IT达人比如极益科技张军宏、公益啦的宋凯等都是致力于技术推动社会创新的能手。

精准扶贫是未来几年的攻坚战，零分贝的王立致力于运用区块链技术为泛贫困人口建立需求数据库，并为他们对接社会扶贫资源。目前主要产品有零分贝社会扶贫对接平台，分贝筹一对一扶贫助学平台，分贝贷纯线上扶贫

---

① 梁春晓：《下一个趋势：“互联网+”进入社会创新时代》，《社创之星》2017年刊，第8页。

信用贷款等。

未来的新结构即大规模协作和区块链共享。分工与共享好比一个硬币的两面，相辅相成，同时存在，如果说工业时代重在分工，那么互联网时代则重在共享，而且是大规模协作、大规模共享，从而走向零边际成本社会。像社区生态技术中心主任牛健正是在全国范围推动共享空间的构建，2017 年也交出了成果显著的答卷。

社会结构正在从农业时代不自觉的有机性社会、工业时代自觉的机械性社会，向互联网时代自觉的复杂性社会转型。在这个过程中，“小前端 + 大平台 + 富生态”正在成为一个比较通用的范式[①]，因为未来服务于各种各样社会痛点问题的小前端会如雨后春笋般生长，直接地满足众多的、海量的，随时变化的个性化的社会需求，而不是庞大的创始人响应。

作为平台互助组织，从中关村起家的针对创业者成长的互助联盟——北京创盟的经验值得借鉴，张琳作为创业成长互助联盟的总干事，从单一的群体联络工作，开发出创业成长互助项目、联合金融创始人设立亿元级别互助基金，组织群员与社会公益项目对接；与此同时，北京创盟自身也从一个松散联盟成长为一个专业的在民政部门登记的社会组织。这样的平台组织也是促进社会创业者成长重要的力量。

2. 寻找社创沃土

英国被许多国家视作社会企业、社会投资和社会价值领域实践的先锋。政府数据表明，在英国有 7 万家社会企业，为经济贡献 240 亿英镑，雇用了近 100 万名员工。自 2005 年起，已有超过 13000 家社区利益公司（Community Interest Companies）成立，这是社企数目增长的另一证据。[②]

促进社会创业的发展仅仅靠创业者自身的力量是不够的，需要建立一个生态系统，让社会价值可以生根发芽，茁壮成长。

早在 2014 年，英国社会企业联盟（SEUK）开始实行社会创业地区

① 梁春晓：《下一个趋势：“互联网 +”进入社会创新时代》，《社创之星》2017 年刊，第 9 页。

② https：//www. sohu. com/a/208483500_ 616757.

（Social Enterprise Place）认证，主要就是通过激发本地的社会创业活跃度，发现或形成当地社会创业的区域利益相关团体，同时强调当地对支持并评估本地社会创业发展的承诺。

我们看到一个地区不管是城市、村镇或其他地域单位甚至虚拟社区对于推动社会创业，提升公众认知以及为社会创业寻找发展机会的重要性。

从 2015 年第三届社创之星开始到目前已经有 15 个赛区参与社创之星大赛作为地区主办方，他们是各个地方的支持型平台或连接点，这些平台和个人主动担当在地成本和人力投入，通过推动在地力量的发展扩大社会创业力量。星星之火可以燎原，2015 年美国宾州赛区加盟，2016 年福建赛区有台湾选手参与，2017 年台湾则以独立赛区加盟，目前社创之星遍及北京、天津、上海、广东、江苏、浙江、福建、河南、安徽、湖南、湖北、山东、陕西、海南、四川、云南、台湾地区及美国宾州等地区，为社创之星各地复制和发展打下坚实的地基。

社创之星 2018 年计划启动社创沃土项目，寻找那些从自发性、创新力、连接力、活跃度、多样性、可扩散性以及跨界协力等维度促进社会创业生态发展的区域，不管是城市、村镇、园区甚至网络虚拟社区，以此希望从区域共同体角度促进社会创业家的成长。

3. 激发组织自我进化

一个社会目标如何通过内化为组织和团队的共同愿景和行动，通过创新的解决方案，发挥自身的优势寻找独特的社会价值 IP，链接相关利益方生态系统，创造出有市场竞争力的产品和服务，满足受益方的需求；在商业模式、治理结构、激励机制等方面他们是如何有效耦合的；他们通过怎样的转化路径完成一个社会参与的价值链，实现社会价值和商业价值双赢等等。有关这些问题的深入探究，我们期望在未来访谈及案例研究中进一步揭示。

对于社会创业者来说，每家组织都有美好的初衷，创始人不以个人利益为出发点，但是总会有力不从心的时候，社会企业要想做大必须要经历这一关：如何让员工自主成长。过去有一些方法，比如人人持股、单位核算等，国象常青藤创始人李晓萍在引入阿米巴之前也做过很多尝试，例如每个棋馆独立核算，也都有员工股东，但大家似乎还是动力不足，每个人积极性无法得到充分调动。

国象常青藤从 2006 年开始是一个志愿服务项目，2013 年开始进入企业化运营，创始人李晓萍和团队期望用这种模式形成自身造血机制，让事业可持续发展。李晓萍通过公益创新理念和社会企业模式将国际象棋普及到全国，希望让更多中国孩子通过学习国际象棋，启发智力，开拓思维，认识自己。阿米巴是稻盛和夫开创的管理智慧，以阿米巴为代表的经营方式，是全世界先进的经营管理技术，李晓萍可以说是阿米巴智慧在社会创业领域的积极实践者。

阿米巴智慧运用到国象常青藤棋馆效果很显著。李晓萍把大棋馆分成两个阿米巴，教学阿米巴和营销阿米巴，这样就能保证教学跟教学比，销售跟销售比。实行阿米巴之后，原来教学部的老师不关心成本费用，有了阿米巴之后，因为每个费用都会影响其阿米巴附加值，所以，教学阿米巴长也很关心费用。

人人都是经营者，经营就会有交易，交易定价由阿米巴长来决定，进而激发了员工活力，阿米巴成了新产品、新业务、新的技术改革的创新者。

另外，这也能提高资源和人员的利用效率。很多时候，当阿米巴不能完成一件事的时候，阿米巴之间可以互相调用资源，进行谈判和定价，可以提供给客户新的产品。

除了预算制度，日常经营还有一个重要的制度是人事制度。人事评估往往能反映公司的经营哲学，不是单位时间附加值高的阿米巴就是好的阿米巴，还要看它的经营哲学是否利他，思维方式是否正向。

在社会创业中将大多数决策权放给一线员工是未来趋势。但大范围的去中心化和授权并不是一件容易的事，高层及中层管理者被明确要求分享权力，放弃部分的控制。① 领导者不仅应当是冷静的问题解决者，还应当是服

① 〔比〕弗雷德里克·莱卢：《重塑组织》，进化组织研习社译，东方出版社，2017，第 47 页。

务型领导者，能够倾听下属的声音，授权给他们，并且激励和发展他们。

未来的组织管理就是帮助每一位员工成长，自我进化的组织。在进化型组织中，每一位员工有能力做出重大决策，能够对自己的决策和行为负责；每位员工是独一无二的，并愿意用自己的天赋与才能为组织和世界做出积极贡献。

致力于老人心灵呵护事业的十方缘正在做这样的尝试。十方缘的组织形态包括十个方面：人力资源管理、财务管理、后勤物资管理、服务产品、培训产品、文化产品、技术研发系统、质量保障系统、信息管理系统和文化传播系统。具体体现在《组织管理制度》、《产品运作手册》、《员工手册》、《义工手册》和《质量系统保障手册》五本书里。

十方缘的创办人方树功认为十方缘生命力最核心的是保持自我进化能力，保持每一个十方缘人的自我进化能力，保持十方缘人共同的进化能力，这样才会有生生不息。所以，十方缘制定了持续改善机制，每天工作和项目要计划和总结，目的是觉察需要改善的地方，明天或下一次能做得更好。每天有早静心晚感恩的仪轨，目的是觉察生命中需要提升的地方，体验生命成长的喜悦。目前十方缘已经在全国50多个城市有分支机构，参与的志愿者超过5万人。截至2017年6月，服务的老人已经超过4万人次，社会成效显著。

七　结语

社会创业是一个新物种①！从此次三A三力的调研数据足见社会创业生生不息的力量，也看到他们把握时代潮流，明道优术取势的智慧和持之以恒的坚守。

中国正处于“包容性增长”的大趋势中，2017年5月国务院办公厅颁发的文件指出要激活社会领域的投资。政府投资、各类补贴、奖励资金、税收优惠将更多地催生这一新物种的成长，我们也看到社会创业家已经成为全

① 宋宗合：《社会创业是一个新物种》，2016年12月30日北京创享空间主题发言。

球公益界新宠。

我们相信一个基业长青的企业一定是也必须是社会企业，是社会公众服务的提供商。1955 年到今天，世界 500 强企业还在榜单上的仅剩 70 多家。以美国为例，1990 年建立了“社会责任投资 400 多米尼指数”，采集 400 家符合社会责任投资标准的企业的数据。到 2000 年 400 家企业的年收益率是 20.83%，而同期标准普尔 500 年收益率只有 18.7%。“多米尼 400”20 年间的回报率竟超过标普 500 的 70%。可见，从长远看，社会企业更值得投资界关注①。

商业企业家时代的终结意味着社会创业家时代的开启，这是一个新的商业文明的开始，意味着义利并举的发展模式将成为主流。

当然，社会创业时代的到来和每个人息息相关，对于个体来说可以通过成为社会创业者或者成为社会创业者的伙伴、员工、志愿者、倡导者、资助者来促进社会创业的伟大事业。对于行业来说，亟须完善社会企业的产业链图谱②。从此次调查可以看出风险投资贡献度甚至不到 2%，未来通过投资、贷款、税收、债券等金融工具促进社会创业的发展已经提到议事日程。以社会创业者为核心的产业链亟待构建：促进认同社会企业新理念的非急功近利的耐心资本成立“社会创投基金”，扶持社会创业发展；银行或金融创始人通过风控评估，对社会企业给予贷款支持，或者通过增信手段扩大贷款支持规模；政府通过发行社会债券、税收优惠政策进行支持；证券公司或证券市场通过新的市场评估，对社会企业给予资产证券化和 IPO 上市的公众参与支持；公众媒体通过倡导支持社会企业；行业内通过发展出社会企业联盟或自律组织，以自觉维护新行业秩序等等。总而言之，完善社会创业产业链，营造社创沃土是促进社会创业这个新物种发展的关键。

---

① 百度百科，https：//baike. baidu. com/item/多米尼 400 指数/9217254？fr = aladdin。

② 何道峰：《严守“社会企业”之公益边界，增强“社会影响力投资”的杠杆》，《中国慈善家》2017 年 11 月刊“道峰论公益”专栏。

热点事件篇

Hot Topics

B.13
《民法总则》创设“非营利法人”明确社会组织法人主体资格

叶　萌*

摘　要： 2017年3月全国两会期间，《中华人民共和国民法总则》正式颁布，标志着我国民事法律制度正式开启民法典时代。该法构建了新的法人体系，“非营利法人”作为我国三类法人之一登上历史舞台，这一创新明确了我国非营利组织的法人主体资格，也为确认社会组织核心标准、财产权利、内部治理结构以及相关法律法规的健全奠定了基础。

关键词： 民法总则　非营利法人　捐助法人　社会组织

* 叶萌，北京师范大学中国公益研究院慈善法律中心副主任。

2017年3月15日，第十二届全国人民代表大会第五次会议表决通过了《中华人民共和国民法总则》（以下简称《民法总则》）。该法对我国私法领域的法人体系进行改革，首次确立了“非营利法人”的法人类型，将基金会、社会团体和社会服务机构等现有非营利性组织以法律形式纳入到非营利法人的范畴内，对我国非营利组织的民事主体地位和相应的登记和管理制度有着直接和深刻的影响。《民法总则》的出台标志着我国民事法律体系进一步完善，随着民事活动的日益复杂，调整与人们日常生活紧密相关的民事法律关系的法律制度正式进入民法典时代。

《民法总则》自2016年6月始由全国人大常委会进行草案第一次审议，并于2016年7月至8月间公开向社会征求意见，在分别进行了全国人大常委会二次审议和三次审议后，最终在2017年全国两会期间正式颁布，并已于2017年10月1日正式施行①。除改革法人体系，确立非营利法人类型外，《民法总则》还在限制民事行为能力人年龄标准、监护制度、胎儿权益保护以及见义勇为受助人损害免责等方面进行了制度改革和创新。这些民事领域法律制度的演进，也将对非营利组织开展各类活动带来影响。

一 创设“非营利法人”类别

《民法总则》构建了新的法人体制，将法人分为营利法人、非营利法人与特别法人三类，基本延续了《中华人民共和国民法通则》（以下简称《通则》）企业法人与非企业法人分类的延续。而“非营利法人”的表述在我国法律中第一次出现，不仅为非营利法人相关法人制度的完善提供了理论基础，也是对我国非营利事业发展主体的一种确权，表明非营利组织进入主流法律体系，成为经济社会生活中的重要主体，有利于政府、商业机构和公众等其他相关方加深对非营利部门的正确认识。

---

① 全国人民代表大会民法总则立法专题页面，http：//www. npc. gov. cn/npc/lfzt/rlyw/node_30514. htm，访问日期：2018年3月27日。

《民法总则》第八十七条规定，非营利法人包括了事业单位、社会团体、基金会与社会服务机构等；而第九十二条则又提出了“捐助法人”的概念，作为非营利法人的下位概念，囊括基金会、社会服务机构和具备法人资格且依法设立的宗教活动场所。

在《民法总则》颁布以前，我国法人类型的分类依据的是1986年颁布的《民法通则》。《民法通则》将法人主体分为企业法人、机关法人、事业单位法人和社会团体法人四种。

随着1998年《社会团体登记管理条例》和《民办非企业单位登记管理暂行条例》的出台、2004年《基金会管理条例》的颁布实施，“社会团体法人”已经无法准确涵盖现有的社会组织机构类型，也与后来出台的规范社会组织的条例和税收政策等规范文件中所使用的社会团体的实际含义出现了差异。《民法总则》改社会团体法人为非营利法人，并按事业单位、社会团体、基金会和社会服务机构等主体又细分为事业单位法人、社会团体法人、捐助法人①，其中第九十二条将基金会和社会服务机构、依法设立的宗教活动场所纳入捐助法人类别。② 这体现了社会团体具有人合性，基金会和社会服务机构则具有资合性。《民法总则》对我国法人类别进行重新界定和分类，更为贴近实践发展对法人类型的丰富性需求。

二　确认非营利法人的核心标准和财产权利

《民法总则》还明确了非营利法人的核心标准。《民法总则》第八十七条规定：“为公益目的或者其他非营利目的成立，不向出资人、设立人或者会员分配所取得利润的法人，为非营利法人。”可见，作为非营利法人需要满足两个要素。一方面，就组织的宗旨而言，必须是为公益目的或者其他非营利目的而成立。换言之，非营利可以是以公益为目的的慈善组织，也可以

① 目前全国人大颁布的《慈善法》与《民法总则》都正式使用了“社会服务机构”这一法定称谓，但目前《民办非企业单位登记管理暂行条例》尚未修订与相关法律规定保持一致。

② 《民法总则》第九十二条。

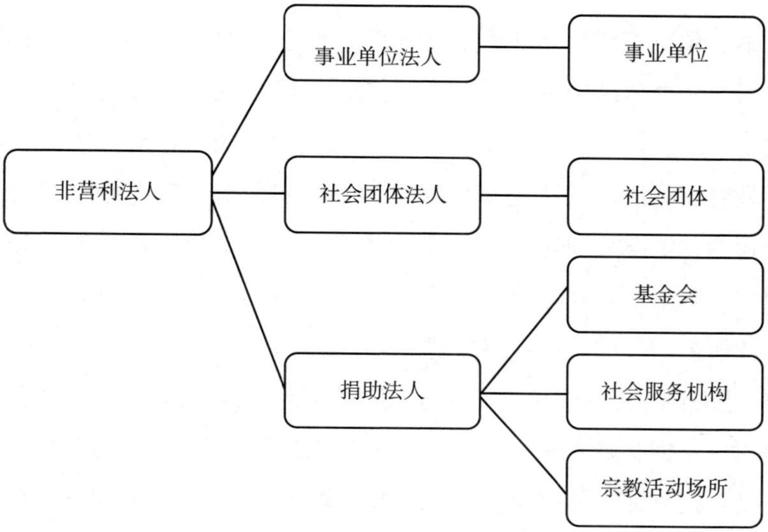

图 1 《民法总则》规定的非营利法人类型

是以互益为目的的学会、行业协会等，但不能以获取利润或投资回报为目的。另一方面，非营利组织要受"不分配利润"规则的限制，非营利组织没有股东，设立社会组织所投入的资金也不是投资，发起人不可以取得投资回报。

值得注意的是，《民法总则》对非营利法则核心标准的规定与国际通行对非营利含义的理解是一致的，即"非营利性"是指从目的上不以赚取利润为最终目标，从组织行为表现上不进行不利益分配，但不排除非营利组织在法律法规允许的限度内开展经营性活动以及获得盈利的可能性。只要非营利组织的经营过程中获得的盈利继续用于支持组织的目的事业，而不是用于分配即可。《民法总则》对非营利组织核心原则的明确规定，有助于专业非营利组织工作者以外的公众、合作方以及相关主管部门正确认识和理解非营利性的含义，进而保障各类社会组织开展活动更为顺利。

《民法总则》对非营利法人不分配利润要求予以明确，也与《民办教育促进法》修订后确定的法律规则相衔接。《民办教育促进法》2002 年正式颁布，在 2013 年和 2016 年分别进行了两次修订。而在 2016 年修订以前，

2002 年和 2013 年版本的《民办教育促进法》曾经规定："民办学校在扣除办学成本、预留发展基金以及按照国家有关规定提取其他的必需的费用后，出资人可以从办学结余中取得合理回报。"① 该条款与社会组织不分配利润的原则不一致。因而，2016 年 11 月正式通过的《关于修改〈中华人民共和国民办教育促进法〉的决定》将民办学校的剩余财产处理分非营利组织和商业公司两种情况分别规定："非营利性民办学校清偿上述债务后的剩余财产继续用于其他非营利性学校办学，营利性民办学校清偿上述债务后的剩余财产，依照公司法的有关规定处理。"②

《民法总则》赋予基金会、社会团体与社会服务机构法人资格也意味着社会组织可以拥有独立的财产权利。从法律意义而言，社会组织具有独立的法律人格，拥有独立的财产，社会组织与其成员、发起人和理事会都是相互独立的。因此，《民法总则》第九十四条第二款规定："捐助法人的决策机构、执行机构或者法定代表人做出决定的程序违反法律、行政法规、法人章程，或者决定内容违反法人章程的，捐助人等利害关系人或者主管机关可以请求人民法院撤销该决定。"这一条恰好体现了《民法总则》在非营利法人制度中保护非营利组织独立法律人格的立法精神。

非营利法人财产的独立也为社会组织破产制度的完善奠定了基础。这些年，我国社会组织是否适用破产制度一直没有明确的法律规定。1998 年出台的《民办非企业单位登记管理暂行条例》规定了分别采取法人、合伙和个体三类组织形式的民办非企业单位。其中合伙和个体都不具有法人资格，民办非企业单位的财产与其发起人的财产是混同的，发起人对组织的债务承担连带责任，而不是有限责任，因而也无法通过破产制度来防范出资人的风险，也难以公平地保障不同债权人的权利。这样的制度其实与社会组织的公益或互益属性、发起人不取得投资回报的原则有一定的冲突。而近两年法律法规改革已经开始出现明确规定社会组织破产制度的趋势。民政部于 2016

① 《民办教育促进法》（2013 年版）第五十一条。

② 《民办教育促进法》（2016 年版）第十九条。

年5月发布的《社会服务机构登记管理条例》[《民办非企业单位登记管理暂行条例(修订草案征求意见稿)》]已经将社会服务机构参照适用破产制度写入条例中。[①] 该草案也不再设置合伙和个体两类社会服务机构，而是将社会服务机构都统一为法人类型。

此外，社会组织作为法人获得独立的人格和财产也为社会组织进行财产的保值增值、在债权和债务中明确社会组织的权利和责任等奠定了制度基础。

三 明确非营利法人治理结构的基本要求

在现有规范基金会、社会团体和民办非企业单位（社会服务机构）的国务院三个条例中，有关社会组织治理结构的规定还有完善空间。《基金会管理条例》和《社会团体登记管理条例》对基金会和社会团体的决策机构、执行机构和监督机构等内部治理结构要素进行了规定，而《民办非企业单位登记管理条例》则对组织机构的组成和相关制度未作具体要求。在现行三大条例对社会组织内部治理架构的要求不明确时，实践中一些监管部门依据社会组织的章程模板对机构组织结构进行要求和监管，这不仅与章程模板的非强制性不相符，也给社会组织负责人带来困惑。

《民法总则》对不同类型非营利法人的组织结构进行了规定。对于社会团体法人，首先应该有本组织明确的法人章程，同时社会团体法人由于是以会员为基础的人合性组织，其权力机构也即决策机构应当是会员大会或会员代表大会。具体采取哪一种形式，《民法总则》将选择权留给了社会团体本身，可以在组织章程中予以明确。而社会团体的执行机构则应当是理事会等机构，对于社会团体法人的法定代表人，《民法总则》规定组织按照章程的规定在理事长、会长等负责人之间确定。而对于社会团体是否需要设监事或

① 民政部：《民政部关于〈民办非企业单位登记管理暂行条例（修订草案征求意见稿）〉公开征求意见的通知》，http://www.mca.gov.cn/article/zwgk/tzl/201605/20160500000664.shtml，访问日期：2018年3月28日。

监事会，对决策机构的会议制度和决策机制是否有要求则需要在具体的行政法规中进一步明确。民政部于2016年8月发布的《社会团体登记管理条例(修订草案征求意见稿)》明确要求社会团体应当设立监事或监事会。

而对于作为捐助法人的基金会和社会服务机构，《民法总则》要求其应当具有明确的法人章程。在组织结构方面，捐助法人应当设立理事会、民主管理组织等决策机构，并设立执行机构。[①] 按照组织章程的具体规定，由理事长等负责人担任法定代表人。与社会团体法人的规定不同，《民法总则》明确规定捐助法人需要设立监事会等监督机构。现行的《基金会管理条例》已经要求基金会设立监事，而民政部2016年5月发布的《基金会管理条例(修订草案征求意见稿)》则更进一步，不仅提出基金会应当设立监事或监事会，还要求具有公开募捐资格的基金会必须设立由3名到7名监事组成的监事会。而《社会服务机构登记管理条例（修订草案征求意见稿)》的表述则是社会服务机构“可以设立监事或监事会”。未来，规范社会服务机构的法规须与现行的《民法总则》一致。

在具体规范三类社会组织活动准则的行政法规中，有关社会组织内部治理的规定将在《民法总则》确定制度基础上进一步细化。2018年3月2日《国务院办公厅关于印发国务院2018年立法工作计划的通知》（国办发〔2018〕14号）所公布的2018年行政立法计划[②]，将制定“社会组织登记管理条例”作为“全面贯彻党的十九大精神，围绕统筹推进‘五位一体’总体布局和协调推进‘四个全面’战略布局安排政府立法项目”。由此可以预见，未来规范社会组织的三个国务院条例将合并为一，由一部《社会组织登记管理条例》来落实《民法总则》、《慈善法》等法律中的相关规定。

总之，《民法总则》创设非营利法人这一类别是我国规范非营利组织的法律制度进一步健全和细化的一个重要起点。未来，我国规范非营利组织的法律法规体系将在不断的积极探索中更加完善。

---

① 《民法总则》第九十三条。

② 《关于印发国务院2018年立法工作计划的通知》，中国政府网，http：//www.gov.cn/zhengce/content/2018-03/14/content_5274006.htm，访问日期：2018年3月30日。

B.14
十九大描绘“美好生活”引领慈善新方向

程　芬*

摘　要： 十九大报告明确新时代我国社会主要矛盾是人民日益增长的美好生活需要和不平衡不充分的发展之间的矛盾。这一表述为中国慈善事业的战略性提升奠定了基调：“人民日益增长的美好生活需要”和社会主义现代化强国的“和谐美丽”新内涵将凸显现代慈善的功能和价值、引领未来发展方向；而“五位一体”总体布局中的乡村振兴战略、爱国统一战线、思想道德建设、公共服务体系、生态文明建设、全球治理体系改革等内容对我国慈善事业在新时期的拓展、提升至关重要；十九大报告还将“社会组织”纳入协商民主、社区治理、环境治理、基层党建等方面，这些内容有望强化社会组织的社会功能和政治功能。

关键词： 社会主要矛盾　美好生活　治理　社会治理主体

2017年10月18日，中国共产党第十九次全国代表大会（以下简称“十九大”）在北京召开。备受全球关注的十九大报告构建了“习近平新时代中国特色社会主义思想”，提出“我国社会主要矛盾已经转化为人民日益

* 程芬，北京师范大学中国公益研究院助理院长；深圳国际公益学院公益研究中心总监。

增长的美好生活需要和不平衡不充分的发展之间的矛盾”；明确新时期的总任务是“实现社会主义现代化和中华民族伟大复兴、在21世纪中叶建成富强民主文明和谐美丽的社会主义现代化强国”。[①]

十九大报告内容多处涉及社会组织、慈善事业、志愿服务以及其他相关内容，专家认为这将对中国慈善界产生广泛、深远的影响。

一 “美好生活”将引领新时期中国慈善发展方向

“美好生活”是十九大报告的关键词，一共出现14处，报告的开篇和结尾均落脚在“美好生活”上。这是一个具有里程碑意义的概念，其内涵除了以往强调的物质、文化需求，还包括民主、法治、公平、正义、安全、环境等更高层次的需求。这些内容与“促进社会进步，共享发展成果”的慈善法立法目的一致，也充分体现了慈善法所倡导的“大慈善”理念。其中，扶贫、济困、扶老、救孤、恤病、助残、优抚，救助自然灾害、事故灾难和公共卫生事件等突发事件造成的损害等救助活动可以缓冲“发展不充分、不平衡”的矛盾，满足人民对公平、正义、安全的要求；而促进教育、科学、文化、卫生、体育等事业发展的慈善活动，可以满足人民的文化需求；防治污染和其他公害、保护和改善生态环境之类的活动则能回应人民在环境方面的诉求。

根据民政部发布的社会服务统计公报，截至2016年年底，全国共有社会组织70.2万个，其中教育类的组织最多，社团、民非和基金会的总数超过20万个。社会服务和环保类组织近年增长较快，但还不能充分满足人民对生活质量和环境质量的要求，我国依然存在“生态环境保护任重道远”、“民生领域还有不少短板，脱贫攻坚任务艰巨，城乡区域发展和收入分配差距依然较大，群众在就业、教育、医疗、居住、养老等方面面临不少难题”

① 习近平：《决胜全面建成小康社会夺取新时代中国特色社会主义伟大胜利——在中国共产党第十九次全国代表大会上的报告》，http：//www.xinhuanet.com/2017－10/27/c_1121867529.htm，访问日期：2017年10月28日。

等挑战。①

按照十九大报告“提高保障和改善民生水平，加强和创新社会治理”、“加快生态文明体制改革，建设美丽中国”的部署，未来几年旨在提供更优质教育医疗及社会服务、环境保护的社会组织数量可望实现较大增幅；与此同时，因福利制度的完善、政府民生投入的增加、受益对象需求的升级，一些以特困人口或大病患者为救济对象、以发放款物为主要方式的慈善组织，也有必要调整慈善救助对象的选择标准和帮扶方式。随着人民物质需求的逐步满足，真、善、美日益成为“美好生活”的重要内涵，而慈善组织的创新、倡导、专业服务等功能及其对善知识、善力量、善文明的引领，将成为实现和谐社会建设目标的重要力量。

十九大报告明确了经济建设、政治建设、文化建设、社会建设、生态文明建设的“五位一体”总体布局。其中，乡村振兴战略、爱国统一战线、思想道德建设、公共服务体系、生态文明建设、全球治理体系改革等内容与慈善事业密切相关，对我国慈善事业在新时期的拓展、提升至关重要。从表 1 可以看出，慈善行业大有可为：通过农村扶贫项目参与乡村振兴战略，“健全自治、法治、德治相结合的乡村治理体系”；通过志愿服务、公众教育等倡导活动“培育和践行社会主义核心价值观”，“推进社会公德、职业道德、家庭美德、个人品德建设，激励人们向上向善、孝老爱亲；推进诚信建设和志愿服务制度化，强化社会责任意识、规则意识、奉献意识”；通过“健全农村留守儿童和妇女、老年人关爱服务体系”参与和谐社会建设；通过自然教育、环境保护、公益诉讼等推动生态文明建设。

---

① 习近平：《决胜全面建成小康社会夺取新时代中国特色社会主义伟大胜利——在中国共产党第十九次全国代表大会上的报告》，http：//www. xinhuanet. com/2017 - 10/27/c _ 1121867529. htm，访问日期：2017 年 10 月 28 日。

表1 与“美好生活”相关的慈善事业

发展目标和总体布局	十九大报告中与慈善相关的内容	慈善组织的项目活动
富强/经济建设	实施乡村振兴战略(健全自治、法治、德治相结合的乡村治理体系)	1. 农村精准扶贫; 2. 产业扶贫; 3. 建设美丽乡村; 4. 支持农村合作社等基层组织发展; 5. 支持乡村治理能力建设
民主/政治建设	发挥社会主义协商民主重要作用;爱国统一战线	1. 在政协中设社会组织界别代表,积极参与政策倡导; 2. 发挥宗教慈善的积极作用
文明/文化建设	培育和践行社会主义核心价值观(挖掘中华优秀传统文化蕴含的思想观念、人文精神、道德规范,结合时代要求继承创新)。 推进社会公德、职业道德、家庭美德、个人品德建设,激励人们向上向善、孝老爱亲;推进诚信建设和志愿服务制度化,强化社会责任意识、规则意识、奉献意识	1. 弘扬传统文化; 2. 开展提升公众文明素养类的传播或公众教育活动,推广类似“厕所文化”的提升公共伦理的项目; 3. 建立慈善行业的职业道德或伦理标准; 4. 走出去,传播中国慈善故事
和谐/社会建设	完善公共服务体系,使人民获得感、幸福感、安全感更加充实、更有保障、更可持续。 优先发展教育事业;加强社会保障体系建设(完善社会救助、社会福利、慈善事业、优抚安置等制度,健全农村留守儿童和妇女、老年人关爱服务体系。发展残疾人事业,加强残疾康复服务);坚决打赢脱贫攻坚战;实施健康中国战略(医疗服务和医保、食品卫生、人口、老龄事业等);打造共建共治共享的社会治理格局	1. 避开政府的重点民生领域,将资源分配于被忽视的群体或社会创新; 2. 发挥“补漏”功能继续开展助学项目;强化试验功能推进教育创新工作; 3. 对低收入群体提供技能培训服务; 4. 提高服务技能,建设农村留守儿童和妇女、老年人关爱服务体系; 5. 关爱残疾人、推进残疾人融入社会,加强残疾康复服务; 6. 提供养老护理服务,以及老年人心灵关怀、临终关怀; 7. 关注城市贫困,向城市贫民提供资源和能力、机会; 8. 开展大病救助,并推进医疗体系完善和健康预防理念;攻克机制性或科研性的医疗难题; 9. 培育社区慈善组织、建设和谐社区; 10. 开展减灾防灾、公共安全等业务

续表

发展目标和总体布局	十九大报告中与慈善相关的内容	慈善组织的项目活动
美丽/生态文明建设	(一)推进绿色发展。 (二)着力解决突出环境问题。 (三)加大生态系统保护力度。 (四)改革生态环境监管体制	1. 开展自然教育; 2. 参与环境监测、监督; 3. 提起环保公益诉讼

资料来源：深圳国际公益学院根据十九大报告内容整理。

二 社会组织的社会治理功能将加强

十九大报告强调打造“共建共治共享”的社会治理格局，明确要“提高社会治理的社会化、法治化、智能化和专业化的水平”。为了落实社会治理机制建设的任务，报告也提出了具体且系统化的举措，包括但不限于：加强预防和化解社会矛盾机制建设；健全公共安全体系，提升防灾减灾救灾能力；加强社会心理服务体系建设，培育自尊自信、理性平和、积极向上的社会心态；构建政府为主导、企业为主体、社会组织和公众共同参与的环境治理体系；加强社区治理体系建设，推动社会治理重心向基层下移；加强农村基层基础工作，健全自治、法治、德治相结合的乡村治理体系，等等。①

以上“三共”“四化”和系统任务，都在凸显社会组织的治理主体地位、体现其社会功能和政治功能。从文本布局来看，“社会组织”在十九大报告中被提及五次，其内容涉及社会组织协商、环境治理、社区治理、党组织建设、发展党员等方面。

十九大报告首次明确地提出“社会组织协商”，并与政党协商、人大协商、政府协商、政协协商、人民团体协商、基层协商并列，将社会组织协商

① 习近平：《决胜全面建成小康社会夺取新时代中国特色社会主义伟大胜利——在中国共产党第十九次全国代表大会上的报告》，http://www.xinhuanet.com/2017-10/27/c_1121867529.htm，访问日期：2017年10月28日。

作为协商民主的七大形式之一。在清华大学教授、全国政协委员王名看来，“这一重要论述对于发挥社会组织在现代治理中的政治作用具有划时代意义”。[①]

在环境治理方面，十九大报告提出要“构建政府为主导、企业为主体、社会组织和公众共同参与的环境治理体系”。回顾中国环保类社会组织的发展历程，从“敏感”到取得公益诉讼主体资格，再到在党的文件中提出支持社会组织发挥作用，说明中国共产党对社会组织的认识达到了一个新高度，有利于推动环境治理体系的建立、解决环境领域的深层次问题和矛盾。

在社区治理方面，十九大报告提出“加强社区治理体系建设，推动社会治理重心向基层下移，发挥社会组织作用，实现政府治理和社会调节、居民自治良性互动”。这对于社会组织参与社区治理、推动社区治理的有效落实有重要意义。

在基层组织建设方面，十九大报告提出把包括社会组织在内的各类机构、场所建设成为宣传党的主张、贯彻党的决定、领导基层治理等功能的“战斗堡垒”，注重从社会组织中发展党员。这是继 2015 年《中共中央关于加强社会组织党的建设工作的意见（试行)》之后的关于处理社会组织与党的关系的又一重要指导性意见，为发挥社会组织党建在基层治理中的作用指明了方向。

三　展望：社会力量推动各界共建美好生活

历史经验证明，中国共产党及其领导人对慈善的认识和态度，是影响中国慈善事业走向的重要因素。1950 年代，福利救济事业被视作“统治阶级欺骗与麻醉人民的装饰品”，新中国成立前成立的救济团体陆续被改造、取消。此后三十年，中国内地不再存有完全意义上的民间慈善组织。改革开放

① 王名、李朔严：《十九大报告关于社会治理现代化的系统观点与美好生活价值观》，《中国行政管理》2018 年 3 月刊。

后，中国儿童少年基金会、中国青少年发展基金会等一批现代慈善组织相继成立。但在90年代中期，“慈善”在主流媒体中还是比较敏感的词汇，直到2004年《中共中央关于加强党的执政能力建设的决定》提出“健全社会保险、社会救助、社会福利和慈善事业相衔接的社会保障体系，构建社会主义和谐社会”的目标，才第一次在新中国成立以后的中共中央文件里写入“慈善事业”。[①] 此后，“慈善”进入主流话语体系，慈善事业开始蓬勃发展。

这次，十九大报告提出“推进诚信建设和志愿服务制度化，强化社会责任意识、规则意识、奉献意识”，将志愿服务纳入“思想道德建设”的范畴；提出“完善社会救助、社会福利、慈善事业、优抚安置等制度，健全农村留守儿童和妇女、老年人关爱服务体系；发展残疾人事业，加强残疾康复服务”，再次强调了传统慈善在加强社会保障体系建设中的作用。

意义更为深远的是，十九大报告将中国社会的主要矛盾表述为“人民日益增长的美好生活需要和不平衡不充分的发展之间的矛盾”。解决“发展不平衡”的矛盾，除了继续改革市场经济主导的收入分配机制和财政主导的第二次分配机制，也需要慈善部门发挥“第三次分配”的调节功能；解决“发展不充分”问题同样需要慈善部门强化社会创新和社会服务功能，用社会价值引领经济发展、回应社会需求。人均GDP达到1万美元的水平后，社会跨越了物资短缺时期，人民对产品质量和社会服务的需求明显上升。在此背景下，慈善部门的社会价值可以引领经济转型、推动工商业把解决社会问题变成企业经济发展的新动力，助力实现“人民对美好生活的向往”。

“美好生活”的核心在于以人民为本、回归人的全面发展观，是建设“富强民主文明和谐美丽的社会主义现代化强国”不可或缺的内在价值。作为社会治理主体的社会组织尤其是以公共利益为追求的慈善部门，当以十九大为契机，顺时势、谋大局、干实事，联合社会各界力量共同建设美好生活。

---

① 中国基金会发展简史（1949~2017）项目组：《中国基金会发展简史（1949~2017）》，中国基金会发展论坛2017年刊。

B.15

“一元购画”等刷爆朋友圈 网络募捐机遇挑战并存

孙叶竹*

摘　要： 第三届腾讯“99公益日”再次刷新网络募捐纪录，“一元购画”“同一天生日”等网络募捐活动也在短时间内引发大规模参与及数百万、千万元捐赠。当慈善部门利用科技手段和创意传播推动慈善发展的同时，情理法边界的模糊也引发行业内外对网络募捐活动透明度、公信力、专业性的追问。网络公开募捐的新挑战，不仅在于法律边界是否明晰、运作是否规范专业等老问题，也在于筹款活动是否有违行业共识和价值观、筹款信息是否有违道德伦理等新问题。对这些新老问题的反思，是中国慈善行业提升整体品质的开始。

关键词： 朋友圈　网络募捐　价值观　伦理

自2013年以来，互联网公益尤其是新媒体募捐不仅降低了公众参与慈善的门槛、提供了实现“全民公益”的途径，也不断创新互动形式、提升了捐赠者体验。在此背景下，互联网募捐成为慈善组织争相开发的“蓝海”。至2017年，首批入选的12家互联网募捐平台共计募集善款超25.8亿元，捐赠人次超过62亿次。但是同时，在网络募捐中也出现一些不适当、

---

* 孙叶竹，深圳国际公益学院公益研究中心公益管理部主管。

有瑕疵甚至触碰法律底线的行为和现象，引起行业反思法律边界、公益价值和慈善伦理等深层次问题。

一　“99公益日”套捐行为引行业反思

2017 年“99 公益日”期间，腾讯公益平台的 6466 个公益项目共获得来自 1268 万人次的 8.299 亿元捐款。捐款金额是 2016 年“99 公益日”的 2.72 倍，参与人次达到 2016 年的 1.87 倍。加上腾讯公益慈善基金会的 2.9999 亿元配捐额和爱心企业配捐的 1.77 亿元，2017 年“99 公益日”总计募款金额超过 13 亿元，再度刷新了国内互联网募捐纪录。①

腾讯公益慈善基金会和爱心企业的配捐是指，腾讯公益基金会提供的资金将用于“随机配捐”，爱心企业提供的资金将为公益项目进行 1∶1 配捐。即用户捐 1 元，爱心企业也将捐赠 1 元，腾讯公益基金会则会随机捐出 X 元。总共加起来 6 个亿的配捐额将平均到 9 月 7 日至 9 日三天，每天配完即止。

巨额配捐诱发了公益行业“套捐”现象。套捐行为包括：募捐机构分发资金给“志愿者”捐给指定项目，或动用组织资金发给“志愿者”去网上捐款，事后做假账平账；募捐机构动员捐赠企业发钱组织员工分批捐；要求员工贷款/借钱作为套捐资金池，事后想办法提款返还；募捐机构负责人自掏腰包/借贷资金作为套捐资金池，事后想办法提款套出或另筹资金还债。在这些“化整为零”的套捐经验之外，还有个别机构找水军“机器刷单”，以突破腾讯公益平台对单个用户的配捐上限，谋求捐赠“收益”的最大化。②

① 《腾讯汇报 99 公益日“战况”1268 万人次捐款 8.299 亿元，加配捐超 13 亿元》，《公益时报》2017 年 9 月 12 日，http：//www.gongyishibao.com/html/yaowen/12462.html，访问日期：2018 年 4 月 8 日。

② 腾讯公益产品运营团队：《99 公益日的透明与公信，你我共同守护》，http：//www.sohu.com/a/190239304_685241，访问日期：2018 年 4 月 11 日。

事实上，套捐行为在2015年首届“99公益日”就已经出现，之后两年有愈演愈烈的趋势。针对第一届出现的用机构或机构负责人私人资金套捐事后做假平账等等各种不择手段的情况，2016年改进了配捐规则，但更为严密的规则并没有遏止套捐行为。9月6日，腾讯公益运营团队发表《99公益日的透明与公信，你我共同守护》，明确反对各类套捐活动。但是收效甚微。公益筹款人联盟有关“套捐”调查结果显示，88.6%的问卷填写者都曾听说过有机构在“99公益日”“套捐”的情形。可见，套捐已成为公益业内公开的秘密。①

腾讯公益对捐款记录是否存在“刷单”进行了核查，并于2017年10月10日发布《腾讯公益平台关于“99公益日”期间捐赠合规性核查结果的说明》，该调查将同一网友每分钟捐赠次数大于5次的行为视作“异常捐款”，发现有25244个人账户的234775笔捐款属于异常状态，涉及捐赠金额700余万元，占配捐时段总捐款额的1.20%；这些“异常捐款”获得3712025元配捐额，占配捐时段总配捐金额的1.26%。腾讯公益慈善基金会副秘书长孙懿表示，异常捐赠行为并不等同于机器刷单，而机器刷单需要技术团队来审核。至于其他套捐行为，无法通过腾讯公益平台的技术进行核查，只能通过对机构的整体财务进行审计查明。虽然腾讯表示对机器刷单持“零容忍”态度，并表示将启动第三方独立审计与核查，但目前尚无公益机构因此受到惩罚。②

二 “小朋友画廊”7小时筹款1500万元

“小朋友画廊”是腾讯公益、深圳市爱佑未来慈善基金会（简称“爱佑

---

① 黎宇琳、蓝广雨：《公益资本论》，《警惕99公益日的“刷单”风潮，隐秘“套捐”恐透支社会信任》，http：//www.sohu.com/a/169342898_465387，访问日期：2018年4月11日。

② 腾讯公益产品运营团队：《腾讯公益平台关于“99公益日”期间捐赠合规性核查结果的说明》，2017年10月10日，http：//www.chinadevelopmentbrief.org.cn/news-20239.html，访问日期：2018年4月11日。

未来”）和 WABC 无障碍艺途公益机构联合出品的线上线下互动公益项目“用艺术点亮人生”中的募捐活动。该项目于 8 月 17 日发起，募捐目标 1500 万元。

“小朋友画廊”的 H5 展示了 36 幅自闭症人群的画作，大部分作品都有作者亲自录制的语音，向大家说明画作的心意并表达感谢。用户点开 H5 可以用一元购买自己喜欢的作品，得到电子版，作为手机屏保使用，也可分享在朋友圈，或通过 H5 给“小朋友”留言。

8 月 29 日，该产品在微信朋友圈刷屏，7 小时即筹集 15028994.79 元，捐款人数超过 580 万人次。[①]

随后出现了质疑，内容包括募捐项目相关信息不足、捐款去向不明、画作是否为代笔以及是否将自闭症浪漫化等问题。针对质疑，“用艺术点亮生命”项目的执行方 WABC 在腾讯公益平台上声明，用户捐赠的善款会直接存入项目公募善款接收方爱佑未来慈善基金会，WABC 按项目需求申请使用。爱佑未来慈善基金会对项目进行专项审计，项目执行方也将通过腾讯公益披露财务信息。腾讯也通过媒体表示，腾讯公益平台收到的善款直接进入募款机构账户，腾讯不会“分成”。

WABC 通过各种媒体与平台对质疑进行回应。尽管该筹款活动在 8 月 29 日停止，但整个活动后续热度不减，最高峰时有超过 240 家媒体同时报道，相关新闻超过 5300 条，超过 1980 个公众号推送相关文章，总阅读量超 460 万。这些传播引发了社会各界对“自闭症”议题的关注，实现了募款活动的倡导功能。

三　“同一天生日”被叫停

“同一天生日”募捐活动由深圳市爱佑未来慈善基金会联合平台“分贝

① 赵蕾、赵凯迪、刘名洋：《580 万人参与“一元购画”捐款腾讯公益称款项用于特殊人群帮扶》，http：//www. sohu. com/a/168081526_ 114988，访问日期：2018 年 4 月 11 日。

筹”于2017年12月23日发起。该款募捐产品有一个独特的创意：输入生日，可以看到一名与自己生日相同的贫困学生的照片；捐赠“一元助TA改变命运”，则能看到该儿童手拿写有“谢谢同一天生日的您，××（姓名）”纸板的照片。

但是，这个创意没有得到预期的良性反馈。有网友发现某些贫困学生照片相同、姓名和出生日期却不同，有些学生的生日日期不存在。由此，“同一天生日”的真实性以及合法性受到质疑。

次日，“同一天生日”筹款通道关闭。但此次活动已筹款294万元。12月25日，爱佑未来发布《关于“同一天生日”活动的情况说明》，称基金会在2017年4月与云南省昭通市镇雄县扶贫开发办、北京零分贝科技有限公司签署三方合作协议，为镇雄县下辖贫困学生筹集生活费及助学扶贫款。“分贝筹”上公布的受助学生都来自“国家建档立卡”贫困户家庭，其资料由当地“驻村干部”和“结对干部”实地走访了解、拍摄并上传。而且，所有在“分贝筹”上展示的孩子照片和信息，均已获得了孩子监护人的书面授权。①“分贝筹”也解释，出现“同一个孩子不同生日”及“2009年2月29日生日”的原因，是因为内容还在测试阶段，出现了信息错误以及界面不稳定的情况。②

12月26日，深圳市民政局决定对爱佑未来立案调查。“通过前期调查，已初步确定‘同一天生日’涉嫌违反慈善法。”深圳市民政局党委委员、深圳市社会组织管理局局长凌冲表示，“同一天生日”是一个网络募捐活动，但“分贝筹”并不是民政部指定的有募捐资格的网络平台。③

12月28日，爱佑未来声称，基金会将安排专门的工作组为存疑的捐赠

① 《“同一天生日”筹款方爱佑未来发公告，捐款用户可发邮件申请退款》，http：//www.sohu.com/a/213269543_116132，访问日期：2018年4月11日。

② 郭琳琳：《分贝筹回应“同一个孩子不同生日”：为信息错误及页面不稳定》，北青网－北京青年报，http：//news.ynet.com/2017/12/23/795019t70.html，访问日期：2018年4月11日。

③ 《“同一天生日”涉嫌违反慈善法捐款者可申请退款》，人民网，2017年12月29日，http：//www.xinhuanet.com/fortune/2017－12/29/c_1122182412.htm，访问日期：2018年4月8日。

人退款。未退回的剩余善款，承诺在民政部门和当地政府的监督下，全程透明公开，执行好救助项目。[①]

“同一天生日”募捐活动已在民政部门备案，并在“慈善中国”网站公开了备案信息。但开展公开募捐的平台为“分贝筹”——其账号主体为北京零分贝科技有限公司，未经认证，该活动H5页面也由“零分贝”提供，并非以慈善组织名义开通的平台。

深圳市民政局表示将根据调查结果对相关各方进行处理，但至本文定稿时，调查结果尚未公布。

四　募捐伦理成为网络募捐争议焦点

对于2017年度的网络募捐热点事件，公益行业内反思的是法律边界、儿童肖像使用……关注点是合法性和筹款伦理。在对“同一天生日”进行的业内讨论中，有不少人提到配有个人信息的儿童举牌的照片有损儿童尊严，也使其面临被侵害的风险。而且从倡导的角度看，突出具体的人物故事，会让公众忽视个体遭遇背后的机制性、深层次的社会问题。因此，无论是在“同一天生日”还是“小朋友画廊”活动中，均有不少捐赠者表示只想帮助同一天生日的“特定”儿童或所购图画的作者小朋友，而不是他们背后的贫困儿童或自闭症群体。

这对慈善组织是一个两难问题。从筹款实践来看，类似募捐活动的结果证明，如果没有这些具体的照片和信息，筹款效果会大打折扣。慈善组织如何在尊重受益人意愿的情况下审慎考虑受益人群的最大利益？这个问题目前还没有最佳答案。

对于筹款中合法合规但不合理的行为，目前也缺乏行业共识。以“套捐”为例，公益筹款人联盟的《99套捐，支持还是反对》问卷调查结果显

---

① 《“同一天生日”涉嫌违反慈善法捐款者可申请退款》，人民网，2017年12月29日，http://www.xinhuanet.com/fortune/2017-12/29/c_1122182412.htm，访问日期：2018年4月8日。

示，约七成受访者表示需要事后做假账平账的“套捐”是不应容忍的，而约三成受访者表示“为了公益，用点手段也正常”。而对于将捐款找志愿者分批捐，则有约28%的受访者表示“不应容忍”，而有30%的受访者认为“完全没毛病”。有人提出各类套捐都违背了腾讯作为捐赠者的捐赠意图，而且损害了公众对公益慈善组织的信任与评价，公益组织必须严格自律反对套捐。而也有人认为这是站着说话不腰疼。剩下的人表示对双方都能理解。①

实际上，无论认为“违法”还是“有瑕疵”，都能看出行业共识是“套捐”不对。争议在于：为了机构生存，是否能做“不对”的事？这个问题，答案貌似明确，但在实践层面边界并不清晰。这也是需要随网络募捐发展逐渐厘清的问题。

五　公益行业角色意识需强化

对于“小朋友画廊”、“同一天生日”，公众的质疑主要集中于“是否真有贫困儿童”“我捐的钱为什么不是直接到作画的自闭症小朋友，而是去了一个机构”……其关注的仍然是慈善组织的公信力和日常运作问题。

但对于来自公众的质疑，公益行业似乎失去了解释的耐心，几乎没有对保障捐赠者知情权进行认真的讨论。“同一天生日”之后的几篇公益行业知名微信公众号文章都提到“不是骗捐是事故”“不是造假是疏忽”。这是因为业内人士了解主办活动的基金会，了解公开募捐的运作方式。但作为捐赠者的广大公众并不知道这些行业“常识”。捐赠者提出的问题包括“受益人群是否存在”“谁办的活动”“谁收了钱”“钱怎么花”，这些都是募捐信息公开中最基本的内容，是捐赠者捐赠之前就应该能够获得的信息。主办方面对质疑所做的回应引发了公众更多问题，如“受益人群具体数字”“每个孩

① 该调研时间2017年9月4～10日，回收有效问卷236份。受访者94%为公益行业从业者，44.5%公益行业经历超过5年。http：//www.cafpnet.org/index.php？s=/Homenew/Index/detail/id/74.html，访问日期：2018年3月5日。

子 120 元能产生什么效果”等。这些问题并没有得到回复。同样，“小朋友画廊”募捐活动也存在这个问题。有公众表示网友以购画形式进行的一元捐款并非给画作者个人，而是捐给 WABC 工作室，这一点在捐款之前没有得到特别醒目的说明。

和“同一天生日”不同的是，WABC 将回应网友的质疑作为活动传播的一部分，保持了活动的热度，给出了更为详尽的募款用途说明，保障了活动和机构的声誉。但并不是每一家公益慈善组织都有这样的应对能力。

公益慈善机构应当意识到，每一个公益慈善组织都在影响和塑造着公益慈善文化，有责任用价值观凝聚社会，应当倡导更文明的理念，体现人性的高尚。促进慈善文化建设有多种方法，包括建立行业伦理标准、推广责信认证、加强法律规范、开展合规能力建设等等。这些事情不是一两家组织可以实现的，但需要“行业领袖”出面，带头推动行业联合和共同行动。

B.16
《境外非政府组织境内活动管理法》施行 在华境外非政府组织进入法治时代

叶　萌*

摘　要： 2017年1月1日，首部专门规范境外非政府组织在中国境内开展非营利活动的法律《中华人民共和国境外非政府组织境内活动管理法》正式施行，在华境外非政府组织正式进入法治时代。在境外非政府组织、公安部门、各业务主管单位和中方机构的积极探索和共同努力下，2017年全国共登记305家境外非政府组织代表机构、备案487项临时活动。但随着法律实施的深入，境外非政府组织在登记备案和日常活动中还面临着诸多挑战，有待法律配套措施明确细化和相关规范的有效落实，以充分发挥境外非政府组织对我国非营利事业发展的积极作用。

关键词： 境外非政府组织　代表机构　临时活动备案

2017年1月1日，我国首部专门规范境外非政府组织在华活动的法律《中华人民共和国境外非政府组织境内活动管理法》（以下简称《境外非政府组织境内活动管理法》或《境外非政府组织境内活动管理法》）正式生效实施。该法为各国在中国境内开展非营利活动的基金会、社会团体、智库机构等非营利组织确立了一套明确的登记和管理体系，改变了此前境外非政府组织在华活动缺乏法律依据的状况，境外非政府组织在中国的管理至此被纳

---

* 叶萌，北京师范大学中国公益研究院慈善法律中心副主任。

入法制轨道。

《境外非政府组织境内活动管理法》也体现了中国非营利部门的法律体系在国际组织监管制度方面的完善，反映了中国国际交往日渐频繁、国际影响力日益提升的新趋势。因此，该法自草案起草和征求意见以来，即受到了国内外各方的高度关注。2014 年 12 月，第十二届全国人大常委会第十二次会议对《中华人民共和国境外非政府组织管理法（草案）》进行了第一次审议，公安部副部长杨焕宁做草案说明。2015 年 4 月，第十二届全国人大常委会第十四次会议审议了《中华人民共和国境外非政府组织管理法（草案二次审议稿）》并在其后向社会公布了草案二次审议稿的全文，公开征求各方的意见。时隔一年后，2016 年 4 月 28 日，《境外非政府组织境内活动管理法》由十二届全国人民代表大会常务委员会第二十次会议表决通过，中国首部专门规范境外非政府组织的法律正式颁布。与征求意见稿相比，最终通过的正式法律采纳了部分在征求意见过程中各方提交的修改建议，比如允许境外非政府组织登记多家代表机构、取消代表机构有效期限限制等，这些规定相较于草案二次审议稿更为宽松。

一　境外非政府组织启动合法运作程序

《境外非政府组织境内活动管理法》出台之前，在中国境内开展活动的非营利组织并没有一套可明确依据的法律规范体系。在 2017 年 1 月 1 日后，在华境外非政府组织如果要在中国境内开展经济、教育、科技、文化、卫生、体育、环保等非营利活动，则必须按照新法的要求，在登记管理部门进行登记或备案，按照法律制度所规定的形式和程序运营机构和开展项目。

具体而言，《境外非政府组织境内活动管理法》规定了境外非政府在华开展活动的两种形式：一种是设立境外非政府组织代表机构，另一种则是进行临时活动备案。代表机构是相对常设性的组织形式。根据该法规定，境外非政府组织设立代表机构需要向登记管理机关公安部门申请，同时要取得相关业务主管单位的同意。而未登记代表机构的境外非政府组织在中国境内开展非营利活动，则需要通过临时活动备案的方式进行。根据法律要求，境外非政府组织开展临时活动时必须与国家机关、人民团体、事业单位和社会组织这四类中方合作单位共同开展，活动期限不超过一年，并且应由中方合作单位在开展活动十五日前向其所在地的登记管理机关申请备案①。境外非政府组织在成功登记代表机构或备案临时活动后还需要按照《境外法 NGO》的要求开展活动、进行资金管理和履行信息公开和报送义务。

自 2017 年 1 月 1 日起，在华境外非政府组织须按照上述法律规定规范运行，在未正式进行登记备案之前不得开展登记或备案以外的活动。因此，随着《境外非政府组织境内活动管理法》的正式施行，诸多已经在中国实施项目的境外非政府组织在法律出台的背景下需要思考本机构如何进行战略调整。其中第一类组织是明确以登记代表机构为目标，如福特基金会、亚洲基金会、世界宣明会、香港乐施会等已经在中国活动多年的境外非政府组织密切关注立法进展，在法律出台后积极进行登记代表机构的准备工作，包括机构总部和中国办公室的负责人与公安部门、相关业务主管单位等管理部门沟通并按照法律要求开展各项资料的准备和翻译认证等工作。② 第二类组织是原本已经在民政部按照《基金会管理条例》的规定登记了境外基金会代表处的机构，在新法实施后移交到公安部门进行管理，包括墨卡托基金会、盖茨基金会等。在《境外非政府组织境内活动管理法》实施首月登记成功的 32 家代表机构中，75% 是法律生效前已在民政部登记代表处的组织。③第三类组织则根据自身在中国境内开展活动的需求，采取进行临时活动备案的方式开展活动。还有一类组织在权衡了机构未来工作规划、资金情况与新法合规要求后，选择了暂停中国项目或决定退出中国。

---

① 《境外非政府组织境内活动管理法》第十六条、第十七条。

② 参见北京师范大学中国公益研究院：《首代说新法之福特基金会访谈》，http：//www. bnu1. org/cpri/2017/0823/3780. html，访问日期：2018 年 3 月 20 日；《首代说新法之亚洲基金会篇》，http：//www. bnul. org/research/policy/3894. html，访问日期：2018 年 3 月 20 日。

③ 北京师范大学中国公益研究院慈善法律中心：《〈境外非政府组织境内活动管理法〉实施情况分析报告》，中国公益研究院，http：//www. bnul. org/research/Policy/3682. html，访问日期：2018 年 3 月 24 日。

二 公安部门健全管理和服务体系

公安部门作为境外非政府组织登记管理部门，在整个境外非政府组织管理体系中承担着重要的职责。由于是首次承担登记管理境外非政府组织的职能，并无成熟经验可用，因此公安部门在《境外非政府组织境内活动管理法》实施前做了大量准备工作。

首先，在法律配套政策方面，公安部先后发布了《境外非政府组织代表机构登记和临时活动备案办事指南》（以下简称《办事指南》）和《境外非政府组织在中国境内活动领域和项目目录、业务主管单位名录（2017年）》（以下简称《名录》），细化了法律对登记备案的要求并为境外非政府组织依法办理相关申请提供了明确的指引，随后各省级公安部门也根据本辖区情况发布了省级版本的《办事指南》和《名录》。

其次，在境外非政府组织管理与服务工作机制的构建方面，国家依据《境外非政府组织境内活动管理法》的要求在法律实施前即建立了境外非政府组织监督管理工作协调机制。公安部门与其他管理机关通过有效沟通协作，研究、协调、解决境外非政府组织在中国境内开展活动监督管理和服务便利中的重大问题。[①] 公安部也在《境外非政府组织境内活动管理法》实施前上线了境外非政府组织办事服务平台，方便境外非政府组织了解最新政策和办理相关业务，平台上线后还发布了境外非政府组织设立登记网上操作手册和境外非政府组织临时活动备案网上操作手册，为境外非政府组织办理业务提供便利。[②] 各省级公安部门境外非政府组织管理办公室也上线了专门的网上服务平台。从境外非政府组织的实际需求出发，境外非政府组织办事服务平台还公布了《境外非政府组织境内活动管理法》的英文版本和业务主管单位的联系方式，为境外非政府提供了切实有效的服务。2016 年 11 月，

① 参见《境外非政府组织境内活动管理法》第七条。

② 《境外非政府组织境内活动依法有序》，人民网，http：//legal. people. com. cn/n1/2017/0209/c42510 - 29067238. html，访问日期：2018 年 3 月 24 日。

公安部门还分别在上海和广东与境外非政府组织、驻沪和驻穗领馆举行通气会和座谈会，在法律生效前夕就境外非政府关切具体问题进行解答。① 较为充分的工作机制搭建和准备工作为《境外法》的顺利实施奠定了基础。

《境外非政府组织境内活动管理法》实施后，公安部门进一步推进法律普及并结合实际完善境外非政府的管理和服务工作。为落实境外非政府组织进行开立账户、为外籍员工办理签证等事项的具体制度，公安部于2017 年 5 月与中国人民银行共同印发了《关于做好境外非政府组织代表机构人民币银行账户管理有关工作的通知》，对境外非政府组织开立人民币账户开立等具体事项做出明确规定。2017 年 8 月，为明确境外非政府组织外籍工作人员的工作许可办理问题，公安部联合国家外国专家局向印发《关于为境外非政府组织外籍工作人员办理工作许可等有关问题的通知》。该通知同时还规定了对做出突出贡献的组织外籍首席代表、代表或工作人员进行表彰的促进措施。

在《境外非政府组织境内活动管理法》实施首年，广东、山东等地的境外非政府组织管理部门通过与境外非政府组织进行座谈交流等方式开展普法工作、解决境外非政府组织在实际申请过程中对法律制度的疑问；山西、北京、山东和湖北的登记部门与各类业务主管单位进行座谈，促进境外非政府组织代表机构登记工作的顺利开展。公安部门的法律普及工作同时也覆盖了中方合作单位，北京、江苏、天津、湖南和贵州等地的公安部门专门面向国内慈善组织和本地高校开展法律宣传和培训活动，确保各类中方合作单位依法与境外非政府之间开展合作。②

2017 年，公安部门积极帮助境外非政府组织与业务主管单位进行沟通，

---

① 境外非政府组织办事服务平台：“公安部在上海召开部分国家驻沪领事馆通气会”，http：//ngo. mps. gov. cn/ngo/portal/view. do? p _ articleId = 21749&p _ topmenu = 3&p _ leftmenu = 1；“公安部在广州召开部分驻穗领事馆和境外非政府组织座谈会”，http：//ngo. mps. gov. cn/ngo/portal/view. do? p_ articleId = 21657&p_ topmenu = 3&p_ leftmenu = 1，访问日期：2018 年 3 月 25 日。

② “境外非政府组织办事服务平台工作动态”，http：//ngo. mps. gov. cn/ngo/portal/toInfo. do，访问日期：2018 年 3 月 20 日。

还根据境外非政府组织登记工作的实际情况，适时地在原有《名录》的基础上依法扩大了业务主管单位的范围，促进多家境外非政府组织代表机构成功登记。从境外非政府组织对公安部门管理与服务工作的反馈来看，公安部门履行登记管理部门的职责整体而言是主动、积极和高效的。

三　业务主管单位与中方机构配合法律实施

《境外非政府组织境内活动管理法》的生效实施也对公安部门和境外非政府组织以外的相关方产生影响，境外非政府组织需要取得业务主管单位的同意才能正式登记代表机构，与中方合作单位开展临时活动，也需要获得相关部门的批准。而作为中方机构，还需要了解如何按照《境外非政府组织境内活动管理法》的要求依法与境外非政府组织进行项目合作。

《境外非政府组织境内活动管理法》正式实施后，各业务主管单位开展相关活动响应法律的要求。除上述各地公安部门与业务主管单位进行座谈、交流之外，多地相关主管部门内部也开展了法律普及和交流活动。2017 年 4 月，四川省卫计委召开学习贯彻《境外法》专项会议，会议对四川省卫计部门如何做好境外非政府组织监督管理工作、承担起业务主管单位的法律责任进行了安排和部署。[①] 云南省卫计委也积极履行业务主管单位职责，组织举办“学习贯彻《境外非政府组织境内活动管理法》培训班”，面向全省各级卫计部门普及法律。[②] 2017 年 11 月，国家林业局在云南丽江召开境外非政府组织管理座谈会，全国各地的林业系统参加会议，整体覆盖 28 个省份，各地林业部门就担任境外非政府组织业务主管单位工作进行了交流。

2017 年，一些业务主管单位还在系统内发布文件，明确开展与境外

① 境外非政府组织办事服务平台：“四川省卫计委召开学习贯彻《管理法》专项会议”，http：//ngo. mps. gov. cn/ngo/portal/view. do？p _ articleId = 26416&p _ topmenu = 3&p _ leftmenu =1，访问日期：2018 年 3 月 25 日。

② 境外非政府组织办事服务平台：“云南省卫计委积极做好境外非政府组织服务管理工作”，http：//ngo. mps. gov. cn/ngo/portal/view. do？p _ articleId = 27340&p _ topmenu = 3&p _ leftmenu =1，访问日期：2018 年 3 月 25 日。

非政府组织相关工作的规范。例如，2017 年 8 月，国务院扶贫办发布《关于受理境外非政府组织业务主管单位申请等事宜的操作办法（试行)》；2017 年 9 月，国家林业局发布《国家林业局司局单位与境外非政府组织合作与交流管理办法》。以上两个文件对本系统内如何在《境外非政府组织境内活动管理法》框架下与境外非政府组织展开合作以及具体的内部管理规程进行了细化。此外，国家税务总局也在 2017 年 2 月发布《关于做好境外非政府组织代表机构税务登记办理有关工作的通知》，明确了境外非政府组织相关的税务监管制度。

不同业务主管单位对于《境外非政府组织境内活动管理法》和境外非政府组织的熟悉程度和落实《境外非政府组织境内活动管理法》、进行境外非政府组织业务管理工作的积极性还有所差异。在 2018 年 1 月公安部境外非政府组织管理办公室与北京市公安局境外非政府组织管理办公室联合举办境外非政府组织代表座谈会上，9 家尚未登记的境外非政府组织负责人也出席了会议。目前这类机构还在依法准备登记所需材料，一些境外非政府组织表示："公安机关对于申请材料和程序的规定十分明确，但由于一些组织的项目领域跨部门，目前寻找业务主管单位很困难。"① 可见，难以获得适合的业务主管单位的同意是尚未注册代表机构的境外非政府组织面临的一个主要问题。而对于已经成功登记代表机构而言，在开展活动的过程中也需要与业务主管单位协调与磨合，而目前对于业务主管单位如何监管境外非政府组织代表机构的日常运作还缺乏明确的法规制度。

在《境外非政府组织境内活动管理法》实施首年，作为中方合作单位的其他机构也密切关注《境外非政府组织境内活动管理法》的立法和实施进展。中方机构不仅作为境外非政府组织的合作方，在临时活动和与代表机构合作开展项目中按照法律要求与境外非政府组织进行合作外，还积极发挥第三方作用，通过组织培训班和研讨会等多种方式配合法律的普及和实施。

① 境外非政府组织在中国：《实话实说：境外非政府组织代表谈〈管理法〉》，https://mp.weixin.qq.com/s/6b9rvueembaneocHFpFU0A，访问日期：2018 年 3 月 25 日。

四　首年登记代表机构300余家，法律实施仍面临挑战

2017 年全国共有 305 家境外非政府组织代表机构成功登记和 487 项临时活动成功备案，每月平均登记的境外非政府组织代表机构数量为 25 家，平均备案临时活动 41 项。[①] 具体各月份代表机构登记数量分布情况如图 1 所示。

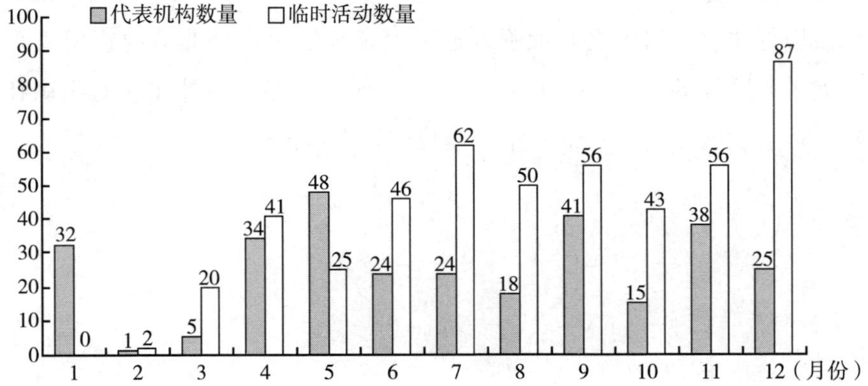

图 1　2017 年境外非政府组织代表机构登记与临时活动备案月度数量

2017 年，境外法的配套细则愈发明确，境外非政府组织代表机构和临时活动数量不断增长，但是《境外非政府组织境内活动管理法》的实施仍然面临一定的挑战。目前，仍有一些境外非政府组织未能成功登记。如上所述，寻找业务主管单位是尚未成功登记代表机构的境外非政府组织面临的主要瓶颈。一方面，一些部门和单位对境外非政府组织管理工作相对陌生，主动担任业务的积极性不高；另一方面，由于一些境外非政府组织致力于解决社会新兴领域的社会问题，或是工作领域涉及多个业务主管部门的管辖范

① 境外非政府组织办事服务平台：《重磅！境外非政府组织代表机构登记突破 300 家》，http：//ngo. mps. gov. cn/ngo/portal/view. do？ p _ articleId = 65502&p _ topmenu = 3&p _ leftmenu = 1，访问日期：2018 年 3 月 25 日。

畴，登记时难以确定一个直接对口的业务主管单位；此外，由于代表机构可以开展活动的地域范围很大程度也与业务主管单位的态度相关，很多境外非政府组织在登记过程中也需要在这个方面与不同潜在的业务主管单位进行协调。

而对于已经登记代表机构的组织而言，实际运营组织过程中需要法律进一步细化，在组织可以收取的其他合法收入、财务税务管理等方面给予更明确的指引。而在临时活动备案中，中方合作单位的审批机关也需要结合实际情况进一步明确。因此，专家建议在未来工作中，公安部门与各业务主管单位以及境外非政府组织之间加强沟通与交流，健全境外非政府组织管理机制，促进共同推动《境外法》进一步发挥作用，促使境外非政府组织在我国经济社会发展以及“一带一路”建设中发挥积极作用。

B.17
慈善法配套法规文件出台推动中国慈善法治进程

马剑银*

摘　要： 2017年，《企业所得税法》修订，《慈善信托管理办法》发布，慈善组织互联网公开募捐信息平台两项行业标准出台，《慈善组织信息公开办法》与《慈善组织保值增值投资活动管理暂行办法》的公开征求意见稿陆续出炉，表明《慈善法》配套法规从慈善税制改革、慈善信托、慈善募捐信息平台建设、慈善信息公开与慈善资产保值增值等方面进一步推动中国慈善法治进程和有序发展。

关键词： 慈善法　配套法规文件　慈善法治

自2016年3月《慈善法》公布之后，配套的法规文件一直不断，2016年9月1日前后民政部等相关政府部门集中出台了一批文件来配合《慈善法》的实施，之后也持续性出现了一些相关法律与配套的法规、规章与政策文件。2017年，这一趋势继续维持。除《境外非政府组织境内活动管理法》正式实施、《民法总则》创设“非营利法人”类别为慈善组织的定位奠定基础以及志愿服务条例颁布实施之外，还有一些法律、行政法规、部门规章与政策文件陆续出台，推动中国的慈善法治进程。

---

* 马剑银，北京师范大学法学院副教授，法学博士、公共管理学博士后，清华大学公益慈善研究院《中国非营利评论》执行主编。

一　慈善税制改革开始起步

在《慈善法》中，对于慈善事业的税收优惠，虽然法条表述涉及慈善组织、捐赠人、受益人以及境外捐赠物资、慈善信托的税收优惠，但都是原则性的规定。唯一的突破是《慈善法》第八十条规定了“企业慈善捐赠支出超过法律规定的准予在计算企业所得税应纳税所得额时当年扣除的部分，允许结转以后三年内在计算应纳税所得额时扣除”。

为了保持法律体系的融贯性，2017 年 2 月，十二届全国人大常委会第二十六次会议相应修改了《企业所得税法》，将其中的第九条表述为“企业发生的公益性捐赠支出，在年度利润总额 12% 以内的部分，准予在计算应纳税所得额时扣除；超过年度利润总额 12% 的部分，准予结转以后三年内在计算应纳税所得额时扣除”。但此后国务院并未同步修改《企业所得税法实施条例》，直到 2018 年 2 月 21 日，财政部与国家税务总局发布《关于公益性捐赠支出企业所得税税前结转扣除有关政策的通知》（财税〔2018〕15 号），将 2016 年 9 月 1 日之后发生的公益性捐赠支出的税收减免问题落地。与此相关，2018 年 2 月 7 日，财政部与国家税务总局发布《关于非营利组织免税资格认定管理有关问题的通知》（财税〔2018〕13 号），对慈善组织自身的免税资格认定也有了新的政策。

同时，针对慈善组织的税制改革，2017 年 1 月 14 日，财政部等 10 家单位共同发布《关于支持科技创新进口税收政策管理办法的通知》（财关税〔2016〕71 号），这个通知紧接 2016 年 12 月 7 日财政部、海关总署与国家税务总局联合发布《关于“十三五”期间支持科技创新进口税收政策的通知》（财关税〔2016〕70 号），享受减免税的主体包括了科技类民办非企业单位，该通知的附件一就是专门性的《科技类民办非企业单位免税进口科学研究、科技开发和教学用品管理办法》，详细列举符合相关条件的科技类民办非企业单位，可以申请免税资格，按规定享受支持科技创新进口税收政策。

此外，国家税务总局、财政部、人社部、教育部与民政部发布了《关于继续实施支持和促进重点群体创业就业有关税收政策具体操作问题的公告》（2017 年第 27 号），针对包括民办非企业单位在内的组织，如果吸纳持《就业创业证》的人员，就可以享受税收优惠。

整体而言，2017 年慈善事业税收制度的改革步伐非常之小，但千里之行，始于足下。从财政部、国家税务总局等部门的课题立项情况来看，国家有望在之后的改革过程中加大税收优惠制度实施的幅度、逐步落实《慈善法》的原则规定，真正实现依法治国战略的要求。

二　慈善信托规制进一步改进

《慈善法》通过后，社会舆论给予高度评价的亮点之一就是慈善信托制度，将《信托法》沉寂多年的公益信托激活。但是实践并不十分活跃，截至 2018 年 3 月底，全国共备案慈善信托 77 单，信托财产总规模为 9.25 亿元。而 2016 年最后 4 个月，就有 22 单慈善信托备案，财产初始规模 0.85 亿元。与 2016 年相比，2017 年有关慈善信托最重要的事件是银监会与民政部共同发布《慈善信托管理办法》这一规范性文件，作为《慈善法》规定的慈善信托制度在全国范围内展开的抽象行政行为。这一文件比 2016 年民政部与银监会共同发布的《关于做好慈善信托备案有关工作的通知》要更为系统全面，官方称此文件标志着慈善信托的规制体系初步建立。

据民政部官网介绍，该办法制定的基本思路“一是坚持鼓励发展，逐步将慈善信托打造成我国慈善事业的重要渠道；二是坚持比较优势，充分发挥信托公司和慈善组织在慈善信托中的积极作用；三是坚持风险为本，确保慈善信托规范化、阳光化运行；四是坚持问题导向，切实解决慈善信托实践中的瓶颈和障碍”。①

---

① 《银监会、民政部联合印发〈慈善信托管理办法〉》，民政部门户网站，http://www.mca.gov.cn/article/zwgk/mzyw/201707/20170700005210.shtml，访问日期：2018 年 3 月 31 日。

与2016年的通知不同，该办法由银监会牵头，体现了专业分工，共分为总则、慈善信托的设立、备案、财产的管理和处分、变更和终止、促进措施、监督管理和信息公开、法律责任、附则等9章，落实了一些《慈善法》条文中未曾详细规定的制度，例如第三十条规定了慈善信托财产可以进行保值增值的方向，即一般“运用于银行存款、政府债券、中央银行票据、金融债券和货币市场基金等低风险资产”，但也给信托公司作为受托人的慈善信托更为宽松的政策，信托公司可以与委托人约定非低风险资产投资。

再例如第四十七条规定了银监会负责商业银行慈善信托账户资金保管业务的监督管理工作。之前，慈善组织在商业银行设立信托专户比较困难，因为商业银行会以没有先例为由推诿，而商业银行账户并不天然归银监会管理，因为根据目前中国人民银行与银监会的分工，银行账户的主管机关是中国人民银行，有关银行账户的规定也都是由中国人民银行来制定，这个规定从银行账户监管的视角赋予银监会以权力，可以通过银监会跟商业银行沟通，帮助慈善组织担任受托人的慈善信托开设慈善信托专户。

此外，第四十四条也强调了慈善信托的委托人、受托人和受益人可以享受税收优惠，比起《慈善法》的措辞更为清晰，不过，这种税收优惠依然有待于“国家有关规定”，也就是依赖于整体的慈善事业税制改革。

三　慈善募捐信息平台建设稳步推进

为了规范慈善组织开展互联网公开募捐的行为，民政部公布了两项行业标准，分别是《慈善组织互联网公开募捐信息平台基本技术规范》和《慈善组织互联网公开募捐信息平台基本管理规范》，这两个行业标准是配合《慈善法》第二十三条、第二十七条有关互联网募捐的规定以及民政部与工信部、新闻出版广电总局、国家网信办《公开募捐平台服务管理办法》而出台，自2017年8月1日起正式施行。作为互联网募捐平台建设的国家标准，这两项标准同时作为民政部“指定”“慈善信息平台”的重要依据。

《慈善法》中使用“指定”这个措辞，造成一定的执法认知的困境。民政部门“指定”慈善信息平台的行为到底属于什么性质？行政许可、行政确认还是行政委托合同？民政部门并没有给出明确地答复。根据《关于遴选慈善组织互联网公开募捐信息平台的通知》（民办函〔2016〕275号），遴选的程序类似于委托合同，组织民政部门和网信部门代表、社会组织领域代表或专家、互联网领域专家、新闻传媒代表组成评审委员会进行评审。民政部首批遴选的13家信息平台，其基础设施并不一致，因此，这两个基本规范不仅是为遴选后来批次的信息平台提供基本标准，也是要求首批13家信息平台改进的标准，其中包括所有的信息平台不仅要提供信息发布的平台功能，而且还必须提供互联网募捐服务的平台功能，这种二合一的标准是否符合《慈善法》的规定，有学者提出了质疑。其中一家信息平台也因此退出。

在互联网中，提供网络募捐服务有特殊的含义，与其他电子媒介不同。无论是广播、电视还是报刊，只有慈善募捐信息的发布具有媒介化，而募捐的渠道依然是传统的，必须直接汇款到慈善组织的账号之中。而互联网募捐平台则可通过第三方支付的方式，先将捐款打入平台账户之中，这种募捐服务已经完全有别于传统的募捐信息发布，因此，对慈善募捐信息平台进行更为清晰的界定已经是迫切需求。

两个标准出台之后，民政部办公厅于2018年1月4日发布《关于遴选第二批慈善组织互联网公开募捐信息平台的通知》（民办函〔2018〕2号），虽然没有改变遴选的基本原则，但也进一步完善了遴选程序，预计会有新的10家左右互联网公开募捐信息平台被指定。

此外，民政部、中国红十字总会发布了《关于红十字会开展公开募捐有关问题的通知》（民电〔2017〕145号），强调红十字会开展互联网公募，要与其他慈善组织一视同仁，通过民政部统一或者指定的信息平台发布募捐信息，并且在民政部统一的信息平台定期发布募捐使用情况，每年向同级民政部门报送社会捐赠及其使用情况并及时向社会公开。

四　慈善信息公开与慈善财产保值增值的规范积极制定

民政部作为《慈善法》实施的主要行政机关，在2017年积极开展规章与相关规范性文件的制定工作，例如以通知形式印发《社会组织抽查暂行办法》（民发〔2017〕45号），与财政部、国务院扶贫办联合下发《关于支持社会工作专业力量参与脱贫攻坚的指导意见》（民发〔2017〕119号）以及与多部门联合下发《关于在农村留守儿童关爱保护中发挥社会工作专业人才作用的指导意见》（民发〔2017〕126号）等。当然，最引人注目的当属2017年并未出台的两个征求意见稿。

第一个是《慈善组织保值增值投资活动管理暂行办法（征求意见稿）》。《慈善法》第五十四条授权国务院民政部门制定具体办法，以方便慈善组织为实现财产保值增值而进行投资。该征求意见稿于2017年12月7日开始征求意见，学界与行业界回应非常热烈。因为无论何种类型的慈善组织，都面临慈善财产的保值增值问题，而且巨大的慈善财产投资理财的回报率都低于通货膨胀率，造成事实上的财产缩水。[①] 因此，如何妥善利用巨额的慈善财产，使之不至于因为怠于理财而贬值，制定一个全慈善行业的财产保值增值管理办法就势在必行，而且这也是法律的要求。

《慈善组织保值增值投资活动管理暂行办法（征求意见稿）》共25条，对慈善组织为实现财产保值增值开展投资活动的基本原则，投资范围、模式及条件，投资决策运行、投资风险控制、监督管理等方面进行了规范。该征求意见稿出来之后，不少大型基金会根据这个征求意见稿在制定各自的保值增值细则，有的等待办法出台，有的直接已经开始试行。

第二个是《慈善组织信息公开办法（征求意见稿）》。民政部对于慈善组织的信息公开问题一向非常重视，2006年就制定了一部规章即《基金会

---

① 徐永光：《慈善资源的无效使用是最不道德的》，善达网，http://www.shanda960.com/shandaguan/article/11707，访问日期：2018年3月31日。

信息公布办法》；之后一直尝试制定公益组织信息公开制度。《慈善法》制定之后，为了贯彻实施《慈善法》中有关慈善组织信息公开义务的规定，2017 年 12 月 13 日，民政部起草了《慈善组织信息公开办法（征求意见稿）》，开始向社会征求意见。该征求意见稿共 25 条，对慈善组织信息公开的原则、内容、渠道、时限、监督和法律责任作出规定。

《慈善法》制定之后，有关慈善信息的相关制度与措施出台不少，这也是应对信息社会有关慈善信息的各类纠纷增多的现状，包括之前所述有关慈善募捐信息平台的建设也是围绕慈善信息展开的。此外，2018 年 11 月 8 日，民政部还起草了《社会组织信用信息管理办法（征求意见稿）》公开征求意见，该办法作为一项规章已经于 2018 年 1 月 24 日公布实施。

相关的规范性文件还有《中央编办（国务院审改办）发展改革委公安部民政部工商总局关于实行行政审批中公民、企事业单位和社会组织基本信息共享的通知》《中央编办民政部关于加强事业单位和民办非企业单位登记管理工作中信息共享与业务协同的通知》《关于推进社会组织统一社会信用代码制度建设和信息共建共享有关事项的通知》《国务院办公厅关于推进社会公益事业建设领域政府信息公开的意见》《关于对慈善捐赠领域相关主体实施守信联合激励和失信联合惩戒的合作备忘录》等。

最近，根据第十三届全国人民代表大会第一次会议批准的《深化党和国家机构改革方案》，成立了中央全面依法治国委员会和全国人大宪法与法律委员会，分别从党和国家的层面领导依法治国战略和合宪性审查机制，全面依法治国的进程将进一步加快，也正是在这样的背景下，慈善法治在《慈善法》和相关法律法规、政策文件的相互配合下，向前行进，一路不停。

B.18

《志愿服务条例》实施　中国志愿服务迎来制度化信息化新时代

翟　雁*

摘　要： 2017年6月7日，国务院常务会议通过《志愿服务条例》。该条例是中国第一部关于志愿服务的专门性法规，为我国志愿服务事业的持续健康发展提供了制度保障，有望进一步推动志愿服务制度化、常态化发展，促进志愿服务整体效能提升。而随着全国志愿服务信息系统同年7月上线，中国志愿服务还进入了信息数据化时代，志愿服务的有效管理将更好地开发志愿服务价值，从而促进我国公益事业进一步发展。

关键词： 志愿服务条例　志愿服务信息系统　制度化

《志愿服务条例》2017年正式出台，该条例明确了志愿服务的概念、志愿服务组织的法律地位和志愿服务管理机构的职责界定，规定了志愿者与志愿服务组织的权利与义务，有利于推动志愿服务组织和志愿服务行业进一步发展。全国志愿服务信息系统同年上线，新技术手段极大提高了志愿服务统筹与管理能力，也由此奠定了全方位开发志愿服务社会经济价值的基础。

一　《志愿服务条例》立法背景：历经三十年出炉

志愿服务是公民个体参与社会事务的一项权利，人们自愿、无偿地参与

---

* 翟雁，北京惠泽人公益发展中心创始人，北京博能志愿公益基金会理事长。

利他性社会服务，是实现个人与社会价值统一的重要方式。志愿精神不仅仅依赖于个体的内在驱动，还需要外部政策环境和制度安排对人们进行倡导和赋能，来激发社会自我服务与自我完善的发展机制。但一直以来，志愿服务系统化未纳入顶层设计，国家和社会在志愿服务基础建设方面也缺少投入。志愿服务法律法规空白，多头管理与行政化，行业缺少支持与保障，相关组织、基础研究与数据匮乏，都导致公众缺少参与志愿服务的渠道和保障。中国志愿服务行政化、运动式、热点式现象较为普遍，整体尚处在初级发展阶段，需要规范与引导。

从中国志愿服务制度发展的历史背景来看，1987 年，中国现代志愿服务在经济开放前沿地区的广东省率先出现。但是二十多年后的 2008 年，才出现所谓的“中国志愿者元年”，该年度涌现出的自下而上和自上而下的百万志愿者参与了汶川大地震救灾和奥运会城市志愿服务。到 2017 年，《志愿服务条例》颁布实施之际，中国志愿服务已历经了三十年的发展。

2008 年以来，国家逐渐加强在志愿服务制度化建设方面的投入。2008 年 12 月，中央精神文明建设指导委员会发布《关于深入开展志愿服务活动的意见》，要求深入开展志愿服务活动、进一步建立健全志愿服务活动运行机制和切实加强对志愿服务活动的组织领导。2014 年 2 月，中央文明委印发了《关于推进志愿服务制度化的意见》，并于 2015 年 8 月出台了《关于规范志愿服务记录证明工作的指导意见》（民发〔2015〕149 号），由文明委、民政部与中国志愿服务联合会主办，在“中国志愿服务网”开通全国志愿服务信息系统。2016 年 7 月，中宣部等八部委联合发布的《关于支持和发展志愿服务组织的意见》，开启了中国志愿服务基础建设之门，意见明确提出主要目标是“到 2020 年，基本建成与经济社会发展相适应，布局合理、管理规范、服务完善、充满活力的志愿服务组织体系。志愿服务组织发展环境得到优化，初步形成登记、管理、资金支持、人才培育等配套政策。2017 年十九大报告中，习近平主席明确提出“推进诚信建设和志愿服务制度化”。

近十年来国内近20个省份的地方志愿服务立法实践，2016年9月实施的《慈善法》的法治基础设施，全球化发展的推动和影响，以及中国加强参与全球治理的国家软实力建设等诸多方面的发展因素，加速了2017年《志愿服务条例》的正式出台。2017年8月22日，国务院发布《志愿服务条例》并确定该条例自2017年12月1日起施行，为志愿服务制度化建设元年落槌。

二 制度化建设促进志愿服务规范化、专业化发展

《志愿服务条例》作为我国国家层面第一部总体规范志愿服务的行政法规，有利于进一步规范我国的志愿服务活动，其作用主要表现在以下六个方面。

第一，志愿服务与志愿服务组织的定义，志愿服务工作统筹管理机制得以明确。志愿服务的三个核心要素即自愿、无偿与公益。而志愿服务组织具体是指依法成立，以开展志愿服务为宗旨的非营利组织，可以采取基金会、社会团体、社会服务机构等组织形式。《志愿服务条例》还确立了志愿服务管理体系，将由国家和地方精神文明建设指导机构对志愿服务工作进行统筹规划、协调指导、督促检查，由各级民政部门对志愿服务进行行政管理，加强了我国志愿服务管理工作的制度化。

第二，志愿服务被纳入国民经济和社会发展规划。《志愿服务条例》明确要求县级以上人民政府应当将志愿服务事业纳入国民经济和社会发展规划，合理安排志愿服务所需资金，促进志愿服务广覆盖、多层次、宽领域开展。这是对志愿服务经济社会价值的充分认可。

第三，志愿者的合法权益得到法律保护。与《慈善法》的规定相一致，《志愿服务条例》规定志愿服务组织对志愿者负有的义务包括提供与志愿服务有关的真实、准确、完整的信息，进行风险告知，根据需要签订协议，购买保险，提供必要的培训，执行国家或者行业组织制定的标准和规程，如实无偿提供志愿服务记录，尊重志愿者隐私等。而志愿者需要履行的义务包括

接受志愿服务组织的安排、服从管理、接受必要的培训、按约定提供志愿服务。

第四，志愿服务信息管理需进一步提升。《志愿服务条例》第十九条和第三十四条规定了志愿服务组织对志愿服务信息管理的流程，志愿服务组织信息记录系统需进一步完善。

第五，多项志愿服务促进措施出炉。《志愿服务条例》设立专章规定促进志愿服务发展的若干措施，不仅包括政府购买服务与税收优惠的财政支持，也包括对志愿者进行表彰奖励、优先招用、录取等政策性鼓励。

第六，志愿服务过程中的法律责任有所明确。《志愿服务条例》通过明确相关法律责任的方式来保障法规中所规定的权利义务和相关制度的落实。内容涉及志愿者信息保护，志愿服务记录证明开具，以志愿服务名义进行营利性活动等。①

中国已经进入“民众多样化发展需求与发展不平衡为主要矛盾”的新时代，在《志愿服务条例》及系列法规和政策的指导、保障与促进之下，志愿服务将迎来专业化发展的新时代，发展主要体现在以下三个方面。

第一，志愿服务行业化建设将有所推动。国家在宏观管理层面理顺了管理机制，将志愿服务纳入社会经济发展规划与财政保障中，后续执行政策和法规也将紧锣密鼓加紧建设，无论是资金保障还是专业人才保障，都将迎来历史最好时期。更多的专业人才会给志愿服务行业带来专业技能、创新与资源。同时将有更多的公益慈善组织以志愿服务为宗旨，提供精准服务，特别是行业支持与专业化服务机构，将为志愿服务组织提供数量更多、专业性更强的服务和支持。

---

① 北京师范大学中国公益研究院慈善法律中心：《〈志愿服务条例〉出台，志愿服务制度化升级》，https://open.weixin.qq.com/connect/oauth2/authorize?appid=wxc43a4974a9baf4f7&response_type=code&scope=snsapi_base&redirect_uri=https%3A%2F%2Fm.exmail.qq.com%2Fcgi-bin%2Flogin&state=ZL0409-T5UdFYaYReMoPxdNa0M9X8g#wechat_redirect，2018年4月9日。

第二，志愿服务逐渐向专业化发展，主要体现在服务管理规范化、服务技能专业化和服务成果化。志愿服务管理规范化是指宏观管理有法可依，管理机制运转顺畅，公共管理保障到位，行业法治与自治自律。志愿服务技能专业化是指志愿者利用其自身专长和职业技能投入到服务中，特别是通过不同专业、不同领域、不同部门的跨界协作，运用集体智慧去创新性地解决社会具体问题，为受益人提供高品质和高效用的志愿服务。志愿服务成果化是指志愿服务不仅仅在动员志愿者、倡导与传播志愿精神、记录志愿服务时间等投入方面进行专业化管理，更应该加强在服务产出、受益人与志愿者发展、成果转化与扩大、社会价值与社会创新等社会效益方面的管理。

第三，志愿服务呈组织化发展趋势。志愿服务组织是志愿者参与社会服务的重要载体，也是保障志愿服务规范化、专业化和成果化的基层管理单位，他们深入社区开发志愿者岗位、招募志愿者参与服务活动与项目，开展社会筹资并进行民主化治理，是社会成员进行自我学习与发展，是人与人联结、社会网络化的节点。目前我国开展志愿服务活动的志愿服务组织和社会组织约有 131 万家（包括非正式组织），以 13.8 亿人口计算，平均每万人拥有 9 个社会组织可以提供志愿服务，与美国的每万人有 50 家，新加坡的每万人拥有 20 家志愿服务组织相比，我国志愿服务组织数量仍有较大缺口。

《志愿服务条例》的出台为志愿服务事业的规范化、专业化发展铺就道路，公民个体也必将通过志愿服务为社区、国家和人类发展贡献其应有的社会价值。

三　信息系统助力志愿服务有效管理和价值开发

2017 年之前，我国有五个主要的志愿者统计工具，分别来自全国性志愿服务机构——共青团中央（“志愿中国”系统）、中国红十字总会、全国妇联注册巾帼志愿者、中国文化志愿者、中国文艺志愿者。据统计，这些系统存在 46% 的重叠率，由此推算，截至 2016 年，中国注册志愿者数量达到

7259.08万人[①]。

志愿者管理和志愿服务记录是志愿服务管理的基础工作，也是我国志愿服务事业近年来的重要目标。中央精神文明建设指导委员会2014年发布的《关于推进志愿服务制度化的意见》即提到规范志愿者招募注册、加强志愿者培训管理、建立志愿服务记录制度的要求。基于这一要求，作为志愿者注册管理、志愿服务制度化有力支撑的志愿服务信息化建设受到广泛重视。2015年民政部发布的《志愿服务信息系统基本规范》（以下简称《基本规范》）是该领域第一个全国性行业标准。随后，中央文明办、民政部、共青团中央联合发布《关于推广应用〈志愿服务信息系统基本规范〉的通知》。根据《基本规范》，民政部等部门负责建立全国志愿服务信息系统；尚未建设志愿服务信息系统的地区，为避免重复开发和资源浪费，使用全国志愿服务信息系统；对于有自行开发需要的省份，依照《基本规范》要求开发系统并实现与全国信息系统的对接和共享；而对于已开发并投入使用的全国性及地方性志愿服务信息系统，需依据《基本规范》进行系统升级改造，并实现系统间信息对接与共享。

在法规文件发布以及志愿服务信息化建设不断推进的背景下，民政部门建立的全国志愿服务信息系统于2016年11月试运行，2017年6月23日顺利通过竣工验收，随后正式上线。同年8月22日，民政部办公厅发布《关于推广使用全国志愿服务信息系统的通知》。全国志愿服务信息系统作为志愿服务管理的有效支撑，大大提高了志愿服务活动开展的便捷度，增强了服务信息管理的及时性、精准性与科学性。

全国志愿服务信息系统作为志愿服务信息化建设行业标准所规定的系统，其建成和投入使用给志愿者相关数据的统计分析提供了良好的基础。该平台的数据通过多种维度体现，可按省份或志愿活动领域划分，具体数据则包括注册志愿者数量、志愿组织数量、志愿服务时长等。随着志愿服务信息系统正式上线，中央文明委、共青团中央、民政部门、各类慈善组织、公众

---

① 杨团：《中国慈善发展报告（2017）》，社会科学文献出版社，2017，第81页。

等都能通过直观的数据，便利地查询到志愿服务相关信息。截至 2018 年 4 月初，全国志愿服务信息系统显示全国注册志愿者数量达到 8602.12 万人。①

志愿服务是大众参与公益事业的重要方式，随着我国志愿服务意识的提升和志愿者数量的增长，志愿服务所带来的社会经济价值已不容忽视，而志愿服务信息系统除其基本功能外，还为志愿服务价值多样化开发奠定了有力基础，其信息记录成为个人信用与志愿者表彰的判断基础。近年来，互联网、大数据发展迅猛，行业需求旺盛，技术手段为志愿服务价值开发提供多种可能性，一方面志愿服务系统与社会信用系统有效对接，另一方面出现社区线上志愿服务信息平台，“时间银行”等种类繁多的模式，这些技术手段较为立体地激发了公众的志愿服务参与度，使得志愿服务更好地融入公众的日常生活之中。

① 资料来源：全国志愿服务信息系统，中国志愿服务网，http：//www.chinavolunteer.cn/，2018 年 4 月 9 日。

B.19

“二光之争”引发中国公益慈善界思想交锋

徐会坛*

摘　要： “二光之争”是2017年中国公益慈善行业在思想领域最受瞩目的热点事件。虽然它未最终引发更大范围、更深入的思想争鸣与学术研究，但是它所掀起的关于公共思想表达与争论的策略与态度、公益①与商业的本质与关系及中国公益慈善的方向与道路选择等问题的讨论依然有其重要价值，尤其是在促进中国公益慈善行业思想市场之开拓、推动中国公益慈善发展基本问题之研究方面。可以预见，对这些问题的探讨和思想碰撞将随着时代和现实的脉动而延续，并为中国公益慈善事业的发展提供可持续的知识动力。

关键词： 公益慈善　商业　思想市场　基本问题

“二光之争”，也有人称之为“两光之争”或“二光/两光之辩”，是2017年中国公益慈善行业在思想领域最受瞩目的热点事件。概括之，“二光之争”指的是，中国人民大学公共管理学院教授、中国人民大学中国公益

---

* 徐会坛，中国灵山公益慈善促进会北京办公室执行副主任。

① 除非特别说明，本篇中的“公益”是狭义的公益，行为主体是民间，可等同于《中华人民共和国慈善法》意义上的“慈善”概念，即现代意义的、广义的慈善；而在表述上，也可表述为“民间公益”或“公益慈善”。参考《中华人民共和国慈善法》；邓国胜主编《公益慈善概论》，山东人民出版社，2015。

创新研究院院长公开发表万字长文批判“希望工程”创始人、南都公益基金会理事长徐永光新书《公益向右 商业向左》，并由之引发中国公益慈善界对公益与商业的本质与关系及其他相关问题的广泛讨论的事件。

“二光”既指康晓光、徐永光二人，也指以二人观点为代表的两种对公益与商业的本质与关系的不同认识。其中，康晓光的观点主要通过其点燃事件的文章《驳“永光谬论”——评徐永光〈公益向右，商业向左〉》表达，徐永光的观点则主要呈现在其新书《公益向右 商业向左》中。

一 康晓光驳“永光谬论”

2017 年 8 月 10 日，徐永光的新书《公益向右 商业向左》在北京发布。在新书中，徐永光结合创办“希望工程”以来的实践、关注和思考，比较系统地梳理了自己近 30 年来逐步形成的对公益市场化改革以及以社会企业和社会投资为先导的社会创新的观点。这有别于他此前在各活动现场或媒体上发表的讲演与文章，在一定程度上标志着他的“公益市场化”思想的成型。

徐永光认为，公益与商业处于一个光谱图的两端，二者越向这个光谱图的中间地带靠近，其边界就越趋模糊、其关系就越趋混沌，而这个模糊地带、这种混沌关系恰是社会创新的“精妙之处”“活力空间”；当公益与商业在这个空间交集而浑然一体之时，就将诞生一种可以“一边赚钱一边为社会谋福利的新模式”，即社会企业，其秘密是“遵循解决社会问题有效性与可持续性的规则，用商业的手段做公益。”① 他指出，这背后是他一以贯之的“公益市场化”思想，即关于“公益资源配置和组织运行效率机制和规则”的思想；基于此，他主张，公益要在开放的公益市场中，以公益市场需求为导向，以竞争、优胜劣汰为手段，实现资源充分合理配制、效率最

① 徐永光：《公益和商业关系的光谱图》，载徐永光《公益向右 商业向左》，中信出版集团，2017，第 3 ~ 13 页。

大化目标。[①] 而关于具体的策略，他总结了一套“社会创新五部曲”，即“公益铺路”“商业跟进”“产业化扩张”“可持续发展”“有效解决社会问题”。[②]

结合丰富案例夹叙夹议的《公益向右 商业向左》的出版获得不少公益慈善界、企业界意见领袖的高度评价。在真格基金创始人徐小平为该书撰写的序中，徐永光被认为是“前瞻者”，新书是其“丰富的社会实践与阅历的结晶，是他多年的智慧硕果”，徐永光在其中倡导的公益思想从“授人以渔”升级为了“授人以池塘”。[③] 在另一篇由正和岛创始人、中国企业家俱乐部创始人刘东华撰写的序中，《公益向右 商业向左》更被认为是公益慈善界人士、商界人士、企业家、“一切向上向善，希望因为自己的存在、自己的努力让这个世界变得更美好的人士”，乃至人人都“必读”的一本书。[④]

但是，康晓光反对。2017 年 9 月 14 日，他通过微信公众号平台发布了万字长文《驳“永光谬论”——评徐永光〈公益向右 商业向左〉》，明白无误地表达了自己的观点。这篇驳文是针对徐永光公益市场化思想的未曾有过的公开严厉批判。

在文中，康晓光开篇即把徐永光的思想定位为“谬论”。他认为，当下中国，公益与商业的关系问题“已经发展成为一个真正的‘时代问题’”，徐永光站在“‘狭隘的’商业立场”对之进行了回答，并且“几乎触及了公益与商业关系的所有‘痛点’，如收入来源、微观组织形式、宏观运行机制、人性假设”；但是，徐永光的基调是“肯定商业，否定公益”，而且其回答所采用的“方法是错误的，逻辑是混乱的，立场是邪恶的”。例如，他指出，在分析方法上，徐永光“将成熟的商业与不成熟的公益、商业的好

---

① 徐永光：《公益正道市场化》，载徐永光《公益向右 商业向左》，中信出版集团，2017，第 18～38 页。

② 徐永光：《社会创新五部曲》，载徐永光《公益向右 商业向左》，中信出版集团，2017，第 54～58 页。

③ 徐小平：《超越“授人以渔”的慈善家》，载徐永光《公益向右 商业向左》，中信出版集团，2017，第Ⅶ页。

④ 刘东华：《三必读》，载徐永光《公益向右 商业向左》，中信出版集团，2017，第Ⅻ页。

的一面与公益的不好的一面、商业的好样本与公益的坏样本进行比较，然后得出美化商业、贬低公益的结论”，这实际上是“歧视性、选择性地选取材料”；在逻辑上，徐永光缺乏对慈善的历史发展脉络与现代经济学和社会学基本常识的了解，导致其对公益模式的可持续性、社会企业的作用与地位的认识等充满了“理论上的无知、经验上的误判、逻辑上的漏洞”；在立场和态度上，徐永光否定人之为人的本质属性，即利他性，进而否定了公益慈善事业的根基、运行机制、可行性和有效性，而这其实是在“无根据地诋毁公益组织与公益事业，颂扬没有爱、没有温情、自私自利的商业世界”。①

康晓光驳文发出的第二天，即2017年9月15日，徐永光撰写《答复关心“康徐斗”的朋友》以回应。在回应中，徐永光称，《公益向右 商业向左》说的是超越公益，也超越商业，康晓光没有读懂，至于康晓光对于商业的鄙视则是很不可取的；他再次强调公益市场化是正道，认为当前或许“更需要从公益行业内部开始，解放思想，转变观念，回归常识，回归理性，把自己从内忧外患的绳索中解脱出来。”而他所指“内忧”，是公益慈善界以道德优越感为效率低下、优胜劣汰的挡箭牌；“外患”，是公益慈善界以道德绑架从业者和社会创新，失却对从业者应有的尊重和对创新应有的包容。②

对于康晓光的严厉公开批判，徐永光表示“观点分左右，认识有歧见，思想多交锋，公益才成界”。他欢迎大家继续批评、讨论。但是，与此同时，他又明确表态，本人将“就此封笔”，不再参与相关论辩。③

2017年9月21日，康晓光发出《驳“永光谬论”（修订版）》，删节了上篇文章中的几处过激言辞，并增加了对“商业是对最大的公益”、社会企

---

① 康晓光：《驳“永光谬论”——评徐永光〈公益向右 商业向左〉》，公益慈善论坛，2017年9月14日，http：//mp. weixin. qq. com/s/ykae_ 8zNOxbHY4J8noiw1g。

② 徐永光：《答复关心“康徐斗”的朋友》，中国慈善家，http：//mp. weixin. qq. com/s/UxuFiIAnAJuX2kiJvo_ diQ，2017年9月15日。

③ 徐永光：《答复关心“康徐斗”的朋友》，中国慈善家，http：//mp. weixin. qq. com/s/UxuFiIAnAJuX2kiJvo_ diQ，2017年9月15日。

业、公益市场化等几个问题的讨论。总体而言，康晓光认为，“公益的最深的根基在人性之中，即人性之中的利他性”。他承认，与企业相比，社会组织的效率确实比较低；但是，社会组织有自己的区别于企业的价值所在，包括提供社会服务、满足作为人之必要条件与基本权利的结社等社会性需求、承载人类集体行动、在政治与经济系统之外为志趣相投者留下追求共同目标的空间、支撑公民参与社会和政治生活、制衡权力与资本等；故而，不能仅仅用商业视野中的效率来衡量社会组织的价值。对于社会企业，他则强调，只能从“落实到组织的所有权以及相应的治理结构之上”的动机的维度切入以辨认，不可把提供社会服务而“以为股东牟利为目的”的企业误认为“以解决社会问题为目的”的社会企业。在如何看待最近十年出现的公益与商业日趋“融合”的现象这一问题上，他则坚持，公益与商业的融合的基本逻辑和大趋势是“公益为体，商业为用”、“公益为主，商业为从”，提倡公益市场化不可不加限制地扩大范围和泛化，而是要在采取积极行动捍卫公益慈善的独立性与自主性的同时清醒地对商业与资本的潜在风险保持警惕。①

但是，因为徐永光并未进一步公开回应，康晓光与他的正面思想交锋也自此告一段落。

二 “二光之争”引发的热议及其价值

一个是中国公益慈善界知名的“拓荒者”，一个是中国公益慈善界著名的“反对者”，徐永光与康晓光都被视作业界的“元老”，他们在相识、相交的近30年里向来有分歧也有共识，分歧大时也曾在共同担任理事的基金会的理事会会议上争论激烈，以至面红耳赤②，但是，分歧如此次这般巨大

① 康晓光：《驳“永光谬论”（修订版）》，公益慈善论坛，2017年9月21日，http：//mp. weixin. qq. com/s/nyng0KHeqrV－3Gh8bMIn9A。

② 白筱：《新儒家康晓光：公益界里的“反对者”》，《中国慈善家》，2017年6月28日，https：//mp. weixin. qq. com/s/ONbY0wh3wU2fXFQl3686ow。

与公开却是前所未有，甚至康晓光本人都认为“着实令人唏嘘”①。这迅速引来了中国公益慈善界的“刷屏”和热议。择其要者，热议的焦点主要集中在如下几个层面。

一是关于公共思想表达与争论的策略与态度。这主要表现为对康晓光驳文的批评与质疑上，认为康晓光“有失水准”，“行文浮夸”、“对徐永光的言论断章取义”、“逻辑不通”；甚至有评论将之比喻为“网络大字报”② 等等。其中，比较有代表性的是《文化纵横》杂志的特约作者吴强的评述，他认为，康晓光“带着强烈感情色彩和主观评价的语气批驳徐氏”，而且采用的是“利他主义至上的立场”，“断然拒绝个人主义的理性假设在公益和慈善事业中作为一个讨论前提”，“非常荒唐、反智”与“非学术”。

也有旁观者揣测，康晓光这次的“激烈”与“偏激”，与徐永光近年来文章与演讲的“标题党”风格③相似，是一种意在引起争论与关注的表达策略。但是，康晓光在修订版的《驳“永光谬论”》中明确“辩解”，自己是在明白无误地表达立场、态度和情绪。康晓光强调，“永光谬论”实际上已不只是徐永光一个人的错误思想，而是已经成为“一股思潮”，“属于一个比较广泛的社会群体的共有”，而随着《公益向右 商业向左》一书的畅销和徐永光的借势到处演讲，其危害巨大，而且日深，将祸害处于成长与转型期的中国公益慈善事业，不可不高度重视、严厉批判以正视听，因为这背后“关乎世间根本价值，关乎中国公益的方向和道路”。④ 对于康晓光的态度，

---

① 康晓光：《驳“永光谬论”（修订版）》，公益慈善论坛，2017 年 9 月 21 日，http://mp.weixin.qq.com/s/nyng0KHeqrV-3Gh8bMIn9A。

② 黎宇琳：《三问康徐：为什么年轻人已不再提出批评?》，《公益资本论》，http://mp.weixin.qq.com/s/jb7MkTwuvNA5usYy3zAvFw。

③ 徐永光近年来文章与演讲的题目，如《公益创新不求规模化，就是花拳绣腿》、《要靠市场化淘汰三分之一的 NGO，这个行业才有希望》、《做公益的，99% 是私字当头》等，频被诟病为“标题党”，但是徐永光本人坚持，标题虽然尖刻，但都是“画龙点睛之笔”。顾左右：《对话徐永光：〈公益向右〉是救公益，还是害公益?》，《南都观察》2017 年 8 月 10 日，https://mp.weixin.qq.com/s/2yAxC71HeehI6-2dlhkD3Q。

④ 康晓光：《驳“永光谬论”——评徐永光〈公益向右 商业向左〉》，公益慈善论坛，2017 年 9 月 14 日，http://mp.weixin.qq.com/s/ykae_8zNOxbHY4J8noiw1g。

北京大学法学院客座教授、民政部原司长陈金罗表示肯定，认为康晓光基于此态度写出来的文章是多少年来难得一见的作品，是对徐永光新书中的核心理念的认真的、很有意义的对驳。①

但是，总体而言，关于公共思想表达与争论，舆论的天平向“保持自己个性的前提下有话好好说”② 的倡导倾斜，认为要保护参与者在公共空间中发言与商榷的热情，但是不主张二分化、两极化的讨论方法，更反感情绪化的“站队”和“互喷口水”。从这个意义上看，“二光之争”在一定程度上具有促进中国公益慈善界反思公共思想表达与争论之态度、方法、规则乃至伦理的价值。

二是关于公益与商业的本质与关系。这也是“二光之争”中最受关注的焦点。由之引发的讨论，主要集中其上。其主要关切包括，在公益与商业日趋融合的大背景下，公益与商业的关系是什么？二者对彼此的价值分别是什么？二者的边界在哪里？公益如何保持自己的本质与价值不被商业与资本吞噬？如何评估公益的价值与效率？与商业融合是不是公益可持续的唯一选择？如何理解社会企业、社会影响力投资及其兴起？社会企业、社会影响力投资如何壮大？等等。

比较有代表性的讨论文章有中国扶贫基金会前执行会长何道峰的《评“二光之争”：商业之道，公益之德》。在该文中，何道峰指出，公益的本质是“利他”，是区别于公司又区别于政府、基于宪法赋予公民权利通过自由结社、自愿捐赠以形成和维系的“公共利益空间”，他与徐永光、康晓光在与“公益行政化”对应的“公益市场化”这一命题上是同道，所强调与追求者都是公益慈善行业在平等竞争、公开透明、公正裁决的制度安排的基础上生存、崛起与可持续发展，他不认为康徐二人在这点上存在真正分歧。他认为，康徐二人分歧的根子在社会企业。而在这一点上，他理解徐永光的心

① 《慈善微报 | 2017 年 9 月 15 日，总第 28 期》，中国灵山公益慈善促进会，2017 年 9 月 15 日，http：//mp. weixin. qq. com/s/7ElBVvIOzoUnsJHSRJhknQ。

② 何道峰：《评“二光之争”：商业之道，公益之德》，《中国慈善家》，2017 年 10 月 16 日，http：//mp. weixin. qq. com/s/VVFFdbbBZ7KkN_ ndwhuHEw。

境和逻辑，但是有着与康晓光相似的担忧：首先，他怀疑仅靠引入社会企业的商业化创新方法能解决中国公益目前面临的“权大还是法大”这一最大问题，而这个问题不解决，中国公益行业就无公平与正义可言；其次，他强调，“大量的公益构建是不可能用企业化赚钱的方式来解决的，依然需要靠社会公益意义的坚守和公益理想的导引与规约”；再次，他认为，中国的政治、经济、社会背景与欧洲、美国大为不同，对于社会企业在中国的定义、标准、理论边界与政策等问题需要深思、研究和讨论。①

可以说，“二光之争”成功地把关于公益与商业的本质与关系设置成为2017年下半年中国公益慈善界的热门议程。除了被纳入中国基金会发展论坛年会等各大会议、论坛、圆桌对话的议程框架，还催生了一批围绕该议程展开的读书会、研讨会、沙龙。但是，历史地看，关于公益与商业的本质与关系的议程设置并不是由“二光之争”肇始的，而是中国公益慈善界在发展的过程中逐渐形成的，而且争议一直存在。比较有代表性的事件有，2011年12月17日，“公益与商业合作”研讨会在北京召开，南都、腾讯等24家基金会率先声明愿意接受共同制订的《公益与商业合作九大行为准则》规范②；2014年8月，一批职业公益人与独立公益人就徐永光2014年发表的《公益市场化刍议》等文章，发表了一系列与“公益市场化”论争鸣的文章③。从这个意义上看，“二光之争”是中国公益慈善界近十年来关于公益与商业的本质与关系问题的议程设置的延续，而且是一个新的高峰。

三是关于中国公益慈善的方向与道路选择。这被认为是“二光之争”背后深层次的核心问题。其主要关切是，在中国整体政治、经济、社会大转型大变革的大背景下，中国公益慈善行业的发展应该立足于什么样的价值观

① 何道峰：《评“二光之争”：商业之道，公益之德》，《中国慈善家》，2017年10月16日，http：//mp. weixin. qq. com/s/VVFFdbbBZ7KkN_ ndwhuHEw。

② 《“公益与商业合作”研讨会在京举办》，腾讯公益，2011年12月17日，http：//gongyi. qq. com/a/20111221/000026. htm#p = 1。

③ 刘韬：《公益市场化与“两光之争”：一种意识形态的生产史》，《发展观察》，2018年4月10日，https：//mp. weixin. qq. com/s/Qvg1YE6SYpkeI8FXkJ4HAw。

之上？中国公益慈善事业的使命是什么？前途何在？发展路径何在？等等。一言蔽之，是中国公益慈善在新时代往何处去的问题。

对这个层面问题的回应，2017 年值得注意的文章是中国农业大学人文与发展学院副教授、《公益慈善周刊》发起人董强写的《中国公益正在出现的若干主义》。在该文中，董强指出，国家主义、民间主义、市场主义和西方公民主义是 20 世纪 90 年代初期以来影响中国公益慈善发展的四大意识形态，它们随着大量进入中国的西方 NGO 而来；而随着中国公益慈善实践的不断推进和研究的不断深化，中国公益慈善界的理论思想也正在走向成熟，并开始“分野”和呈现“主义化”的趋势。他认为，正在影响着中国公益慈善当下和未来走向的思想观念主要有“公益原教旨主义”、“公益市场主义”、“公益改良主义”三种。究竟哪种思想观念将最终成为主导？董强承认，目前无法判定，但是，他显然期待更多像“二光之争”这样多元的公益慈善思想争锋。

关于中国公益慈善的方向与道路选择问题，还很值得注意的是《文化纵横》2018 年 2 月刊的“编辑手记”《重构中国公益的理论基础》。《文化纵横》编辑部旗帜鲜明地指出，过去驱动中国公益慈善蓬勃展开的西方公民社会理论已不能适应中国公益慈善事业的现实发展，中国公益需要重构理论基础，从本土实践中塑造“新的中国式的公益理论指导思想”，并强调“这一任务紧迫又繁重，需要思想界与公益界的共同努力”。以此为指导，《文化纵横》将“再造公益”定为其 2018 年 2 月刊的封面选题，组织了《社会组织发展的四阶段与中国社会演变》《公益本来就是左的——“社会企业”的渊源与未来》《“两光之争”的背后：公益事业、资本主义和意识形态》《从“慈善”到“公益”：近代中国公益观念的变迁》四篇文章，以“二光之争”为引子展开了多方位的探讨。[①]

综上，虽然“二光之争”暂未引发更大范围、更深入的思想争鸣与学

① 《重构中国公益的理论基础》，《文化纵横》，2018 年 2 月 1 日，https：//mp. weixin. qq. com/s/TxhFNsG1izn1rssRsvS02Q。

术研究，但是它所掀起的关于公共思想表达与争论的策略与态度、公益与商业的本质与关系及中国公益慈善的方向与道路选择等问题的讨论依然有其重要价值，尤其是在促进中国公益慈善行业思想市场之开拓、推动中国公益慈善发展基本问题之研究方面。可以预见，对这些问题的探讨和思想碰撞将随着时代和现实的脉动而延续，并为中国公益慈善事业的发展提供可持续的知识动力。

B.20

民间公益参与“一带一路”加快国际化发展

张其伟*

摘　要： 中国民间公益国际化实践已持续多年，指导思想和统一目标的缺失而导致其“走出去”进程较为缓慢，无法开展规模化、集体化行动。2017 年，“一带一路”国际合作高峰论坛在北京召开，明确提出加强沿线国家民间组织往来，并建设“丝绸之路民间组织合作网络”。论坛发布的《中国社会组织推动“一带一路”民心相通行动计划（2017～2020）》成为新时期指导民间公益力量国际化的纲领性文件。在论坛和相关网络机制的推动下，一批中国民间公益组织投入到“一带一路”建设当中，在济贫、救灾、卫生、文化等领域积极开展海外项目，成为展现国家软实力的重要社会主体。

关键词： 一带一路　民间公益　国际化　软实力

改革开放后，国内社会组织、志愿者及慈善家的公益活动范围已延伸至全球，但各参与主体普遍存在理念滞后、人才与资金匮乏、集体行动机制缺失等问题。[①] 随着 2013 年“一带一路”倡议的提出和相关战略的不断具体

---

* 张其伟，上海交通大学国际与公共事务学院博士生。

① 王名：《关于支持我国社会组织“走出去”战略的建议》，《学会》2013 年第 4 期，第 26～27 页。

化，尤其是在“五通”目标中的“民心相通”理念指引下，中国社会组织“走出去”意识的全面觉醒，民间公益的国际化程度逐年加深。2017年，以“一带一路”国际合作高峰论坛为契机，中国的民间公益力量逐步明晰国际化的具体方向，有望在未来成为中国国家软实力建设的重要力量。

一　“一带一路”倡议明确民间公益国际化方向

“一带一路”建设工作起步于2013年，是中国国家主席习近平提出的“新丝绸之路经济带”建设和“21世纪海上丝绸之路”建设的合称。2015年3月，中国政府在博鳌亚洲论坛2015年年会期间正式提出要以“政策沟通、设施联通、贸易畅通、资金融通、民心相通”（以下简称“五通”）为主要内容，打造“一带一路”沿线国家政治互信、经济融合、文化互容的利益共同体、责任共同体和命运共同体。

“五通”当中的“民心相通”，强调为“一带一路”建设夯实民意基础，筑牢社会根基，由中国与“一带一路”沿线国家在科学、教育、文化、卫生、民间交往等领域广泛开展合作。在2017年之前，“民心相通”建设所取得的主要成果集中在文化领域，其中并无太多民间公益力量的参与。这一情况直到2017年才彻底得到改变。

2017年5月，“一带一路”建设理念提出后最高规格的活动——“一带一路”国际合作高峰论坛在北京举行。为期两天的论坛产生了不少影响深远的思想或行动。习近平在开幕式中提出要“加强各国民间组织往来，密切妇女、青年、残疾人等群体交流”，同时宣布将在沿线国家实施100个“幸福家园”、100个“爱心助困”、100个“康复助医”等项目；要建设“丝绸之路民间组织合作网络”，打造“一带一路”沿线各国民间组织交流信息、协调行动、加强合作的有效平台。[①] 从起始阶段，论坛就将民间公益

① 习近平：《携手推进“一带一路”建设——在“一带一路”国际合作高峰论坛开幕式上的演讲》，人民网，http：//world.people.com.cn/n1/2017/0515/c1002－29274975.html，访问日期：2018年2月27日。

相关事务放在核心议题当中。

当天下午，论坛举行了六场平行主题会议，其中与民间公益联系最为密切的是“增进民心相通”主题会议。会议宣布启动《中国社会组织推动“一带一路”民心相通行动计划（2017～2020）》（以下简称《民心相通计划》）①，提出四大行动目标，即推动沿线国家经济社会发展，加强与沿线国家人文与科学合作，维护沿线地区和平与安全，与沿线国家非政府组织开展交流与合作。而目标的具体内容则涉及减贫、减灾救灾、气候变化和环保、教育、文化、农业等诸多领域（见表1），为中国民间公益的国际化道路制定了行动策略。

表1 《中国社会组织推动“一带一路”民心相通行动计划（2017～2020）》行动目标详解

宏观目标	相关领域	具体目标
推动沿线国家经济社会发展	减贫	实施减贫示范项目，举办技能培训，开展扶贫经验交流
	减灾救灾和人道主义援助	开展救灾机制建设和交流，提供物资捐赠，帮助家园重建
	农业	开展“丝路之友”农业交流项目，提供现场指导和技能培训
	气候变化和环保	互学互鉴成功经验，开展生物多样性和生态环保公益活动
	卫生	援建医疗设施，捐赠医药和医疗器械，提供义诊服务，开展职业技能培训和预防性卫生知识讲座
	妇女工作	围绕妇女生殖健康、卫生保健、优生优育等开展项目和培训
	青年工作	支持中国青年志愿者开展海外志愿服务
加强与沿线国家人文与科学合作	文化	开展丰富多彩交流活动，推动文化互鉴
	教育	合作建设职业学校、孔子学院，援建幼儿园和乡村学校，提供来华留学奖学金，开展国际人文交流培训
	科技	开展联合研究和技术创新，推动科研机构合作，支持技术人员交流和来华培训
	新闻及新媒体	推动新闻媒体人员交流互访，开展来华进修考察

① 《“一带一路”国际合作高峰论坛成果清单》，“一带一路”国际合作高峰论坛官方网站，http：//www.beltandroadforum.org/n100/2017/0516/c24－422.html，访问日期：2018年2月28日。

续表

宏观目标	相关领域	具体目标
维护沿线地区和平与安全		举办国际和平日、和平论坛,广泛联系沿线国家和平组织
与沿线国家非政府组织开展交流与合作		邀请沿线国家非政府组织和人士来华考察,支持沿线非政府组织活动,推广优秀项目,打造国际品牌

资料来源:《中国社会组织推动"一带一路"民心相通行动计划(2017~2020)》,中国一带一路网,https://www.yidaiyilu.gov.cn/zchj/jggg/36736.htm,访问时间:2018年2月28日。

《民心相通计划》和丝绸之路沿线民间组织合作网络得到了中外民间组织的积极响应:论坛结束时,已有150多家中外民间组织加入丝绸之路沿线民间组织合作网络,80多家中国组织加入民心相通行动计划[①];而截至2018年1月,丝绸之路沿线民间组织网络成员单位已达到275家。[②]

2017年11月,首届丝绸之路沿线民间组织合作网络论坛在北京召开,宣布合作网络章程获得通过,国际指导委员会和秘书处成立,并由与会的51国200位民间组织代表共同发表《丝绸之路沿线民间组织合作网络论坛北京共识》(以下简称《北京共识》)。在《北京共识》中,与会代表建议各成员组织"重点在扶贫、教育、医疗、环保、青年人培训与就业等领域实施民生项目"。[③] 与《民心相通计划》提出的行动目标相比,《北京共识》进一步聚焦民间公益力量可以采取行动的具体领域,为中国公益组织的国际化运作指明重点。

① 《"一带一路"国际合作高峰论坛成果清单》,"一带一路"国际合作高峰论坛官方网站,http://www.beltandroadforum.org/n100/2017/0516/c24-422.html,访问日期:2018年2月28日。

② 丝绸之路沿线民间组织合作网络官网,http://sironet.cnie.org.cn/cnie_cn/cydw_204/,访问日期:2018年2月28日。

③ 马元豪、蒋涛:《51国代表共同发表丝绸之路沿线民间组织"北京共识"》,中国新闻网,http://www.chinanews.com/gn/2017/11-22/8383117.shtml,访问日期:2018年2月27日。

二 民间公益参与“一带一路”建设新实践

在新的合作网络推动下，中国民间公益力量的国际化实践在2017年打上了浓重的“一带一路”烙印。其中参与程度最深的是中国红十字基金会。2017年2月，中国红十字基金会宣布成立“丝路博爱基金”，其使命明确表述为“优化‘一带一路’人道服务供给，以‘一带一路’沿线国家为服务区域，建立全球应急救护走廊，建立救护站，培训医疗人员，并对沿线有迫切人道需求的人群进行救助”。[①] 成立近一年时间，丝路博爱基金已运作“中巴急救走廊”、“天使之旅一带一路大病患儿人道救助计划”、“海外博爱家园”、“博爱单车”等项目，在巴基斯坦、蒙古国、阿富汗等多国开展医疗卫生设施建设和救助活动。表2展示的是丝路博爱基金重点项目。

表2 中国红十字基金会丝路博爱基金主要项目一览

项目名称	目标国家	项目内容
中巴急救走廊	巴基斯坦	动员各方力量援建红十字急救设施、组建应急救援队伍、培训医疗急救人员、开发应急指挥体系等，在中巴经济走廊沿线的村镇和交通站点布设急救单元
天使之旅一带一路大病患儿人道救助计划	蒙古国、阿富汗	资助开展医疗救助、健康干预等人道救助项目，2017年重点资助蒙古国、阿富汗等国家先天性心脏病儿童救助
海外博爱家园	埃塞俄比亚、乌干达、肯尼亚	在非洲开展基于水与卫生的社区综合韧性项目，包括饮水类工程项目、防灾减灾能力培训、基层组织建设以及生计发展项目
博爱单车	文莱、柬埔寨、老挝等	募集10000辆单车，并配备志愿服务工具，支持“一带一路”沿线国家志愿者的人道救助、应急救护、灾害救援等工作

资料来源：丝路博爱基金专题页面，中国红十字基金会网站，https：//new. crcf. org. cn/Special/slbajj/index. html，访问日期：2018年2月27日。

① 王婧：《中国红十字基金会“丝路博爱基金”成立启动中巴急救走廊》，中国新闻网，http：//www. chinanews. com/gn/2017/02－20/8154780. shtml，访问日期：2018年2月27日。

其他多家“国字头”社会组织也在“一带一路”沿线开展项目，且重点集中在东南亚地区：中国和平发展基金会继续推进自2014年开始实施的“丝路之友”大型项目，2017年在缅甸援建9所丝路之友学校，并完成中缅友好医院（杜庆芝医院）建设移交缅方。①中华慈善总会主办“缅甸先天性心脏病儿童救助行动”，在2017年3月至5月将54名缅甸患儿分批接到北京安贞医院进行手术治疗，并计划向缅甸医疗机构提供技术帮扶。②中国华侨公益基金会联合云南省归国华侨联合会和爱尔眼科医院主办“一带一路·侨爱心光明行”项目，从2017年5月起历时半年，为缅甸200名白内障患者实施手术，帮助他们成功复明，并计划将项目延伸覆盖至所有“一带一路”沿线国家。③

除了“国字头”社会组织，民间公益力量也投入到“一带一路”建设中。2017年3月，“免费午餐”项目落地肯尼亚，为该国首都内罗毕五所学校的1103名贫民窟儿童提供免费的早餐和午餐。④2017年9月，重庆市胡晓华川菜文化发展基金会与泰中经济协会代表签署“一带一路”美食文化国际交流战略合作协议，约定双方开展饮食文化方面的高端交流和推广。⑤

三 挑战与展望

“一带一路”的实施，尤其是民心相通计划的启动，使中国民间公益事

① 洪荃诠、涂赟：《中联部部长宋涛出席中缅友好医院揭牌仪式》，国际在线，http：//news. cri. cn/20170807/2f3eb6af - db71 - 6a76 - aa23 - fb5df7b456ae. html，访问日期：2018年2月28日。

② 王勇：《一带一路民心相通社会组织在行动》，《公益时报》2017年5月24日。

③ 庄北宁、卢树群：《“一带一路·侨爱心光明行”缅甸站为200名患者复明》，新华网，http：//www. xinhuanet. com/world/2017 - 11/19/c_ 1121979078. htm，访问日期：2018年2月28日。

④ 菅宇正：《中国公益组织国际化进程在加速》，《公益时报》2018年1月3日。

⑤《川菜基金会与泰国政府代表团签署“一带一路”美食文化国际交流战略合作》，重庆市胡晓华川菜文化发展基金会网站，http：//scccdf. com/index. php？ m = content&c = index&a = show&catid = 9&id = 389，访问日期：2018年2月28日。

业的国际化进程进入新的历史发展阶段。以2006年中国儿童少年基金会在英国成立分支机构为标志，中国民间公益力量的海外活动开展直到21世纪初才逐步成型。其后，爱德基金会和中国扶贫基金会也先后开设国际办公室，中国青少年发展基金会、深圳壹基金公益基金会和中华健康快车基金会则在海外开展了系统性的助学、灾后重建及医疗卫生项目。中国对外慈善捐赠也是在近十年间才形成规模，慈善家广泛投入为解决全球性社会事务做出贡献。“一带一路”建设的开展，为中国民间公益力量的海外活动设立统一目标，提供整体战略思路，一定程度上建立起民间公益国际化的协调与整合机制。

然而，作为国家软实力一部分的民间公益力量想要全面并深入地参与“一带一路”建设，仍然面临很多困难。具有帮助中国社会组织开展国际合作丰富经验的深圳国际公益学院教授黄浩明就指出，中国社会组织参与“一带一路”建设面临六个方面的挑战，分别是政策支持力度不足；有话语权和国际影响力的社会组织数量较少；社会组织参与“一带一路”建设资金不足；社会组织缺乏专业人才；政府部门的资金支持不足；政府管理社会组织机制不适应。① 有着长期国际公益项目运作经验的中国扶贫基金会执行副会长王行最也指出，中国社会组织“走出去”面临发展时间短、自身力量弱、战略规划不成熟、人才储备较少等挑战。②

要克服上述困难，既需要民间公益力量自身的努力实践，也需要外部制度环境的切实支持。对于民间公益组织自身来说，各参与主体应该在战略理念、公益项目、专业人员、组织体系和项目业绩五个方面工作到位；而在外部制度环境的优化方面，则需要党政部门、企业、学界和媒体在法律体系、政策布局、资金支持和舆论宣传等角度为民间公益力量提供全方

① 黄浩明：《社会组织在“一带一路”建设中面临的挑战与对策》，《中国社会组织》2017年第11期，第17~19页。

② 《扶贫基金会王行最：发挥民间组织在“一带一路”中的重要作用》，环球网，http：//hope. huanqiu. com/activity/2017-04/10564896. html，访问日期：2018年3月10日。

位的支撑。

“一带一路”是开放性、包容性的区域合作倡议，为中国民间公益力量的国际化提供了一个目标明确、内容务实的合作平台。充分利用这一桥梁帮助中国民间公益国际化实现从量变到质变的飞跃，既是提升国内公益事业发展水平的绝佳契机，也是提升中国软实力、巩固中国负责任大国地位的全新机遇。

B.21

“自闭症少年之死”和“幼儿园虐童”呼唤完善儿童保护机制

王淑清*

摘　要： 2017年，儿童恶性事件频发，从“走失自闭症少年之死”到“亲子园、幼儿园虐童”，都引发了社会各界的极大关注。但同时，2017年也是中国现代儿童福利与保护发展的新起点，地方积极落实国务院农村留守儿童关爱保护与困境儿童保障两项政策，基层儿童福利与保护体系全面推开。尽管如此，我国儿童福利与保护水平仍然滞后于经济发展水平和儿童多样性需求，我国儿童福利与保护工作亟待转型升级。

关键词： 儿童保护　儿童福利与保护服务体系

2017年是儿童恶性事件频发的一年，从“走失自闭症少年之死”到“亲子园、幼儿园虐童”，在此类恶性事件不断冲击人们的道德底线的同时，也表明我国儿童福利与保护工作虽然取得了快速发展，但仍然面临着总体水平有待提高、专业人员急需增加、现代儿童福利与保护体系亟待完善等挑战。

一　“自闭症少年之死”和“幼儿园虐童”等恶性事件受关注

2016年8月，15岁的自闭症少年雷文锋被相关部门送到韶关的新丰县

* 王淑清，北京师范大学中国公益研究院儿童福利研究中心高级分析员。

练溪托养中心，45 天后被确认死亡。调查显示，49 天内，该托养中心送来的死者就有 20 人，6 年内死亡近百人。这些数据令人“细思恐极”，也反映了部分托养、救助中心存在着设施不完善、服务不标准、监管不到位等问题。对雷文锋等需要帮助的儿童而言，这些托养、救助中心不是“港湾”，而是阳光照不进的“灰色地带”。[①]

2017 年 7 月 12 日，两岁半的幼儿任香谕被遗忘在校车里，当天晚上幼儿园职工再次用车时，才发现已经昏迷数小时的小香谕，遗憾的是，经抢救后孩子最终死亡。[②] 我国每年都有因孩子被遗忘在校车内致死的案例，校车，这个本应方便孩子上学的交通工具，却把孩子带上了“死亡之路”。

2017 年 10 月，北京金色摇篮幼儿园亦庄园两名教师虐待幼儿，延续时间长达一年；2017 年 11 月，上海携程亲子园教师虐童视频被爆出；2017 年 11 月北京红黄蓝幼儿园新天地分园的园长和老师被爆出涉嫌猥亵，老师平时还给孩子喂食不明药片、喝褐色糖浆、注射棕色液体[③]……近年来，幼儿园虐童事件可谓层出不穷，幼儿园是孩子走向社会的第一站，这些发生恶性事件的幼儿园，未能担当起在园儿童“守护者”的职责。

二　家暴受害儿童和农村留守儿童社会舆论关注度高

新媒体推动下的互联网舆情持续升温，成为儿童福利与保护发展不可小觑的推动力量。北京师范大学中国公益研究院儿童福利研究中心自 2016 年 7 月开始对儿童福利与保护网络舆情进行监测发现，这类案件通过网络曝光后，均在社会上引起较大关注和热议。从数据上来看，这些舆情案件主要呈

---

① 王婧祎、邓宇晨：《一个自闭症少年的死亡之路》，《新京报》2017 年 3 月 20 日，http：//news. ifeng. com/a/20170320/50797144_ 0. shtml，访问日期：2018 年 4 月 10 日。

② 《河北 3 岁女童被忘校车中死亡死前曾剧烈挣扎》，《新京报》2017 年 7 月 24 日，http：//hainan. ifeng. com/a/20170724/5846534_ 0. shtml，访问日期：2018 年 4 月 10 日。

③ 鲍聪颖、尹星云、池梦蕊：《朝阳一红黄蓝幼儿园涉嫌虐童　区教委成立驻园调查组》，http：//bj. people. com. cn/n2/2017/1123/c82840 – 30956597. html，访问日期：2018 年 4 月 10 日。

现出以下特点。

一是儿童福利与保护成为网络舆论热点议题，每 3 天有 1 起案件曝光。据不完全统计，2016 年 7 月以来，网络媒体公开报道的关于儿童福利的热点舆情案件 91 起，受害人数达到 215 人，平均每 3 天曝光 1 起儿童福利与保护案件，引起舆论广泛关注。

二是舆论紧追国家政策实施议题，家暴受害儿童、农村留守儿童案件占比最高达 41%。随着《反家庭暴力法》《国务院关于加强农村留守儿童关爱保护工作的意见》出台，家庭暴力受害儿童、农村留守儿童愈加受到舆论关注，家暴受害儿童、农村留守儿童两类案件分别为 21 起和 18 起，占比最高，分别达到 23% 和 20%。

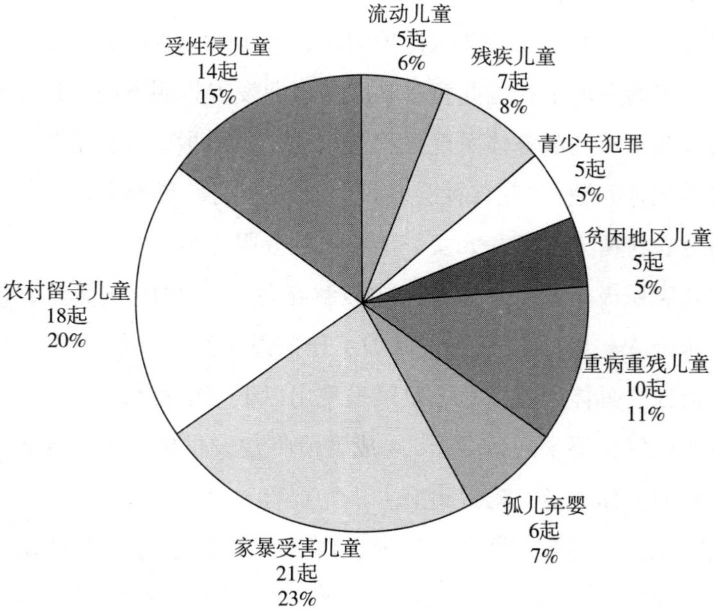

图 1　部分媒体报道儿童福利舆情案件的儿童类型

资料来源：根据儿童福利研究中心《中国儿童福利舆情快报》数据计算。

三是政府快速应对，地方政府在案件发生或曝光后 3 天内做出反应的案件占 35%。案件中，近 5 成案件在发生或曝光后地方政府和相关部门介入，在3天内做出快速反应的案例占比达到35%。与此同时，有9例案件是由政务官方网站、微博或微信首发，政府部门在公共信息的主动披露以及舆论质疑声音的积极应对方面，逐步加强。

四是专家引导舆论理性思考，儿童福利立法呼声强烈。有2成案件，媒体报道了专家观点和评论，围绕热点案件展开的讨论和反思更加理性和专业，其中关于建设性解决方案和改进措施的讨论越来越多，特别是对于儿童福利专项立法尽快出台的呼声日益强烈。

三　以儿童保护为重点的现代儿童福利服务体系建设引起高度重视

不仅社会舆论高度关注儿童保护问题，近年来，党中央也十分重视儿童权益保护，为新形势下我国儿童福利服务事业发展指明方向，以儿童保护为重点的现代儿童福利服务体系建设已进入历史新阶段。“十九大”报告中特别提到留守儿童问题：“完善社会救助、社会福利、慈善事业、优抚安置等制度，健全农村留守儿童和妇女、老年人关爱服务体系。”

地方政府积极拓宽留守儿童问题破解路径。自2016年2月，国务院下发《关于加强农村留守儿童关爱保护工作的意见》，目前31个省份均已出台了地方措施。具体来看，地方政策呈现出以下三个特点。

一是3成省份要求配备专干，4成省份将建设机构设施。国务院意见要求，配齐配强工作人员，确保事有人干、责有人负。北京、辽宁、江苏、浙江、安徽、江西、山东、湖南、海南、西藏、甘肃11个省份要求配备儿童主任（关爱保护督导员/儿童保护专干）负责农村留守儿童关爱保护工作。北京、山西、上海、江苏、浙江、福建、河南、湖南、海南、贵州、云南、甘肃、宁夏13个省份提出在村委员会建立儿童之家（儿童关爱保护中心）。其中，北京、江苏、浙江、湖南、海南、甘肃6个省份同时要求配备儿童主任（关爱保护督导员/儿童保护专干）并建设儿童之家（关爱保护中心）。

二是近7成省份明确经费支持，3成省份纳入财政预算。北京、天津、山西等21个省份按照国务院要求做好农村留守儿童关爱保护工作的资金保障工作。山西、内蒙古、浙江、安徽、福建、江西、河南、重庆、贵州9个省份将农村留守儿童关爱保护工作经费纳入财政预算。其中，江西省统筹使用本级财政资金和上级专项资金；内蒙古使用中央财政补助资金为工作开展提供支撑；安徽、福建、河南、重庆、贵州5个省份将农村留守儿童关爱保障经费纳入地方财政预算；山西、山东结合福彩公益金多渠道筹措资金。山西、内蒙古、浙江、安徽、福建、山东、重庆、云南、陕西、甘肃、青海、新疆12个省份将农村留守儿童关爱保护纳入政府购买服务范围，积极引导支持社会力量通过承接政府购买服务、慈善捐赠等方式为农村留守儿童提供关爱服务。

三是3成省份强化学校干预辅导责任，14个省份发布摸排数据。江苏、浙江、山东、吉林、江西、河南、贵州、云南8个省份要求每所义务教育阶段学校至少配备1名专（兼）职心理健康辅导教师。河南出台政策将寄宿制学校在读留守儿童的心理疏导工作纳入教师职责。重庆规定建立学校（幼儿园）农村留守儿童普查登记制度，山东省建立在校农村留守儿童信息台账，准确掌握农村留守儿童家庭情况等基本信息，及时将农村留守儿童的辍学等情况通报其家长或监护人。此外，北京、天津、内蒙古、吉林、黑龙江、上海、江苏、浙江、安徽、河南、湖北、广东、陕西、青海14个省份发布了留守儿童摸排数据。

表1　各省农村留守儿童关爱保护工作意见汇总表（2017年）

社区	服务体系					保护机制				保障措施		
	禁止不满十六岁儿童独居	配备基层儿童专干	配备心理辅导教师	建立儿童之家/关爱保护中心	留守儿童管理纳入考核	明确强制报告人员范围和责任	明确强制报告程序	明确公安机关调查和应急处置流程	明确申请撤销监护权的情形	建立部门联席会议制度	发布摸排数据	财政资金支持
北　京	√	√		√	√	√	√	√	√		√	√
天　津	√				√	√	√	√	√	√	√	√
河　北	√					√	√	√	√	√		

续表

社区	服务体系				保护机制					保障措施		
	禁止不满十六岁儿童独居	配备基层儿童专干	配备心理辅导教师	建立儿童之家/关爱保护中心	留守儿童管理纳入考核	明确强制报告人员范围和责任	明确强制报告程序	明确公安机关调查和应急处置流程	明确申请撤销监护权的情形	建立部门联席会议制度	发布摸排数据	财政资金支持
山　西	√			√	√	√	√	√	√	√		√
内蒙古	√				√	√	√	√	√		√	
辽　宁	√	√			√	√	√	√	√			
吉　林	√		√		√	√	√	√	√	√	√	
黑龙江	√				√	√	√	√	√	√	√	
上　海				√	√	√	√	√	√	√		√
江　苏	√	√	√	√	√	√	√	√	√	√	√	√
浙　江	√	√	√	√	√	√	√	√	√	√	√	√
安　徽	√	√			√	√	√	√	√	√		√
福　建	√			√	√	√	√	√	√		√	√
江　西	√	√	√		√	√	√	√	√		√	√
山　东	√	√	√		√	√	√	√	√		√	√
河　南	√		√	√	√	√	√	√	√	√		√
湖　北	√				√	√	√	√	√	√	√	
湖　南	√	√		√	√	√	√	√	√			√
广　东										√	√	
广　西	√				√	√	√	√	√			
海　南		√		√	√	√	√	√	√			
重　庆	√				√	√	√	√	√			√
四　川	√				√							√
贵　州			√	√	√			√	√			√
云　南	√		√	√	√	√	√	√	√			√
西　藏											√	
陕　西	√				√	√	√	√	√	√	√	√
甘　肃	√	√		√	√	√	√	√	√			√
青　海	√				√	√	√	√	√	√	√	√
宁　夏	√			√	√	√	√	√	√			√
新　疆	√				√	√	√	√	√			√

资料来源：北京师范大学中国公益研究院儿童福利研究中心整理。

四　专业服务人员培养将成为儿童福利制度建设工作重点

推进儿童福利与保护制度的建设，急需建立专业的儿童服务基层队伍，解决政策落实和专业服务与保护的“最后一公里”问题。2017 年以“普及村居服务，保护全体儿童”为主题的中国儿童福利与保护宣传周启动仪式上，联合国儿童基金会赞扬了中国建立基层儿童福利与保护服务体系所取得的显著成果。据不完全统计，各地普遍建立农村留守儿童关爱保护机制，76 万名无人监护农村留守儿童监护措施获得落实。基层儿童福利与保护体系逐步完善，17.6 万所儿童之家、12.7 万名基层工作人员立足社区为儿童及其家庭提供服务。

2017 年，民政部等五部门联合发布《关于在农村留守儿童关爱保护中发挥社会工作专业人才作用的指导意见》，围绕“强化专业作用”原则，引导和支持社会工作专业人才服务农村留守儿童和困境儿童；《中共中央　国务院关于加强和完善城乡社区治理的意见》明确提出到 2020 年推进社区、社会组织、社会工作“三社联动”，完善社区组织发现居民需求、统筹设计服务项目、支持社会组织承接、引导专业社会工作团队参与的工作体系的目标。自 2008 年社会工作职业水平考试开始以来，我国通过考试认证体系仅培养了 20 余万持证社会工作者。按照国务院困境儿童保障政策要求，建设一支由 68 万名兼职或专职儿童福利督导员组成的基层儿童福利服务专业工作队伍，不仅规模庞大，且对于社会工作实务水平要求十分高。2018 年，地方各级政府将更加重视落实儿童专业社会工作精准服务，儿童专业社工人才培养将成为未来的工作重点。

当前，我国基层儿童主任人员队伍仍存在近 60 万缺口，人才培养机制亟待打通。借鉴试点项目工作经验，应鼓励一些基本符合儿童主任条件的人员快速投入困境儿童保障工作，同时建立起较为完备的学习与培训机制，以便尽快实现在全国建立基层儿童主任专业队伍的目标。通过建立行政指导体系，为儿童主任提供制度保障；建立技术支持体系，指导儿童主任日常工作的开展；建立培训认证体系，提升儿童主任专业能力和职业素养等 3 个路径，为儿童主任提供全方位支持，实现更好地服务儿童及其家庭的目标。

B.22
何享健家族超60亿元捐赠计划引领家族慈善风向

曹晓辉　范志宏*

摘　要： 何享健家族于2017年7月通过广东省和的慈善基金会宣布60亿元捐赠计划，股权与现金捐赠相结合，以“慈善信托+基金会”的顶层架构模式开启家族永续慈善，推动社会发展；其捐赠方式、项目运作模式等对于中国财富人群开展慈善有着引领和示范意义。

关键词： 战略慈善　资助　家族传承　慈善信托　股权捐赠

何享健家族的慈善事业自创业以来就有开展，历经十余年后，实现了从传统慈善向战略慈善转型升级：在慈善捐赠的早期，主要是企业和个人零散捐赠；逐步发展成立基金会专业运作，先后于2010年成立广东省盈峰慈善基金会、2013年成立广东省何享健慈善基金会（2017年更名为广东省和的慈善基金会）；再到2017年7月宣布60亿元永续慈善捐赠计划[①]，以“慈善信托+基金会”双轨模式运作，将慈善作为家族精神和文化传承的重要载体，构建形成多层次、立体化的家族慈善生态。截至2017年底，广东省

* 曹晓辉，深圳国际公益学院家族传承中心家族治理部副主任；范志宏，深圳国际公益学院家族传承中心家族治理部主任。感谢和的慈善基金会汪跃云秘书长、姚悦洋经理提供大量研究素材。

① 《和的慈善基金会公布60亿慈善捐赠计划》，广东省和的基金会官网，http://www.hexiangjianfoundation.org/content/670，访问日期：2018年4月10日。

和的慈善基金会已发起建设1家公益养老院、捐建1座岭南园林，资助148家机构，在5个省开展298个慈善项目。

一　“慈善信托+基金会”双轨模式构建战略慈善体系

2017年，何享健家族捐出其持有的1亿股美的集团股权和22亿元人民币现金用于慈善事业。其中，1亿股美的集团股权将设立一个永续的慈善信托“和的慈善信托”；22亿元直接进入家族基金会投入相关项目（见图1）。从何享健家族捐赠框架体系分析，在“慈善信托+基金会”双轨模式下，慈善信托主要承担家族慈善资产保值增值和代际传承功能，慈善信托收益将进入家族基金会使用；家族基金会是家族慈善事业的管理和运营平台，将慈善资金使用到有价值的项目，实现家族的慈善目标和社会价值。

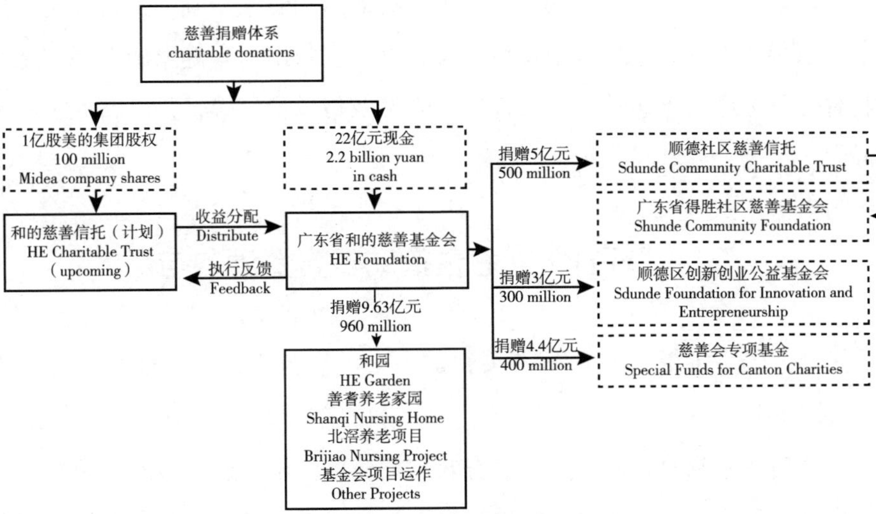

图1　何享健家族捐赠体系（2018年1月数据更新版）

资料来源：广东省和的慈善基金会官方网站（http：//www. hexiangjianfoundation. org/category/251）。

由于股权捐赠设立慈善信托的税收问题，何享健家族捐赠的1亿美的集团股权尚未正式设立慈善信托，但是捐赠方通过在企业内部虚拟隔离一个资金池，将捐赠的1亿股权的收益分红独立核算后捐赠到和的慈善基金会开展项目，让捐赠实际能发挥作用。截至2017年年底，因1亿美的集团股权增值（2017年12月29日收盘价55.43元），何享健家族的捐赠总额已近80亿元人民币。

广东省和的慈善基金会作为何享健家族慈善的管理和运营平台，采用了多元化的资助方式，包括设立慈善信托、孵化基金会、设立专项基金等多种形式，以此形成多层次、立体化的慈善体系；截至2017年年底，基金会已设立1个慈善信托——顺德社区慈善信托，直接推动成立了3个基金会和数个专项基金，包括专注养老的德耆基金会、支持青年创新创业的双创基金会、一个立足顺德本土的社区基金会、岭南园林的运营管理机构“和园文化发展中心”，以及“和艺术专项基金”等专项基金。

何享健家族采用股权与现金组合捐赠，运用“慈善信托+基金会”的顶层架构设计，让慈善资金的科学管理及有效运用有了基础的平台框架，使得家族慈善传承的意愿更好地得以实现；这也反映出何享健家族在规划慈善事业时充分考虑其永续性、科学性、有效性及传承价值等，是战略慈善的重要特征。

二 “杠杆”式慈善撬动多方资源参与

何享健先生希望“在顺德带头创造一个社会氛围，让有能力、有条件的人共同参与，多做善事、多做好事。”① 和的慈善基金会项目运作模式充分体现了捐赠人意愿，让捐赠资金有效发挥杠杆作用，连接多方资源参与。

比如，顺德善耆家园养老院项目由何享健家族通过广东省和的慈善基金会捐赠开展，项目实施主体为广东省德耆慈善基金会、顺德区善耆养老院。该项目从何享健家族捐赠1亿元开始，顺德区政府划拨项目用地78.19亩，

① 闫冰：《何享健：退休后的新一段人生》，《公益时报》2015年4月1日，http：//www.gongyishibao.com/html/renwuzishu/7905.html。

碧桂园、万和电气、顺德农商银行等企业和广大顺德市民也参与捐赠。截至2017年8月，善耆养老家园项目共获得369家企业（单位）和98位爱心人士捐赠，认捐总额达1.9亿多元[①]。何享健家族持续捐赠，投入该项目二期建设。

善耆养老家园、和园等重大公益项目建成后都将采用市场化管理和运营，让公益项目能自我造血、产生利润，利润再用于项目的持续发展。相较于传统的“捐物捐钱”输血式慈善，何享健家族的慈善运作模式针对社会问题，打造了系统性的、组织化的、可持续的解决方案，并联动多方资源共同参与。

三 “专业”运作提升慈善效能

“专业”是何享健先生经营企业时信奉的重要经营原则；在家族慈善事业，何享健家族依然启用专业的团队开展，以广东省和的慈善基金会为平台，统一运营和实施；和的慈善基金会主要在资金和方向上做指引，围绕其支持领域，构筑全方位的生态系统，让慈善落地生根，产生社会价值。在资助领域方面，和的慈善基金会在不断聚焦，2014～2017年一直坚持“一个社区、两个重大项目、三个领域”的策略，其中一个社区是指顺德社区，两个重大项目是指养老院和岭南园林，三个领域是文化/艺术、教育/社会创新、扶贫/赈灾。从2018年开始，基金会将重点支持精准扶贫、医疗和教育领域[②]。何享健家族的捐赠主要投入到广东顺德，充分体现了何享健及其家人对本土的高度关注和回馈乡梓的朴素情怀。随着当地社会问题的解决以及响应国家战略发展需要，何享健家族的慈善事业区域范围将更多地“溢出”到全国。在2017年广东省慈善总会扶贫济困日活动上，和的慈善基金会捐

① 《顺德首个公益养老院收费标准远高于公办养老院引争议》，《南方农村报》2017年8月14日，http://www.nfncb.cn/html/2017/importantnews_0814/1148514.html。

② 广东省和的慈善基金会战略重磅分享，http://www.sohu.com/a/220391971_806491，访问日期：2018年4月10日。

赠1亿元，将用于支持新时期精准扶贫精准脱贫三年攻坚的工作，通过前期调研，已决定定向支持韶关南雄及仁化两个县共九个村庄的乡村建设；并与佛山慈善会合作，计划将3000万元慈善资金投向凉山地区，开展医疗、教育和民生保障等领域的扶贫相关工作。[①]

从慈善资金管理角度，何享健家族的捐赠计划是“永续”型慈善计划，捐赠家族对捐赠善款管理和运营希望能科学、透明、规范且要做好资产保值增值，让资金创造更大价值，造福更多人。在具体操作中，和的慈善基金会在资助管理方面积极引导合作伙伴（包括慈善会、社会组织等）在保证资金安全的前提下，采取合法、有效、专业的投资方式，实现捐赠资金的保值增值和持续、稳定运作。据和的慈善基金会工作人员表示，通过逐步的引导和经验分享，几级慈善会都开始利用专业的投资管理资源，尝试建立合理有效的投资决策和风险控制机制，对慈善资金进行科学管理。据报道，佛山市慈善会实施资金保值增值后，慈善资金收益从2.1%提升到约6.63%[②]。

从品牌建设角度，2017年，何享健家族基金会完成更名，以“和”为品牌主线，传递价值理念和开展项目运营。“和”与家族姓氏谐音，与家族品牌有关联性；“和”蕴含“和谐共融、以和为贵”等哲学层面的理念，与中国传统文化相契合，也传递出家族和基金会的价值观；“和”被运用于重大捐赠项目的品牌，如和园、和美术馆等。

四　让慈善成为家族传承的必要路径

“美的”事业顺利交班后，“慈善”是何享健先生的第二事业；他“把慈善作为个人和家族整个传承的事业”，希望慈善形成一种文化价值观，一代一代传下去，作为一种家族精神和文化的承传。

① 《市慈善会向凉山捐赠3000万元》，佛山市人民政府官网，http：//www.foshan.gov.cn/zwgk/zwdt/jryw/201802/t20180201_7033905.html，访问日期：2018年4月10日。

② 关婉灵：《慈善财产稳妥“理财”》，《南方都市报》2018年2月9日FB01版，http：//epaper.oeeee.com/epaper/K/html/2018-02/09/content_10196.htm。

何享健先生重视家庭制度和家庭人员的培养，自己有用财富回馈社会的心愿，并且培养其子女和孙辈参与慈善，不仅可推动社会发展，也是家族价值观传承的方式；在60亿元捐赠仪式上，何氏家族三代成员悉数到场，何享健先生表达“捐赠60亿元是全家人的心愿”，其子何剑锋也发言表示“价值观才是最好的传承，美德才是最大的财富”。①

何享健先生的子女未参与美的集团事业接班，但都是“家族慈善的接班人”，在家族基金会担任职务，其中何剑锋担任基金会主席、何倩兴担任理事长/法定代表人，何倩嫦担任理事。

据和的慈善基金会工作人员表示，何享健先生对于慈善的投入很大、要求很高；和的慈善基金会走出一条战略慈善路径，也是在何享健家族的支持下得以实现。总体而言，何享健家族的慈善愿景、家族成员深度参与，以及家族成员与家族基金会职业团队的合作机制等促进了家族慈善事业可持续发展；慈善也对于家族建设产生正反馈作用，提升家族凝聚力，让家族精神代代相传。

五　展望：中国家族慈善的机遇与挑战

未来二十年，中国财富代际传承将不断发生；“传什么”、“传给谁”、“怎么传”将是创一代需要思考的问题。何享健家族对于事业传承已有广为人知的“美的模式”；如今在慈善事业构筑的“和的模式”亦是具有引领和示范效应。何享健家族的善财之道为中国财富人群的传承计划提供了一个很好的范例，可供不断观察和研究。

据北京师范大学中国公益研究院、国际公益学院联合发布的《2017年中国捐赠百杰榜》显示②，中国大额捐赠已成为常态，股权捐赠、慈善信托

① 《和的慈善基金会公布60亿慈善捐赠计划》，广东省和的基金会官网，http://www.hexiangjianfoundation.org/content/670，访问日期：2018年4月10日。

② 顾磊：《2017年中国捐赠百杰榜发布》，《人民政协报》，http://csgy.rmzxb.com.cn/c/2018-02-13/1961165.shtml，访问日期：2018年4月11日。

等方式受大额捐赠青睐。慈善信托这种新型的慈善模式，除了在财产保值增值方面的价值，还可以借助信托财富的目的性和锁定的原则，全面实现委托人的意愿，更好地满足家族传承的需求，但对于股权捐赠成立慈善信托依旧有税收瓶颈。中国公益慈善生态需要日渐完善，创新性的捐赠产品、专业性的公益人才、多元化的配套政策支持等都将促进高净值人群开展家族慈善，让社会财富更多地参与到社会事业建设，实现共享繁荣。

境外慈善篇

Overseas Philanthropy

B.23

2017年英国家族基金会发展趋势报告

童 甯*

摘 要： 慈善是英国国家软实力的一张名片。19 世纪见证了英国新兴慈善家和私人基金会的兴起。进入 20 世纪以后，英国十大家族基金会相继成立，它们以雄厚的资产、慷慨的捐赠和全球化视野，为英国慈善事业提供了重要的资金和资源支持。时至今日，家族基金会已然成为英国公民社会的重要力量。本文以英国慈善基金会协会① 2017 年发布的报告为蓝本，从资产、捐赠、创新、趋势等维度，分析英国捐赠排名前 150 位

* 童甯，国际公益学院家族慈善部主任，原北师大中国公益研究院教学管理中心主任，2016～2017 年度“理查德·洛克菲勒公益学人”。

① 慈善基金会协会（Association of Charitable Foundations）成立于 1989 年，是英国基金会和资助型慈善机构（grant-making charities）的会员型组织，协会的使命是以其广泛的资源支持基金会实现雄心和提升效能。目前，该协会拥有 330 家会员，会员总资产约为 500 亿英镑，实现年度捐赠 25 亿英镑。

的家族基金会的发展概况，并对其所开创的慈善资助事业给予评价。

关键词： 家族基金会 英国 慈善 捐赠 资助 趋势

一 英国家族基金会的缘起和定义

（一）英国慈善历史与家族基金会缘起

英国作为现代慈善法制化国家的先驱，于1601年开创性地颁布了世界上第一部用于规范慈善事业的法律——《慈善用途法》，首次以法律形式明确了慈善事业的主要范围和目的，开创性地勾勒出了慈善活动的基本框架。19世纪以前，英国的慈善行为主要集中于个人救助。而进入19世纪以后，随着工业革命的深化，私人企业迅猛发展、私人财富急剧增加；与此同时，社会阶层分化、分配不公等社会问题不断加剧。为缓和社会矛盾，改变社会贫困和不公现象，企业主和财富家族兴办了大量的慈善组织和公益团体。截至1862年，仅伦敦地区就有多达640个慈善机构和72个不同领域的慈善基金会，其中有4个是专门为印度灾荒提供救济的基金会。罗伯特·欧文（Robert Owen）[①] 就是当时涌现出的慈善事业革新家的杰出代表，他率先从改善自己企业员工的工作及生活条件为目标，以此建立了专门的基金会。新兴慈善家和私人基金会的出现是这一时期英国慈善事业发展的特点之一。

家族基金会的起源可追溯到欧洲文艺复兴时期的财团家族，如15世纪起家的意大利银行望族美第奇家族（The Medici family）和德国金融世家富格尔家族（The Fugger family）等。这一时期的财团家族虽然从事慈善活动，

① 罗伯特·欧文（Robert Owen，1771～1858年），19世纪英国杰出的实业家、慈善家，现代人事管理之父，人本管理的先驱。

但并未将慈善视为家族的终生事业，也未真正建立起现代意义上的家族基金会框架。现代家族基金会的真正兴起，是在19世纪末至20世纪上半叶的美国。1894年，美国成为世界第一大经济体，这一时期前后涌现出大批富可敌国的商业巨子，如卡内基、洛克菲勒、福特等。他们一方面通过大量捐赠，积极支持医疗、卫生、教育等公共事业；另一方面又通过建立机制性的私人基金会实践“科学慈善”。

正值这一慈善事业的“黄金发展期”，英国的家族基金会也纷纷孕育而生，比如成立于1936年的惠康基金会（Wellcome Trust），即以制药业巨头亨利·惠康爵士（Sir Henry Solomon Wellcome）的遗产创办，主要关注生物医学和健康科学研究领域。2017年，它拥有的捐赠基金（endowment）达到232亿英镑，是仅次比尔和梅琳达·盖茨基金会（Bill & Melinda Gates Foundation）的全世界第二富有的慈善基金会。

（二）家族基金会定义的英美对比

慈善基金会协会（以下简称ACF）指出，在英国，基金会（foundation）和信托基金会（trust）所表示的意义类同，均指主要由个人、家族企业和家族成员的捐赠运作的基金会。通常这两个单词仅是为了使用便利，而非专业术语。

由于家族基金会并非法律概念，各国对其判定标准也各不相同。根据英国伦敦城市大学卡斯商学院慈善捐赠与公益研究中心（Research Centre for Charitable Giving and Philanthropy, Cass Business School）发布的《2009年家族基金会慈善报告》，家族基金会被定义为拥有大额私人资产的独立治理机构，通常以设立永久性捐赠基金（permanent endowment）的形式存在。它主要依靠家族企业、家族成员的私人捐赠来运营，捐赠人或家族成员通常在理事会中占有一席之地。而家族基金会的主要工作是向慈善机构、个人和其他公益机构拨付赠款，提供独立且可持续的帮助。

在美国，基金会行业的两大支持性机构分别对家族基金会做了界定。美国基金会中心（Foundation Center）依据基金会资金来源和运作方式的不同，将基金会分为五类。其中，家族基金会被定义为由个人或家族捐资设立并参与管理、运营的基金会，其创始人或其家族成员通常会出任理事会的领导职务，而且至少有一位家族成员在基金会任职，捐赠人或其亲属在基金会的管理和运营中起到重要作用。美国基金会理事会（Council on Foundations）则建议将家族基金会列入以下判断标准：由单一家族的成员出资，有至少一位家族成员在基金会任职高层或担任理事；作为捐赠人，个人或亲属必须在治理和（或）管理基金会方面发挥重要作用，并在控制和（或）运营中扮演主要角色。

通过以上对比，可以看出美国对于家族基金会的界定不如英国来的宽泛。在英国，家族企业捐资创立的基金会可以被列入家族基金会的范畴；英美在定义上另一个差异是“基金会是否拥有家族理事并担任重要角色”。在美国的研究中，一些专家认为理事会中是否存在创始人和家族成员，是衡量该组织运营能力的一个关键区分指标。美国现行的实践是大部分家族基金会由其家族成员或后代管理，他们在自愿基础上担任理事。事实上，在英国捐赠额排名前100位的家族基金会中，几乎每3家就拥有1位活跃的家族理事。

二　英国家族基金会发展趋势报告

ACF发布的《2017年捐赠趋势报告》（以下简称《报告》）盘点了英国最大的300家基金会资助者（Top 300 foundation grant-makers）的300强，以年度捐赠额为标准进行排名。研究样本包括家族基金会、企业基金会和其他类型基金会①。

① 其他类型基金会包括：（1）仅支持与资助单一机构（如医院、画廊、研究所等）的基金会，《报告》指出这类基金会有时会向捐赠排名在前300位的基金会筹集资金，因此可能存在数据重复统计的风险；（2）提供服务或运作型基金会（比如社会企业家基金会Foundation for Social Entrepreneurs、英国癌症研究所Cancer Research UK），这类基金会通常需要通过筹款来达成慈善使命；（3）主要由公共或准公共资金（public/quasi-public funding）资助的基金会；（4）由慈善捐赠和公共资金共同资助的基金会等。

《报告》分析的是各个基金会在2015～2016年[①]一个会计年度（accounting year）内的数据和信息，包括净资产、捐赠额、收支情况等。其中，家族基金会的数量达150家，占据了总数的一半。这也是ACF第9次对英国捐赠排名前150位的家族基金会进行的趋势分析。

（一）英国家族基金会的资产概况

从总数来看，捐赠额排名前300位的基金会净资产总额达到597亿英镑，超越上一年度所创下的最高纪录，占英国志愿部门（voluntary sector）[②]总资产的27%。据统计，这300家基金会的净资产主要由捐赠基金和投资资本（investment capital）组成，约有2/3的基金会拥有200万英镑及以上的投资资本，剩下的1/3则低于该水平，它们的支出主要依靠自愿收入（voluntary incomes）[③]的支持。

在2015～2016年度，这300家基金会（含惠康基金会）的净资产总额对比2014～2015年度增长了约9.5%，是上一年度增长率的3倍以上（2014～2015年度较2013～2014年度增长3%）。图1展示了近五年300家基金会总资产的增长情况。其中，浅色和深色柱状分别对比了包含和不包含惠康基金会的五年净资产总额变化趋势。从2012年到2016年，这300家基金会的年净资产总额不断攀升，年平均资产达到510.4亿英镑，2015～2016年的净资产总额高于前四年。

《报告》同时指出，从长期来看，基金会净资产总额（300家基金会的组成每年略有不同）的年均增长率为10%左右，但每年增长幅度随着市场环境的波动而变化，尤其是在英国宣布脱欧（Brexit）以后，其政治经济局势出现了许多不确定因素，导致未来的基金会资产发展趋势难以被精准预测。

---

① 各家基金会发布年报的时间范围有所不同，ACF《报告》采用是在一个年度区间内各个基金会最新的年报数据。

② 与私营部门、公共部门相对，志愿部门指的是一个经济体中非营利组织的集合。

③ ACF《报告》指出，自愿收入是来源于私有捐赠的所有收入，包括（个人）捐赠、遗产（legacies）、企业捐赠（corporate donations）和其他基金会的赠款，但不包括政府或准政府补助（quasi-government grants）。

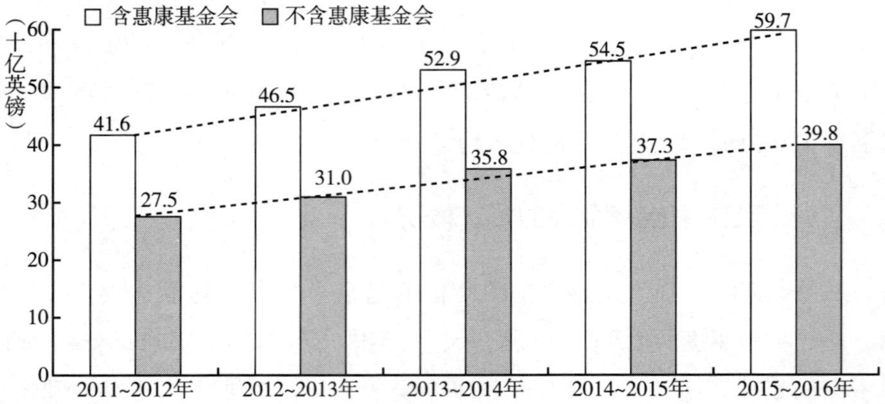

图1　英国捐赠额排名前300的基金会的近五年净资产概况

资料来源：ACF，《2017年捐赠趋势报告》，2017。

在2015～2016年度，英国捐赠额排名前150的家族基金会（含惠康基金会）总资产高达502亿英镑[①]，占捐赠额排名前300家基金会总资产的84%，远远领先于其他类型的基金会，这一数值较上一年度增长了约11%（若除去惠康基金会则为9%）。从上述数据分析可以得知，英国前300家基金会的净资产增长在很大程度上归功于家族基金会的资产贡献。而仅惠康基金会一家就独占前300家……占据前150家家族基金会……且超过（300家基金会中）企业……

（二）英国家族基金会的捐赠支出和收入概况

在2015～2016年度，英国基金会总捐赠支出约为65亿英镑，占政府在志愿部门支出总额的43%；捐赠额排名前300位基金会的捐赠支出总额为29.39亿英镑，占英国基金会总捐赠额的45%，较上一年度增长了12%，达到历史新高。总体而言，前300家基金会中，有63%的基金会的

① ACF《报告》指出，有些家族基金会致力于家族资产的传承。图2未纳入这部分资产统计。比如在2016年，罗斯柴尔德基金会支持其位于白金汉郡的家族庄园（沃德斯登庄园Waddesdon Manor）的285万英镑。

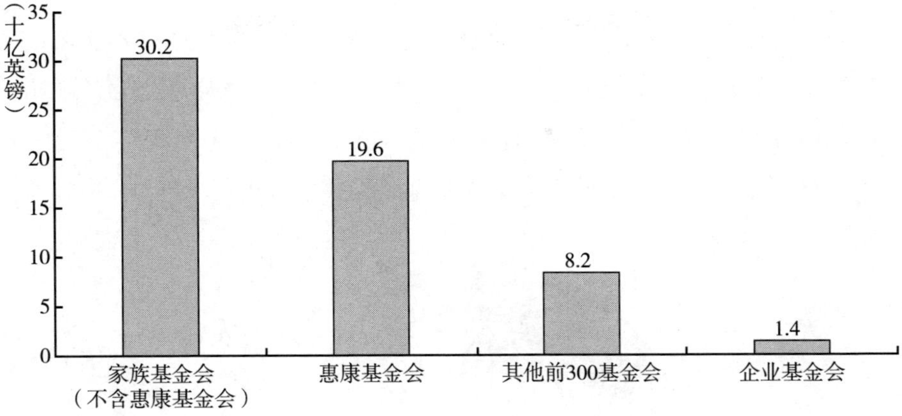

图 2　英国捐赠额排名前 300 位基金会的净资产分布（2015～2016 年度）

资料来源：ACF，《2017 年捐赠趋势报告》，2017。

捐赠金额相比上年有所上升，30% 有所下降……剩余 7% 的基金会则维持不变。

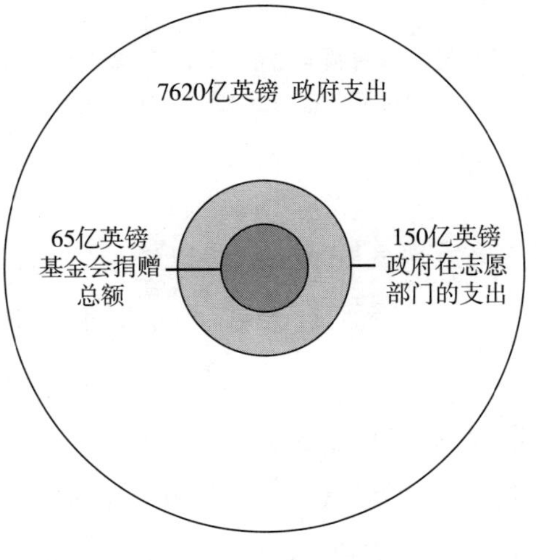

图 3　英国政府支出、政府在志愿部门支出和基金会捐赠总额对比（2015～2016 年度）

资料来源：ACF，《2017 年捐赠趋势报告》，2017。

近年来，英国的私人慈善和家族慈善的捐赠总量提升近20%，家族基金会功不可没。一方面，在前300位的基金会榜单中，年度捐赠额排名前十的基金会中有7家是家族基金会；另一方面，前150家家族基金会的捐赠总价值达18.7亿英镑，约占300家基金会总捐赠额的近2/3（63%），这一数值较上年同期增长13%（若不含惠康基金会则年增长率为19%）。

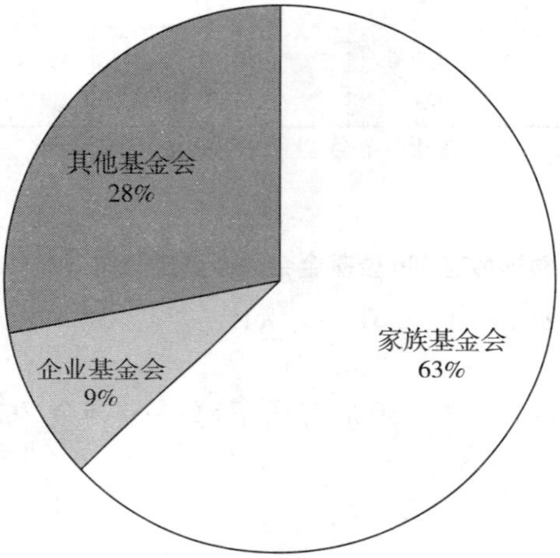

图4　英国捐赠额排名前300位基金会的捐赠支出分布（2015～2016年度）

资料来源：ACF,《2017年捐赠趋势报告》，2017。

除资产和捐赠支出呈现良好增长态势以外，《报告》还揭示了英国家族基金会总体收入保持不变而自愿收入有所下滑这一趋势。尽管在2015～2016年度，部分家族基金会陆续接收了一些大额捐赠，但由于自愿收入的下降和投资收入的缓慢增长，捐赠排名前150位的家族基金会总收入基本维持不变。这些基金会在该年度的自愿收入为4.67亿英镑，较上一年度下降8%，这是家族基金会的自愿收入连续第二年下滑。据统计，该年度有3/5的家族基金会的自愿收入有所减少。近年来，英国基金会收入浮动多变，这与市场走势、大额捐赠（major giving）的波动不无关系。《报告》推测，由于自愿收入是指来自私有捐赠的所有收入（包括捐赠和遗产），这一趋势可能意味着英国的家族基金会正在进入大额捐赠逐渐递减的时期。

（三）英国家族基金会的年度趋势和创新实践

1. 家族基金会新增大额捐赠，赠款主要来自创始人家族

虽然捐赠收入趋于平缓，但英国家族基金会在2015～2016年度，获得的大额捐赠仍然从金额上表现得可圈可点，新增几笔超过2000万英镑超大额捐赠。从赠款来源看，主要是出自创始人及其家族成员的慷慨捐赠。

比如，2015年，大卫和克劳迪亚·哈丁基金会（The David and Claudia Harding Foundation）收到创始人捐赠的2500万英镑。三年内每年将有500万英镑固定资助英国剑桥大学的温顿风险和量化证据交流中心（Winton Centre for Risk and Evidence Communication）①；此外，在2016年，该基金会向温顿基金（Winton Fund）拨付100万英镑，用以资助剑桥大学和美国伯克利大学的可持续物理（Physics of Sustainability）交流项目。

另一个由创始家族捐赠的案例是萨姆沃斯家族（The Samworth family）。该家族在2015～2016年度内，一次性捐赠给萨姆沃斯基金会（The Samworth Foundation）2500万英镑的资金和2000万英镑的退税（tax rebate），用于增加其投资基金，保证机构能安然渡过市场波动，并以此保障基金会在未来的年度资助。

2. 家族基金会合作意识增强，寻求多领域跨部门协作

近年来，越来越多的基金会通过加强与其他基金会、公共部门及私营部门的合作来推进社会变革，ACF把这一合作创新趋势界定为“引领变革的创新型伙伴关系”（Innovative Partnerships for Change）。《报告》特别列举了在2015～2016年度英国基金会推进社会合作的10个创新案例，其中家族基金会就占到6个。

---

① 隶属于剑桥大学纯数学与数理统计系的量化数据研究中心，旨在确保证据的清晰沟通，其工作包括研究人类如何阅读和理解文字图形，以及如何基于事实信息来做决策。

在艺术和环境领域，费尔贝恩基金会（Esmée Fairbairn Foundation）积极开展与英格兰艺术委员会（Arts Council England）、美国银行美林证券（Bank of America Merrill Lynch）、英国国家科技艺术基金会（Nesta）[①] 以及卡路士第·古本基安基金会（Calouste Gulbenkian Foundation）的合作，共同创立了价值700万英镑的“艺术影响力基金”（Arts Impact Fund），以展示在艺术领域进行社会投资的潜力。该基金向位于布莱顿市的东南舞蹈组织（South East Dance）[②] 所孵化的“舞蹈空间”（The Dance Space）提供了35万英镑的过渡性贷款，让后者既可以获得租赁收入，也得以支持当地艺术家和社区的发展。

在社会平等与融合领域，为解决欧洲难民危机，巴罗·卡德伯里基金会（Barrow Cadbury Trust）[③] 联合BBC困境儿童救助（BBC Children in Need）[④]、喜剧救济基金会（Comic Relief）[⑤]、劳埃德银行基金会（Lloyds Bank Foundation for England & Wales）、橡树基金会（Oak Foundation）等多家机构，支持成熟型社区和移民型社区共同接收难民。其行动包括设立一个由英国社区基金会（UK Community Foundations）管理、多家机构共同捐赠的“欢迎基金”（welcome fund），以缓解蔓延在全国的前所未有的难民困境。

3. “捐赠用尽”基金会，在有限时间里创造无限价值

早在2010年，慈善研究院（Institute for Philanthropy）[⑥] 就发布过一份名

---

① 英国国家科技艺术基金会（Nesta，官方缩写为小写）的全称是 National Endowment for Science，Technology and the Arts。

② 英格兰东南地区知名的舞蹈艺术类慈善组织。

③ 根据ACF《报告》，该基金会在前300家基金会中排名第140位，在前150家家族基金会中排名第69位。

④ 英国最知名的运作型慈善组织（operating charity）之一，由BBC创办。自1980年以来，以标志性的马拉松式的电视节目和英国家喻户晓的爱心吉祥物“帕德西熊”（Pudsey Bear），为英国的困境儿童和青少年募集了超过6亿英镑的慈善资金。

⑤ 英国最知名的运作型慈善组织之一，1985年由喜剧编剧理查德·科蒂斯和喜剧演员连尼·亨利创建，以应对当时的埃塞俄比亚饥荒。其标志性活动为“红鼻子日”（Red Nose Day）鼓励公众佩戴“红鼻子”参与募捐，倡导用娱乐传递正能量，改善社会贫困。

⑥ 创立于2000年的非营利机构，在伦敦和纽约均设有办公室，以研究、教育为慈善家和慈善组织提供信息及服务。

为《当世的力量》（Power of Now）的报告，对于“捐赠用尽”（spend out）基金会做出过解释，它是指基金会决定在特定时间段内用尽其全部或部分资本资产（capital assets）。在美国通常用“捐赠用尽”（spend-down）或“日落”（sunset）来表述此类基金会，与“永续性”（perpetuity）基金会相对。

ACF在2017年的报告中指出，在英国，已经有许多家族基金会及其理事会成员做出了“捐赠用尽”的决定。盖茨比慈善基金会（Gatsby Charitable Foundation）就是一个典型的例子；此外，同为家族基金会的纪念碑基金会（Monument Trust）在近期也表达了同样的意愿。在美国，由全球免税店DFS创始人查克·费尼（Chuck Feeney）创办的大西洋慈善基金会（The Atlantic Philanthropies）是著名的“日落条款”基金会的典范。

美国家族慈善中心（National Center for Family Philanthropy）在其《2015年家族基金会趋势研究报告》中指出，以往基金会更有可能选择“永久性资助”。比如，1970年以前成立的基金会中有39%选择永续，而这一比例在1990年以来成立的基金会中降至30%；有10%的家族基金会决定限制基金会的寿命，更有20%新成立的基金会做出了同样的决定。这反映了家族和捐赠的历史演变，这一趋势也表明新成立的基金会和新一代慈善家越来越倾向于“在有限的时间里去创造无限的社会价值”。

分析“捐赠用尽”这一趋势背后的原因，主要有四点：一是基金会认为已实现既定目标并完成使命；二是“在世行善”（giving while living）的处世方法和理念愈发盛行；三是认为维持基金会永续性运营的成本和行政官僚化未必会使得资金被有效利用；四是基金会的创始人逝去。

此外，从务实角度看，“永续性慈善事业”的想法应当与财产权和既得利益相关。被誉为“慈善事业直言不讳的观察者”的沃尔德马·尼尔森（Waldemar A. Nielsen）[①] 曾提醒捐赠者注意“永世长存的陷阱”。他说：

① 沃尔德马·尼尔森（Waldemar A. Nielsen，1917～2005年），美国知名公益行业专家。早年为外交官，曾担任美国商务部部长特别助理，是马歇尔计划的主要执行人之一。退出政坛后，他长期研究美国的公益事业，曾担任洛克菲勒三世和福特基金会的慈善顾问。晚年致力于传播中国文化，中国当代艺术领域的所有顶尖人物都曾最初受助或受益于他。

“捐赠者应该做好心理准备，明白在捐赠行为中存在的风险……假使你的目的是要使自己或家族流芳百世，那么基金会是一个很冒险的选择。”

三 英国十大家族基金会概况

（一）英国十大家族基金会的捐赠额与净资产

ACF《报告》以2015~2016年度的捐赠额为标准，排列出英国十大家族基金会（参见表1）。前十位家族基金会的年度捐赠总额约为12.29亿英镑，占捐赠排名前150位家族基金会总额的66%，是捐赠排名前300位基金会总额的42%；从净资产分析，十大家族基金会的总资产规模达到了惊人的394.93亿英镑，占前150家家族基金会净资产总额的79%，是前300家基金会净资产总额的66%。

表1 捐赠额排名前十位的英国家族基金会（2015~2016年度）

单位：百万英镑

排名	上榜基金会	年捐赠额	净资产	年捐赠额/净资产(%)	主要捐赠领域
1	惠康基金会(Wellcome Trust)	711.70	19561.60	3.64	医疗/健康;科研;动物;人文社会科学;公共参与和创意产业
2	儿童投资基金基金会(Children's Investment Fund Foundation)	148.93	2890.95	5.15	妇幼健康;青少年性健康;营养;教育;卫生;儿童奴役;气候变化
3	利华休姆基金会(Leverhulme Trust)	107.23	2314.48	4.63	教育;研究(艺术、人文、科学、社会科学)
4	加菲尔德·威斯顿基金会(Garfield Weston Foundation)	58.40	12750.70	0.46	艺术;教育;青少年;健康;博物馆与文化遗产;社区;环境;信仰;福利
5	威斯敏斯特基金会(Westminster Foundation)	41.90	3.96	1058.08	扶贫;弱势群体;社区建设
6	盖茨比慈善基金会(Gatsby Charitable Foundation)	41.50	346.59	11.97	植物科学;神经系统科学;教育;非洲;公共政策;艺术

续表

排名	上榜基金会	年捐赠额	净资产	年捐赠额/净资产(%)	主要捐赠领域
7	费尔贝恩基金会(Esmée Fairbairn Foundation)	34.83	876.20	3.98	艺术;儿童与青年;环境;食品;社会变革;社会投资
8	纪念碑基金会(Monument Trust)	30.08	70.24	42.82	艺术/文化遗产;健康/社区护理;司法公正与无家可归等
9	沃尔夫森基金会(Wolfson Foundation)	27.49	674.61	4.07	科学;医疗;健康与残障;教育;艺术人文
10	西格丽德·罗辛基金会(Sigrid Rausing Trust)	26.67	3.97	671.79	辩护/研究/诉讼;拘留/酷刑/死刑;人权捍卫;表达自由;转型正义;妇女权利;LGBTI 权利;透明度/问责

资料来源：ACF，《2017 年捐赠趋势报告》，2017。

其中，惠康基金会以超过 7 亿英镑的年捐赠额和 195.62 亿的丰厚资产位列榜首。如前所述，该基金会占据前 150 家家族基金会净资产总额的 39%，占前 300 家基金会净资产总额的 33%。而从十家基金会的分析来看，惠康基金会的净资产等同于其他 9 家的总和（占比 50%），其年度捐赠额占十家基金会的 58%。

排在第 2 位的儿童投资基金基金会和排在第 3 位的利华休姆基金会，则分别贡献了超过 1 亿英镑年度捐赠；两家基金会的资产突破 20 亿英镑，分别达到 28.91 亿和 23.14 亿英镑。

在净资产上能与惠康基金会匹敌的，只有捐赠排名第 4 位的加菲尔德·威斯顿基金会，它的资产量达到了相当可观的 127.51 亿英镑。此外，资产 3 亿～10 亿的基金会还有 3 家，分别是排在第 6 位的盖茨比慈善基金会（3.47 亿英镑）、排在第 7 位费尔贝恩基金会（8.76 亿英镑）和排在第 9 位的沃尔夫森基金会（6.75 亿英镑）。

另外，排名在第 5 到第 10 位的基金会，也都分别贡献了超过千万英镑的年度捐赠，比如排在第 10 位的西格丽德·罗辛基金会（Sigrid Rausing Trust）就在该年度慷慨捐赠了近 2700 万英镑。

（二）英国十大家族基金会的捐赠领域

根据各基金会官网对其主要捐赠领域的阐述，十大家族基金会最关注的三个领域分别是医疗和健康（7 家）、艺术和人文（6 家）、教育（5 家）。这与 ACF 在《2016 年捐赠趋势报告》① 中对 315 家英国基金会的捐赠领域分析所得出的结果十分近似——这份报告指出，受赠金额最高的前三个领域分别是教育和培训（24%）、健康（11%）艺术和人文（11%）。2016 年的这份报告给出排名前十的领域中，除娱乐（recreation）之外，其他 9 个领域都受益于这十家基金会的捐赠。由此可见，这些领域在受赠额上遥遥领先，跟英国顶尖家族基金会的支持有着密切的关联。

在十大家族基金会中，惠康基金会因其创始人的制药业背景，更加专注于医疗和健康等科学研究领域。它重点资助生物医学领域未解决的重大基础问题和与公共健康相关的紧迫需求。根据英国《金融时报》（*Financial Times*）报道，历经 80 年的发展，惠康基金会已成为英国最大的非政府科研资助机构。该基金会同时致力于科普、创新和文化领域的工作。其年报显示，在 2016/2017 年度，基金会的慈善支出（charitable expenditure）增加到 11.34 亿英镑②，资助款高达 9.32 亿英镑。其中有 8.32 亿英镑流向科学领域，而拨付给优先领域（由惠康基金会决策希望看到重大变化的领域为 1.62 亿英镑）、创新领域（1.16 亿英镑）、文化与社会领域（1.12 亿英镑）的资助也都超过 1 亿英镑。

西格丽德·罗辛基金会所捐助的领域较其他 9 家更为独特，大多与社会公正和权利相关，包括人权捍卫、表达自由、妇女权利、仇外心理与不宽容现象（xenophobia and intolerance）等。此外，该基金会还提供赠款给辩护/

① 由于 ACF 并未在其 2017 年的《报告》中涉及基金会的捐赠领域，笔者查找了《2016 年趋势报告》，发现其中包含 300 家基金会的捐赠领域，数据是针对 2013 年 315 个基金会的 16500 笔捐赠所做的分析。由于英国前 300 家基金会名单平均每年变动率为 11%，且变化集中在排名靠后的区间，因此对榜单的总体财务状况影响较小。读者可以通过对这份报告的分析，大致了解英国资助型基金会和家族基金会的捐赠领域。

② 该数据是根据基金会财报中提到的对捐赠负债折现、重新评估外汇影响后得出的。

研究/诉讼、拘留/酷刑/死刑等领域，这些在2016年的ACF报告中是不曾涉及的。

综观十大基金会的捐赠额和捐赠领域，既可以看到英国顶尖家族基金会的资助数额之大、资助领域广，也可以从中窥见英国慈善组织的分范围之宽，慈善组织的类别在发展中不断地得到细分和扩展，使不负英国“慈善社会”的美名。

（三）英国十大家族基金会的治理概况

良好的治理是推进基金会组织能力和公信力建设的关键。基金会要高效运作、走向卓越离不开科学合理的内部和外部治理。与其他类型的基金会相比，家族基金会有自己独特的优势和价值，它保持更强的资产和决策独立性，更敢于挑战、创新并承担风险。但是，家族基金会在治理层面也存在挑战，内部围绕理事会的角色与运作，而外部则更强调透明和问责。比如，内部需要考虑组织权力结构、理事会决策机制、理事会与管理层的权责划分等，外部则要思考如何建立公信力，面向公众、媒体保持透明和信息公开等。

从理事会治理架构①分析，十大家族基金会的理事平均数量为7到8人，最多的为12人。比如，惠康基金会的理事会由9人组成，下设4个专业委员会，分别负责投资、薪酬、提名、审计，每个委员会至少有1名理事任职。

由于家族基金会有其天然的家族基因和家族色彩，基金会治理结构保持了鲜明的特征，比如家族成员的参与程度、家族理事与非家族理事间的决策制衡、家族成员间的代际沟通等，这些都是其他类型的基金会所不存在的特点，亦可视为挑战。在十家基金会中，由家族成员担任理事长的有3家，分别是加菲尔德·威斯顿基金会（家族第三代创始人的孙子）、沃尔夫森基金会（创始人）和西格丽德·罗辛基金会（创始人）；家族成员在理事会担任

① 根据各基金会官方网站公布的信息，最后查看日期2018年2月22日。

理事的有7家，其中任职比例最高的依然是加菲尔德·威斯顿基金会，该基金会的9名理事全部为家族成员。比例排在次席的是沃尔夫森基金会，有3位家族成员在12人的理事会中任职。

从性别角度观察，有7家基金会的理事长为男性，其余3家由女性担任，分别为惠康基金会、沃尔夫森基金会和西格丽德·罗辛基金会。女性在十大基金会中担任理事会成员的比例为37%。其中，理事会女性比例最高的还是加菲尔德·威斯顿基金会，9人的理事会中共有6位女性；而从秘书长（CEO/President）职位分析，基金会的掌门人男女各占一半，其中由女性担任秘书长的分别是儿童投资基金基金会、加菲尔德·威斯顿基金会、威斯敏斯特基金会、费尔贝恩基金会和西格丽德·罗辛基金会，秘书长们均不是由家族成员而是由专业人士担任。

此外，理事会人员结构与基金会关注领域密切相关，理事会往往需要“术业有专攻”的理事，助力基金会实现其慈善使命和战略。比如，惠康基金会的9位理事中有4位是大学教授，教授们的领域涵盖生命科学、神经生物学、传染病和流行病学、生态进化及公共政策，这主要是由基金会的事业重心“改善人类和动物的健康科研工作”所决定的。

从外部治理看，高度公开透明的信息披露是英国家族基金会持续发展的关键要素之一。英国家族基金会依据本国《慈善法》的规定，每年聘请专业会计师对基金会财会制度的合法合规性进行评议，并及时在官方网站公布年度审计报告。在英国十大家族基金会中，有9家①建立了自己的官方网站并及时公开年度财务数据，通过网站向社会公众展示基金会历史、使命、治理结构、管理准则、资助领域、投资情况、项目成果，以及年度计划和财务报告等信息，凭借良好的公众监督和社会支持，进行理念倡导和影响力提升。

① 纪念碑基金会并未建立自己的官方网站，因其从属于塞恩斯伯里家族慈善信托（Sainsbury Family Charitable Trusts），仅能在该慈善信托的网站（http：//www. sfct. org. uk/）上查找到年报等基本信息。

四 小结

英国家族在世纪更迭中不仅把财富、事业和文化有序传承，更是将慈善作为优良传统继承下来。而英国的现代慈善也在不断实践和变革中，形成了富有创新精神、公众广泛参与、乐衷质疑和反思的独特景观。家族基金会得益于英国教义传统、完善的法制与政策环境和以社会信任为基础的全民慈善文化，在这片土地上不断成长壮大。如果说获得财富是一种能力，那么分享和奉献更是一份责任。家族基金会作为家族道德和资本的平台，正是将爱、责任和财富共同传递下去的有机载体。

如前文所述，英国捐赠排名前150位的家族基金会，对本国基金会领域和慈善行业都有着卓越的贡献，从捐助上广施厚赠、资助中联合行动、治理上择人任势，再到积极反思“永续性公益事业”的风险。尽管这150家家族基金会所展现的并不完全是整个英国基金会行业的图景，但这些拥有雄心远见、善于独立决策，又具有相互合作意识的基金会，汇聚起私人财富和慷慨捐赠，通过可持续和有战略性的资助方式，去解决社会问题、促进社会正义、参与社会变革；它们积极缩小贫富差距、促进文化艺术交流、减轻全球人道主义危机、鼓励社会创新，为本国和全球公民社会的建设做出了实质性的贡献，展现了对社会发展和人类福祉的责任与担当。可以说，没有巨大的私人捐赠和家族基金会所创造的慈善资助事业，就没有英国慈善行业的高度发展。

参考文献

陈斌、陶冶：《美国家族慈善基金会：嬗变、条件与启示》，《探索》2015年第3期。

丁建定：《1870～1914年英国的慈善事业》，《南都学坛》2005年第4期。

樊子君、谭少思：《英国家族基金会内部治理及启示》，《中国注册会计师》2012年第6期。

黄西谊:《英国慈善及其创新》，载《中国慈善发展报告（2013）》，社会科学文献出版社，2013。

基金会中心网:《美国家族基金会》，社会科学文献出版社，2013。

卢德之:《家族基金会是家族的道德和资本平台》，《中国慈善家》2014年7月刊。

潘如蛰:《发达国家家族基金会的实践综述》，《法制与社会》2016年第22期。

〔美〕沃尔德马·尼尔森:《大捐赠者传奇》，郑胜天、程迺欣译，浙江大学出版社，2013。

解锟:《英国慈善组织监管的法律构架及其反思》，《东方法学》2011年第6期。

Boris, Elizabeth, Carol De Vita and Marcus Gaddy. "National Center For Family Philanthropy's 2015 Trends Study-Results of the First National Benchmark Survey of Family Foundations." 2015.

Charitable Giving Statistics in the United Kingdom. 2017. <http: //www. npt – uk. org/ philanthropic – resources/uk – charitable – giving – statistics>.

Family Foundations. 2017. https: //www. cof. org/foundation – type/family – foundations.

Murray, Sarah. *Limited life foundations: the hands-on approach.* 2017. https: // www. ft. com/content/054ffc92 – 4ac5 – 11e7 – a3f4 – c742b9791d43.

Pharoah, Cathy. *Family Foundation Philanthropy* 2009 *UK*, *Germany*, *Italy*, *US.* London: Alliance Publishing Trust, 2009.

Pharoah, Cathy, Catherine Walker and Keiran Goddard. *Giving Trends* 2017 – *Top* 300 *Foundation Grant-Makers.* London: Association of Charitable Foundations (ACF), 2017.

Pharoah, Cathy, et al. *Giving Trends – Top* 300 *Foundation Grant-Makers* 2016 *Report.* London: Association of Charitable Foundations (ACF), 2016.

Pharoah, Cathy, Keiran Goddard and Richard Jenkins. *Giving Trends Top* 100 *Family Foundations* 2015 *Report.* London: Association of Charitable Foundations (ACF), 2015.

The Institute for Philanthropy. *The Power of Now.* London: The Institute for Philanthropy, 2010.

Wellcome Trust. n. d. https: //wellcome. ac. uk/.

Children's Investment Fund Foundation. n. d. https: //ciff. org/.

Leverhulme Trust. n. d. https: //www. leverhulme. ac. uk/.

Garfield Weston Foundation. n. d. https: //garfieldweston. org/.

Westminster Foundation. n. d. http: //www. westminsterfoundation. org. uk/.

Gatsby Charitable Foundation. n. d. www. gatsby. org. uk/.

Esmée Fairbairn Foundation. n. d. https: //www. esmeefairbairn. org. uk/home.

Sainsbury Family Charitable Trusts – The Monument Trust. n. d. www. sfct. org. uk/.

The Wolfson Foundation. n. d. http: //www. wolfson. org. uk/.

Sigrid Rausing Trust. n. d. https: //www. sigrid – rausing – trust. org/.

附　　录

Appendices

B.24
2017年中国公益慈善年度大事记

1月

《中华人民共和国境外非政府组织境内活动管理法》正式施行

1月1日，《中华人民共和国境外非政府组织境内活动管理法》正式施行。17日，上海市公安局向全国首批6家境外非政府组织代表机构颁发登记证书。据境外非政府组织办事服务平台统计，从登记备案情况看，截止到2017年12月31日，已经登记境外非政府组织代表机构305个，临时活动备案494件。

“慈善与可持续发展——中国行动”项目启动

1月6日，“慈善与可持续发展——中国行动”项目启动。项目由基金会中心网与联合国开发计划署驻华代表处合作，希望通过大数据多角度多维度呈现可持续发展目标下的中国慈善。《慈善与可持续发展——中国行动》中英文报告分别于9月在北京、10月在日内瓦发布，对5545家中国基金会的 83038 个与可持续发展目标相关的项目进行了分析。

《中共中央国务院关于推进防灾减灾救灾体制机制改革的意见》发布

1 月 10 日，新华社授权发布《中共中央国务院关于推进防灾减灾救灾体制机制改革的意见》。《意见》明确提出要坚持以防为主、防抗救相结合，努力实现从注重灾后救助向注重灾前预防转变，从应对单一灾种向综合减灾转变；还要求建立社会力量参与救灾行动评估和监管体系，完善救灾捐赠组织协调、信息公开和需求导向等工作机制，鼓励支持社会力量全方位参与，构建多方参与的社会化防减救灾格局。

阿拉善 SEE 生态协会创始人刘晓光逝世

1 月 16 日，阿拉善 SEE 生态协会创始人刘晓光逝世。阿拉善 SEE 生态协会是中国第一个由企业家群体自发成立的环保社团，成立于 2004 年 6 月 5 日，并于2008 年发起阿拉善 SEE 基金会（注册名为："北京市企业家环保基金会"）。

民政部等 22 部门共同印发《关于加强心理健康服务的指导意见》

1 月 19 日，国家卫计委、民政部等 22 部门共同印发《关于加强心理健康服务的指导意见》。这是中国首个加强心理健康服务的宏观指导性意见，明确了专业社会工作参与心理健康服务的路径和方法，强调了专业社会工作在提供心理健康服务、完善心理健康服务体系中的重要作用，并提出要加强心理健康领域社会工作专业人才队伍建设、推动心理健康领域社会工作实务发展。

《关于加快推进养老服务业放管服改革的通知》发布

1 月 23 日，民政部社会福利和慈善事业促进司发布《关于加快推进养老服务业放管服改革的通知》。《通知》强调要加大"放"的力度，尽快破除养老服务业发展瓶颈，激发市场活力和民间资本潜力，促进社会力量逐步成为发展养老服务业的主体，培育和打造一批品牌化、连锁化、规模化的养老服务企业和社会组织。

"常州毒地"公益诉讼案一审判决，社会组织败诉

1 月 25 日，"常州毒地"公益诉讼案一审判决。自然之友、中国生物多样性保护与绿色发展基金会败诉，并被判承担189.18万元案件受理费。这是中国新《环保法》实施以来第一起社会组织败诉的公益诉讼。

2月

2017年中央财政支持社会组织参与社会服务的项目预算总资金约1.9亿元

2月7日，民政部办公厅发布《2017年中央财政支持社会组织参与社会服务项目实施方案》。该方案中，2017年中央财政支持社会组织参与社会服务的项目预算总资金为1.9亿元左右，资助范围包括扶老助老服务、关爱儿童服务、扶残助残服务、社会工作服务、能力建设和人员培训五大领域社会服务活动和能力建设；明确不资助基建、研究、宣传类活动及讲课、图书赠送等受益对象宽泛项目。

民政部社会组织管理局约谈轻松筹

2月16日，民政部社会组织管理局约谈轻松筹平台。背景是，民政部社会组织管理局接到轻松筹平台公开募捐信息发布不规范、个人求助信息审核把关不严格等违规问题举报。约谈中，轻松筹平台被要求严格按《慈善法》《公开募捐平台服务管理办法》等相关制度规定，立即进行整改，强化公开募捐信息平台主体责任。

《关于加强乡镇政府服务能力建设的意见》印发

2月20日，中共中央办公厅、国务院办公厅印发《关于加强乡镇政府服务能力建设的意见》。《意见》提出要建立公共服务多元供给机制，乡镇政府要支持社会组织发展，积极健全城乡社区治理机制，充分发挥社工专业人才在乡镇公共服务中的作用。

《中华人民共和国企业所得税法》修改

2月24日，《全国人民代表大会常务委员会关于修改〈中华人民共和国企业所得税法〉的决定》通过并公布。根据决定，《企业所得税法》第九条被修改为："企业发生的公益性捐赠支出，在年度利润总额12%以内的部分，准予在计算应纳税所得额时扣除；超过年度利润总额12%的部分，准予结转以后三年内在计算应纳税所得额时扣除。”

《中华人民共和国红十字会法》修订

2月24日，修订后的《中华人民共和国红十字会法》公布。其第十九条规定，红十字会可依法进行募捐，募捐应符合《慈善法》有关规定；第二十二条第三款规定，红十字会应及时聘请依法设立的独立第三方机构，对捐赠款物的收入和使用情况进行审计，将审计结果向红十字会理事会和监事会报告，并向社会公布。新法于2017年5月8日起施行。

落户深圳的全国社会组织教育培训基地正式启用

2月28日，落户深圳的全国社会组织教育培训基地正式启用。启动仪式后，“优秀秘书长实战训练营”和“社会组织互联发展促进计划”开启，这是全国社会组织教育培训基地的首个培训课程。首批35位授课老师包括王石、马蔚华、经济学家樊纲及其他各领域专家、学者、社会组织会长、秘书长等。

中国扶贫基金会国际志愿者出征仪式在京举行

2月28日，中国扶贫基金会国际志愿者出征仪式在京举行。中国扶贫基金会国际志愿者项目受商务部委托和资助，是中国对外援助工作首次将民间组织纳入援助框架。自2005年印尼海啸开始，中国扶贫基金会开始国际化探索，累计募集1亿多元资金和物资，在世界上15个国家和地区开展了项目。

3月

免费午餐落地非洲

3月2日，免费午餐宣布走进肯尼亚贫民窟，却引网络舆论质疑不断。尽管项目发起人邓飞强调免费午餐非洲项目所需资金单独筹募，专款专用，在海外募集善款，并承诺将建立长期监督机制，质疑仍始终占据舆论顶端。

清华大学公益慈善研究院院长“两会”提案25个

3月7日，全国两会提案截止，清华大学公共管理学院教授、清华大学公益慈善研究院院长、全国政协委员王名共提案25个。提案涉及公益慈善、教育、创意产业发展、文化传承、网约车监管等多个方面；其中，与公益慈善相关的有16个，提及最多的是慈善法落实、社会组织广泛参与社会事务和儿童福利与教育。

最高人民法院发布环境公益诉讼典型案例

3月7日，最高人民法院发布10起环境公益诉讼典型案例。其中，有7起系社会组织提起的环境公益诉讼。腾格里沙漠污染系列公益诉讼案、江苏泰州“天价”公益诉讼案等入选。过去两年间，环境公益诉讼案呈现大幅增长之势，有关诉讼原告资格的认定时常引发争论，法院旨在通过典型案例进一步统一裁判标准。

摩拜单车入围首届“中国社会企业奖”

3月7日，摩拜单车入围首届“中国社会企业奖”，引发业界对“什么是社会企业”的激烈讨论。中国社会企业奖2016年11月启动，是中国首个社会企业奖项，邀请经济学家、企业家、社会企业专家、影响力投资人参与评审，旨在树立中国社企行业标杆。摩拜单车入围消息传出后，该奖也受到了质疑。在质疑声中，摩拜单车没有最终获奖。

民政部印发《社会组织抽查暂行办法》

3月13日，民政部印发《社会组织抽查暂行办法》。《办法》规定登记管理机关要按年度随机抽取本级登记的社会组织开展检查；其中县级、市级、省级抽查比例分别不低于3%、4%和5%，民政部级抽查比例不低于10%。此外，还可根据社会组织类别、所属行业、检查事项等不定期随机抽查本级登记的社会组织。抽查内容主要包括社会组织的年度报告、信息公开、内部治理、财务状况、业务活动等。

《中华人民共和国民法总则》通过，“非营利法人”登历史舞台

3月15日，《中华人民共和国民法总则》获得十二届全国人大五次会议表决通过。该法将法人分为营利、非营利和特别法人3类。非营利法人包括事业单位、社会团体、基金会、社会服务机构等。有评论认为，创设非营利性法人类别，将有利于健全社会组织法人治理结构，促进社会组织健康有序发展和社会治理创新。该法于同年10月1日起施行。

走失自闭症少年死于托养中心，引发舆论热议社会救助

3月20日，媒体报道走失自闭症少年死于托养中心，引发舆论热议社会救助。3月，15岁自闭症少年雷文峰从深圳市龙华新区走失，后在广东省韶关市新丰县练溪托养中心身故。媒体曝光，该托养中心托养人员频繁死亡，仅同年1月1日到2月18日49天内就死亡20人。3月21日，民政部发出紧急通知，要求各地民政部门对救助管理机构站外托养等工作进行全面检查。

北京吴建民公益基金会成立仪式在京举行

3月30日，北京吴建民公益基金会成立仪式在京举行。该基金会的目的是纪念2016年夏因车祸溘然离世的中国外交部前发言人吴建民，将致力于支持和资助外交理念和实践研究，设立国际青年访问计划，推动中外优秀青年交流互访，培养有志于国际交流事业的优秀青年人才等。

4月

2017年“为爱行走”启动

4月2日，中国灵山公益慈善促进会与灵山慈善基金会共同发起的“为爱行走”大型公益徒步活动在常州市启动2017年第一场活动。2013～2017年，“为爱行走”先后在广州、西安、常州、无锡、苏州、北京、上海、南京、张家港、佛山、大理、桂林、曲阜、武汉、长沙、成都等16城举办了17场，近10万人参与线下徒步，线上捐款人次超过120万，筹款超过3500万元，参与人数、筹款总量、覆盖城市数量等均超过其他同类品牌。

中国妇女发展基金会终止与“善心汇”合作

4月7日，中国妇女发展基金会在官网发布声明，终止与“善心汇”合作。声明指出，2016年12月27日，善心汇向中国妇女发展基金会捐赠“善心汇公益基金”，后由于公众对善心汇的经营模式存疑（质疑其为传销、骗局），该基金自启动后未开展任何活动，而终止合作后，善心汇在外开展的任何活动与自己无关。

阿里巴巴公益基金会启动 XIN 伙伴计划

4 月 8 日，阿里巴巴公益基金会启动 XIN 伙伴计划。这是一项面向中国环保公益组织的长期战略性资助计划。首批 XIN 伙伴包括北京自然之友公益基金会、公众环境研究中心、长沙绿色潇湘环保科普中心及北京合一绿色公益基金会。当天，它们还联合阿里巴巴基金会发起“守望长江计划”，合作探索民间应对长江环境问题的最优解决方案。

“爱心慈善”成为新型网络传销的“噱头”

4 月 13 日，广东省公安厅召开新闻发布会，称“爱心慈善”成为新型网络传销的“噱头”。在 3 月展开的专项行动中，侦破的 100 余起传销和非法集资案件中，有多起打的是“爱心公益”、“慈善互助”的幌子。其中，仅人人优益网络科技有限公司建立的所谓“人人公益”网络平台，上线一个月就“吸金”超 10 亿元。4 月 26 日，新华社报道，“慈善”成了“民族资产解冻”诈骗、传销的“诱饵”。

《中长期青年发展规划（2016～2025 年）》提出全面推行青年志愿者实名注册制度

4 月 13 日，《中长期青年发展规划（2016～2025 年）》公布。《规划》对 14～35 周岁青年的发展工作提出一系列目标和措施，多处涉及社会参与、社会工作、社会组织、志愿服务、公益事业。重点提出，要全面推行青年志愿者实名注册制度，2025 年实现实名注册青年志愿者突破 1 亿人；2020 年建成 20 万人、2025 年建成 30 万人的青少年事务社会工作专业人才队伍。

《中国亿元捐赠与战略慈善发展报告》发布

4 月 18 日，北京师范大学中国公益研究院和国际公益学院联合发布《中国亿元捐赠与战略慈善发展报告》。报告发现，2011～2016 年，中国捐赠额超过 1 亿元的 123 位捐赠者中，只有少数践行了战略慈善理念，大多数捐赠行为感性、短期、不可持续；针对这种情况，课题组倡导大额捐赠者遵循“战略性、专业性、创新性、共赢性、长远性、引领性”指标，学习国内外先进经验，实现传统慈善到现代慈善、战略慈善的升级。

支持社区基金会发展的禾平台项目正式对外发布

4月26日，禾平台项目在深圳正式对外发布。禾平台，是由南都公益基金会、广东省千禾社区公益基金会、成都市锦江区社会组织发展基金会、福建省正荣公益基金会等联合发起，致力于推动中国社区基金会发展的公益支持型平台。

“知不知公益沙龙”启动

4月29日，“知不知公益沙龙”正式启动。知不知公益沙龙由中国灵山公益慈善促进会主办，以聚合公益青年、探索公益新知为目标，每月举办一期，是每期现场参加人数约20人的小型沙龙。2017年，该系列沙龙共举办8期线下沙龙，主题涉及中华慈善总会创建史、中国社工百年、95世妇会与中国NGO破冰、中国第一代NGO星星雨创业史、自然之友二十四年治理转型、希望工程与社会创新、乡村振兴战略、基督教与中国社会服务等。

中国最早成立的青年公共空间厦门碧山关停

4月30日，中国最早成立的青年公共空间厦门碧山关停。此前，它共运营了6年，举办过数百场不同类型的青年参与为主的活动。其灵感来源于：“促进社区居民的日常交流和提升相互信任，使人们参与到共同的事务中，并发展出新型的、更加平等和合作的人际关系”。在其后，中国各地兴起了许多青年公共空间，包括北京706。

5月

浙江大学获11亿元校友企业捐赠引发争议

5月3日，浙江大学获11亿元校友企业捐赠，成为高校获赠的最大单笔捐款，却遭舆论质疑。教育学者熊丙奇称，这笔捐赠很模糊，搞不清楚是捐赠还是商业合作。他指出，中国高校日益重视校友和社会捐赠是正确的办学战略，但校友捐赠和社会捐赠经常引发争议，原因就在于捐赠不公开、不透明，捐赠模式、捐赠资金如何使用等不清楚。

民政部等9部门联合印发《关于社会智库健康发展的若干意见》

5月4日，民政部等9部门联合印发《关于社会智库健康发展的若干意见》。《意见》指出，社会智库由境内社会力量举办，以战略问题和公共政策为主要研究对象，以服务党和政府科学民主依法决策为宗旨，采取社会团体、社会服务机构、基金会等组织形式，具有法人资格；《意见》还明确，对社会智库实行民政部门和业务主管单位双重负责的管理体制，并推行重大事项报告制度，即社会智库的重要业务活动、依法接受境外捐赠资助、重大宣传活动、举办大型论坛和会议等重大活动要向业务主管单位报告。

中山大学社会工作专业2017年秋季暂停招收本科生

5月5日，中山大学社会工作专业秋季起停止招收本科生的消息被广泛传播，引社会诸多猜疑。对此，中山大学的公开回应是“中山大学社会工作专业今年秋季暂停招收本科生。”暂停招生的影响波及远不止于中山大学，还引起各方对社工发展的反思。在中国，社工从业者依旧面临着社会认知度低、薪酬待遇差、上升渠道不畅等问题，导致人才流失、行业不完善，进而引起高校生源报考率低、就业率低等现象。

公安部召开境外非政府组织参与“一带一路”建设座谈会

5月10日，公安部召开境外非政府组织参与“一带一路”建设座谈会。世界经济论坛、美中贸易全国委员会、美国能源基金会、世界自然基金会等11家境外非政府组织驻华代表机构负责人，以及清华、北大专家学者和外交部、商务部、中国人民对外友好协会等单位代表，就响应“一带一路”倡议，广泛整合人才、管理、资金等资源，积极推动开展合作等方面展开交流。

“一带一路”国际合作高峰论坛在北京举行，宣布建设“丝绸之路民间组织合作网络”

5月14日至15日，“一带一路”国际合作高峰论坛在北京举行，来自130多个国家的约1500名各界嘉宾参加。在开幕式上，中国国家主席习近平明确提出要“加强各国民间组织往来，密切妇女、青年、残疾人等群体交流”，同时宣布要建设“丝绸之路民间组织合作网络”，打造“一带一路”沿线各国民间组织交流信息、协调行动、加强合作的有效平台。而作为该论坛的重要成果之一，《中国社会组织推动“一带一路”民心相通行动计划

(2017~2020)》正式宣布启动，再次确认中国民间组织将携手国际伙伴共同成立丝绸之路沿线民间组织合作网络，并提出推动沿线国家经济社会发展、加强与沿线国家人文与科学合作、维护沿线地区和平与安全、与沿线国家非政府组织开展交流与合作等四大行动目标，具体内容涉及减贫、减灾救灾、农业、气候环保、卫生、妇女工作、青年工作、文化、教育、科技、新闻等诸多领域。

福布斯2017年中国慈善榜发布，百名上榜中国企业家现金捐赠总额超100亿元

5月17日，福布斯2017年中国慈善榜发布。这是《福布斯》中文版第十一次发布中国慈善榜，上榜的100位企业家（企业）现金捐赠总额为103.8亿元，为近5年最高值，也是继2011年之后再次突破100亿元。本次慈善榜入围门槛则为500万元。其研究发现越来越多中国企业家开始对海外高校进行捐赠。例如，陈天桥夫妇在美国加州理工学院设立脑科学研究学院，许家印向哈佛大学进行捐赠，马云向澳大利亚纽卡斯尔大学捐赠成立马云—莫利奖学金等。

何巧女捐赠1000万元资助“联合国南南气候合作伙伴关系孵化器”项目

5月18日，北京巧女公益基金会会长何巧女捐赠1000万元人民币，资助“联合国南南气候合作伙伴关系孵化器”项目。据介绍，这笔资金是《巴黎协定》生效后，第一笔来自于民间致力于推动气候变化与可持续发展的资金。2016年11月，何巧女在应对气候变化南南合作高级别论坛上，宣布投入1亿元人民币设立应对气候变化专项基金。

“捐赠者服务体系创新”专题研讨会在深圳举办

5月23日，“捐赠者服务体系创新”专题研讨会在深圳举办。研讨会由深圳国际公益学院、中伦公益基金会、中顺易金融服务有限公司联合主办，探讨捐赠者服务基金模式（Donor Advised Fund，简称DAF）在国内外的发展现状与前景。这是中国首次捐赠者服务体系创新主题研讨。会上还提出拟成立“深圳捐赠者服务基金会”。

国务院办公厅发布《关于支持社会力量提供多层次多样化医疗服务的意见》

5月23日，国务院办公厅发布《关于支持社会力量提供多层次多样化医疗服务的意见》。《意见》提出鼓励社会力量提供医疗服务，打造一批有较强服务竞争力的社会办医疗机构，形成若干具有影响力的特色健康服务产业集聚区，并要求各地区各有关部门加强组织领导、督查调研和探索创新，明确任务分工和时限要求。

公安部提醒：所有涉及“民族资产解冻”的项目均为骗局

5月25日，公安部宣布，所有涉及“民族资产解冻”的项目都是虚假骗局。此前，天津、北京、广西等地公安机关在公安部统一指挥部署下，成功打掉一个编造“慈善富民总部”机构，以“民族资产解冻”为由并称“鸟巢有慈善活动，参加者可领5万元”以实施诈骗的传销犯罪团伙。截至2017年5月，公安机关共打掉类似犯罪团伙15个，抓获犯罪嫌疑人405名，初步查证涉案金额超过9.5亿元。

“华北渗坑”发现者向春获爱佑创新公益领袖100万元资助

5月26日，在“慈善+”2017跨界公益论坛上，“华北渗坑”发现者向春获爱佑创新公益领袖100万元资助。爱佑慈善基金会理事长王兵在颁奖时称，100万元奖金由向春支配，用于他未来的生活、学习和国际交流。

《中国第三部门观察报告（2017）》新书发布暨中国第三部门观察论坛在京举行

5月26日，《中国第三部门观察报告（2017）》新书发布暨中国第三部门观察论坛在京举行。该报告主编康晓光提出“超慈善”概念。他认为中国慈善行业在最近十年发生了质变，出现了一种新的慈善，超越原有慈善，其具有弥散化、碎片化趋势和不确定性的特征；而催生这种变化的三大驱动力量则分别是技术革命、社会的结构性变化和全球化以及当今国际环境的深刻压力。他同时指出，超慈善出现并不意味原有慈善形态消亡，它将与前现代慈善（农业文明中的慈善）、现代慈善（工商文明中的慈善）齐头并进，叠加构成总体慈善形态。

6月

中央网信办印发《网络社会组织“同心圆”工程实施方案》

6月2日，中央网信办印发《网络社会组织“同心圆”工程实施方案》。《方案》明确，网络社会组织是指在网信领域开展工作并在民政部门登记注册的社会团体、基金会和社会服务机构，要加强党对网络社会组织工作的领导，并要求各地要把网络社会组织“同心圆”工程作为基础性战略性工作抓。6月7日，全国网络社会组织工作推进会在江苏镇江召开。

《英国慈善委员会指引》中文版发布会在京召开

6月6日，《英国慈善委员会指引》中文版发布会在京召开。《指引》是英国慈善委员会针对相关政策法规、行业规定，对英国慈善组织的类型选择、设立与运作等事务加以规范的操作指南，是具有英国法律效力的指导性文件。评论认为，它不仅可作为理论研究的参考文献，还可为政府部门对慈善事业进行监督管理以及慈善组织提升内部治理水平提供借鉴和参考。

美国非营利组织与志愿行动研究协会第一届亚洲会议在中国人民大学举行

6月6日~7日，美国非营利组织与志愿行动研究协会（ARNOVA）第一届亚洲会议在中国人民大学举行。这次会议由中国人民大学中国公益创新研究院和ARNOVA共同主办。围绕“亚洲的非营利世界：碎片化研究领域中的多元视角”的主题，来自中、美、日、韩国等十余国的约150位专家学者参加了对话。

清华大学公益慈善研究院院长王名获2017年福冈亚洲文化奖学术研究奖

6月10日，清华大学公共管理学院宣布：清华大学公益慈善研究院院长王名获2017年福冈亚洲文化奖学术研究奖。评选委员会认为，王名教授是中国NGO研究、环境治理研究第一人，不仅在清华大学创办NGO研究中心，将NGO研究引进到中国，而且开辟了公益慈善（Philanthropy）研究这一新学术领域。福冈亚洲文化奖 1990 年设立，每年颁发，以奖励为保存及促进亚洲独特及多样性的文化做出杰出贡献的个人、团体和组织；往届获奖华人包括巴金、费孝通、侯孝贤、厉以宁、莫言等。

四家中国本土民间环保机构以公开信形式就 WWF 与京东结为战略合作伙伴提出质疑

6 月 11 日，中国绿发会濒危物种基金等四家中国本土民间环保机构以公开信形式就 WWF 与京东结为战略合作伙伴提出质疑。6 月 8 日，京东与 WWF 结为战略合作伙伴，称双方将在全球范围内从生产、流通和消费端共同推动可持续发展和可持续生活的理念与行动；但 6 月 9 日，京东高调宣布将“极危”保护物种蓝鳍金枪鱼作为食材引进国内。面对质疑，京东承诺 6 月 12 日起下架所有自营的蓝鳍金枪鱼，而 WWF 也回应在全球范围内反对野生蓝鳍金枪鱼的捕捞行为、不支持养殖蓝鳍金枪鱼市场化的行为，不建议公众消费蓝鳍金枪鱼。

首届中国社会企业奖颁奖典礼在京举办

6 月 11 日，首届中国社会企业奖颁奖典礼在京举办。中和农信项目管理有限公司获“年度社会企业奖”，佳信德润（北京）科技有限公司（灵析）获“年度青年社会企业家奖”，上海禹闳投资管理有限公司获“年度社会投资奖”；另，江苏亲近母语文化教育有限公司等 6 家企业分别获得行业大奖。此前备受争议的入围企业摩拜单车并未获奖。

《民政部彩票公益金使用管理信息公开办法（试行）》和《民政部彩票公益金项目督查办法（试行）》发布

6 月 12 日，为加强和规范对民政部彩票公益金使用管理的社会监督，民政部办公厅发布《民政部彩票公益金使用管理信息公开办法（试行）》；同日，为加强对民政部彩票公益金项目的监管，提高彩票公益金使用效益，民政部办公厅发布《民政部彩票公益金项目督查办法（试行）》。

《中共中央　国务院关于加强和完善城乡社区治理的意见》发布

6 月 12 日，新华社授权发布《中共中央　国务院关于加强和完善城乡社区治理的意见》。这是新中国历史上第一个以党中央、国务院名义出台的关于城乡社区治理的纲领性文件，其中明确提到“不断拓宽城乡社区治理资金筹集渠道，鼓励通过慈善捐赠、设立社区基金会等方式，引导社会资金投向城乡社区治理领域”。

2017 中国互联网公益峰会在京举行

6 月 13 日，2017 中国互联网公益峰会在京举行。该峰会由腾讯基金会发起，主题是“互联网改变公益”。腾讯基金会发起人兼荣誉理事长陈一丹在峰会的主旨演讲中提出，透明、科技、链接是过去十年中国互联网公益的三大关键词，而未来的互联网公益则在于心智的运用、人机协同、保持组织形态和心态的开放。

《慈善蓝皮书（2017）》在京发布

6 月 14 日，《慈善蓝皮书（2017）》在京发布，并举办中国慈善事业发展论坛。同年 9 月 25 日，《慈善蓝皮书（2017）》繁体中文版发布会在香港举办，并以此为平台举办了中国内地－香港慈善交流论坛，来自中国内地、香港慈善领域的专家学者、非营利机构代表、商业界人士和媒体记者近百人现场参与。《慈善蓝皮书》从 2009 年开始致力于记录中国慈善事业发展历程，剖析历年发生在慈善领域的重大议题、重大事件，并持续总结经验和教训，为未来的发展指出方向和路径，是中国慈善事业发展的权威年度报告，也是展示中国公益慈善事业发展情况的重要平台。

中国民间组织首次在联合国总部举办“减贫促进人权”主题边会

6 月 16 日，中国民间组织首次在联合国总部举办“减贫促进人权”主题边会。该边会在联合国人权理事会第 35 次会议期间召开，由中国民间组织国际交流促进会与中国扶贫基金会共同举办。来自各国政府代表、国际机构和各国非政府组织人士 50 人参加了会议。

“2017 女性公益可持续发展国际论坛”在纽约联合国总部举办

6 月 19 日，第四届“2017 女性公益可持续发展国际论坛”在纽约联合国总部举办。该论坛由联合国经济和社会事务部特别支持，中国妇女发展基金会、美中友好协会共同主办，分为三个专题：赋权女性与可持续发展，创新合作、公益可持续发展，女性在艺术及时尚领域中的贡献。

2017 中国慈展会社企认证标准出炉

6 月 21 日，2017 中国慈展会社企认证标准出炉。目前，中国社会企业认证处于探索和起步阶段。2015 年 9 月中国慈展会发起首个全国性社会企业认证，2015 年、2016 两年共有 23 家机构获得认证。2017 年中国慈展会社会企业认证标准的亮点之一是，从整体上降低认证门槛，取消以往对申请机构的分红限制和收入结构来源的限制，而是将分红规定作为加分项处理。同年 12 月 3 日，2017 年中国慈展会社会企业认证名单公示，在超过 500 家申报企业和社会组织中最终有 106 家申报机构获得认证，涵盖领域包括养老、教育、青少年关爱、环保、无障碍、农村发展等 14 个社会服务领域。

全国志愿服务信息系统正式上线

6 月 23 日，全国志愿服务信息系统正式上线。通过系统，社会公众可以便捷注册为志愿者参与志愿服务；志愿者可以参与自己感兴趣的志愿团体和项目，记录、转移、接续自己的志愿服务时间；志愿服务组织可以按照规范的流程发布项目、招募管理志愿者、开展服务，实现供需有效对接；党政管理部门可以全面了解志愿服务情况、开展数据决策分析。

四川茂县叠溪镇新磨村山体垮塌，100 余人被掩埋

6 月 24 日，四川茂县叠溪镇新磨村突发山体高位垮塌，造成河道堵塞 2 公里，100 余人被掩埋。政府和民间都第一时间组织力量救援。中慈联、成都慈善总会、基金会救灾协调会、壹基金川北救灾网络、授渔公益、卓明等与当地有关政府部门联合成立茂县“6・24”社会组织和志愿者协调中心。6 月 25 日，根据救援现场实际情况，协调中心发出《倡议、呼吁：社会救援力量有序撤离叠溪灾区》；截至 6 月 26 日晚，60 余家组织响应倡议有序撤离，其余 9 家也在 27 日全部撤离。

河边公益对话探讨公益如何在精准扶贫的场域中发挥在场性作用

6 月 25 日，在南都公益基金会支持下，小云助贫中心发起河边公益对话。这次对话着重研讨公益力量如何能够整体性地回应中央关于动员社会力量投入深度性贫困攻坚的号召。这是中国公益界首次在一个深度性的贫困村就公益如何在精准扶贫的场域中发挥在场性作用展开的理论与实际的讨论。

民政部民间组织服务中心更名为民政部社会组织服务中心

6月28日，民政部民间组织服务中心更名为民政部社会组织服务中心。且当日起，原民政部民间组织服务中心正式以民政部社会组织服务中心的名称开展工作。

7月

检察机关提起公益诉讼制度正式开始全面实施

7月1日，试点两年的检察机关提起公益诉讼制度正式开始全面实施。十二届全国人大常委会第二十八次会议通过了全国人大常委会做出的修改民事诉讼法、行政诉讼法的决定，明确将检察机关提起公益诉讼写入这两部法律，标志着检察机关提起公益诉讼制度正式确立。

"慈善蓝系列沙龙"启动

7月3日，慈善蓝系列沙龙正式启动。慈善蓝系列沙龙围绕《慈善蓝皮书》历年来持续关注的重大议题和趋势打造，以线下中小型沙龙的形式，邀请各领域研究者、实践者、观察者、报道者、监督者共同参与，开展一系列自由、互动、深度的主题讨论。2017年，该系列共举办了5期，主题涉及中国志愿服务定位与价值测量、基金会新格局、彩票公益金、互联网募捐和2017中国慈善发展趋势等。

"顶梁柱健康扶贫公益保险项目"在京启动

7月12日，"顶梁柱健康扶贫公益保险项目"在京启动。该项目由中国扶贫基金会、阿里巴巴、蚂蚁金服三方共同发起，以互联网+精准扶贫的新模式为为国家级贫困县20至60岁的建档立卡户免费投保，预计到2020年，累计覆盖贫困人口1000万。

科技部发布《关于进一步鼓励和规范社会力量设立科学技术奖的指导意见》

7月7日，科技部发布《关于进一步鼓励和规范社会力量设立科学技术奖的指导意见》。《意见》明确要求，社会科技奖励应坚持公益性、非营利性原则，坚持以促进学科发展或行业科技进步为目的，严禁商业炒作行为，不得使用国家财政性经费，不得以任何形式收取或变相收取评选对象的任何费用；此外，社会科技奖励设立后，设奖者或承办机构应在3个月内向科学技术行政部门书面报告。

《国家突发事件应急体系建设“十三五”规划》发布

7月19日，国务院办公厅发布《国家突发事件应急体系建设“十三五”规划》。《规划》指出要鼓励发展社会化应急救援，支持专业化社会应急救援力量发展，鼓励专业社会工作者和企业自建的应急救援队伍提供社会化救援有偿服务；完善政府与社会救援力量的协同机制，通过政府购买服务、与企业签订“服务协议”、搭建协作服务平台等形式，支持引导社会力量有序有效参与应急救援行动。

阿里巴巴集团董事局主席马云宣布出资1000万美元成立非洲年轻创业者专项基金

7月19~21日（当地时间），Youth Connket非洲青年峰会在卢旺达首都基加利举行。在峰会上，阿里巴巴董事局主席、桃花源生态保护基金会联席主席马云宣布，桃花源生态保护基金会将开设非洲项目，阿里巴巴公益基金会将一同出资，设立保护区巡护员奖励基金，每年奖励50名一线巡护人员，每人奖金3000美元；该项目将持续10年，总奖金额为150万美元，于2018年8月开始第一次颁奖。此外，马云还宣布个人出资1000万美元成立非洲年轻创业者专项基金，帮助非洲的年轻人实现他们的梦想和理念。

民政部发布《慈善组织互联网公开募捐信息平台基本技术规范》、《慈善组织互联网公开募捐信息平台基本管理规范》

7月20日，民政部发布《慈善组织互联网公开募捐信息平台基本技术规范》、《慈善组织互联网公开募捐信息平台基本管理规范》。上述两项标准自同年8月1日起实施。两项行业标准强调，在平台上进行募捐的主体应是获得公开募捐资格的慈善组织，平台不应为不具有公开募捐资格的组织、个人提供公开募捐信息发布服务；平台应明确告知用户及社会公众，个人求助、网络互助不属于慈善募捐，真实性由信息提供方负责；个人为解决自己或者家庭困难，提出发布求助信息时，平台应引导其与具有公开募捐资格的慈善组织对接等；此外，捐赠资金应直接进入慈善组织的银行账户或安全的第三方支付账户，平台不得截留或代为接受捐赠资金。

爱德基金会援非“活水行”赈灾启动仪式在埃塞俄比亚举行

7月20日，爱德基金会援非“活水行”赈灾启动仪式在埃塞俄比亚首都亚的斯亚贝巴举行。该项目资金来自爱德基金会向香港特别行政区政府申请的赈灾基金400万元人民币，计划为埃塞俄比亚旱灾地区民众提供饮用水、净水物资及卫生包，并根据当地干旱情况，按照每人每天5升的标准持续供水两个月，预计约49000人会从中受益。

何享健公布超60亿元慈善捐赠计划

7月25日，美的集团创始人何享健公布超60亿元慈善捐赠计划，包括1亿股美的集团股票和20亿元人民币现金。据介绍，20亿元现金捐赠部分，5亿元现金用于“顺德社区慈善信托”，15亿元现金用途涵盖精准扶贫、教育、医疗、养老、创新创业、文化传承及支持公益慈善事业发展等多个领域；1亿股美的集团股票部分，则由美的作为委托人，设立一个永续慈善信托，财产及收益将全部用于支持公益慈善事业的发展。捐赠仪式上，由何享健个人于2013年12月创立的广东省何享健慈善基金会宣布改名为广东省和的慈善基金会。

万通基金会正式变更为北京沃启公益基金会

7月25日，万通基金会正式变更为北京沃启公益基金会。原万通集团董事局主席、万通基金会主要发起人冯仑继续担任北京沃启公益基金会名誉理事长，但该基金会与万通公司彻底脱钩，转变成为在理事会和执行两个层面均由专业人士治理和运营的社会化公益基金会。

银监会、民政部联合印发《慈善信托管理办法》

7月26日，银监会、民政部联合印发《慈善信托管理办法》。《办法》强调，慈善信托财产及其收益，应当全部用于慈善目的，慈善信托的受托人应严格按照有关规定管理和处分慈善信托财产，不得借慈善信托名义从事非法集资、洗钱等活动。有评论认为，《办法》出台标志着中国慈善信托规制体系基本建立。

“善心汇”涉嫌特大传销案调查

7月28日，新华社发文《“善心汇”涉嫌特大传销案调查：揭开“假慈善”“真敛财”的面具》。文称，公安部组织侦办了“善心汇”涉嫌特大传销案，依法对深圳市善心汇文化传播有限公司法人代表张天明等人涉嫌组织、领导传销活动等犯罪问题进行查处。“善心汇”在慈善的光环下，名为精准扶贫，实为非法传销，受骗者逾500万人，涉案金额高达数百亿元。

“凉山格斗孤儿”引发热议

7月底，“凉山格斗孤儿”视频在网络上引发热议。视频中称，两个失去双亲的凉山孩子被成都一家格斗俱乐部收养，平时练习综合格斗，还偶尔参加商业演出。这一消息曝光之后，“凉山格斗孤儿”事件持续引发舆论关注，这些未成年孩子受教育和生存发展权利该如何保障的问题也一时成为各方讨论焦点。

8月

《深圳社会组织评估指南》实施

8月1日，《深圳社会组织评估指南》正式实施。这是中国首部社会组织评估与管理地方性标准。

四川九寨沟发生7.0级地震，现场服务志愿者超90%来自当地

8月8日，四川九寨沟发生7.0级地震。这是2008年以来四川第三次大级别地震，但人员伤亡最轻。重要原因之一是，这次地震救援过程中，政府和社会力量的参与整体上都快速、高效、有序，而且“政社”“社社”之间的协调机制也较此前几次大级别地震救援有明显提升。另外一个突出的特点是，参与现场服务的2000多位志愿者中90%以上是本县人，这也是近年来志愿参与救灾发展中非常重要的一个转变。

徐永光新书《公益向右 商业向左》发布，引发“二光之争”

8月10日，徐永光新书《公益向右 商业向左》发布。在书中，徐永光以讲故事的方式夹叙夹议，系统梳理三十年来对公益市场化改革和以社会企业和影响力投资为先导的社会创新的思考与实践，再次旗帜鲜明地表达了自己的立场和态度。同年 9 月 14 日，中国人民大学中国公益创新研究院院长康晓光公开发表题为《驳“永光谬论”——评徐永光〈公益向右 商业向左〉》的万字长文，激烈批评徐永光的思想为“永光谬论”。由此，引发了中国公益慈善界对公益慈善与商业本质的区别是什么、益慈善本质的价值立场是什么等问题的争论。此事件后来被称为“二光之争”。

公益众筹影片《二十二》正式公映

8 月 14 日，是国际“慰安妇”日，记录中国内地22 位“慰安妇”幸存者晚年生活的影片《二十二》正式公映。该片用众筹的方式筹集资金，共有 3 万多众筹者。导演郭柯表示，影片票房收益部分除去清还拍摄债务，将捐给上海师范大学中国慰安妇问题研究中心。

社会组织资金监管机制正式成立

8 月 17 日，民政部网站消息，由民政、财政、税务、金融、公安等部门参加的社会组织资金监管机制正式成立。民政部副部长顾朝曦主持召开了社会组织资金监管机制第一次全体会议。

中国红十字援外医疗队赴阿富汗开展大病患儿人道救助

8 月 26 日（当地时间），中国红十字援外医疗队在阿富汗喀布尔皇家医院（Kabul Royal Hospital）开展先天性心脏病儿童筛查，标志着“天使之旅——‘一带一路’大病患儿人道救助计划阿富汗行动”正式启动。中国红十字援外医疗队由来自北京朝阳医院、北京友谊医院、新疆医科大学第一附属医院的医疗专家及中国红十字会项目人员组成，由中国红十字基金会丝路博爱基金资助，将在阿富汗开展针对 0 ~ 7 周岁儿童的先心病筛查行动，一期计划救助 100 名先心病患儿。

“民间倡导与支持中国彩票立法计划”启动

8 月 27 日，“民间倡导与支持中国彩票立法计划”在第四期慈善蓝系列沙龙上正式启动。该课题由中国社会科学院社会政策研究中心顾问杨团和北京大学法学院副教授金锦萍倡议与领衔，其目标是动员和凝聚社会力量，协同政府推动中国彩票的顶层制度改革，确保彩票公益性最大化实现。

传销团伙假冒希望工程之名骗取钱财

8 月 29 日，中央电视台《焦点访谈》栏目揭露：有传销团伙假冒希望工程之名骗取钱财。此即为“五行币”传销骗局，该骗局公开宣传要在全国援建 5600 所希望小学，并声称此前已在山东平邑县和天津蓟县等地建设了近 200 所希望小学。次日，中国青少年发展基金会发布声明称，经查，“山东省平邑县云数贸第 3004 所希望小学”和“天津市蓟县别山镇翠南庄云数贸张健希望小学”均属假冒希望小学。

“一元购画”网络公开募捐刷屏

8 月 29 日，“一元购画”网络公开募捐刷屏。参与者只要 1 元或输入任意金额，就可“购买”一幅自闭症儿童画作用做手机屏保，而善款则将用于帮助自闭症、脑瘫、唐氏综合症等特殊人群。该项目在朋友圈传播后，募款参与人数、金额飞速上升。最高峰时，30 分钟内参与人数就增加了 100 万。截至当天 14 点左右，项目主页显示已筹满 1500 万元，有超 580 万人次捐款。事件火热背后一度出现质疑，称这次活动是“投资商欺骗行为”、“存在分成”等。

爱德传一基金成立仪式暨“慈善文化：传承与变革”圆桌研讨会在京举办

8 月 31 日，“爱德基金会传一慈善文化专项基金”成立仪式暨“慈善文化：传承与变革”圆桌研讨会在北京东岳美术馆举办。该专项基金以已故中国社会科学院美国研究所研究员朱传一名字命名，将致力于筑造中国公益思想文化建设、传承和推广平台，引领慈善公益事业发展，促进社会创新，推动社会建设。

9月

全国慈善信息公开平台上线运行

9 月 1 日，全国慈善信息公开平台（一期）正式对外提供信息发布服务。开发该平台的目的是为贯彻落实《中华人民共和国慈善法》第八章“信息公开”要求，规范慈善管理流程。该平台与民政部指定的慈善组织互联网公开募捐信息平台相衔接，便于互联网慈善募捐信息校验。

阿里巴巴“95 公益周”发布

9 月 5 日，第二个“中华慈善日”，阿里巴巴在京举办“95 公益周”发布会。发布会上，阿里巴巴发出“人人 3 小时，公益亿起来”倡议，呼吁每人每年捐出三小时践行公益。从 2010 年起，为建立长期稳定公益资金投入机制，阿里巴巴承诺每年年收入的 0.3% 作为公益基金，主要用于自然灾害救助、扶贫助残、环境保护等；2017 财年，阿里巴巴公益基金实际捐赠支出超 1.6 亿元，共资助国内外项目 76 个，其中环境保护领域项目 51 个。

《联合国防治荒漠化公约》缔约方大会开幕

9 月 6 日，《联合国防治荒漠化公约》缔约方大会在鄂尔多斯市开幕。这是 13 年来该大会首次在中国举行。196 个缔约方代表团及相关国际组织、民间组织代表约 1400 人前来参加。其间，阿拉善 SEE 生态协会举办了主题边会，分享阿拉善 SEE 生态协会 13 年来的沙漠化防治经验。《联合国防治荒漠化公约》与《气候变化框架公约》、《生物多样性公约》并称为“里约三公约”，旨在全球范围内开展荒漠化防治，推动土地荒漠化防治、治理和恢复，《公约》的最高决策机构是缔约方大会，每两年召开一次。该大会于 9 月 15 日闭幕。

新修订的《宗教事务条例》公布

9 月 7 日，新修订的《宗教事务条例》公布。该条例将于 2018 年 2 月 1 日起施行。《条例》明确规定，宗教团体、宗教院校、宗教活动场所、宗教教职人员可以依法兴办公益慈善事业，按照国家有关规定接受境内外组织和个人的捐赠，用于与其宗旨相符的活动，但任何组织或者个人不得利用公益慈善活动传教；此外，宗教团体、宗教院校、宗教活动场所是非营利性组织，其财产和收入应当用于与其宗旨相符的活动以及公益慈善事业，不得用于分配。

民间科学奖项“未来科学大奖”在京揭晓

9 月 9 日，被誉为“中国诺贝尔奖”的“未来科学大奖”在京揭晓。

清华大学教授施一公，中国科学技术大学教授潘建伟，北京大学教授许晨阳分获生命科学奖、物质科学奖和数学与计算机科学奖，每人获得100万美元奖金。未来科学大奖创办于2016年，是中国内地第一个由科学家、企业家群体共同发起的民间科学奖项，其捐赠人包括百度公司创始人李彦宏、腾讯公司控股董事会主席兼首席执行官马化腾、网易董事局主席丁磊、新东方联合创始人王强等。每个获奖者的100万美元奖金分别由4位捐赠人提供，而为了保障基金的可持续性，这一捐赠要持续十年。

“99公益日”被质疑存在“机器刷单”“套捐”等不正常竞争行为

9月10日零时，第三届腾讯“99公益日”结束。9月7日至9日，共有超过1268.3万人次捐款8.3亿元，加上腾讯公益慈善基金会的2.9999亿元随机配捐和爱心企业配捐的1.77亿元，募款总额超过13亿元，再次刷新了网络公开募捐的历史纪录。但是，由于被质疑存在“机器刷单”、“套捐”等不正常竞争行为（后经调查，腾讯公益慈善基金会承认确实存在这些行为，并称会联合腾讯的安全部门、第三方力量，进一步进行调查），99公益日的透明度和公信力均受到空前质疑。

民政部联合中国红十字总会发布《关于红十字会开展公开募捐有关问题的通知》

9月11日，民政部联合中国红十字总会发出通知，红十字会开展公开募捐活动应当向民政部门申请公开募捐资格证书，每年要向民政部门报送社会捐赠及其使用情况并向社会公开。

中国心智障碍者权利倡导领袖王晓更逝世

9月12日，中国心智障碍者权利倡导领袖王晓更因病离世。该消息来自全国心智障碍者家长组织联盟、北京市海淀区融爱融乐心智障碍者家庭支持中心发布的讣告。王晓更是一名心智障碍者家长，也是北京融爱融乐创始人，全国心智障碍者家长组织联盟核心发起人，享年56岁。

民政部等四部委出台《意见》要求积极推行政府购买服务 加强基层社会救助经办能力

9月15日，民政部等四部委联合发布《关于积极推行政府购买服务 加强基层社会救助经办服务能力的意见》。《意见》明确了政府购买社会救助服务的购买主体、内容、承接主体、机制，并对经费保障、绩效评价和监督管理作出了相应规定。

中国公益联合援非行动首个非洲国家合作框架协议正式签署

9月17日，中国红十字基金会与埃塞俄比亚红十字会签署了中国公益联合援非行动首个非洲国家合作框架协议。根据该协议，中国红十字基金会将援助8万美金在埃塞俄比亚首都亚的斯亚贝巴援建一个社区综合减灾项目“博爱家园”；免费午餐将援助4万美金在该社区开展学生免费午餐项目，昱庭基金会资助2万美金在该社区资助开展免费厕所及厕纸项目。

中国红十字基金会成立“汤计人道传播基金”

9月27日，中国红十字基金会“汤计人道传播基金”成立暨首届“汤计博爱新闻奖”新闻发布会在京举行。该基金和奖项由新华社高级记者汤计首倡发起、联合捐赠企业在中国红十字基金会设立，旨在褒奖为人道公益事业做出突出贡献的媒体从业人员和优秀新闻作品，救助因公负伤致残或陷入困境的媒体从业人员。

第二十四届亚太地区社会工作区域联合会议在深圳举办

9月27~29日，第二十四届亚太地区社会工作区域联合会议在深圳举办。这是中国内地首次获得该会的主办权。来自中国、日本、菲律宾、土耳其、新加坡等20多个国家和地区的近400名社工行业组织代表、社会工作领域的专家学者以及社工机构代表，就亚太地区社工行业当前的形势、面临的机遇、未来的发展进行了高质量的交流与讨论。

10月

2017年卡内基慈善奖颁奖典礼在美举行，香江社会救助基金会主席翟美卿成中国内地首位获奖者

10月3日（当地时间），2017年卡内基慈善奖颁奖典礼在美国纽约举行，香江社会救助基金会主席翟美卿获奖。翟美卿是此次九位获奖慈善家中唯一来自中国的慈善家，也是中国内地首位卡内基慈善奖得主。卡内基慈善奖是全球慈善界的最高奖项，目前，全球华人共有两位获得此奖，第一位是李嘉诚。

腾讯公益慈善基金会发布《腾讯公益平台关于“99公益日”期间捐赠合规性核查结果的说明》

10月10日，腾讯公益慈善基金会发布《腾讯公益平台关于“99公益日”期间捐赠合规性核查结果的说明》，承认2017年99公益日存在异常捐赠账户及行为。说明指出，共有2.5万个个人账户存在异常捐赠行为，捐赠笔数超23万笔，捐赠金额超700万元，涉及配捐金额超370万元；筹款总额中超10%的资金来自异常账户捐赠的项目共计85个，而异常账户捐赠金额超过10万元的项目23个，超30万元的项目4个；此外，本次涉及金额最高的项目为疾病救助类项目，异常账户共为该项目捐赠超37万元，占该项目筹款总额的3.16%。说明称，异常账户捐款金额超10万元的项目将成为下一步重点调查对象，腾讯公益慈善基金会将启动第三方独立审计与核查以及公布结果，上述项目中存在违反活动规则行为的机构、个人，将永久取消在腾讯公益平台筹款的资格以及所有配捐、激励，情节严重涉嫌违反相关法律法规的，还将进一步追究其法律责任，同时，也将视情节轻重向公众和媒体进行通报。

联合国开发计划署驻华代表处在京启动汶川地震十周年系列活动

10月13日，联合国开发计划署驻华代表处在京启动汶川地震十周年系列活动。该系列活动结合教育、社会参与、科技发展等主题在后续6个月中系统回顾汶川地震应对经验，并携手百度公益基金会，探索以人工智能、大数据、云计算等方式推动人类防灾减灾救灾工作的创新路径。

党的十九大报告多处涉及社会组织、慈善事业、志愿服务等内容

10月18~24日，中国共产党第十九次全国代表大会（简称党的十九大）在京召开。党的十九大报告多处涉及社会组织、慈善事业、志愿服务等内容。在协商民主、社区治理、环境治理、基层党建等方面也将“社会组织”纳入其中，释放出积极信号，使得民间公益的不同主体均有望在社会治理中发挥更大作用。

2017 中国信息技术公益联盟峰会开幕

10 月 22 日，第二届中国信息技术公益联盟峰会在深圳举行。峰会就“IT + 公益”的实现路径和话题深入探讨，并正式发布《中国信息技术公益发展白皮书 V2.0》，筛选并收录了一年来具有代表性的 18 个信息技术公益案例，为公益慈善提供样板研究。该峰会由腾讯志愿者协会、深圳市恩派非营利组织发展中心联合主办。

北京大学罹患渐冻症女博士留下遗愿，希望捐赠器官供医学研究

10 月，北京大学罹患渐冻症女博士留下遗愿，希望捐赠器官供医学研究，帮助医学早日攻克渐冻症难题，引发社会广泛关注。渐冻症这一罕见病也在 2014 年“冰桶挑战”之后再度进入公众视野。而 2017 年也是缘起于 2014 年“冰桶挑战”的北京病痛挑战公益基金会成立一周年。渐冻症引发了社会对罕见病的广泛关注，但如何把关注转化为解决罕见病群体困境的长期有效机制，仍是一道难题。

11月

《社会组织信用信息管理办法（征求意见稿）》公开征求意见

11 月 8 日，《社会组织信用信息管理办法（征求意见稿）》公开征求意见（意见反馈截止时间为 2017 年 12 月 7 日）。《办法》对社会组织信用信息进行了界定，并提出要建立社会组织活动异常名录和严重违法失信名单制度，同时，列出了列入活动异常名录和严重违法失信名单的具体情形等。

友成企业家扶贫基金会与商业公司“云集微店”合作遭质疑

11 月 11 日，微信公众号“益碗 FUN”发文质疑友成企业家扶贫基金会在 2017 年腾讯 99 公益日期间与一家涉嫌传销的商业公司“云集微店”合作，是在为该公司“洗地”。11 月 13 日，友成企业家扶贫基金会发表《郑重声明》，称“该文章涉及友成基金会的大量内容和判断，与事实不符甚至违背事实”。该事件引起了中国公益慈善界的广泛关注和讨论。有评论认为，慈善法后，慈善与商业的合作关系已经逆转为慈善组织的卖方市场，在此情况下，慈善组织在选择商业合作者时更须评估风险，勿因小失大。

“公益组织行业引领能力建设国际研讨会”在京召开

11月15日，“公益组织行业引领能力建设国际研讨会”在福特基金会北京办事处召开。针对目前中国公益领域在推动行业发展方面存在的问题，如缺乏行业统一规则和标准，没有信息共享机制及各类已有资源共享机制，缺少技术与人才统筹战略，缺乏系统性行业政策研究与倡导机制，等等，研讨会议重点讨论了国际行业引领能力建设方面的前沿模式，并有来自工作一线的实践者与专家来分享本土已有的在行业引领方面的有效经验与模式。

2017爱佑慈善夜在深圳举办

11月17日，2017爱佑慈善夜在深圳举办。当晚通过现场爱心拍卖与项目捐赠，共筹集善款2.7亿元；其中，马化腾以3900万元的捐赠额认捐了一个孤儿和困境儿童项目。所有善款将用于爱佑慈善基金会各公益项目的开展。

地方公益慈善人才资助计划“束脩计划”正式对外发布

11月17日，“束脩计划”正式对外发布。该计划是一个地方公益慈善人才资助计划，由林文镜慈善基金会、恒申慈善基金会、正荣公益基金会、德诚慈善基金会联合发起，目标是助力解决福建公益人才专业能力不足而进修经费不足的问题。

“公益报道A计划”面向全国招募优秀撰稿人

11月17日，《南方周末》公益版启动“公益报道A计划”，面向全国招募首批6名优秀撰稿人，稿酬最高5万元。该计划旨在填补公益深度报道的缺失，希望在全国范围内找寻愿意专注公益深度报道的优秀写作者，基于公益领域生态，挖掘并采写具有新闻性、有故事性、有重大性、有公共性的公益报道，并借助《南方周末》等渠道，把公益传播到公益圈外去。

首届丝绸之路沿线民间组织合作网络论坛在京举办

11月21~22日，首届丝绸之路沿线民间组织合作网络论坛在北京举办。论坛通过了《丝绸之路沿线民间组织合作网络章程》和“北京共识”，宣布成立合作网络国际指导委员会和秘书处，标志着合作网络建设步入新阶段。2017 年 5 月，中国国家主席习近平在“一带一路”国际合作高峰论坛开幕式上宣布“建设丝绸之路沿线民间组织合作网络”。

中国基金会发展论坛 2017 年会在成都举行

11 月 22～23 日，中国基金会发展论坛 2017 年会在成都举行。这是中国非公募基金会发展论坛转型为中国基金会发展论坛后的首届年会，也是基金会论坛的第九届年会，来自全国各地关心基金会和公益事业发展的 571 家机构的 918 名嘉宾与会。

民政部办公厅发布《关于推广使用全国社会组织信息查询平台的通知》

11 月 27 日，民政部办公厅发布《关于推广使用全国社会组织信息查询平台的通知》。《通知》明确：平台对外提供社会组织名称、统一社会信用代码、法定代表人、成立日期、注册资金、登记状态、证书有效期、组织类型、住所、业务范围等基础信息查询服务；对在民政部登记的全国性社会组织，加载年检、评估、行政处罚、表彰、中央财政支持项目等信用信息。

“世界公益慈善论坛”第二届论坛在北京举办

11 月 29～30 日，“世界公益慈善论坛”第二届论坛在北京举行。该论坛由中国人民对外友好协会与清华大学等单位联合发起。论坛围绕“协同合作”的主题，探索支持联合国可持续发展目标（SDGs）、支持“一带一路”国际倡议、支持推进构建人类命运共同体的共商共建机制与措施，聚焦反贫困、社会影响力投资、环境保护和青年发展四个议题，开展了 7 个高端对话、4 个圆桌对话和 4 个平行论坛。

12月

原北京新阳光慈善基金会同梦慈善基金创始人借“配捐”诈骗千万元

12 月初，原北京新阳光慈善基金会同梦慈善基金（以下简称“同梦慈善基金”）创始人刘建利用个人账户收款超千万元后去向不明。百余名白血病患者既没有拿到预期的“配捐善款”，更没有拿到承诺退回的本金。此事件引发了社会关注和热议。热议焦点之一是，基金会专项基金监管不到位问题。河北省三河市警方在事件曝光后介入调查。

《志愿服务条例》正式实施

12 月 1 日，《志愿服务条例》正式实施。该《条例》对志愿服务组织的法律地位、规范管理和扶持保障措施等方面进行了系统的规定，是推进志愿服务制度化的重要举措。其出台和实施有望进一步推动志愿服务制度化、常态化发展，提升志愿服务整体效能。

首届全球公益金融论坛暨 2017 社会影响力投资峰会在深圳举行

12 月 3 日，首届全球公益金融论坛暨 2017 社会影响力投资峰会在深圳举行。大会邀请全球公益金融与社会影响力投资领袖及金融、公益、实业等跨界代表，以“让投资成为向善的力量”为主题，围绕着普惠金融、金融扶贫、战略慈善、社会影响力投资、养老产业等内容进行了探讨，并发布了《全球公益金融的发展趋势》报告。

《慈善组织保值增值投资活动管理暂行办法（征求意见稿)》公开征求意见

12 月 7 日，《慈善组织保值增值投资活动管理暂行办法（征求意见稿)》公开征求意见（截止时间为 2018 年 1 月 6 日)。《办法》规定慈善组织为实现资产保值增值开展投资活动时，不得用于直接投资股票、人身保险产品等 12 种活动，投资权益类和固定收益类等资产，单个投资项目的投资金额不超过慈善组织总资产的 30%。

“一丹奖”首届颁奖典礼在香港举行

12 月 10 日，全球最大教育单项奖“一丹奖”首届颁奖典礼在香港举行。两位获奖者分别是哥伦比亚新学校基金会创始人兼总监薇奇·科尔波特（Vicky Colbert）和美国斯坦福大学教授卡罗尔·德韦克（Carol S. Dweck)。香港特别行政区行政长官林郑月娥作为颁奖嘉宾为他们颁发奖牌和 3000 万港元奖金。

“2017 中国公益年会”在京举办

2017 年 12 月 13 日，“2017 中国公益年会”在京举办。年会由公益时报社联合中华少年儿童慈善救助基金会、腾讯公益慈善基金会、中国华侨公益基金会、老牛基金会、中国儿童少年基金会、河仁慈善基金会、中华社会救助基金会、传化慈善基金会、中国扶贫基金会、荷福慈善基金会和中国社会福利基金会等11家机构共同主办，发布了2017年度十大公益新闻、2017年度中国公益人物、2017年度中国公益企业、2017年度公益记者等。

A股上市公司社会价值评估报告（2017）及首届“义利99”排行榜在京发布

12月15日，A股上市公司社会价值评估报告（2017）及首届“义利99”排行榜在京发布。发布者为友成企业家扶贫基金会、联合国社会影响力基金、中国社会治理研究会、中国投资协会、青云创投、明德公益研究中心联合发起的社会价值投资联盟（深圳）。“义利99”全称“A股上市公司社会价值义利99”，指以上市公司社会价值评估模型为工具，以沪深300成分股为对象，以社会、经济和环境综合效益为内容，其价值量化得分居前99的上市公司。据介绍，这是全球首套针对上市公司经济、社会、环境综合效益的量化评估体系。

“中国慈善进步指数（2017）”在京发布

12月18日，“中国慈善进步指数（2017）”在京发布。该指数由北京师范大学中国公益研究院和健坤慈善基金会联合发布。据该指数，北京市2016年居中国慈善政策创新度榜首。在社会组织监管方面，北京市是中国唯一一个针对社会组织信息公开和社会组织信用信息相关工作出台了有关意见，并公布了明确社会组织监管手段的省份；此外，《北京市慈善信托管理办法》是中国首个慈善信托相关的地方政策文件。

“同一天生日”网络募捐活动引发质疑和争议

12月23日，刷爆朋友圈的“同一天生日”网络募捐活动引发质疑和争议。24日晚，深圳市民政局官方称已成立调查组，着手调查“同一天生日”网络募捐活动；25日晚，深圳市民政局再次发布声明，称25日上午调查组约谈了深圳市爱佑未来慈善基金会秘书长，责令其立即停止“同一天生日”网络募捐活动，并向深圳市民政局提交募捐活动情况报告、与相关企业的合作协议及所有公开发布的文件资料；26 日，深圳市民政局决定对深圳市爱佑未来慈善基金会立案调查。

“行动者联盟 2017 公益盛典”在京举办

12 月 26 日，“行动者联盟 2017 公益盛典”在京举办。该盛典由凤凰网、中国儿童少年基金会、中国妇女发展基金会等联合主办，包括高峰论坛及颁奖典礼。其中，高峰论坛以“共益共通共赢”为主题，邀请公益界、商业、社创、创意营销等领域专家以及公益明星等共同探讨公益与商业的关系，分享知名公益项目运营经验，解读企业做公益的误区。

B.25

2017年中国公益慈善政策法规列举及搜索指引

以下列举的2017公益慈善政策法规均可通过中国社会组织网的“法律法规数据库”搜索得到。该数据库由民政部社会组织管理局运营，其搜索二维码如下：

相关法律法规

1.《中华人民共和国境外非政府组织境内活动管理法》（2016年4月28日通过；2017年1月1日正式实施）

2.《中华人民共和国民法总则》（2017年3月15日通过；2017年10月1日正式实施）

3.《宗教事务条例》（2017年6月14日修订通过；2018年2月1日正式实施）

社会组织

1. 环境保护部、民政部《关于加强对环保社会组织引导发展和规范管理的指导意见》（2017 年 1 月 26 日发布）

2. 中央编办（国务院审改办）、发展改革委等《关于实行行政审批中公民、企事业单位和社会组织基本信息共享的通知》（2017 年 2 月 28 日发布）

3. 民政部《关于印发〈社会组织抽查暂行办法〉的通知》

4. 民政部办公厅《关于全面推进社会组织统一社会信用代码制度建设有关事项的通知》（2017 年 3 月 13 日发布）

5. 民政部等 9 部委《关于社会智库健康发展的若干意见》（2017 年 5 月 4 日发布）

6. 中共中央办公厅、国务院办公厅《关于加强文化领域行业组织建设的指导意见》（2017 年 5 月 11 日发布）

7. 民政部办公厅等《关于推进社会组织统一社会信用代码制度建设和信息共建共享有关事项的通知》（2017 年 11 月 24 日发布）

慈善事业

1. 民政部发布《慈善组织互联网公开募捐信息平台基本技术规范》《慈善组织互联网公开募捐信息平台基本管理规范》两项行业标准（2017 年 7 月 20 日发布）

2. 银监会、民政部联合印发《慈善信托管理办法》（2017 年 7 月 26 日发布）

3. 民政部、中国红十字会总会《关于红十字会开展公开募捐有关问题的通知》（2017 年 9 月 8 日发布）

4. 民政部办公厅《关于推广使用全国志愿服务信息系统的通知》（2017 年 8 月 22 日发布）

5. 《志愿服务条例》（2017 年 6 月 7 日通过；2017 年 12 月 1 日正式实施）

社会工作

1. 国家禁毒委员会办公室等《关于加强禁毒社会工作者队伍建设的意见》（2017 年 1 月 20 日发布）

2. 民政部、财政部、国务院扶贫办《关于支持社会工作专业力量参与脱贫攻坚的指导意见》（2017 年 6 月 27 日发布）

3. 民政部、教育部等《关于在农村留守儿童关爱保护中发挥社会工作专业人才作用的指导意见》（2017 年 7 月 17 日发布）

4. 中青联《关于印发〈关于做好政府购买青少年社会工作服务的意见〉的通知》（2017 年 7 月 19 日发布）

以下列举的 2017 公益慈善政策法规均可通过扫描条目下的二维码进行查阅：

1. 全国人民代表大会常务委员会关于修改《中华人民共和国企业所得税法》的决定（2017 年 2 月 24 日通过并施行）

2. 民政部办公厅《关于印发〈彩票公益金使用管理信息公开办法（试行）〉的通知》（2017 年 6 月 12 日印发）

3. 民政部办公厅《关于印发〈民政部彩票公益金项目督查办法（试行）〉的通知》（2017 年 6 月 12 日印发）

4. 民政部《关于〈社会组织信用信息管理办法（征求意见稿）〉公开征求意见的通知》（2017 年 11 月 8 日发布）

5. 民政部《关于〈慈善组织保值增值投资活动管理暂行办法（征求意见稿）〉公开征求意见的通知》（2017 年 12 月 7 日发布）

6.《中华人民共和国红十字会法》（2017 年 2 月 24 日修订通过；2017 年 5 月 8 日施行）

B.26

互联网时代的社会创新和公益转型

梁春晓*

摘　要：　互联网时代是一个范式大转型的时代。本文认为在以互联网为核心的信息技术的推动下，互联网时代拥有新基础设施、新生产要素和新结构等三大特征和动力。在这三大动力的推动下，在互联网时代，从技术、经济到社会都在发生结构性的大变革。而近年来“互联网+”的兴起则标志着互联网的影响开始经过技术创新和商业创新的阶段，进入社会创新的阶段。本文对互联网时代社会创新的特征和方向进行了分析，并指出“互联网+第三部门”作为一种新的形态和动力，开始催生“第四部门”，或称其为“第四类组织”。

关键词：　互联网　范式　变革　社会创新　第四部门

有文明以来，在90%的年代技术、经济和社会发展都极其缓慢，都不大需要思考未来，因为未来十年、二十年甚至一百年都不会有太大变化，下一代人将要面对的世界与上一代人所经历的世界也不会有什么不同。但是，当人类处于另外10%的年代，情况则迥然不同，比如200多年前工业革命的年代和当今互联网革命的年代。与工业革命一样，以互联网为核心的信息技术引发的这场信息革命，不仅是技术、经济和社会的快速发展，更是一场

* 梁春晓，阿里研究院高级顾问，信息社会50人论坛理事，苇草智酷创始合伙人，原阿里巴巴集团副总裁、高级研究员、阿里研究中心主任。

技术、经济和社会的范式大转型，工业时代的范式正在瓦解，互联网时代的范式正在涌现。

这就需要我们对未来有一个全新的思路，不能从今天规划明天，而要从后天规划明天。如果仅仅从今天规划明天，规划的目标、思路和思维方式都会受到今天的资源、人才、模式和流程的重重束缚，很难有所突破。反之，如果围绕新范式展开想象，远见迥异于今天的后天，基于后天规划明天，就可能有所颠覆和创新。此即“后天观”：为了抵达明天，必须远望后天，否则明天只是又一个今天。从今天到明天很难，从后天到明天较易。

知易行难。在范式大转型的时代，束缚我们远见后天的是一整套工业时代的知识体系、思维方式和基本假设，是无处不在的被工业时代格式化的感知和经验，是我们久已固化而不自觉的见识和思想。每个人都是井底之蛙，常会以自己的见识和思想做成一口井，陷进去，局限自己的眼界，以井蛙之见看待世界，对待别人。井底之蛙不可怕——我们每个人无一例外都是井底之蛙，但我们应该做一只自觉的井底之蛙，努力不断地从井底往上跳，突破自己，拓展视野，展开想象，走向未来。

怎么走？指望所有的井底之蛙一齐往上跳并不现实。新生事物大多是边缘革命的产物，往往先有一个新的小的甚至微不足道的增量，然后增量逐渐崛起，推动和催化存量转型或者消解，最终完成整体转型。关键是“立”，而不是“破”。不立不破。立字当头，破也就在其中了。

一　互联网催生新的时代

以较长和较大的时空尺度看，影响和决定人类社会发展的关键因素是人、技术和文化。人即人口素质、增长、规模和结构等，技术即技术的进步和应用，文化即文化的积淀、传承和演化。

进入互联网时代，人获得了更大程度的自主权和自由度，越来越多的个人成为经济活动的主体。如果说全球化 1.0 的主要动力是国家，全球化 2.0 的主要动力是公司，那么全球化 3.0 的动力就是个人在全球范围内的合作与竞争。遍及全球的人们都开始意识到个人所拥有的前所未有的能力和力量。与此同时，文化呈现出既差异又趋同、既交流又冲突的空前多元化、多样性和快速演化的特征。在经历了农业时代的前喻文化、工业时代的并喻文化之后，互联网时代的后喻文化正在显现。

而影响所有这一切的原动力、基础和根本因素是技术，从中期看，则是互联网和以互联网为核心的信息技术。

1. 互联网时代的三大特征和动力

在以互联网为核心的信息技术的推动下，互联网时代拥有新基础设施、新生产要素和新结构等三大特征和动力。

新基础设施即云网端，亦即云计算、互联网和智能终端。今天人们的工作和生活之所依赖，除了土地、铁路、公路和机场这些农业时代和工业时代已经存在的基础设施之外，又加上了云计算、互联网和智能终端这样的互联网时代的基础设施。几乎人手一部的智能手机是新基础设施的重要组成部分。

新生产要素即数据。继人们熟知的土地、劳动力、资本和企业家才能等生产要素之外，数据正在成为越来越重要和关键的生产要素。进入互联网时代，人们必须对数据高度敏感、高度重视、充分运用。

新结构即大规模协作和共享。分工与共享好比一个硬币的两面，相辅相成，同时存在，如果说工业时代重在分工，那么互联网时代则重在共享，而且是大规模协作、大规模共享。

淘宝网就是互联网时代的基础设施，其上有云计算，有互联网，有智能终端。消费者在淘宝购物 80% 以上通过手机完成，也即通过移动终端和移动互联网完成，这意味着人们的购物和消费与以前人们习以为常的在工业时代的商场、超市购物和消费完全不同，这是基于两种完全不同的基础设施的两种完全不同的经济形态。

在三大动力推动之下，涌现出很多与农业时代或工业时代范式很不一样的新范式。首先是平台化，企业、社会组织和政府都在不同程度地向平台化方向演进。其次，出现了很多像“斜杠青年”这样的自由职业者，或“自由连接体”。此外，还有个性化、生态化、精准化等，特别是以新基础设施和数据为基础形成的精准化，比如“精准扶贫”。

2. 从工业社会到信息社会

信息技术推动信息化，进而推动人类从工业社会进入信息社会。信息社会50人论坛在《信息社会共识》（2011年9月9日）中指出：

“在这个新兴社会中，信息和知识可以通过世界上所有的网络存在、交流、共享和传播”（联合国信息社会原则宣言，2003）。

“知识型经济、网络化社会、服务型政府、数字化生活是信息社会的基本特征；以人为本、开放包容、全面协调与可持续发展是信息社会的基本要求。”

“信息社会是人类需求变化与信息革命发展相耦合的必然结果。工业社会后期，在生产极度扩张的同时，出现了环境破坏、生态恶化、资源紧张、贫富分化等一系列问题，迫使人类转而寻求新的发展方式，信息革命适应了这种需求，成为引领变革的世界性潮流。”

“三类基本矛盾不可回避：一是经济增长内在冲动与资源环境支撑能力不足之间的矛盾；二是经济快速增长与社会发展滞后之间的矛盾；三是传统生产关系不适应信息生产力发展的矛盾。工业社会的经济基础、体制机制、手段方法、思维惯性与信息社会发展要求不相适应。”

“我们希望，人人成为信息社会建设的实践者、受益者……诚信、负责、合作、共赢成为信息社会企业生存与发展的基本守则……一个‘以人为本、开放包容、全面协调与可持续发展’的信息社会的来临，能够促进智慧中国的崛起，为人类创造更美好的未来。”

3. 互联网时代的经济和社会结构

在互联网时代，从技术、经济到社会都在发生结构性的大变革。微经济、共享经济和平台经济“三位一体”的互联网经济形态正在形成。宏观经济体系正在从工业时代的“三次产业”和横向分工向互联网时代的“三层生态”和纵向共享转型。三次产业即基于横向分工划分的第一产业、第二产业和第三产业，三层生态即基于纵向共享划分的基础设施、平台和自由连接体。社会结构正在从农业时代不自觉的有机性社会、工业时代自觉的机械性社会，向互联网时代自觉的复杂性社会转型。

二　社会问题和社会创新

当今世界社会问题数不胜数，有贫富悬殊问题，有权利、资源或机会不平等问题，有阶层固化和上升通道阻塞问题，有环境恶化问题，有数字鸿沟问题，有残疾人等弱势群体问题，有文化单一和多样化消失问题，等等。这些社会问题中，有的从农业时代存在至今，如残疾人、机会不均和贫富不均；有的主要是工业时代造成的，如环境恶化、文化单一、老龄化、城市病和乡村衰落；有的则是互联网时代的新问题，如数字鸿沟和电子污染。

在中国，工业化与信息化几乎同步，农业文明、工业文明和信息文明几乎同时存在，三个时代的社会问题交织在一起，多且复杂，挑战尤其巨大。

1. 失衡与割裂

在诸多社会问题中，核心是失衡与割裂。

失衡。随着社会飞速发展，技术、经济、社会、文化和心理等领域之间失去平衡，有的发展比较快，有的发展比较慢。在互联网领域，技术创新往前走，商业创新也在往前走，但制度和文化往往跟不上，心理进步的速度则更慢，社会由于这些失衡产生了各种各样的焦虑、混乱、矛盾和冲突。失衡的关键是“技术－经济子系统”与“社会－制度子系统”的失衡，带来“社会－经济”结构的失衡，以及政府、企业和社会三部门的社会失衡。

割裂。社会不同板块、不同阶层之间的割裂愈加突出，导致一些社会矛盾变得愈加尖锐。在农村，农民之间常常会在一个村子里交流，但城市里的小区很难有这样的交流。此外，城乡之间，贫富之间，以及代际的沟通都存在严重的割裂问题。

2. 社会问题产生的根源

自我中心。人人割裂，天人割裂，单方面追求个体或主体价值最大化。

理性至上。一味追求可控、机械、精准、量化、人为设计或顶层设计，排斥自主、有机、生态、模糊、复杂和进化。

单一价值。一切故事都成了经济故事，都以经济效率衡量、以经济方式运作，排斥其他价值或方式，或者相反。

规模经济。一味追求大规模、标准化、低成本，并将其遍及教育、医疗、文化等几乎所有领域，忽视范围经济、社群经济和网络效应。

马太效应。资源或能力较多者，往往获取更多的资源或能力；资源或能力较少者，往往只能得到更少的资源或能力。强者愈强，弱者愈弱。

3. 系统化社会创新

因场合不同，“社会创新”往往会有不同的含义，或指政府和企业之外的社会组织、社会活动或社会服务的创新，或指草根式的自下而上的社会化创新，或指政府主导的社会管理、社会治理的创新。

这些界定都过于狭窄，我们所说的社会创新应该是面向社会整体、针对社会问题的整体的、全面的、广义的社会创新，而不是局部的、片面的、狭义的社会创新，应该涵盖政府、企业、社会和公民等各种主体。

社会创新是为社会问题找到创新性的解决方案，用创新的方式解决某个特定的社会问题。社会创新可以是一种产品、一项技术、一个设计、一种行动方法、一个商业模式，甚至一个新的游戏规则。换个角度看，社会创新也可视为社会函数的创新，即各种社会要素和资源在一定环境下的创造性生成、配置、分工和共享，并产生新的可持续的社会价值。

社会创新的意义，不在于社会创新的方案是不是够“新”够“奇”，而是看它与过去的方案相比是不是可以用更少的资源投入去获得更大的社会效益。

当今社会处于非线性发展时代，存在错综复杂的关系，针对新的时代特点，要有新的社会创新思路和系统创新意识，不能全然理性设计，也不能全然放任自流。对于持续性大规模的社会问题，必须系统性变革，改变观念、认知、习惯以及政策和立法等，以创新性解决方案从根本上解决社会问题。

要寻求多方参与解决社会问题。政府、企业、社会组织和公民等社会主体，要有意识地共同参与、跨界合作。越来越多的基金会开始改变过去那种撒胡椒面式的直接资助方式，转而围绕社会问题，资助有助于解决问题的各类社会创新主体。

三　互联网时代的社会创新

由技术引发的创新通常会经历三个阶段，即技术创新、商业创新和社会创新。纵观中国互联网发展，如果说2000年以前的重点是技术创新，2000年以后的重点是商业创新——涌现出大量新的互联网公司和商业模式，那么近年来“互联网+”的兴起，则标志着互联网的影响开始经过技术创新和商业创新的阶段，进入社会创新的阶段，互联网对于社会创新的作用日益显现和重要，不仅是商业创新的动力，更是社会创新的动力。

1. 以技术进步应对社会问题，推动社会创新

回顾历史，许多社会创新都是技术进步与社会问题相遇的产物，一个时代的技术进步与那个时代的社会问题相遇，促成那个时代的社会创新。今天人们习以为常的幼儿园、社会保障等，都是一百多年前源于欧洲的社会创新，是当时的技术进步与当时的社会问题相遇的产物。如何充分运用今天的技术进步面对今天的社会问题，以推动今天的社会创新？

2. 互联网在社会创新中的作用

近年来，互联网正在展现对社会创新的强大推动力和创新能力。互联网对社会创新的推动主要体现在连接、传播、赋能、聚合和协同等四个方面。

连接：增强或重建被工业时代消减或摧毁的人的社会连接、社会交往和社会资本。

传播：自媒体、群媒体、泛媒体。

赋能：增强个人、小微机构、弱势群体、边缘群体的信息能力和交往半径，通过权力转移或重新分配，激活和提升其经济和社会自由度。

聚合：连接一切、海量参与，聚合微主体、微资源、微行动和微想法等。

协同：大规模、跨界和网状协同，众创、众包和众筹，网络化组织、社

群和生态。

在社会主体、社会组织、社会生态、社会治理乃至社会文明等各个方面，都出现了互联网推动社会创新的苗头、模式和成功案例，如公益平台、平台公益、微金融、电商扶贫、公益传播、众筹等。深圳市残友集团与淘宝网合作多年，通过残疾人做网上客服即云客服，实现残疾人有尊严地就业和生活，就是通过技术手段应对和解决社会问题。

3. 互联网时代的社会创新的特征和方向

在互联网推动下，社会创新将朝着平台共享、自组织、普惠、精准和跨界融合等五个方向发展。

平台共享。以横向分工为核心的经济和社会结构，正在向以纵向共享为核心的经济和社会结构演进。在商业领域，全球市值排名前十的企业几乎全是平台型企业，银行、学校和政府等也都在不同程度地平台化。这是大势。2016 年底，一位很有情怀和行动力的公益人，发起一个网上募款活动以帮助另一位长期致力于保护红豆杉林的当地教师。这位教师为了保护家乡的红豆杉林借了 6 万元高利贷，两三年间利滚利变成了约 20 万元。这位公益人通过网上募款仅用了半个多月就募集到 20 万元还清了全部高利贷。试想，如果这位教师当初急需 6 万元的时候不是孤军奋战，而是有这么一个网络平台支撑，料不至于陷入如此境地。

自组织。平台释放、激活和支撑了数以万计、千万计、亿计的个人或小微组织，随时随地自由连接。近些年每逢大的灾难，就有成千上万的志愿者通过互联网动员、连接和组织起来，通过多主体的自组织、大规模试验、交互和激活，极大地激发和释放了群体智慧。

普惠。行善和公益也有成本，如果成本太高，就形成了较高的门槛，客观上屏蔽无数的小额公益和行善。互联网最突出的优势是降低交易成本，互联网推动下的社会创新大幅度降低了公益和行善的成本和门槛，无论是施者、受者还是公益和行善的范围都得到极大拓展，使人人公益、普惠公益成为可能。

精准。基于新基础设施和数据，公益慈善和社会创新正在从粗放向高效转变，在对象、资源和实施等方面都越来越精准化，如精准扶贫。

跨界融合。政府、企业和社会之间正在走向跨界、融合，甚至无界。在互联网的推动下，社会创新不仅是公益界或社会组织的事，更是政府、企业和社会三界协同共进的事。在许多成功的公益创新里，都有社会组织、政府和企业等不同领域、不同角色之间的广泛协作，而不再是政府、社会组织或企业的单打独斗，从“一马当先”到“三马共进”。

友成基金会王平指出：“未来的创新，一定是发端于对社会整体的关注，一定是极具包容性地将政府、企业、社会组织等各部门有机囊括其中的创新，三者间的界线会日趋模糊、消融。我大胆地猜想，‘无界’将会成为未来创新的新关键词。”

四　互联网催生新公益形态

过去十年是中国公益爆发的十年，未来十年中国公益将继续爆发。同样是爆发，过去十年与未来十年可能会很不一样，如果说过去十年是“裂变”式爆发，即通过裂变产生了大量十年前无法想象的公益组织和无法想象的变化；那么未来十年很可能是“聚变”式爆发，通过互联网及其平台化聚合和催生前所未有的新公益形态。

1. “新公益”形态

互联网推动下的“新公益”正在涌现，共同特征是平台化，即将各种资源链接和整合起来，释放社会创新的巨大能量。近年来涌现出来的新公益形态如下。

互联网公益传播：即自媒体（个人）、群媒体（聚群、社群或社区）、泛媒体（互联网机构皆信息机构、皆媒体）。

互联网公益：网上捐赠、募款和众筹，网上传播、动员或共享，网上组织、协同或社群，网上社区服务等。

互联网社会企业：如小微金融、公益平台、慕课（MOOC）、创客运动，以及基于互联网的公平贸易等。

此外，还有共享平台、微金融、网商联盟、电商园区、电商消贫和淘宝村等。

网上捐赠、募款或众筹是互联网时代的社会创新和新公益形态的突出体现。以支付宝平台为例，到 2016 年底，支付宝爱心捐赠额超过 6 亿元，捐赠次数超过 1.5 亿次，次均捐赠仅约 4 元。数据显示，“70 后”、“80 后”和“90 后”是网络捐赠的主力军，其中“70 后”和“80 后”捐赠金额超过七成，更令人欣喜的是，“90 后”捐赠人数超过一半。这些数据，令我们对未来充满期待。

2. 浮现中的“第四部门”

近年来涌现出一个令人振奋的现象，即“互联网 + 第三部门”作为一种新的形态和动力，开始催生“第四部门”，或称其为“第四类组织”。

第四部门或第四类组织的主要特征，是以开放共享的平台连接和整合政府、企业、社会组织这三个部门或三类组织，释放新能量，创造新价值，以社会创新促进社会发展。这方面的成功案例已经不少，比如公众与环境研究中心通过互联网、云计算和大数据推动环境信息的公开和公众参与；古村之友通过互联网平台在短短两三年间聚合了数以万计的古村落保护志愿者，连接和整合了许多社会组织、企业和政府资源；儿童友好社区也是一个平台，不断涌现出许多意想不到的公益可能性，除了公益组织和政府，企业也被整合进去。

互联网与第三部门的结合正在催生新一代公益，其特点是平台共享、开放连接、跨界整合和基于云网端（即云计算、互联网和智能终端）。正是在这个意义上，随着新公益、第四部门或第四类组织的兴起，未来十年，在公益领域将看到基于平台共享的聚变式爆发。

3. 互联网时代的公益定位和边界

互联网及“互联网 +”的发展使更多机构和个人协同起来参与社会创新成为可能。这正是社会创新的更大意义：政府、企业、社会组织和公民等，在公共参与式的社会治理机制下，通过跨界合作，用创新的方法系统性地解决诸多社会问题。

公益不应该是在政府和企业之外，为自己划一个小地盘，画地为牢，而是超越政府、企业和公民等，提供更高的社会价值，解决更多的社会问题，促成更佳的社会平衡，达成更好的社会理想。

因此，只要符合上述原则，无论是政府还是企业或商业，都可以也应该为公益所用，而不是排斥。不宜将公益与企业、市场或商业对立起来，在当下中国，以市场或商业促进公益不是太多而是太少，许多公益可以通过市场化方式进行，比如养老、垃圾分类、小额贷款和淘宝村等。在这方面，社会创新和公益转型还有极大的发展空间。

4. 互联网时代的公益转型

互联网时代的技术创新、商业创新和社会创新，是一系列接连不断的大变革、大转型，也为我们带来了对技术、商业和社会的大想象。以互联网为核心的信息技术既拓展了商业边界，也拓展了社会边界——社会主体、关系、结构、组织、模式、生态和文明等，极大地拓展了社会创新的边界和可能性，通过连接、参与和激活等创新性方式应对社会的失衡与割裂，应对和解决各种社会问题。

随着社会结构从工业时代的割裂、机械和简单向互联网时代的连接、有机和复杂转型，经济和社会体系也在从横向分工向纵向共享转型。在互联网时代，平台成为最重要的经济和社会存在，平台化成为最重要的经济和社会演化趋势，平台型组织成为最具竞争力的组织形态，社会创新、社会组织和公益也不例外。这是互联网时代公益转型的内在逻辑和必由之路。

五　重视和应对因技术而生的社会问题

与所有技术一样，互联网带来的价值绝非完全正面，在充分发挥和运用互联网的正面价值的同时，如何避免或限制互联网带来的负面价值——如数字鸿沟、隐私保护和平台权力不对称，是互联网时代的社会创新必须高度关注并尽快采取行动的重大社会问题。

面向未来，继以互联网为核心的信息技术之后，一大波新兴技术群正在涌现并开始起作用，如人工智能、虚拟现实、基因技术、新能源等。这些新兴技术群也一定会经历技术创新、商业创新和社会创新三个阶段，但速度会更快，利或弊、机会或挑战的强度也会更大。如何应对新兴技术对社会创新的影响，是我们必须及早准备的新课题。

六　淘宝村：互联网时代的社会创新

二十年来，在以互联网为核心的信息技术的推动下，技术、经济、社会和文化等各个领域都在发生深刻而全面的变革和转型，在催生阿里巴巴和淘宝这样的电子商务大平台、富生态的同时，也培育和推动着越来越多的分散化、个性化的经济形态，淘宝村正是其中最耀眼的明星之一。

淘宝村是基于新基础设施和新田园，由新农民引发的一场具有深远历史意义的互联网时代的边缘革命。

与许多人的习惯性认知不一样，淘宝村是自然涌现、演进和形成的，而不是被人为“打造”或“顶层设计”出来的，也不是被阿里巴巴“开小灶”特殊关照出来的。阿里巴巴所做的只是建立淘宝、支付宝这样的电子商务平台，形成人人都能使用的电子商务基础设施，然后在某些地方，冒出一个或几个特别有勇气、激情和创新力的创业者，在电子商务基础设施上耕耘、播种，率先创业，继而在他们的示范、影响和带动下，逐人、逐户、逐村扩散和普及开去，形成越来越多的淘宝村。

2009 年，仅在义乌、苏北和河北发现三个淘宝村。2016 年，淘宝村增加到 1311 个，预计 2017 年会超过 2000 个。一些较大的淘宝村，年网销额已经达到几亿乃至几十亿元。此外，还出现了许多特色淘宝村，在网上销售具有浓郁乡村特色的传统产品。

为什么在乡村涌现出那么多淘宝村，而在城市却没有发现“淘宝小区”？差别在于乡村是“熟人社会”，有亲缘关系，有信用基础，一个好的创新会很快传播和普及开来。城市则不然，即使相邻多年，可能依然没有连接或交往，更谈不上信任和信用。同村传播和普及之外，由于乡村之间广为存在的亲缘关系，淘宝村通过人际关系逐渐扩散开去，形成了周边的淘宝村乃至淘宝村集群。与此同时，淘宝村电子商务服务快速崛起，有做人才培训的，有做快递和物流的，有做摄影和设计的，等等，催生出了日益丰富的本地化电子商务服务业和电子商务生态。

如果说三十年前的改革开放和联产承包责任制使农民有了生产自由，可以自由决定生产什么不生产什么；那么乡村电商和淘宝村的出现使农民进一步拥有了商业自由，可以自由决定与谁交易或不与谁交易，从而提升了农民的交易能力和议价能力，增加了经济收益，使长期存在的经济和社会不平等得到改善。

一个时代有一个时代的基础设施，后来时代的基础设施再叠加其上，就像地层或文化层一样，叠加的结果是基于基础设施的交易成本越来越低，效率越来越高，支撑共享的能力越来越强。农业时代的基础设施主要为土地。工业时代的基础设施主要为铁路、公路、机场和现代城市，旨在支持大规模、低成本、标准化的工业经济。在规模化工业经济的冲击下，乡村开始衰落，越来越多的人从乡村转移到城市，因为在工业时代城市拥有更高的效率和劳动生产率，能获取更高的收入。

到互联网时代，在工业基础设施之上又叠加了云计算、互联网和智能终端等新的基础设施。这就产生了一种可能性，即原先从乡村转移到城市的人们，借助具有更低成本、更高效率的新基础设施，回到乡村，回到互联网时代的“新田园”。事实正是如此。淘宝村促进了生产要素向乡村回流，恢复和促进了乡村经济发展，增加了农民收入，改善了农民生活，增强了农民在互联网时代的竞争能力。淘宝村是商业创新，更是社会创新。随着淘宝村的发展和演化，在乡村社会建设及社区发展方面也出现了许多令人鼓舞的变化、变革和转型，需要以新的视角、思维和范式加以认知、实践和促进，需要进一步从乡村社会创新的角度观察和推动淘宝村发展。

历史上所有伟大的革命都是从边缘地带发生的，淘宝村就是这样的边缘革命，不仅正在改变乡村，也必将反过来影响和改变城市，影响和改变对未来的认知。

B.27

为什么非得非营利组织

——论合约失灵场合中社会公共服务的提供

金锦萍 *

摘　要： 合约失灵理论显示：在合约失灵的场合下，由于信息不对称，竞争机制无法发挥作用，因此唯有政府或者非营利组织来提供社会公共服务，才能抑制服务提供者的机会主义行为。以学前教育领域为例，我国目前政府提供的基本公共服务不足，非营利性的民办幼儿园因为制度缺陷不仅发展受阻，在与营利性幼儿园的竞争中不占优势；分类管理未能落实，导致以民办非企业单位形式存在的幼儿园中混杂着投资资本，因此难以从根本上遏制虐童事件。唯有反思合约失灵场合下社会公共服务的提供机制方是解决问题的正道。

关键词： 合约失灵　学前教育　基本公共服务　非营利组织

幼儿园虐童事件频发，一石激起千层浪，各种评论横飞，口诛笔伐者无论义愤填膺、悲天悯人还是反刍反思，大都指向幼师素质低下和政府监管不力，于是教育部门发出通知，旨在提高幼师准入门槛，同时又要加强监管措施。在笔者看来，这些举措尽管不失为亡羊补牢之举，但是却存在药不对症之嫌，甚至从长远来看，乃是治标不治本之方。本文要探讨的是社会服务的

---

* 金锦萍，北京大学法学院副教授、非营利组织法研究中心主任。主要研究方向：慈善事业。

提供是否可以一概引入市场机制？易言之，有没有存在一些场合恰是市场机制无法企及，而必须由政府或者非营利组织予以提供的？本文将以学前教育领域为例，引入合约失灵理论，在检讨现有学前教育提供机制的基础之上，寻求解决之策。

一　问题的提出:为何无法遏制幼儿园虐童事件频发?

近些年来，幼儿园虐待儿童的案件时有发生。根据媒体报道，西安枫韵蓝湾幼儿园、河北省民办幼儿园、山西某幼儿园、黑龙江非法幼儿园、浙江温岭某幼儿园、江苏兴化板桥幼儿园、济宁市机关幼儿园、上海某双语幼儿园相继被媒体爆料发生虐童事件，虐待行为包括：幼儿教师以给幼儿乱吃药、针扎逼喝尿、打耳光、用熨斗烫、踢伤孩子下体等各种方式体罚。由于当时刑法上的虐待罪并不能涵盖幼儿园、中小学、养老院、医疗保健机构等虐待其被监护或看护人员的行为，故无法以虐待罪追究行为人的刑事责任。2015 年的刑法修正案（九）第十九条明确规定了虐待被监护人、看护人罪。[①] 此后，根据此罪名被判处刑罚的典型案例有：王璐、孙艳华虐待被监护、看护人案[②]，

① 所谓虐待被监护、被看护人罪，是指对未成年人、老年人、患病的人、残疾人等负有监护、看护职责的人虐待被监护、看护的人，且情节恶劣的行为。法律依据是《刑法修正案（九）》第十九条的规定："在刑法第二百六十条后增加一条，作为第二百六十条之一：对未成年人、老年人、患病的人、残疾人等负有监护、看护职责的人虐待被监护、看护的人，情节恶劣的，处三年以下有期徒刑或者拘役。单位犯前款罪的，对单位判处罚金，并对其直接负责的主管人员和其他直接责任人员，依照前款的规定处罚。有第一款行为，同时构成其他犯罪的，依照处罚较重的规定定罪处罚。"

② 根据此案二审裁定书，被告人王璐、孙艳华案发前就职于原四平市铁西区"红黄蓝"幼儿园，二被告人均系该园红三班教师。自 2015 年 11 月起至案发，王璐、孙艳华二人在四平市铁西区红黄蓝幼儿园红三班教室内、卫生间等地点，多次恐吓班内幼儿，并使用针状物等尖锐工具将肖某等多名幼儿的头部、面部、四肢、臀部、背部等处扎伤。二审法院最终裁定：二被告人的行为均构成虐待被监护人罪。依据《中华人民共和国刑法》第二百六十条之一［虐待被监护人罪］之规定，判决被告人王璐犯虐待被监护人罪，判处有期徒刑二年六个月；被告人孙艳华犯虐待被监护人罪，判处有期徒刑二年六个月。参见（2016）吉 03 刑终 369 号判决书。

宋瑞琪、王玉皎虐待被监护、看护人案[①]，任靖、刘志娟虐待被监护人、看护人案[②]。但是刑法似乎并未能有效震慑这些犯罪行为。仅2017年10月到12月期间，南京市栖霞区爱德美幼儿园、上海市携程亲子园和北京朝阳区管庄红黄蓝幼儿园（新天地分园）又相继发生虐童事件，相关人员已经被刑事拘留，案件尚在进一步审理之中。[③]

那么政府部门的监管措施能否有效抑制幼儿园虐童现象呢？早期关于学校（包括幼儿园）安全工作的相关文件中都只涉及因自然灾害、交通事故、公共卫生突发事件引发的安全隐患的预防和处置，[④] 后来逐渐对于幼儿园内部安全管理责任也予以明确，要求大力加强学校、幼儿园内部安全管理工作，[⑤] 其中要求幼儿园配齐重点部位视频监控和报警设施，且要确保专人值守；同时公安部门要把校园视频监控系统和报警设施接入公安监控平台。后来教育部的相关文件也要求各地教育部门要进一步加强校园安全防范，落实人防、物防、技防措施，建设安全校园。《中小学幼儿园安全防范工作规范（试行）》（2015年）第十四条、第十五条规定也重申此要求。《国务院办公厅关于加强中小学幼儿园安全风险防控体系建设的意见》（国办发〔2017〕35号）[⑥] 中要求“要将校园视频监控系统、紧急报警装置接入公安机关、教育部门的监控或报警平台，并与公共安全视频监控联网共享平台对接，

① 被告人王玉皎、宋瑞琪案发前供职于四平市铁西区某幼儿园，系红一班教师。王玉皎、宋瑞琪于2015年11月多次在红一班教室、卫生间等监控死角处，使用缝纫针等尖锐工具扎、刺陈某某、邵某某等多名幼儿头部、口腔内侧、四肢、臀部等处。一审法院判决二被告均构成虐待被监护人罪。依据《中华人民共和国刑法》第二百六十条之一［虐待被监护人罪］之规定，判处王玉皎、宋瑞琪有期徒刑二年十个月。参见（2016）吉0302刑初138号判决书。

② 参见（2016）内0105刑初516号案件判决书。

③ 春艳：《幼儿园虐童事件频发背后》，《民主与法制时报》，2017年12月10日第5版。

④ 例如教育部历年来关于切实落实中小学安全工作的通知。

⑤ 例如《中央社会治安综合治理委员会办公室、教育部、公安部关于进一步加强学校幼儿园安全防范工作建立健全长效工作机制的意见》（公通字〔2010〕38号）

⑥ 同年，《国务院关于印发国家教育事业发展“十三五”规划的通知》（国发〔2017〕4号）建立学前教育质量评估监管体系，落实《幼儿园工作规程》，加强对各类幼儿园准入、安全、师资、收费、卫生保健及质量等方面的日常指导和监管，落实信息公示制度，强化社会监督。着力提升学前教育教师、保育员素质。

逐步建立校园安全网上巡查系统，及时掌握、快速处理学校安全相关问题。”2017 年，京沪两地相继发生虐童事件之后，国务院教育督导委员会办公室紧急部署开展幼儿园规范办园行为专项督导检查，主要措施包括：其一，开展幼儿园办园行为专项督导检查，重点检查师德师风建设情况，及时发现问题，进行整改。坚决查处和防止幼儿园伤害幼儿事件的发生；其二，各地加强幼儿园风险管控，形成常态化监管工作机制，同时建立和完善幼儿园突发事件应急处理问责机制；其三，建立幼儿园办园行为常态监测机制，及时了解幼儿园办园行为和基本运行情况，按要求报送相关数据信息。①

综上所述，政府相关部门对于幼儿园内部安全问题的相关政策对于监管监控、幼师准入等问题都有所涉及，但是依然未能杜绝虐童事件之发生。而且从各类事件的主体来分析，各种类型的幼儿园均有虐童事件的发生：无论是机关幼儿园、民办幼儿园还是未经登记设立的非法幼儿园。

因此，我们不由思考：幼儿园内虐童事件频发之后，监控设备的设置和相关监管制度的构建，是不是有效措施？如果不是，那么问题的症结又何在呢？无独有偶的是，尽管媒体报道不多，但是在养老院中也时有看护人员虐待老人的案件发生，比较典型的例如姜某虐待罪。② 在分析幼儿园和养老院这两种组织时，一个共性问题不容忽视：无论是幼儿园里的幼儿还是养老院中的老人，他们都缺乏缔约能力，与幼儿园或者养老院缔约的往往是幼儿的

① 参见《国务院教育督导委员会办公室关于开展幼儿园规范办园行为专项督导检查的紧急通知》（国教督办函〔2017〕91 号），教育部官网：http：//www. moe. edu. cn/jyb_ xxgk/moe_ 1777/moe_ 307/201711/t20171124_ 319933. html，2017 年 11 月 24 日。

② 山东省青岛市市北区人民法院刑事判决书（2016）鲁 0203 刑初 622 号。2016 年 2 月以来，被告人姜某在青岛市市北区黄台路×号××老年公寓担任护工，负责入住老年公寓的瘫痪老人的日常护理工作。2016 年 6 月，被告人姜某在看护韩某期间，多次对韩某实施虐待、殴打行为，致韩某肋部和面部受伤。姜某后被抓获到案。经法医鉴定，韩某右侧第 4、5 肋骨腋中线处骨折，局部无明显骨痂形成及骨密度增高征象，符合近期外伤新鲜骨折，构成轻伤二级；面部、舌体部皮肤软组织损伤，构成轻微伤。依照《中华人民共和国刑法》第 260 条第 1 款、第 67 条第 3 款之规定，判决如下：被告人姜某犯虐待被看护人罪，判处有期徒刑 7 个月。

父母或者是老人的子女。或许，从这个特点出发，能够窥探问题的原因所在。而合约失灵理论恰好提供了这样的解释路径。

二 合约失灵理论的引入

在探寻一个社会为什么要有非营利组织之时，被援引最多的无疑是政府失灵和市场失灵的理论，几乎屡试不爽。市场失灵（Market Failure）理论和政府失灵（Government Failure）理论是美国经济学家 Burton Weisbrod 最早于 20 世纪 70 年代提出来的。[①] 该理论认为市场制度的缺陷在于搭便车现象的存在，使市场机制无法提供公共物品。这就是市场失灵。所以政府就有责任来提供公共物品。但是政府在提供公共物品的时候，倾向于反映中位选民的偏好。因此导致部分人对公共物品的过度需求和另一部分人对公共物品的特殊需求就得不到满足。这就是政府失灵的体现。政府失灵就需要充满活力的非营利组织出现，因为政府提供的公共物品需要大多数人的支持。而非营利组织由较小的团体组成，能够提供政府不愿提供或者不能提供的公共物品。[②] 可以说，非营利组织的出现则是为了弥补市场机制和政府功能在提供社会公共物品方面的缺陷。

但是这一理论未能解决社会公共服务提供机制上另一层面的问题：教育、科学、文化、体育、卫生等领域，长期以来一直存在着一种现象：营利组织

---

① Weisbrod, Burton. "Toward a Theory of the Voluntary Nonprofit Sector in Three-sector Economy," in Edmund S. Phelps (ed.), Altruism, Morality, and Economy Theory, New York, Russel Sage, 1974.

② 王绍光：《多元与统一——第三部门国际比较研究》，浙江人民出版社，1999，第 31 ~ 33 页。对于第三部门在提供公共物品方面与政府之间的关系，哈耶克也有精彩论述，“对于一个健全的社会来说，在商业领域和政府治理领域之间保有一个所谓的独立部门（independent sector），它常常能够而且也应当能够以更为有效的方式为我们提供大多数我们于当下仍然以为必须由政府提供的服务。如果这样一个独立部门在提供公共服务方面与政府之间展开竞争，那么它就的确可以在很大程度上减少政府行动所具有的那种最为严重的危害，亦即政府行动所导致的以各种权力为支撑的垄断以及由这种垄断所导致的低效状况。”参见弗里德利希·冯·哈耶克著《法律、立法与自由》（第二、三卷），邓正来等译，中国大百科全书出版社，2000，第 344 页。

与非营利组织并存。甚至不少营利组织在社会服务提供领域大放异彩，不仅经济效益可观，甚至得以成功上市，譬如红黄蓝教育集团。那么当某一社会事业领域中营利组织并存时，会出现什么情况呢？在一般情形下，营利组织和非营利组织各有利弊：营利组织产权明晰，具有融资上的便利，能够适用经济激励机制；相比较之下，非营利组织“所有人”缺位，融资受到限制，不能启用经济激励机制，但是可以获得捐赠，也享受税收优惠（尽管因此需要承受信息公开的义务和更加严格的监管）。因此营利组织和非营利组织的竞争很难说哪一方能占到绝对优势。但是在一些特殊的场景下，非营利组织却能比营利组织更有优势，而得出这一结论的便是“合约失灵”理论。

合约失灵理论是汉斯曼（Hansmann）教授于1980年提出来的。[①] 他直指市场机制在某些情况下的局限：营利组织只有在以下条件都满足的情况下才会以体现社会效率最大化的数量和价格来提供商品和服务。其中，最为关键的因素在于：消费者可以合理成本获得以下信息：其一，在购买之前可以“货比三家”，即能够对不同营利组织提供的产品和服务及其价格做出精确比较；其二，能够与营利组织“讨价还价”并达成合意；其三，可以要求营利组织如约履行双方达成的协议，若对方违约，则可获得救济。也正因为如此，市场机制中的竞争机制得以发挥作用。优胜劣汰也是基于信息对称的基础之上的。但是若是在上述三个方面，消费者与生产者之间存在明显的信息不对称时，尤其是消费者无法判断营利组织所提供的服务或者商品时，使得双方之间无法达成合约，或者即便达成合约，也难以判断对方是否履行合约。于是，在这些领域，竞争机制无法发挥作用，服务提供商就会“以次充好”来获得超额利润，损害消费者的利益。当事人之间的合约已然无法限制服务提供商的机会主义行为。这便是“合约失灵”（Contract Failure）现象。

汉斯曼教授进一步分析了合约失灵理论适用的主要场合包括：提供复杂

① Henry Hansmann, “The Role of Nonprofit Enterprise,” Yale Law Journal, 1980, 89 (5). 他后来又发表了一篇名为《改革非营利公司》的文章，再次重申了合约失灵理论。参见 James J. Fishman, Stephen Schwarz, Nonprofit Organization: Case and Materials (Second Edition), New York, Foundation Press, 2000, pp. 43 - 47.

的个人服务、服务的购买者和消费者分离、存在价格歧视和不完全贷款市场、提供公共物品等。在这些场合下，服务提供者的机会主义行为无法通过竞争机制予以遏制，故非营利组织无疑是合约失灵时的一种制度反应。原因在于：非营利组织受到“禁止利益分配”原则的约束，而这一原则就是营利组织和非营利组织的本质区别。正是由于非营利组织受到“禁止利益分配”原则的约束，因此在合约失灵的场合下，非营利组织尽管有如同类似于营利组织从业者所从事的行为的可能性，但是由于其所获得的利润不得进行分配，因此极大地抑制了其提高价格和降低服务质量的动机。①

由此可见，在服务购买者并不是最终消费者的情形下，合约失灵理论体现得相当明显：如果接受服务的人本身只是契约的受益人，而非缔约者（例如托儿所、养老院等），在这些机构中接受服务的是孩子和老人，而作为缔约方的孩子的父母或者老人的子女自身不接受服务，就无从评估服务质量，也无法判断服务提供者是否按照约定履约。因此在这些领域，如果是由非营利组织来经营，就比较容易获得信赖，因为既然营利不是其目的，因此消费者所享受到的质量应该比营利性机构要好得多。

那么我国实践是否如此呢？在学前教育和养老服务领域，非营利性的组织是否会如同合约失灵理论所分析的那样，在与营利性机构的竞争中胜出？如果是，那么只能说明这一情况验证了合约失灵理论，如果不是，又是什么原因呢？这就有必要分析我国目前合约失灵场合下社会公共服务提供主体的情况。

三　合约失灵场合下社会公共服务提供现状

（一）基本公共服务提供不足

基本公共服务是政府保障全民基本生存发展需求的制度性安排。“基本

① 田凯：《西方非营利组织理论述评》，《中国行政管理》2003 年第 6 期。

公共服务是由政府主导、保障全体公民生存和发展基本需要、与经济社会发展水平相适应的公共服务。”① 享有基本公共服务是公民的基本权利，保障人人享有基本公共服务是政府的重要职责。《国家基本公共服务体系“十二五”规划》（以下简称“十二五”规划）中将基本公共服务的范围界定为：“公共教育、劳动就业服务、社会保障、基本社会服务、医疗卫生、人口计生、住房保障、公共文化等领域的基本公共服务。”《“十三五”推进基本公共服务均等化规划》（以下简称“十三五”规划）中明确国家建立基本公共服务清单制，依据现行法律法规和相关政策确定基本公共服务主要领域，以及各领域具体服务项目和国家基本标准，向社会公布，作为政府履行职责和公民享有相应权利的依据。② 根据这两个五年规划，保障公民享有基本公共服务是政府的重要职责。“十二五”规划中，要求“政府投入大幅增加，基本公共服务预算支出占财政支出比重逐步提高。”但是同时要求“创新公共服务供给方式，实现提供主体和提供方式多元化。”在“十三五”规划中，则明确政府主责，增强政府基本公共服务职责，合理划分政府财政事权和支出责任，强化公共财政保障和监督问责，同时也明确“充分发挥市场机制作用，支持各类主体平等参与并提供服务，形成扩大供给合力。”

但是毋庸讳言的是，在合约失灵场合，政府提供的基本公共服务并不充分。以学前儿童“毛入园率”为例，《国家中长期教育改革和发展规划纲要（2010～2020年）》所确定的目标为至2015年学前儿童“毛

① 参见《“十三五”推进基本公共服务均等化规划》。早在《国民经济和社会发展第十一个五年规划纲要》和党的十六届六中全会通过的《中共中央关于构建社会主义和谐社会若干重大问题的决定》中，基本公共服务均等化均被确定为我国经济社会发展、构建和谐社会的中长期目标之一，随后党的十七大报告进一步提出要“围绕推进基本公共服务均等化和主体功能区建设，完善公共财政体系”的要求。

② 《“十三五”国家基本公共服务清单》所罗列的范围则有所扩展，包括公共教育、劳动就业创业、社会保险、医疗卫生、社会服务、住房保障、公共文化体育、残疾人服务等八个领域的81个项目。

入园率”[①] 应达到 62%。实际上 2015 年在园人数已经达到 4264.83 万人，毛入园率已达 75%，[②] 当然这是在民办幼儿园所占比例超过公办幼儿园的情况下达到的。新的目标为学前三年毛入园率提高到 85%。[③] 措施包括“严格执行城市新建居民区配套建设幼儿园、学校的规定。”在国家所保障提供的基本公共服务中，目前教育所覆盖的人群比较狭窄。“十二五”规划中所确定学前教育基本公共服务的目标人群仅仅包括家庭经济困难儿童、孤儿和残疾儿童，具体资助方式和标准由地方确定，支出方面由地方政府负责，中央财政适当补助。“十三五”规划中依然将目标人群确定为经县级以上教育行政部门审批设立的普惠性幼儿园在园家庭经济困难儿童、孤儿和残疾儿童，对他们实施减免保育教育费，补助伙食费等措施，具体资助方式和资助标准由省级人民政府结合本地实际自行制定。

而且根据国家统计局的相关数据显示，无论是幼儿园数量、在校学生、教职工和专职教师数量，民办幼儿园都多于公办幼儿园。

其一，2009～2015 年，全国学前教育学校数量总数呈现上升趋势，但是民办幼儿园不仅数量上逐年上升，而且所占比例始终高达幼儿园总数的 2/3 左右。[④]

表 1　2009～2015 年全国学前教育学校数量与民办幼儿园数量对比

指标	2015 年	2014 年	2013 年	2012 年	2011 年	2010 年	2009 年
学前教育学校数(所)	223683	209881	198553	181251	166750	150420	138209
民办幼儿园学校数(所)	146376	139282	133451	124638	115404	102289	89304
民办幼儿园所占比例(%)	65.44	66.36	67.20	68.77	69	68	64.62

① 中国教育部门根据在园学生人数除以户籍所在 3 周岁以上 6 周岁以下适龄儿童总人数，获得的数据称为“毛入园率”。

② 参见《“十三五”推进基本公共服务均等化规划》。

③ 参见《国民经济和社会发展第十三个五年规划纲要》。

④ 60% 上升到 69%，随后开始缓慢回落。原因在于：随着《国家中长期教育改革和发展规划纲要》的颁布和第一期（2011～2013 年）学前教育三年行动计划的实施，公办幼儿园数量增加幅度增大所致。但是整体趋势还是民办幼儿园占据主要地位。

其二，民办教育幼儿园在校学生数量和所占比例逐年上升，2012 年超过半数，而 2015 年时已经到达 53.99%。

表 2　2009 ~2015 年全国学前教育在校学生数与民办幼儿园在校学生数对比

指标	2015 年	2014 年	2013 年	2012 年	2011 年	2010 年	2009 年
学前教育在校学生数(万人)	4264.8284	4050.71	3894.6903	3685.76	3424.45	2976.67	2657.81
民办幼儿园在校生数(万人)	2302.4429	2125.38	1990.2536	1852.744	1694.209	1399.469	1134.1694
民办幼儿园所占比例	53.99	52.47	51.10	50.27	49.47	47.01	42.67

其三，从学前教育教职工人数和专职教师数来看，民办幼儿园所吸收的教职工人数和专职教师数量都已经达到全国总数的 60% 以上。

表 3　2009 ~2015 年全国学前教育教职工和专职教师数量以及民办幼儿园相关数据对比

指标	2015 年	2014 年	2013 年	2012 年	2011 年	2010 年	2009 年
学前教育教职工数(万人)	350	314	283	249	220	185	157
民办幼儿园教职工数(万人)	230.851	205.633	184.8754	163.3779	143.6575	116.8429	93.2783
民办幼儿园所占比例(%)	65.96	65.49	65.33	65.61	65.30	63.16	59.41
学前教育专任教师数(万人)	205.1021	184.415	166.3487	147.9	131.56	114.42	98.59
民办幼儿园专任教师(万人)	127.1211	113.18	102.0215	91.3395	80.7772	68.0404	55.2348
民办幼儿园所占比例(%)	61.98	61.37	61.33	61.76	61.40	59.47	56.02

可见，在较长时间内，尚需要社会力量和多种主体共同提供学前教育领域的社会服务。

（二）营利组织与非营利组织并存

依然以学前教育领域为例，政府保障学前教育作为基本公共服务向社会提供，但是需要逐步发展和完善的过程，到目前为止，单凭政府投入还不足以提供足够的学前教育服务；而且即便将来政府提供的基本公共服务全覆盖，也无法满足个性化的需求，诚如十九大报告所揭示的当前我国社会的主要矛盾“已经转化为人民日益增长的美好生活需要和不平衡不充分的发展之间的矛盾”，所以在公办幼儿园之外，民办幼儿园的存在不仅需要，而且必须。我国目前民办幼儿园存在营利组织和非营利组织并存的现象，而且营利组织的发展更为瞩目。

自 20 世纪 90 年代以来，营利性幼儿园发展迅速，例如红黄蓝、红缨教育、金色摇篮等都成立于这个时期。截至 2017 年 12 月 12 日，全国以民办非企业单位形式[①]存在的幼儿园数量为 116703 个。[②] 根据表 1，截至 2015 年底，民办幼儿园（包括营利性和非营利性）的数据为 146376 家，民办幼儿园每年以将近 7000 家的速度增加，到 2017 年底保守数据也可以增加至 16 万家。因此目前营利性的幼儿园应该在 5 万家左右。[③] 简单按照这一数据分析，似乎在学前教育领域，非营利组织的数量远远多于营利组织，但是尚需要考虑以下因素：其一，与社会组织网统计数据完整性相比较，上述估计的数据并不完全，应该尚有不少营利性学前教育机构未能统计在内；其二，根据《民办非企业单位登记管理暂行条例》的规定，民办非企业单位不得设立分支机构，因此每一个以民办非企业单位存在的幼儿园都是单体；但是以公司形式成立的幼儿园却能设立分支机构，故有些幼儿园统计数据上显示为一个，但是全国连锁却多达数十家乃至数百家。

但是，我国目前学前教育领域的发展现状却似乎与合约失灵理论不相吻合：其一，不论营利性幼儿园还是非营利性幼儿园都存在虐童事件；其二，非营利性幼儿园在与营利性幼儿园的竞争中并没有优势。如果就此简单判断合约失灵理论在我国早教领域无法验证为时过早。对于这一问题的剖析还需要从我国营利组织和非营利组织的区分入手予以论证。

---

① 根据《中华人民共和国慈善法》的规定，民办非企业单位改名为社会服务机构，目前《民办非企业单位登记管理暂行条例》也在紧张修订之中，本文暂且还是使用民办非企业单位的表述。

② 资料来源：中国社会组织网实时查询所得。

③ 从工商总局系统中和国家统计局数据中都无法直接得到营利性民办幼儿园的数据，只能获得截至 2015 年全国民办幼儿园的总数，和截至 2017 年 12 月 12 日以民办非企业单位形式存在的民办幼儿园数据，此数据乃根据两者相减的方式得出。

四　我国民办非营利性幼儿园为何缺乏竞争力?

(一)制度缺陷导致非营利性民办幼儿园发展受阻

从法律性质而言，以民办非企业单位形式存在的民办幼儿园，本应属于非营利组织，但是民办非企业单位制度本身存在的困境导致民办非营利性幼儿园在与营利性幼儿园竞争时不仅不占优势，而且处于下风。①

其一，准入困难导致非营利性幼儿园增长受限。迄今为止，民办非企业单位的行政管理体制依然是严格的双重管理体制。双重管理体制是指对于我国的民办非企业单位，从申请成立到开展活动，都受到登记管理机关和业务主管机关的共同管理。② 双重管理体制问题的弊端已经逐渐为学者所认识，主要集中在以下方面：第一，双重管理体制要求成立民办非企业单位，首先要找到业务主管单位，这无形中提高了设立条件；第二，有些民办非企业单位由于寻找不到主管单位或者该主管单位审查标准过严，而无从设立。有些就不得不寻求工商登记。第三，从目前登记管理体制考察，民办非企业单位的登记管理机关均为民政部和地方各级民政机关；而业务主管机关则因各非营利组织的具体情况而分属不同的部门。这样的立法思路依然还残存着计划

① 从立法目的来看，《民办非企业单位登记管理暂行条例》的出台有其特殊的历史背景，其主要目的倾向于加强对民办非企业单位的管理；而且寄希望于通过《民办非企业单位登记管理暂行条例》的实施，使原先的各职能部门分口管理、各司一摊的局面整合为由民政部门统一归口管理的体制。金锦萍、刘培峰：《转型社会中的民办非企业单位》，社会科学文献出版社，2012，第6~7页。

② 《民办非企业单位登记管理暂行条例》第5条规定登记管理机关和业务主管机关，第19、20条则规定了各自的职责。登记管理机关的职责在于：负责民办非企业单位的登记和备案、对民办非企业单位进行年检以及对民办非企业单位的违法行为进行查处。业务主管单位的职责主要在于民办非企业单位登记前的审查，监督指导民办非企业单位按照法律和章程开展活动，负责年检的初审，协助登记管理机关对民办非企业单位的违法行为进行查处，以及指导民办非企业单位的清算事务。从这些规定可以看出，在我国民办非企业单位的行政处罚权配备给了登记管理机关，业务主管单位只是协助和配合登记管理机关行使这一权力。因此就造成了权责并不明确的困境。

经济之下的政府部门职能分化的痕迹。对于民办非企业单位发展不利的是，各业务主管部门都将民办非企业单位事务作为副业来对待，因此不会对此过于关注，从“多一事不如少一事”的角度，往往会采取过严的审查标准。同时也不利于主管机关的专业化。与此相比，营利性幼儿园一般是由营利性公司创建，故在设立时不受双重管理体制之约束，设立更为简便。

其二，禁止设立分支机构致使民办非企业单位发展局限于特定地域。《民办非企业单位登记管理条例》明文禁止民办非企业单位设立分支机构。[①]禁止设立分支机构的规定限制了民办非企业单位的服务地域，不利于品牌提升和建设。因此，如果需要到登记地之外开展活动的，尚需要另外登记为独立法人，不仅需要另行筹备资金和组织机构，影响民办非企业单位的发展壮大；同时也增加了登记难度（因为在另行登记为民办非企业单位时，又得遵循双重管理体制）。对比之下，营利性的幼儿园可以运用各种商业模式发展。从目前市场上最为活跃的营利性幼儿园来看，可以直营、加盟、参股等方式发展分支机构和子公司。

其三，税收优惠未能落实使非营利性幼儿园在竞争中毫无优势。在财政和税收优惠政策方面，民办非企业单位目前得到的优惠政策不多，财政拨款和资助，税收优惠政策等都较少，在税收政策上与营利组织区别不大。

（二）财产规则阙如导致民办非企业单位“名不副实”

营利性幼儿园和非营利性幼儿园的区分理论上本来非常清晰。[②] 法律本应对于民办非企业单位的“非营利性”做出明确界定。但是《民办非企业

---

① 《民办非企业单位登记管理暂行条例》第十三条规定“民办非企业单位不得设立分支机构。”

② “非营利性”的具体含义应该在于：第一，从组织的目的上来说，是不以营利为目的，也就是民办非企业单位的宗旨并不是为了获取利润并在此基础上谋求自身的发展壮大，而是为了实现某种公益或者一定范围内的公益。第二，不能进行剩余收入（利润）的分配。民办非企业单位可以开展一定形式的经营性业务而获得剩余收入，但是这些收入不能作为利润在成员之间进行分配。这一原则即“不分配限制原则”。第三，不得将民办非企业单位的资产以任何形式转变为私人财产。

单位登记管理暂行条例》中对于民办非企业单位的法人财产所有权属性的规定不明确。[①] 实践中不少创办者很大程度上将设立民办非企业单位的出资视为投资而非捐赠。另一方面未能对于民办非企业单位运行过程中的规则进行细致规定，导致实践中有些民办非企业单位以非营利之名，行营利之实。相比较之下，营利性幼儿园以公司形式存在，股权结构明确，产权界定清晰，又能引入公司治理结构，甚至可以对执行层进行股权激励，对于股东能够名正言顺地分配利润，更有利于其引入资本，发展壮大。

因此尽管按照登记制度，营利性幼儿园应该进行工商登记，非营利性幼儿园应该进行民政登记，但是实践中民政登记的幼儿园因为财产规则的缺失导致无法保证其“非营利性”，或者尽管有禁止分配利润的限制，但是却通过其他方式进行变相的“股权”转让或者利润分配；由于“鱼龙混杂”，反过来又让民政登记的幼儿园在争取税收减免时面临极大的困境。

五　以“合约失灵”理论解读虐童事件

按照合约失灵理论，幼儿园属于典型的服务缔约者（购买者）与消费者分离的场合，即便达成合约，缔约者也难以判断对方是否履行合约。于是竞争机制失效，之间的合约已然无法限制服务提供商的机会主义行为，服务提供商就会“以次充好”来获得超额利润，损害消费者的利益。这里以次充好的极致，便是削减成本，不断减少人员，尤其是专业人员的投入，最终使幼儿们不仅无法获得优质服务，甚至会成为被虐待的受害者。

---

① 颁布实施于1999年的《民办非企业单位登记管理暂行条例》的出台有其特殊的历史背景，其主要目的倾向于加强对民办非企业单位的管理；而且寄希望于通过《民办非企业单位登记管理暂行条例》的实施，使原先的各职能部门分口管理、各司一摊的局面整合为由民政部门统一归口管理的体制。《民办非企业单位登记管理暂行条例》的结构安排和内容设置与《社会团体登记管理条例》非常相似。导致将社团管理中的大量制度复制到民办非企业单位的管理之中来，忽视了民办非企业单位区别于社会团体的大量特征。这与立法者当时对于民办非企业单位的认识不足，相关研究没有深入有一定关联。当然也与民办非企业单位在我国发展历时不长，相关规律没有得以呈现有关。

比较理想的解决方案是让有志于从事学前教育的主体来创办非营利性的幼儿园，由于受到“禁止利润分配”原则的约束，创办者没有动机去过度削减成本；同时创办者既然不以营利为目的，那么促使其投身学前教育的只能是价值理性。[①] 但是，目前的制度设计却让人有点无所适从：其一，在设立环节方面，由于设立民办非企业单位的困难，抱着价值理性、不以营利为目的、有志于投身学前教育的民众不能顺利获得登记，非营利性幼儿园的发展无法满足社会需要；留下的空白在政府基本公共服务未能覆盖的情况下，给了营利组织极大的发展空间；其二，在民政部门登记的、以民办非企业单位形式存在的幼儿园中，却因为财产规则的缺失，其中混杂着大量以营利为目的的投资者，致使民办非企业单位本应该获得税收优惠政策无法落实，使得其中恪守非营利组织性质的创业者们承担了作为非营利组织的义务和约束的同时，却无法享受应有的权利，在与营利组织的竞争中无疑处于下风；其三，由于营利性幼儿园和以民办非企业单位形式登记但是却行营利之实的幼儿园的大量存在，在这些情形下，合约失灵理论所揭示的后果就会出现：服务提供商因受经济利益驱使，想获得超额利润，就会“偷工减料”和“以次充好”，损害消费者的利益，发展到一定程度，虐童事件就难以避免。

六　结论和余论：分类规范，构建理想的社会服务提供机制

合约失灵理论一针见血地呈现出非营利组织在某些场合下与营利组织相

① 这一理论是试图运用韦伯对社会行动类型分类的理论去理解和解释从事非营利事业。韦伯将社会行动分为四种类型：工具理性的、价值理性的、情绪理性的和传统理性的。如果人们通过营利组织的形式实现自己的目的的时候，则就是工具理性的体现：也即这些行动是由人们对结果或者期望所决定，人们在从事这些活动时自己理性地追求和计算可能获得的结果并决定是否采取行动。而人们以非营利组织形式参与社会活动的，却符合价值理性的分析模型：人们之所以参加这些活动，并不是对结果或者回馈的期望，而是由“对于某些伦理的、美学的、宗教的或其他行为方式有意识的信念所决定的行动，并不取决于它的成功的前景。”参见金锦萍《非营利法人治理结构研究》，北京大学出版社，2005，第54～55页。

比具有得天独厚的优势。诚如上文所言，既然营利组织在合约失灵场合下势必会以提高服务价格或者降低服务质量的方式来攫取超额利润，那么在合约失灵理论下的社会公共服务应该如何提供呢？

其一，政府保障基本公共服务的提供。《“十三五”推进基本公共服务均等化规划》要求“划清政府与市场界限”，在增强政府基本公共服务职责基础上，合理划分政府财政事权和支出责任；同时充分发挥市场机制作用，支持各类主体平等参与并提供服务，形成扩大供给合力。可见“十三五”规划中强调了政府主导的责任，强化提供基本公共服务方面公共财政保障和监督问责，但是并没有重申“十二五”规划中对于营利组织和非营利组织的分类管理思路。

其二，分类规范营利组织和非营利组织。在政府保障基本公共服务提供的基础之上，对于营利组织和非营利组织的分类规范势在必行。好在自去年以来，随着《民办教育促进法》的修订、《国务院关于鼓励社会力量兴办教育促进民办教育健康发展的若干意见》的出台、教育部等五部门的《民办幼儿园分类登记实施细则》和《营利性民办幼儿园监督管理实施细则》的颁布实施，学前教育进入了分类管理的轨道。但是一切才刚刚开始。

其三，除了上述举措之外，在合约失灵场合（无论是幼儿园还是养老院），急需改革行政管理体制，简化非营利组织的登记程序，培育发展提供社会服务类的非营利组织，同时修改相关法律法规，明确非营利组织的财产属性、财产规范，在此基础之上，落实非营利组织应该享受的税收政策和其他优惠政策，让非营利性的幼儿园和养老院能够充分提供社会需要的服务。

其四，营利组织提供差别化服务。在学前教育领域和养老领域，依然可以存在营利组织，只是其在与非营利组织的竞争过程中，采取差异化竞争战略。营利组织将逐渐转向提供非营利组织所能提供服务之外的增值性服务、个性化服务和高端人群服务。

一言以蔽之，虐童事件频发，仅仅靠加强监管是不够的。从社会服务提供机制上进行反思并及时予以调整，才是治本之道。

B.28
后　记

2017年，是继2016年中国慈善史转折点之后的一个平坡期，或者说是负重行进的一年。说它平坡，并非波澜不惊，并非不想爬坡；说它负重，指的是《慈善法》于2016年刚刚颁布实施，各类法律法规尚未配套完善，2017年的中国慈善不得不顶住法律执行中经常遇到的那些无所适从的难题，艰难前行。

2017年最为重大的历史性事件是党的十九大召开，宣告了全面依法治国的新时代的来临。全面依法治国的大环境为慈善法治的发展创造了新机遇，中国的慈善事业在2017年有显见的发展。尤其依照《慈善法》认定与登记了近4000家慈善组织，在公共募捐平台上进行公开募捐备案与信息公开的有近3000个项目，还有首次备案慈善信托，在华境外非政府组织依照相关法律在中国首次完成了批量的合法登记。而行进中的负累也很显著，尤其是以慈善为名义的一些社会组织的某些行为涉嫌隐瞒信息、违规筹款、不当牟利，甚至哄骗欺诈，这些阳光下的阴暗面让善良的人们揪心，也让政府和社会组织体会到执法落地的艰难。原本以为《慈善法》颁布，就什么都好了，所有问题不说都解决也起码解决大半了，怎么仿佛还尚不如前了呢？

法律是刚性的，而实践是弹性的，如何解决其间必然存在的矛盾冲突？

我们不可能设想，《慈善法》颁布了，一个早上就能给中国慈善带来彻底改变。其实，原本存在着的旧思想旧制度的很多惯习还深深地影响《慈善法》颁布之后的社会生活。当然，我们不能就此否定《慈善法》带给中国慈善的里程碑意义。事实上，《慈善法》真正吹响了中国慈善改革的号角，新的历史时间自《慈善法》颁布那一刻已经开始，慈善事业开始进入一个新的时代。只不过，在相当长的一段时间内，慈善事业势必因新旧制度转换艰难、人的思想和行为被旧的传统所纠缠而出现平坡期。